Klassenmedizin

Bernd Kalvelage

Klassenmedizin

Plädoyer für eine soziale Reformation der Heilkunst

 Springer

Dr. med. Bernd Kalvelage
Hamburg
Deutschland drmedbkalvelage@aol.com

ISBN 978-3-642-54748-5   ISBN 978-3-642-54749-2 (eBook)
DOI 10.1007/978-3-642-54749-2

Die Deutsche Nationalbibliothek verzeichnet diese Publikation in der Deutschen Nationalbibliografie;
detaillierte bibliografische Daten sind im Internet über http://dnb.d-nb.de abrufbar.

SpringerMedizin
© Springer-Verlag Berlin Heidelberg 2014

Planung: Renate Scheddin, Heidelberg
Projektmanagement: Renate Schulz, Heidelberg
Lektorat: Dr. Brigitte Dahmen-Roscher, Hamburg
Projektkoordination: Eva Schoeler, Heidelberg
Umschlaggestaltung: deblik Berlin
Fotonachweis Umschlag: ©Tony Baggett/Fotolia.com
Herstellung: Crest Premedia Solutions (P) Ltd., Pune, India

Gedruckt auf säurefreiem und chlorfrei gebleichtem Papier

Springer Medizin ist Teil der Fachverlagsgruppe Springer Science+Business Media
www.springer.com

Widmung

Wenn ich daher alle unsere Staaten, die heute irgendwo in Blüte stehen, im Geiste be-
trachte, und darüber nachsinne, so stoße ich auf nichts anderes, so wahr mir Gott helfe,
als auf eine Art Verschwörung der Reichen, die den Namen und Rechtstitel des Staates
missbrauchen, um für ihren eigenen Vorteil zu sorgen. Sie sinnen und hecken sich alle
möglichen Methoden und Kunstgriffe aus, zunächst um ihren Besitz, den sie mit verwerf-
lichen Mitteln zusammengerafft haben, ohne Verlustgefahr festzuhalten, sodann um die
Mühe und Arbeit der Armen so billig als möglich sich zu erkaufen und zu missbrauchen.
Haben die Reichen erst einmal im Namen des Staates, das heißt also auch der Armen,
den Beschluss gefasst, ihre Machenschaften durchzuführen, so erhalten diese sogleich
Gesetzeskraft. Aber selbst wenn diese abscheulichen Menschen in ihrer unbegreiflichen
Gier alle Güter des Lebens, die für alle gereicht hätten, unter sich aufgeteilt haben – wie
weit sind sie dennoch entfernt von dem glücklichen Zustand des utopischen Staates!
Welche Last von Verdrießlichkeiten ist in diesem Staate abgeschüttelt, welche gewaltige
Saat von Verbrechen mit der Wurzel ausgerottet, seit dort mit dem Gebrauch des Geldes
zugleich die Geldgier gänzlich beseitigt ist! Denn wer sieht nicht, dass Betrug Diebstahl,
Raub, Streit, Aufruhr, Zank, Aufstand, Mord, Verrat und Giftmischerei, jetzt durch tägliche
Bestrafungen mehr nur geahndet als eingedämmt, mit der Beseitigung des Geldes alle zu-
sammen absterben müssen und dass überdies auch Furcht, Kummer, Sorgen, Plagen und
Nachtwachen in demselben Augenblick wie das Geld verschwinden müssten? Ja, selbst
die Armut, deren einziges Übel doch im Geldmangel zu liegen scheint, würde sogleich
abnehmen, wenn man das Geld künftig überhaupt beseitigte.

Thomas Morus (1516) »Utopia«

Die traurige Wissenschaft, aus der ich meinem Freunde einiges darbiete, bezieht sich auf
einen Bereich, der für undenkliche Zeiten als der eigentliche der Philosophie galt, seit
deren Verwandlung in Methode aber der intellektuellen Nichtachtung, der sententiösen
Willkür und am Ende der Vergessenheit verfiel: die Lehre vom richtigen Leben. Was einmal
den Philosophen Leben hieß, ist zur Sphäre des Privaten und dann bloß noch des Kon-
sums geworden, die als Anhang des materiellen Produktionsprozesses, ohne Autonomie
und ohne eigene Substanz mitgeschleift wird. Wer die Wahrheit übers unmittelbare Leben
erfahren will, muss dessen entfremdeter Gestalt nachforschen, den objektiven Mächten,
die die individuelle Existenz bis ins Verborgenste bestimmen.

Theodor W. Adorno (1951) »Minima Moralia – Reflexionen aus dem beschädigten Leben«

Vorwort

Wissenschaft und Statistik ist die eine, die Lebenswirklichkeit kranker Menschen die andere Seite der Medizin. So sterben Menschen statistisch früher, erkranken statistisch häufiger und haben statistisch schlechtere Chancen zu genesen, wenn sie der sog. Unterschicht der Gesellschaft angehören.

Wenn Margaret Thatchers Credo stimmte: »There is no such thing as society!«, müssten die Zahlen der Statistiken uns nicht beunruhigen. Such is life! Allen, die (eine konfliktfähige und solidarische) Gesellschaft wollen oder zumindest als erstrebenswerte Utopie ansehen, möchte ich zumuten, das Sterben dieser Menschen, ihren Krankheitsverlauf und ihre Chancenlosigkeit in zahlreichen Fällen kennenzulernen. Such is real life! Der selektierende Einfluss der Schicht- oder Klassenzugehörigkeit auf das Krankwerden und Kranksein lässt sich anschaulich machen. Es ist eine Sicht auf Medizin und Gesellschaft von unten, die ich Klassenmedizin nenne.

Aus dieser Perspektive besteht nicht nur ein dringender Handlungsbedarf, es eröffnen sich auch sehr fruchtbare (Be-)Handlungsmöglichkeiten. Von TINA (There is no alternative!) zu TASA (There are several alternatives!) bedarf es also nur einer Blickwendung.

Um für dieses Buch die Funktion als Lehrbuch zu wahren und aus didaktischen Gründen liest sich vieles vielleicht wie geschönt oder dramatisiert, zu abgerundet und erfolgreich und als zu kritisch umspringend mit anderen, vor allem mit den ärztlichen Kollegen.

Für den nicht völlig vermeidbaren Eindruck des Besserwissers möchte ich mich an dieser Stelle entschuldigen. Ich versichere den Lesern, dass dieser Eindruck auch wegen der Anhäufung von ausgewählten Kasuistiken entstehen musste. Mein ärztlicher Alltag und der meiner Praxispartnerin Heide Lueb unterschieden sich nicht wesentlich von dem unserer Kollegen. Manche Kritik und viele Ideen wurden in Arbeitsgruppen, Qualitätszirkeln und anderen Initiativen (nicht nur) mit anderen Ärzten diskutiert, und ich habe hier die Ergebnisse zusammengefasst und ausformuliert. Dabei waren die Ideen, Konzepte und die Debatten mit den Kollegen des »Vereins demokratischer Ärztinnen und Ärzte« sehr hilfreich.

Trotz aller mitschwingenden Gefühle ist dies kein weiteres »Wut-Buch«, keine klammheimliche Abrechnung mit ungeliebten Gegenspielern oder Vorgesetzten der Vergangenheit. In den mit ihnen geführten Auseinandersetzungen waren meine hier dargelegten Positionen immer deutlich erkennbar. Ich habe mich bemüht, verletzende Kritik zu vermeiden, den Bezug zu kritisierten Personen so zu anonymisieren wie den zu einzelnen Fallbeispielen. Die niedergeschriebene Kritik habe ich gewöhnlich in einem persönlichen Gespräch offen angesprochen, sie in den verschiedensten Gremien und Institutionen eingebracht und, wenn es erforderlich war, sie auch öffentlich gemacht, als Student ebenso wie als Arzt, im Krankenhaus und in der Universitätsklinik und später in der Praxis und in der Ärztekammer.

Bernd Kalvelage
Hamburg und Den Haag im Frühjahr 2014

Curriculum vitae:

Dr. med. Bernd Kalvelage, geboren 18.7.1949 in Halle/Saale

1968–1974 Medizinstudium in Köln, Staatsexamen, Promotion (Max Planck Institut für Hirnforschung, Prof. K.J. Zülch)

1974–1977 Anästhesie, Intensivmedizin in Köln-Hohenlind

1977–1979 DFG-Forschungsstipendium, Molekularbiologie Hamburg

1979–1986 Facharztausbildung, I. Medizinische Klinik, UKE, Hamburg, psychoanalytische Selbsterfahrung, Gesprächspsychotherapie-Ausbildung, Mitorganisator des Gesundheitstags Hamburg 1981

1986–2012 fachärztliche Gemeinschaftspraxis für Innere Medizin/Diabetologie in Hamburg-Wilhelmsburg. Schwerpunkte: fachinternistische Diagnostik und Therapie, Diabetes -Schulungen, spezielle Versorgungsaspekte im sozialen Brennpunkt, Migranten-Medizin, Versorgung von Flüchtlingen und Menschen »ohne Papiere« in Kooperation mit dem Medibüro Hamburg

1982–1994 Delegierter der »Hamburger Ärzteopposition« in der Ärztekammer Hamburg, Gründungsmitglied des »Vereins demokratischer Ärztinnen und Ärzte«

2002 Gründungsvorsitzender der »Arbeitsgemeinschaft Diabetes und Migranten in der Deutschen Diabetesgesellschaft«

Zahlreiche Zeitschriften- und Buchbeiträge. 2013: »Behandlung von Migrantinnen und Migranten mit Diabetes« zusammen mit C. Kofahl in »Psychodiabetologie« Springer

Danksagung

Dieses Buch entstand durch den langjährigen, dankenswerten Austausch mit meinen Kolleginnen und Kollegen in Wilhelmsburg und als Reflex auf eigene Fehler und vorurteilsvolle Irrwege. Der Zusammenarbeit mit den Kolleginnen und Kollegen des Instituts für Allgemeinmedizin und des Instituts für Medizinische Soziologie des Universitätskrankenhauses Hamburg Eppendorf verdanke ich neben der Lehrtätigkeit dort viele anregende Diskussionen in gemeinsamen Projekten. Ich möchte vor allem Frau Claudia Mews, Herrn Christopher Kofahl und Herrn Niels-Jens Albrecht danken.

Ihr Mitstreiter im Medibüro Hamburg wisst, dass ihr für mich immer Hilfe, Vorbild und Ansporn wart, im Spagat von »Kranksein ohne Recht aufs Dasein« eine verlässliche, menschenwürdige medizinische Versorgung für Menschen »ohne Papiere« zu improvisieren.

Ich bedanke mich außerdem bei meinen Mitarbeiterinnen der letzten 30 Jahre in der Praxis, es gab gute und schlechte Zeiten, und wir alle, die Patienten, sie, meine Kollegin und ich haben uns am wohlsten gefühlt, wenn der Teamgeist stimmte. Das war glücklicherweise meist der Fall. Tanja Trawka, Betina Draesener, Tanja Schallenberg, Derya Erdogan, Claudia Hoffmockel, Carmen Schaudin, Cennet Kösmez: Ihr habt einen großen Anteil an dem, was hier beschrieben wird. Klassenmedizin war unser gemeinsamer Arbeitsalltag – wir haben es so allerdings nie genannt –, und ohne Euch und Euren liebevollen und kompetenten Einsatz wäre ich manches Mal verzagt gewesen.

Mein Dank gilt ganz besonders meinen Patienten für ihren oft zwangsläufig blinden Vertrauensvorschuss und ihre Treue und Dankbarkeit, die mir immer wieder Kraft gegeben haben. Ich verdanke ihnen die hier zusammengetragenen Erkenntnisse. Medizin ist eine Erfahrungswissenschaft. Wir können nur aus Kasuistiken lernen. Meine Patienten brachten die Farbe in mein Arbeitsleben und unterschiedliche, mir oft genug fremde soziale Erfahrungen mit, die mich beeindruckten. Ich werde ihren Mut, ihre Beharrlichkeit und ihre – mich oft sehr bewegenden – Geschichten und Schicksale niemals vergessen

Drei Kolleginnen des Springer-Verlags waren kompetente Geburtshelferinnen dieses Buchs. Ich danke Frau Renate Scheddin für ihre Unterstützung und die mutige Entscheidung, ein solches Buch mit diesem provokativen Titel und dem kritischen Inhalt herauszugeben. Frau Renate Schulz danke ich für das ausgezeichnete Projektmanagement; Frau Brigitte Dahmen-Roscher hat als Lektorin mein Manuskript sensibel bearbeitet und professionell druckreif gemacht.

Lijntje A. Brouwers dank ik voor haar interesse aan dit boek en de creative tijd in haar mooie en gastvriendelijke huis in de Vogelwijk aan de zee.

Elizabeth H. Brouwers! Dir danke ich für deine wunderbare, kreative, einfühlsame, für mich immer vorbildliche Mitarbeit in der Praxis. Viele Deiner Ideen und Deine Erfahrung mit Patienten sind in dieses Buch und in die Kasuistiken eingegangen. Ich habe immer profitiert von Deiner Sicht der Dinge, Deiner Erfahrung und von Dir als ausgebildete Intensiv- und Psychiatrie-Krankenschwester, als Managerin von Praxis und Personal, als Therapeutin in vielen Sitzungen von Entspannungstraining mit Patientengruppen, als Diabetesberaterin, als Nordic-walking-Trainerin, als kritische Diskutantin, Rechercheurin für dieses Buch und heimliche Koautorin (als die Du nicht erscheinen wolltest), als Geliebte seit über 40 Jahren und – in Deinem schwersten Job – als meine Ehefrau. Ich wollte für Dich immer ein besserer Mensch sein und habe besonders von Dir – mehr als an der Universität – gelernt, wie ein guter Arzt sein sollte, und dass die Verwirklichung der Güte Teamwork ist. Dies ist auch Dein Werk. Danke!

Inhaltsverzeichnis

Minima utopia

1

1.1   Freiheit, Gleichheit …(?)

»Der Mensch ist frei und gleich geboren« (Thomas Jefferson 1776), doch Kranksein raubt ihm beides: die Gewissheit der Freiheit und die Illusion der Gleichheit. Kranksein ist »in seiner Freiheit behindertes Leben« (Karl Marx, 1818–1883), und die Unterschiede in der sozialen Stellung zeitigen »die feinen Unterschiede«, (Bourdieu 1982) im Risiko zu erkranken und den Chancen, Krankheit gut zu bewältigen und zu genesen.

Der hippokratische Eid macht diese Unterschiede nicht; im Genfer Gelöbnis, seiner modernen Version von 1948, heißt es:

» 7. Ich werde nicht zulassen, dass Erwägungen über Religion, Nationalität, Rasse, Parteipolitik oder sozialen Stand zwischen meine Pflichten und meine Kranken treten. «

Auch unser oft kritisiertes Versicherungssystem gegen Krankheiten (schönfärberisch seit langem schon in »Gesundheitswesen« umbenannt) ist nicht für Unterschiede verantwortlich, die in ihrem Ausmaß keineswegs »fein« sind. Es sind die sozialen Verhältnisse per se, die dazu führen, dass Menschen aus der Unterschicht statistisch kränker sind als der Rest der Gesellschaft, ihre Prognose schlechter ist und etablierte Präventionsmaßnahmen sie oft nicht erreichen, bevor sie erkranken.

1.1.1   Zur Verwendung des Begriffs »Unterschicht«

Der Begriff »Unterschicht« (»under-class«; Myrdal 1963) wird hier mangels einer besseren Kurzform wertneutral zur Beschreibung des sozioökonomischen Status (SES) benutzt. Die Begriffe »Unterschicht« oder »Unterschichtpatient« werden hier bewusst durch »Menschen, Patienten aus der Unterschicht« oder »Angehörige der Unterschicht« ersetzt und individuell beschrieben, um deutlich zu machen, dass eine Person nicht mit ihrer Schichtzugehörigkeit wie einem Körperteil verbunden ist, dass sie eine soziologische Variable darstellt, sich also verändern kann.

Es gilt, eine generelle Zuschreibung von »problematisch« und »Unterschicht« zu vermeiden (Kessl et al. 2007). Subjekt der klassenmedizinischen Betrachtung ist der einzelne Mensch, der sich in einer chronisch prekären Lebenssituation befindet, die sich auf seinen Gesundheitszustand oder seinen Krankheitsverlauf negativ auswirken (können) (▶ Abschn. 1.2.2).

Schichtzugehörigkeit kann durch verschiedene Indices bestimmt werden (z. B. nach Helmert oder Winkler; siehe dazu Mielck 2000). Die Verteilung der sozialen Schichten unterscheidet sich rein zahlenmäßig – unabhängig von der verwandten Methode – nicht relevant: Ca. 20–25 % der Bevölkerung werden der Unterschicht, 60–65 % der Mittel- und 15–20 % der Oberschicht zugerechnet.

1.1.2   Zum Mortalitäts- und Morbiditätsrisiko von Unterschichtpatienten

Die Lebenserwartung ist schichtspezifisch unterschiedlich verteilt. Angehörige der Unterschicht sterben deutlich früher als jene der Mittel- oder Oberschicht. Die Differenz zwischen der höchsten und niedrigsten Einkommensgruppe betrug in Deutschland bei Männern 10,8 Jahre und bei Frauen 8,4 Jahre (Lampert 2007). Die Ursache dieses erhöhten Mortalitätsrisikos liegt u. a. in den schichtbedingten Unterschieden in der Häufigkeit der großen Volkskrankheiten **Herzinfarkt** und **Schlaganfall**. Die Prävalenz in der Altersgruppe der 40- bis 49-Jährigen zeigt im Verhältnis unterer zu oberster Schicht für Männer der unteren Schicht ein 2,5-faches Risiko für Herzinfarkt und ein 8-faches für Schlaganfall; bei Frauen ist das entsprechende Risiko 12-fach für Herzinfarkt und 6-fach für Schlaganfall. Das erhöhte Risiko findet sich weniger ausgeprägt, aber immer noch deutlich (Bereich 1,3- bis 3-fach) auch in den höheren Altersgruppen (Helmert 1993). Die Ursachen dieser Übersterblichkeit sind noch weitgehend unaufgeklärt. Dem umfangreichen Beweismaterial (Siegrist 1998; Deppe 2000; Wilkinson 1997; Infodienst für Gesundheitsförderung: ▶ http://www.gesundheitbb.de, jährlicher Kongress »Armut & Gesundheit« in Berlin) stehen nur dürftige Handlungskonzepte gegenüber. Unterschiedliche Lebensstile spielen eine Rolle, dürfen jedoch nicht isoliert von gesundheitlichen Beanspruchungen, z. B. am Arbeitsplatz, und individuell unterschiedlichen gesundheitlichen Ressourcen (Selbstbewusstsein, Bildung, Einkommen, Autonomie, Partizipation, soziale Netzwerke und Möglichkeiten der Erholung) gesehen werden (Rosenbrock u. Gerlinger 2004).

Die schichtspezifischen Unterschiede zeigen sich auch bei der Inanspruchnahme der Vorsorgeuntersuchungen U1 bis U8 für Kinder durch die Eltern (Merten 2002). Die Teilnahmequote lag bei Kindern von Arbeitslosen bei 30,3 %, bei Kindern von einfachen Arbeitern bei 38,4 % und bei den Kindern von hochqualifizierten Arbeitnehmern bei 77 %.

Die Hamburger Behörde für Gesundheit und Verbraucherschutz hat zusammen mit dem Zentralinstitut für die Kassenärztliche Versorgung den »Morbiditätsatlas Hamburg« (Erhart et al. 2013) herausgegeben. Er belegt konkret für 104 unterschiedliche Hamburger Bezirke den o. a. Zusammenhang und schlussfolgert, dass in den armen Stadtteilen trotz erhöhter Morbidität die Arztdichte relativ zu gering ist. Ursachen sind neben der Bedarfsplanung die ungleichen Honorarordnungen. Die Gesundheitssenatorin Cornelia Prüfer-Storcks im Hamburger Abendblatt vom 12.11.2013:

» Es gibt einen deutlichen finanziellen Anreiz, sich in Stadtteilen niederzulassen, die eine hohe Quote von Privatversicherten haben. «

Fallbeispiel 1.1: 48-jähriger Patient mit Bronchialkarzinom

Ein 48-jähriger Bauarbeiter kommt in Begleitung seiner Ehefrau in die Sprechstunde. Sie sagt: »Herr Doktor, so geht das nicht weiter.« »Der«, sie zeigt auf ihren schweigend, mit gerötetem Gesicht dasitzenden Mann, »rennt jeden Tag auf die Baustelle bei **dem** Wetter« (sie zeigt auf die regennassen Scheiben des Fensters). »Und nachts schwitzt er mir 5 Schlafanzüge und das Bett nass. Der ist doch krank und das nicht erst seit gestern!«

Es ergibt sich folgender Befund: Temperatur, unter der Zunge gemessen (sublingual), 39,8 Grad Celsius, typischer Abhörbefund einer rechtsseiti-

gen Lungenentzündung, typische Laborwerte für eine schwere Entzündung (BSG, CRP, Leukozytose, Linksverschiebung im Differentialblutbild).

Er redet dann irgendwann selbst, will keine Krankschreibung (»Sonst fliege ich raus aus dem Betrieb!«), meint, das seien doch nur seine Bronchien, damit habe er jeden Herbst zu tun, lehnt eine Röntgenuntersuchung ab, will Tabletten einnehmen und »was gegen den Husten«.

Er habe ca. 10 kg Gewicht abgenommen und huste seit ca. 8 Wochen, so dass die Ehefrau kaum Schlaf findet. Er arbeitet bei einer Abbruchfirma, hatte früher dort Asbestkontakte, hat nie geraucht. Es erfolgten keine arbeitsmedizinischen Kontrollen.

Er geht nach 3 Tagen wieder zur Arbeit, lässt sich aber immerhin zu einer weiteren Diagnostik eher überreden als überzeugen. Es findet sich ein fortgeschrittener Lungenkrebs (Bronchialkarzinom mit poststenotischer Pneumonie), an dem er 4 Monate später verstirbt.

Der Deutsche Ärztetag 2005 bestätigte erstmals offiziell für Deutschland, was nationale und internationale Studien (DEGS1, Lampert et al. 2013; Marmot et al. 1984; Zusammenfassung bei Mielck 2000) seit Jahren immer wieder neu belegen. Der in den 60er-Jahren klassenkämpferisch geprägte Slogan »Weil du arm bist musst du früher sterben« hat sich als zutreffend erwiesen (Deutscher Ärztetag 2005):

» Arbeitslosigkeit und Armut lassen Menschen früher altern, rascher krank werden, sie rauben die Initiative zur eigenen Gesundheitsförderung, zerstören die Motivation zur Prävention, mindern gesundheitliche Potenziale und fördern gesundheitsbelastende Verhaltensweisen. Arbeitslosigkeit macht arm, und Armut und Arbeitslosigkeit machen krank, und dies bis in die nachfolgende Generation hinein. «

Der 116. Deutsche Ärztetag (2013) stellte fest: »Während weibliche Angehörige der untersten Einkommensgruppe bei Geburt eine um etwa sieben Jahre geringere Lebenserwartung als die der obersten Einkommensgruppe haben, beträgt der Unterschied bei den Männern sogar etwa zehn Jahre … Als Ärzteschaft sehen wir unsere Verantwortung vor allem darin, auf eine Verringerung schichtspezifischer Unterschiede in den Zugangsmöglichkeiten, in der Inanspruchnahme und Verfügbarkeit gesundheitlicher Leistungen einzuwirken.«

Den Erklärungen der Ärzteschaft folgen seit Jahren keine konkreten Handlungen. Die gesellschaftliche Benachteiligung der Unterschicht findet ihre Fortsetzung in einer strukturellen Entsprechung in der ärztlichen Standespolitik, die nicht in der Lage zu sein scheint, die medizinische Versorgung entsprechend dem erhöhten Bedarf v. a. in den ärmeren Regionen und Stadtteilen sicherzustellen (siehe »Morbiditätsatlas« der Behörde für Gesundheit und Verbraucherschutz Hamburg, Erhart et al. 2013). Auch die Beschlüsse des DÄT 2011 sprechen eine andere Sprache. (▶ Abschn. 7.5: Forderung nach Aufhebung des Sachleistungsprinzips = Patienten sollen beim Arzt immer bar bezahlen, danach teilweise Kostenerstattung durch die Krankenkasse). Die »Sorge« um die medizinische Versorgung der Patienten aus der Unterschicht erscheint danach als ein reines Lippenbekenntnis.

Elias Canetti hat in seinem Schauspiel »Die Befristeten« (1952[1], 1988) eine interessante Umkehrung der Abhängigkeit der Lebenserwartung von der sozialen Stellung vorgenommen. Jeder Mensch weiß dort, wie alt er werden wird; er wird nach seiner Lebenserwartung benannt, z. B. »Neunziger«. Die mit der höchsten Lebenserwartung werden als »Die Ganz Hohen« bezeichnet.

»In den ‚Befristeten‘ wenden sich alle, die Unglück und Schmerz vermeiden wollen, von den früh Sterblichen (das sind tatsächlich heute die Angehörigen der Unterschicht; d. Verf.) ab und halten sich an ‚Die Ganz Hohen‘ mit dem großen Zeitguthaben.« (Peter Kümmel, *Die Zeit* vom 19.12.13)

Sie sind die Würdenträger einer totalitären Gesellschaft, die es sich als zivilisatorische Leistung anrechnet, dem Tod die Zufälligkeit genommen zu haben, und die glaubt, Unfrieden und Barbarei damit beendet zu haben. Canetti hat damit die Hoffnungen artikuliert, die heute von der Gentechnologie geweckt werden, und gleichzeitig den Zusammenhang von Lebenserwartung und sozialer Stellung in einer fiktiven Umkehrung verdeutlicht.

1.1.3 Erhöhtes Risiko bei Männern

Zugespitzt formuliert: »Weil du arm bist und ein Mann bist, musst du noch früher sterben. Fallbeispiel 1.1 zeigt, wie zahlreiche weitere Fallbeispiele in den folgenden Kapiteln, ein zum schichtbedingten Gesundheitsrisiko hinzukommendes geschlechtsspezifisches Risiko auf, das zunehmend Beachtung findet (Bardehle 2010; Hahn 2010):

- unzureichende Förderung von Jungen in der Schule,
- schlechtere Schulabschlüsse,
- in der (Grund-)Schule und zu Hause fehlende oder ungünstige Rollenvorbilder,
- höhere Arbeitslosigkeit und Obdachlosigkeit,
- erhöhte Suizidrate schon im Kindesalter,

- emotionale Verschlossenheit (rollenspezifische männliche Alexithymie, der Verf.),
- Aggressivität und Widerstand (»Incompliance«, ▶ Kap. 4),
- höhere gesundheitliche Gefährdung durch Gewaltdelikte, Alkohol, Depressionen.

Der Psychosomatiker Matthias Frank (Universität Düsseldorf) spricht – angesichts der seit langem bekannten Fakten und noch immer fehlenden Ansätzen von Abhilfe (ein aktuelle Ausnahme: siehe Stier 2013) – von einem »kollektiven Empathieversagen gegenüber Jungen« (*Die Zeit*, 2.1.2014).

Männer sind aus meiner Erfahrung in der Praxis objektiv größeren Benachteiligungen, Handicaps und Gefährdungen ausgesetzt, die ihre Krankheitsanfälligkeit, die Behandlung und das Genesen negativ beeinflussen. Die verbreitete Verleugnung dieses Sachverhalts gerade auch durch die Betroffenen wird oft erst durch die Einbeziehung weiblicher Bezugspersonen (Ehefrau, Freundin, erwachsene Tochter, Nachbarin, Arbeitskollegin) deutlich und manchmal dann auch ansprechbar (siehe auch Angehörigenassessment, ▶ Kap. 6). Die geschlechtsbedingten Nachteile können die schichtspezifischen weiter potenzieren (siehe auch: ▶ http://www.maennergesundheits.portal.de und ▶ http://www.stiftung-maennergesundheit.de).

Auf die besondere Verantwortung der Ärzteschaft wird in diesem Buch unter verschiedenen Aspekten eingegangen werden. Bisher scheint kein Experte zu wissen, warum diese Unterschiede bestehen und wie – zumindest im Krankheitsfall – gesellschaftlich Chancengleichheit zu gewährleisten wäre. Es kann nach Mielck (2000) nicht mehr darum gehen, in immer neuen Studien diesen Zusammenhang nachzuweisen, sondern das »immense Wissen über die Möglichkeiten zur Vermeidung und Heilung von Krankheiten« einzusetzen, damit der Gesundheitszustand in den unteren Statusgruppen verbessert wird«.

1.1.4 Gesundheit und sozialer Status (Mielck 2013)

»Inzwischen ist allgemein bekannt, dass der Gesundheitszustand eng mit dem sozialen Status zusammenhängt, dass Morbidität und Mortalität in den unteren Statusgruppen zumeist besonders hoch sind.

Die Public Health Forschung kann sich jetzt auf weitergehende Fragen konzentrieren, z. B. auf die folgenden:

- Durch welche Maßnahmen kann der Gesundheitszustand in der unteren Statusgruppe verbessert werden?
- Welche dieser Maßnahmen sind besonders effektiv?
- Wie kann das Ziel »Verringerung der gesundheitlichen Ungleichheit« in Einklang gebracht werden mit anderen ebenso berechtigten Zielen wie »Steigerung der Kosten-Effektivität«?
- Wie wichtig sind die Lebensverhältnisse für das Gesundheitsverhalten?
- Welche Auswirkung haben die Gesundheitsreformen auf das Ausmaß der gesundheitlichen Ungleichheit?
- Wie groß ist das Interesse an der Zielsetzung »Verbesserung des Gesundheitszustandes« bei den Personen, deren Gesundheitszustand verbessert werden soll?
- Falls das Interesse gering ist: Wie könnte es gesteigert werden?

Die Bearbeitung dieser Fragen erfordert eine engere Kooperationen zwischen den wissenschaftlichen Disziplinen und auch einen größeren Respekt vor den Lebensverhältnisse und Bedürfnissen der Personen, die letztlich erreicht werden sollen.«

(Andreas Mielck in einer persönlichen Mail zu diesem Buchprojekt nach Aufgabe seiner Institutstätigkeit im Forschungszentrum für Umwelt und Gesundheit in Neuherberg, September 2013).

1.1.5 Ausblick

Die »Wegbeschreibung« zur Lösung des Problems ist derzeit Inhalt einer kontrovers geführten Diskussion (Schmidt 2008):

» Das individuelle Gesundheitshandeln gilt mittlerweile als wichtigster Bedingungsfaktor für die eigene Gesundheit, obwohl empirische Studien hinlänglich belegen, dass weniger das persönliche Verhalten, sondern die strukturellen Verhältnisse von maßgeblicher Bedeutung für den Gesundheitszustand sind. […] Eine auf das eigenverantwortliche Verhalten setzende Gesundheitsförderung wird zum Instrument der Gesundheitsüberforderung mit dem besonders jene Menschen zur Übernahme von persönlicher Gesundheitsverantwortung aufgefordert werden, die über die geringste Gestaltungsmacht für die eigene Gesundheit verfügen. «

1.2 Ohne Ansehen der Person?

1.2.1 Individuelle Medizin

Die Idee zu diesem Buch entstand nicht zu Hause am Schreibtisch, sondern in meinem Sprechzimmer. Die Nöte meiner Patienten und die Grenzen meiner Einflussmöglichkeiten haben mich nicht nur Demut gelehrt, sondern auch zu dem Entschluss geführt, an dieser Stelle durch Kasuistiken zu belegen, dass einerseits oft gegen das Gleichheitsgebot im medizinischen Alltag verstoßen wird, dass andererseits aber selbst bei der egalitärsten Krankenbehandlung Unterschiede eine Rolle spielen, die nicht von uns Ärzten gemacht werden, sondern den sozialen Verhältnissen entspringen. Eine ärztliche Behandlung »ohne Ansehen der Person« ist also nicht die Lösung, weil etwas Entscheidendes ausgeblendet oder gar nicht erst wahrgenommen wurde: Jeder Kranke benötigt eine »individuelle Medizin«, die seinen sozialen Status, seine Möglichkeiten und Grenzen kennt und berücksichtigt. Dieser Terminus ist allerdings bereits inhaltlich völlig anders belegt, so dass hier eine Abgrenzung zur individualisierten (auch personalisierten oder stratifizierten) Medizin erforderlich wird. Durch den folgenden kurzen Auszug soll deutlich werden, dass diese Individualisierung auf pathogene biochemische oder genetische und keinesfalls auf krankmachende soziale Faktoren fokussiert (»Aktionsplan Individualisierte Medizin«, Bundesministerium für Bildung und Forschung 2013):

1

» Die moderne Molekularbiologie ermöglicht es, eine Vielzahl von Daten zu genetischen Grundlagen und biologischen Prozessen im Körper eines einzelnen Menschen zu identifizieren … Die Individualisierte Medizin nutzt diese Informationen, um Krankheiten früher zu erkennen, wirksamer vorzubeugen und zu therapieren … Sie … ist ein Innovationstreiber sowohl für die Forschung und die Versorgung, als auch für das Gesundheitssystem und die Gesundheitswirtschaft … Die individualisierte Medizin wirft auch ethische, rechtliche und ökonomische Fragen auf, auf die Antworten formuliert werden sollen. Diesem Zweck dienen die Förderung einer entsprechenden Begleitforschung sowie … Diskussionsplattformen unter breiter Beteiligung relevanter gesellschaftlicher Gruppen. «

Die heute der Medizin vorgesetzten Eigenschaftsworte: »moderne«, »personale«, »personalisierte«, »integrierte«, »stratifizierte« etc. sprechen für eine definitorische Unbestimmtheit, wie Medizin sein sollte. Und mit den Erwartungen in bestimmten Situationen (▶ Kap. 2) wechselt das Adjektiv: schulmedizinisch und somatisch soll sie sein, wenn ich ein Bein, psychosomatisch, wenn mein Herz gebrochen ist. »Klassenmedizin« (hier zukünftig ohne Anführungszeichen) steht paradigmatisch für eine Heilkunst mit den verschiedensten Eigenschaften, die Patientenerwartungen aufnimmt, nachfragt und nachschaut, wo der Patient steht und was er braucht. Das ist eine medizinische Selbstverständlichkeit: Bei krankheitsbezogen gleicher Ausgangslage, einem gebrochenen Bein zum Beispiel, kann es sein, dass die Behandlungsplanung sehr unterschiedlich ausfallen muss, um dem Patienten gerecht zu werden: Der Angestellte bekommt einen Gips und lässt sich am nächsten Tag von seiner Frau ins Büro fahren, die alleinstehende alte Dame, die im 3. Stock ohne Aufzug wohnt, ist in der Rehaklinik gut versorgt, und der Gerüstbauer ist erst mal krank zu schreiben.

Anders verhält es sich mit den schichtspezifischen Risiken, an einem Herzinfarkt oder einem Schlaganfall zu erkranken (▶ Abschn. 1.1.2). Hier findet meist notfallmäßig die gleiche Standardtherapie statt, die sich nicht nach Schichtzugehörigkeit unterscheidet – und das ist zunächst auch gut und richtig so –, die aber schnell das schichtspezifisch

unterschiedliche Risiko (ggf auch für Rezidivereignisse, für einen erneuten Herzinfarkt oder Schlaganfall) vergessen lässt.

1.2.2 »Erfahrung der Selbstwirksamkeit«

Ich werde versuchen darzulegen, dass diese schichtspezifischen Unterschiede nicht mit den für Schichten oder Gesellschaftsklassen typischen soziologischen Kriterien erklärbar sind. Es ist nicht das Geld oder die Bildung oder die berufliche Stellung oder der Wohnort für sich genommen, sondern die mangelnde »Erfahrung der Selbstwirksamkeit« (Bandura 1995), die sozial unterschiedlich verteilt ist, bei der gängigen Abgrenzung der Schichten unberücksichtigt bleibt, aber das Kranksein und Gesundwerden negativ beeinflusst. Häufig besteht eine Statusinkonsistenz (in bis zu 25 %; Siegrist 2005), d. h. beispielsweise, um Einkommen und Wohnverhältnissen und andere »Statussymbole« steht es besser als um Bildung und Selbstwirksamkeit. »Erfahrung von Selbstwirksamkeit« ist die auf positiven Erfahrungen begründete Zuversicht eines Menschen, seine Angelegenheiten überwiegend erfolgreich regeln zu können.

Fallbeispiel 1.2: 58-jährige Patientin, Arbeitsplatzverlust
Eine 58-jährige alleinstehende Frau beklagt Schlaflosigkeit, Kopfschmerzen, Herzklopfen seit 3 Wochen. Es liegt ein Bluthochdruck vor, der von mir erstmalig medikamentös behandelt wird, der übrige Untersuchungsbefund (inkl. Labor) und eine spezielle Herzuntersuchung (Ergometrie, Herzecho) erbringen keine weiteren Normabweichungen.

Sie habe vor 3 Wochen ihre Arbeit als Aushilfe in einer Bäckerei verloren, weil sie mit dem neuen Kassencomputer nicht zurechtkam, alles sei falsch verbucht gewesen. Der Chef hätte sie »im Laden voll mit Kunden runtergeputzt«, und sie habe den Stress nicht mehr ausgehalten und im Geschäft einen Heulkrampf bekommen. Die Kollegen hätten ihr geraten, zur Gewerkschaft zu gehen und gegen die Kündigung zu klagen, aber sie sei da ja nicht Mitglied und habe Angst, dass sie dann vor Gericht müsse.

Sie ist geschieden, aus der Ehe bestehen noch Schulden, die sie monatlich mit 100 Euro abzahlt. Sie befürchtet, demnächst ihre Miete nicht mehr zahlen zu können oder als Harzt IV-Empfängerin aus ihrer Zweieinhalbzimmerwohnung ausziehen zu müssen.

Sie rauche 20 Zigaretten am Tag, habe oft schon versucht aufzuhören, dann. nehme sie aber immer gewaltig Gewicht zu. Früher sei sie regelmäßig schwimmen gegangen, aber sie schäme sich nun wegen ihrer »Figur« (sie ist nach den geltenden Grenzwerten stark übergewichtig), und es sei ihr jetzt auch zu teuer geworden. Sie sei seit der Scheidung sehr depressiv und bekomme vom Nervenarzt dagegen ein Medikament (Nebenwirkung u. a. Gewichtszunahme). Der habe ihr eine Psychotherapie empfohlen, aber bei den Therapeuten auf der Liste, die er ihr gab, sei sie telefonisch nie durchgekommen. Sie macht mir nach unserem dritten Gespräch das »Geständnis«, dass sie nicht lesen und schreiben kann.

Zahlreiche soziale Faktoren, die tatsächlich in der Unterschicht häufiger vorkommen, beeinträchtigen den wichtigen Erfahrungsschatz der Selbstwirksamkeit oft negativ. Mangelnde Erfahrung mit »aufschiebenden Belohnung« betrifft z. B. speziell den Präventionsgedanken: »Ich tue heute etwas nicht, damit morgen etwas nicht passiert …« – hier mit dem Zusatz: »… was ich mir heute noch nicht vorstellen kann (oder will).« Die Tagelöhnererfahrung der unmittelbaren Belohnung und der sofortigen Nutzung des Erarbeiteten ist in der Unterschicht verbreitet, zumal der Spielraum fürs Sparen gering ist, also nicht geübt werden kann.

> **Schichtspezifische soziale Determinanten mit negativen Auswirkungen auf die »Selbstwirksamkeitserfahrung«**
> - Niedriges Einkommen, Armut
> - Niedrige Bildung
> - Harte, gesundheitlich fordernde Arbeitsbedingungen
> - Erhöhte Unfallgefahr
> - Arbeitslosigkeit
> - Schlechte Wohnbedingungen

> - Ungesunde Ernährung
> - Tabak- und Alkoholkonsum/-missbrauch
> - Mangelnde Bewegung
> - Mangelnde Gesundheitsvorsorge
> - Fehlender sozialer Rückhalt
> - Erfolglosigkeit
> - Subjektive oder objektive Unfreiheit
> - Mangel an praktischen Kompetenzen
> - Unstrukturiertheit, Orientierungslosigkeit
> - Gefühl, »überflüssig« zu sein
> - Analphabetismus
> - Schwellenängste
> - Mangel an Erfahrung mit »aufschiebender Belohnung«
> - Fehlende oder ungenügende Einsicht in Handlungskonsequenzen

Wer sich bisher in seinem Leben – ob als Migrant (▶ Kap. 6) oder Einheimischer und ob zu Recht oder zu Unrecht bleibe dahingestellt – als fremd und ausgegrenzt, isoliert, getrieben und als Opfer der Verhältnisse erlebt hat, wird im Krankheitsfall nicht über Nacht plötzlich zum kompetenten Manager seiner Erkrankung. Dazu bedarf er eines abgestuften »Empowerments« (Kofahl et al. 2011), dessen erstes Ziel es ist, die eigene Selbstwirksamkeit positiv zu erfahren, dafür bestätigt zu werden, die Barrieren Stück für Stück abzubauen und ein Leben mit der Krankheit v. a. bei chronischen Verläufen als machbar zu erleben. Die heute verbreitete Forderung an Patienten, ihre Eigenverantwortung wahrzunehmen, setzt eine gehörige Portion Selbstwirksamkeitserfahrung (»Gestaltungsmacht«, Schmidt 2008) voraus. Maßnahmen und Erlebnisse, die eine Förderung oder Schwächung dieser wichtigen Erfahrung bewirken können, sind in ▣ Tab. 1.1 einander gegenübergestellt worden.

Patienten aus der Unterschicht können sich bei Lebensschwierigkeiten oder Fitnessproblemen keinen privaten Coach leisten. Nach meiner Erfahrung ist es so: In der Mittel- und Oberschicht sind die Probleme oft psychologischer Natur und (zumindest theoretisch) einer psychologisch einfühlsamen Intervention oder einer psychotherapeutischen Behandlung zugänglich. Es existieren soziale Airbags: Erprobte Kompensationsmechanismen

◼ Tab. 1.1 Fördernde und hemmende Einflüsse auf die Selbstwirksamkeitserfahrung. (Kalvelage u. Kofahl 2013b, adapt. nach Bandura 1995)

	SW-Verstärkung	SW-Schwächung
Eigene Leistungserfahrung (»performance experiences«)	Erfolge angesichts überwundener Schwierigkeiten (Schulabschluss, Führerschein, erfolgreiche Diabetes-Schulung, Gewichtsabnahme etc)	Früheres Versagen, das nicht auf Faulheit oder widrige Umstände zurückgeführt werden kann (keine Lehrstelle, Arbeitsplatzverlust, Scheidung)
Mittelbare Erfahrungen (»vicarious experience«)	Erfolgreiche Personen (Vorbilder) im Umfeld, Nachahmung von Strategien (erfolgreich studierende Kinder, angesehene Nachbarn, engagierte Eltern)	Erfolglosigkeit/Versagen von Bezugspersonen im Umfeld, Perspektivlosigkeit (»Alle sind arbeitslos und übergewichtig.«)
Verbale Bestärkung (»verbal persuasion«)	Bestätigung, Lob durch Personen mit Vertrauenswürdigkeit, Sachkenntnis, Ansehen (Arzt oder Krankenschwester, Arzthelferin, medizinische Fachangestellte, Diabetes-Beraterin, auch bei kleinen Fortschritten)	Unechtes Lob, unrealistische Bewertung, Überforderung, Abschiebung (»Sie schaffen das schon!«, »Ja wenn Sie meinen, dass Sie das so schaffen, bitte!« »Das freut mich aber, dass Sie Ihre Medikamente endlich mal mitbringen!«)
Körperliche und seelische Reaktionen (»physical and emotional reactions«)	Geringer Stresslevel bei der Lösung neuer Aufgaben, gutes Coping, Stolz (Krankheit und damit verbundene Einschränkungen werden im Arbeitsalltag integriert: Blutdruck-Selbstmessung, Insulininjektion)	Große Aufregung und Unkonzentriertheit bei kleinen Veränderungen, behandlungsbedürftige Depression, Erfahrung des Scheiterns in der Vergangenheit (Diäten)

und hilfreiche Beziehungen, ein finanzieller Spielraum sind meist vorhanden. Meine Patienten aus der Unterschicht – selbstverständlich keineswegs alle – leiden eher an den sozialen Verhältnissen, in denen sie leben, sind arbeitslos, haben keine Perspektive und keine Hoffnung, haben weniger Ausgleichsmöglichkeiten und Psychotherapie ist ihnen ein – so fremd wie fern erscheinender – Luxus. Sie empfinden das folgendermaßen: Bei »Psyche« kommt der Psychologe, der Psychiater oder der Psychotherapeut, bei »Soziales« muss man zu Ämtern. Die Zugangsschwelle für eine Psychotherapie ist hoch und nach meiner Erfahrung bewusst (zu) hoch angesetzt. Die Begründung dafür lautet meist, dies sei als ein Test der Motivation nötig. Außerdem ist ein zielstrebiges und hartnäckiges Therapieplanungsmanagement im Vorfeld erforderlich, das aus den dargelegten sozialen Gründen von vielen Patienten nicht erwartet werden kann (siehe Fallbeispiel 1.2). So schließt sich ein unguter Kreis: Das Soziale belastet die Psyche, deren Behandlung scheitert an sozialen Hürden, die Belastung nimmt zu ... Der Patient der Unterschicht ist ausgeschlossen (Baumann 2005):

» Die Gründe für den Ausschluss von Menschen mögen verschieden sein, doch für diejenigen, die ihn hinzunehmen haben, fallen die Ergebnisse jeweils ziemlich ähnlich aus. Diese Menschen stehen vor der schwierigen Aufgabe, die Mittel für ihr physisches Überleben zu sichern, während ihnen gleichzeitig das Selbstvertrauen und die Selbstachtung genommen wurden, die für das soziale Überleben nötig sind. Sie haben keinen Anlass, feinsinnige Unterscheidungen zwischen intendiertem Leid und selbstverschuldetem Elend anzustellen. Man kann es ihnen nachfühlen, wenn sie sich zurückgesetzt fühlen, wenn sie aufgebracht und erbost sind, vor Wut schnauben und auf Rache sinnen – und doch haben sie bereits gelernt, dass Widerstand vergeblich ist, und das Verdikt ihrer eigenen Unterlegenheit hingenommen. Sie könnten sich wohl kaum wieder aufraffen, all diese Gefühle in wirksames Handeln umzusetzen ... Sie sind überflüssig geworden, entbehrlich, werden nicht gebraucht und nicht gewollt, und ihre Reaktionen, ob sie nun neben der Sache liegen oder ganz ausbleiben, wandeln dieses Urteil zu einer sich selbst erfüllenden Prophezeiung. **«**

1.2.3　Herausforderungen an den Arzt

Wer als Arzt – sei es aus Bequemlichkeit, wegen fehlender Erfahrungen (das Medizinstudium vermittelt dazu wenig Konkretes) oder aus falsch verstandener politischer Korrektheit – seine Patienten ununterscheidbar gleich ansieht und behandelt, ihre soziale Situation nicht aufdeckt und damit die ungleichen individuellen Voraussetzungen verkennt, wird die immer komplizierter werdende Medizin mit ihren hohen Anforderungen an das Selbstmanagement des Patienten nicht oder nur mühsam für alle Beteiligten an den Mann oder die Frau bringen können.

Es geht also darum, in der Arztausbildung und in allen Bereichen des Medizinbetriebs Sensibilität zu wecken für eine schichtsensible Behandlung der sich uns anvertrauenden Patienten und Modelle zu entwickeln, wie auf durchaus unterschiedlichem Wege die gleichen Therapieziele für alle Patienten erreicht werden können. Dazu ist bereits beim ersten Patientenkontakt dreierlei nötig:

- »**positive Diskriminierung**« (Mielck 2000) im Sinne von wertfrei orten und unterscheiden, wo der Patient steht,
- **Vermeiden sozialer Distanzierung**,
- Herstellen einer **Passung** gemeinsam mit dem Patienten, die eine notwendige Voraussetzung für den Behandlungserfolg darstellt (von Uexkuell 2002; siehe auch Der »gute Arzt«, ▶ Abschn. 2.5).

1.3　»Lehre der Klassenmedizin«

Dieses Buch liefert Fallbeispiele und Handreichungen für den medizinischen Praxisalltag. Der Titel könnte missverstanden werden: entweder als Anleitung zur Zweiklassenmedizin oder als Aufruf zum Klassenkampf dagegen. Im Gegensatz zu den meisten wissenschaftlichen Arbeiten und Lehrbüchern zur »psychosozialen Medizin« (Siegrist 2005; Buddeberg 2004; Schwartz 2012) ist dieses auf den ersten Blick polemisch und erscheint einseitig. Das wissenschaftliche Einerseits-andererseits, das Sowohl-als-auch mag vermisst werden. Es könnte der Eindruck entstehen, die Menschen der Unterschicht sollten hier geschont werden und

der Gesellschaft – nicht den Einzelnen – würde die Verantwortung für alle Defizite und Probleme angelastet. Dazu schrieb schon Rousseau: »Das schlimmste Unheil ist freilich schon eingetreten, wenn man Arme verteidigen und Reiche im Zaum halten muss« (Rousseau [1755], Politische Ökonomie, zit. nach Rosanvallon 2013).

Ich kann und will diesen Eindruck nicht widerlegen. Der Grund ist, dass ich als Arzt, wir als Team in einer Praxis, einen Standpunkt einnehmen müssen, also parteiisch werden. Heute fehlt es nicht an Forderungen, diskriminierenden Zuschreibungen und Vorwürfen von oben herab. Auch das ist ein parteiischer Standpunkt (Vester 2009). Richtige Armut, heißt es trotzig, gebe es doch gar nicht mehr bei uns, und die Gerechtigkeitsdebatte sei gestrig.

1.3.1　Armut und Perspektivlosigkeit

> **Definition von Armut**
> - Weltweit: absolute Armut bei weniger als 1,25 Dollar/Tag
> - Deutschland: Armut nimmt Bezug auf das Haushaltsnettoeinkommen, das in zwei Hälften aufgeteilt wird: eine reichere und eine ärmere, deren Mittelpunkt oder Median (2011: 1643 Euro) als Bezugsgröße gilt für die weitere Differenzierung in
>   - prekären Wohlstand bei 70 % des Medians (2011: 1150 Euro),
>   - Armutsgefährdung bei 60 % (2011: 986 Euro),
>   - relative Einkommensarmut bei 50 % (2011: 822 Euro),
>   - Armut bei 40 % oder weniger (2011: 657 Euro).

Manche Intellektuelle beklagten sogar vermeintliche Umverteilungen von oben nach unten als ungerecht und schlugen – als ein Aufruf zur Revolution präsentiert – vor, wieder zur Mildtätigkeit statt der steuerfinanzierten Sozialleistungen zurückzugehen:

Peter Sloterdijk (2009) entfachte in der *Frankfurter Allgemeinen Zeitung* vom 13.6.2009 eine Diskussion unter dem Stichwort »Kapitalismus und

Kleptokratie – die Revolution der gebenden Hand«. Wie bei Sarrazin (2010) war die Reaktion der Kritiker vereinzelt und verhalten. Immerhin formulierte Axel Honneth in *Die Zeit* (27.9.2009) eine scharfe Replik (»Fataler Tiefsinn aus Karlsruhe, zum neusten Schrifttum des Peter Sloterdijk«). Andere Autoren stellen fest: »Die gesellschaftliche Akzeptanz von Armut scheint sich in den letzten Jahren erhöht zu haben, wohingegen die Akzeptanz der Armen selbst eher sinkt« (Butterwegge 2012). »Nicht der Armut kommt Würde zu, sondern nur den Armen« (Johann Hinrich Claussen, *Die Zeit*, 19.11.2009).

Das Soziale, die offensichtlichen schichtspezifischen Besonderheiten und Bedürfnisse der Patienten, fallen gegenwärtig in (der praktischen) Medizin und Gesellschaft auf einen blinden Fleck. Ich möchte den Leser einladen, mit mir zusammen genauer hinzugucken (Nassehi 2013):

》 … Perspektiven sind stets eingeschränkt, sonst wären sie keine … [Der Intellektuelle muss in der Lage sein], die Beschränkung der Perspektiven als Perspektiven zu verstehen und damit besonders selbstkritisch den Vorrang der Praxis vor dem Räsonieren – eben weil letzteres auch eine Praxis ist … Ein blinder Fleck lässt sich niemals überwinden – aber man kann ihn beobachten, wenn man von einer anderen Perspektive aus hinschaut. 《

Meine hier eingenommene Perspektive ist die »von unten«. In der Praxis nutze ich zwar Wissenschaft und sammle Erfahrung, die sich wissenschaftlich auswerten lässt; ich bin aber nicht als Wissenschaftler gefragt, sondern als mit wachsamer Aufmerksamkeit hinschauender und zum Handeln verpflichteter Arzt.

»Wissen(schaft) ist Macht« (Francis Bacon 1561–1626). Macht ist »oben«. Macht ist nach Max Weber (1972) die Chance, innerhalb einer sozialen Beziehung den eigenen Willen auch gegen Widerstreben durchsetzen zu können. Diese Haltung ist der Heilkunst fremd.

Ein beachtenswerter Einwand gegen eine generelle Machtverachtung stammt von Bauer-Jelinek (2007). Hier findet sich auch eine konstruktive Kritik des »Gutmenschen«-Verhaltens, die sich deutlich von dem meist polemisch-abwertenden Gebrauch des Begriffes abhebt:

》 Machtkompetenz ist die längst überfällige Erweiterung der bislang zu einseitig gesehenen Sozialkompetenz … Während Sozialkompetenz einen positiv besetzten Begriff darstellt, wird alles, was mit Macht zu tun hat, nach wie vor eher negativ bewertet … eine geradezu gefährliche Sichtweise, denn sie hindert einen Großteil der Menschen an der Durchsetzung ihrer Interessen. So wie früher Lesen und Schreiben einer privilegierten Schicht vorbehalten waren und heute…zu den allgemein zugänglichen Kulturtechniken zählen, muss auch die Machtkompetenz ihren Weg in alle Schichten der Gesellschaft finden, wenn diese sich emanzipieren wollen. 《

Ein weiterer, hilfreicher Ratgeber (Berckhan 2004), ideal zur Stärkung des Selbstbewusstseins und der Selbstwirksamkeit – ebenfalls von einer Frau geschrieben – hat den Titel »So bin ich unverwundbar«. Ich habe ihn manchem meiner Patienten ans Herz gelegt.

Fast alle gesellschaftlichen Maßstäbe, Trends und Regeln werden von den höheren Schichten gesetzt. Sie legen fest, was »normal« ist, und der Arzt übt von oben, qua Mandat, die gesellschaftliche Kontrolle abweichenden (kranken) Verhaltens aus. »Das Leben der **Anderen**« (Herv. d. Verf.) (2006, Regie: Florian Hencke von Donnersmarck) wird – wie im gleichnamigen Film über die Stasi in der DDR – ignoriert oder observiert, kritisiert und darin hinein interveniert, je nachdem wie gestört sich die **einen** von den Abweichungen der **anderen** fühlen. Nolte (2004), ▶ Kap. 4) fordert zur »Erziehung der Unterschichten« auf, so wie es Aufgabe der Stasi war, widerstrebende Volksgenossen umzuerziehen. Deshalb klingt seine Forderung auch so wenig interessiert an den Menschen, eher drohend als hilfreich. Wer wirklich mehr Bildung erreichen will, muss zuerst gegen die Verdummung ankämpfen (Adorno 1951):

》 Wer die Wahrheit übers unmittelbare Leben erfahren will, muss dessen entfremdeter Gestalt nachforschen, den objektiven Mächten, die die individuelle Existenz bis ins Verborgenste bestimmen. 《

Die *Bild-Zeitung* wird zum Beispiel nicht von Proleten gemacht und RTL nicht von der Unterschicht.

Beide stehen aber für deren vermeintlich offenkundig schlechten Geschmack, deren Unzuverlässigkeit, Unbildung und Vulgarität (Bourdieu 1992):

>> Die herrschende Kultur zeichnet sich immer durch einen Abstand aus. Nehmen wir ein einfaches Beispiel: Skifahren war früher eher ein aristokratisches Vergnügen. Kaum war es populär geworden, kam Skifahren außerhalb der eingefahrenen Pisten auf. Kultur, das ist auch immer etwas »außerhalb der Piste«. Kaum bevölkern die breiten Massen die Meeresstrände, flieht die Bourgeoisie aufs Land. Das ist ein simpler Mechanismus, aber er ist wichtig, will man verstehen, warum der Begriff der »populären« oder Volkskunst ein Widerspruch in sich ist. Damit ist keineswegs behauptet, dass die unteren Klassen nichts hätten. Sie haben etwas und sie sind etwas, sie haben ihren Geschmack und ihre Vorlieben – nur lässt sich das häufig nicht zum Ausdruck bringen, und wenn doch einmal, dann wird es sofort objektiv entwertet ... Es gibt mithin eine populäre Kultur im ethnologischen Sinn, aber diese Kultur ist als »Bildung« wertlos. <<

Bild-Zeitung und RTL verfolgen keine pädagogischen, sondern ökonomische Absichten. Sie locken ihre Konsumenten weiter hinein in die Sackgasse der niederen Instinkte und Vorurteile, die bedient werden, sie scheuen sich nicht, zu manipulieren und zu verdummen, es ist ihr Geschäftsmodell.

Herbert Marcuse (1967) hat bereits vor 50 Jahren in »Der eindimensionale Mensch« den Zusammenhang von Manipulation und Konformismus herausgearbeitet und festgestellt:

>> ... [dass meist] mangels theoretischer Analysen die Ursachen der beschriebenen Verhältnisse unaufgedeckt und beschützt« [bleiben]. »... aber dazu gebracht, für sich selbst zu sprechen, reden die Verhältnisse eine deutliche Sprache. Vielleicht verschafft man sich das durchschlagendste Beweismaterial dadurch, dass man einfach ein paar Tage lang jeweils eine Stunde das Fernsehprogramm verfolgt oder sich das Programm von AM-Radio (AM = Amplitudenmodulation, Art der Sender-Signal-Übermittlung auf der Mittelwelle, d. Verf.) anhört, dabei die Reklamesendungen nicht abstellt und hin und wieder den Sender wechselt. <<

Den *Bild*- und RTL-Machern gegenüber empfindet sich Nolte (2004) allerdings nicht als erziehungsberechtigt. Es scheint so, als gäben die oberen Schichten der als Affen empfundenen Unterschicht den Zucker, der früher Opium fürs Volk hieß. Keiner kann aus seiner Haut, keiner will »unten« sein und die »unten« erwarten von »oben« keinen Messias und weisen jegliche Anbiederung und alle Besserungsversuche zurück, die als Einschüchterung durch Bildung(sandrohung) – vielleicht nicht so formuliert aber so – empfunden werden. Monika Maron (2013) dazu in *Der Spiegel*:

>> Der britische Literaturwissenschaftler John Carey schreibt in seinem Buch »Hass auf die Massen« (Carey), dass ein großer Teil der englischen Intellektuellen, unter ihnen Virginia Woolf, die Einführung der allgemeinen Schulpflicht ablehnten, weil sie den Einfluss der Unterschicht auf das Geistesleben und die Kunst fürchteten. Nach Careys These zog sich die Kunst, als die Unterschicht des Lesens und des Schreibens kundig war und die ersten zaghaften und manchmal ungeschickten Schritte in die bis dahin verschlossene Geisteswelt der Oberschicht wagte, ins Unverständliche zurück. <<

Carey, Professor für englische Literatur an der Oxford University, zitiert eine Fülle von Fallbeispielen aus der englischen Literatur, die – oft in den Vorurteilen und dem Verhalten der Protagonisten – die Einstellungen ihrer Autoren und/oder der Intellektuellen der damaligen Zeit (1880–1939) widerspiegeln. Er ist dafür in seiner Heimat empört als Nestbeschmutzer beschimpft worden (Carey 1996 aus dem Vorwort zur deutschen Ausgabe):

>> Die Kritik zielte in verschiedene Richtungen, doch im Wesentlichen führte sie zwei Argumente ins Feld: Man warf mir vor, dass ich die intellektuelle Gemeinschaft verriete, indem ich sie von innen heraus angriff. Als Literaturprofessor in Oxford stehe es mir nicht zu, solche Ansichten zu vertreten. Außerdem seien die Exklusivität und das Elitedenken, das ich den modernistischen Schriftstellern zuschreibe, seit jeher ein Merkmal bedeutender Kunst gewesen. Kultur war schon immer die Sache einer Minderheit und würde es immer bleiben. Daran sei nichts auszusetzen. <<

Es wäre interessant, die Literatur der Moderne einer solchen Untersuchung ihrer sozialen Sensibilität oder elitären Voreingenommenheit zu unterziehen. Innerhalb der medizinischen Wissenschaft ist mit vergleichbaren Reaktionen von Kollegen zu rechnen, wenn scheinbar Verrat an dem passiert, was den heutigen Medizinbetrieb »im Innersten zusammenhält«.

Die gesellschaftlichen Abstufungen reißen (gut gepflegte) Gräben auf, die alleine mit Respekt überwindbar sind. Es wird dazu hier ein solidarischer Standpunkt eingenommen, der aus der professionellen Position des Arztes heraus nach den Wünschen und Bedürfnissen der Menschen fragt, der ein Interesse an ihrem Entwicklungspotential hat und solches wecken möchte, der ihre Selbstwirksamkeit befördern möchte, ohne deren Zielrichtung bereits festgelegt zu haben oder bestimmen zu wollen.

Schichten haben aus dieser, meiner Perspektive auch in der heutigen Gesellschaft zumindest teilweise mehr Klassencharakter als gemeinhin gesehen wird. Wehler (2013) stellt dazu fest:

» Vor kurzem galt es unter namhaften deutschen Soziologen als chic, anstelle der harten Barrieren der sozialen Ungleichheit die bunte Vielfalt der Individualisierung und Pluralisierung zu beschwören. Anstatt die Hierarchie der Klassenformationen, auch der Eliten und der Unterschichten, zu analysieren, wurden stattdessen die Vorherrschaft vager Milieus und diverser Lebensstile ins Feld geführt … Dieser modischen Denkschule folgten Teile des gehobenen Feuilletons und Sprecher der politischen Klasse nur zu bereitwillig, da der in Deutschland noch immer als marxistisch verpönte Klassenbegriff und die Realität der in Klassen gegliederten Marktgesellschaft auf diese Weise sprachkosmetisch verdrängt werden konnten. «

Heute wird – in der Soziologie wie auch (unbewusst) in der Gesellschaft – die **funktionalistische Theorie sozialer Ungleichheiten** bevorzugt: Schichtung ist demnach ein »natürliches Ordnungselement, das zum Funktionieren des sozialen Systems beiträgt. Die talentierten und fähigen Individuen leisten viel, haben großen Einfluss und werden dafür auch belohnt, d. h. sie erwerben einen hohen sozialen Status. Wenig talentierte und schlecht qualifizierte Individuen leisten hingegen weniger und stehen deshalb unten …« (Buddeberg 2004). Die Belohnungsunterschiede spornen die Fähigen zu einer höheren Leistung an.

Als meritokratische (darin steckt, man hat **verdient**, wo man steht) Triade zur Abgrenzung von Schichten gelten:
- Bildung,
- berufliche Stellung,
- Einkommen.

Dieses Modell mag die Lebenswirklichkeit eines großen Anteils der Bevölkerung mit hohem oder mittlerem Sozialstatus beschreiben oder denen gerecht werden, die über soziale Mobilität, also die Möglichkeit verfügen, selbst (**intragenerative Mobilität**) oder zumindest in der nächsten Generation (**intergenerative Mobilität**) sozial aufzusteigen. Für ein Viertel oder Fünftel unserer Gesellschaft ist das reine Soziologentheorie, die an der Lebenswirklichkeit vorbeigeht und die den Faktor Selbstwirksamkeit und deren mangelhafte Erfahrung noch nicht einmal in ihr Schichtmodell integrieren kann. Die Selbstwirksamkeit eines Menschen wird durch sein Einkommen sehr viel weniger repräsentiert als durch sein Vermögen. **Vermögen** wird hier in seiner doppelten Bedeutung gebraucht als:
- das Geldvermögen und der ebenso vom Einkommen unabhängige materielle Besitz – das Vermögen korreliert noch besser als das Einkommen mit einer positiven Erfahrung der Selbstwirksamkeit und (Existenz-)Sicherheit und ist wie diese ungleich verteilt: Die reichsten »Zehnprozent« kontrollierten im Jahr 1970 44 %, im Jahr 2010 bereits 66 % des gesamten Volksvermögens (Wehler 2013).
- die Fähigkeiten, Erfahrungen und Möglichkeiten eines Individuums, seine Freiheit, selbst wirksam werden zu können, wann immer dies nötig ist oder gewollt wird.

Ich erlebe die soziale Mobilität vieler Patienten in der Praxis als beinahe ausweglos eingeschränkt und ihre Ungleichheit, ihr Unvermögen, meist als **unverdient**, z. B. als Folge eines sozialen Abstiegs bedingt durch Scheidung, Unfall, Krankheit, Flucht und prekären Aufenthaltsstatus, Arbeitsplatzverlust und Hartz IV-Abstufung, also als **Konflikt:** zwischen Arbeit in gut bezahlten Jobs mit sicherer (An-)Stellung und Arbeitslosigkeit, zwischen Eliten und wenig Privilegierten, zwischen Armut und Reichtum, zwischen gesund und krank, zwischen Oben und Unten, wichtig und überflüssig, zwischen Wissen und Fehlinformiertsein (oder -werden), zwischen Fördern und Fordern, Macht und Ohnmacht.

Auch Thomas Morus (1516[1], 1983) scheint ein Anhänger der **Konflikttheorie der sozialen Ungleichheit** zu sein (siehe Zitat aus Utopia am Buchanfang), die heute gerne als »von gestern« abgetan wird. Richtig ist: Klassenkampf von unten gegen oben findet nicht (mehr) statt, vielmehr ist ein Abgrenzungskampf nach unten gegen den (befürchteten) eigenen sozialen Abstieg und die bereits Abgestiegenen zu beobachten. Vor allem die Mittelschicht sieht sich als Elite oder »Leistungsträger«, die sich bevorzugt mit der Oberschicht solidarisieren und von der Unterschicht abgrenzen. Diese Haltung ist psychologisch nachvollziehbar, zumal angesichts der Verunsicherungen nach den verschiedenen Finanzmarktkrisen der letzten Jahre: Dotcomblasen-, Banken- und Eurokrise. Ökonomisch ist es allerdings unsinnig, wenn Angehörige der Mittelschicht gegen eine »Millionärsteuer« zu Felde ziehen, die sie selbst niemals betreffen würde. Diese Solidarisierung nach oben hat etwas von Wunschangst (Angst vor Verlust, Wunsch nach Erfolg). Die Sozial- und Finanzpolitiker versuchen laufend Konflikte auszutarieren durch zeitweise Begünstigung der weniger Privilegierten zu Lasten der Privilegierten und umgekehrt, unter vorrangiger Respektierung des Wunsches nach Besitzstandswahrung der Privilegierten. Ob man mit dem Ergebnis zufrieden sein kann, hängt vom eigenen Standpunkt ab. Denn richtig ist auch: Die soziale Ungleichheit bleibt bestehen oder nimmt zu, auch wenn man darüber mit vielen Zahlen (die meist alleine das Einkommen und nicht das »Vermögen« im weitesten Sinne betreffen) gut kontrovers streiten kann. Vester (2009) bemerkt:

» Die soziale Grunderfahrung ist hier (im unterprivilegierten Milieu, d. Verf.) die Abhängigkeit. Die Gesellschaft wird nach dem Gegensatz von Macht und Ohnmacht erlebt … Wenn die soziale Welt als unüberbrückbarer Gegensatz interpretiert wird, entsteht eine Art fatalistischer Habitus. Das Leben erscheint als Schicksal, als Natur – oder auch als Glücksspiel. Es wird nicht erwartet, für anhaltende Mühen angestrengten Arbeitens und Bildungserwerbs einen gerechten Lohn zu erhalten. Man wird um den Lohn der Mühen ohnehin betrogen, weil der Zufall oder die Mächtigen es so wollen. Man »hat Pech«, wird »nicht anerkannt« oder die Lehrer, die Vorgesetzten, die Behörden »haben etwas gegen einen«. Wenn dann die Bemühungen um bessere Bildung oder Gesundheit von vorneherein nicht unternommen werden, kann sich ein Teufelskreis der Benachteiligung entwickeln, der klassische Fall der »self-fulfilling-prophecy«. **«**

Talentierte und fähige Individuen, wie sie die funktionalistische Theorie voraussetzt, sind keine Einsteins mit einer Kaspar Hauser-Biografie, die aus dem Nichts auftauchen und alle möglichen Fähigkeiten mitbringen; sie wachsen und gedeihen in fördernden Milieus wie die Pflanze im Gewächshaus, das ist das Ambiente der Mittel- und Oberschicht. »Fähigkeit oder Begabung« sind »auch das Produkt einer Investition von Zeit und kulturellem Kapital« (Bourdieu 1992). Die Kinder aus der Unterschicht haben wie Pflanzen in der Wüste geringere Chancen des intellektuellen Aufblühens (Bourdieu 1971), weil ihren Eltern nicht nur das Geld fehlt, sondern auch das kulturelle Kapital und oft auch die nötige Zeit für die Kinder. Oder, schlicht ausgedrückt, aber wie ausgeführt inzwischen wissenschaftlich belegt: Armut der Eltern (in all ihren Ausprägungen, nicht nur der materiellen) kann gescheite Kinder (ver-)dumm(t) erscheinen und verkümmern lassen (Haller 2012). Die notwendige und nachweislich wirksame Förderung muss von jenen akzeptiert und durchgesetzt und ggf. auch durchgeführt und finanziert werden, die ihrer nicht bedürftig sind, ja, die ihre privilegierte Stellung oder die ihrer Kinder ggf. sogar an die von ihnen selbst geförderte Konkurrenz von unten verlieren könnten. Deshalb muss die Förderung immer wieder gegen Beschneidungen verteidigt werden, soll nach Ansicht weiter

Kreise das Gymnasium mit seinen Privilegien und Zugangsbarrieren doch lieber bestehen bleiben …

Der Hamburger »Schulstreit«

In Hamburg plante der schwarz-grüne Senat mit Bürgermeister Ole von Beust (CDU) 2010 eine Schulreform, die u. a. ein »gemeinsames Lernen« bis zur 6. Klasse in einer Primarschule vorsah. Die Schüler sollten in den ersten 6 Jahren gemeinsam lernen und unabhängig von ihrer Herkunft die gleichen Chancen erhalten (Details siehe Bertelsmann Stiftung 2011). Gegen diese Absichten erhob sich massiver Widerstand, der von einer Volksinitiative »Wir wollen lernen« angeführt und angefacht wurde. Der von ihr herbeigeführte Volksentscheid lehnte mehrheitlich die Senatspläne ab.

Ole von Beust (CDU) nannte die Initiative eine »Elite mit mangelnder Verantwortungsbereitschaft« und führte weiter aus, »dass die Wohlhabenden sich nur um ihre Interessen kümmern und diejenigen, die in einer schwierigen Situation leben, nicht einmal mehr die Hoffnung oder die Chance haben, dass es besser werden kann«.

Die Wahlbeteiligung lag in den Stadtteilen mit schlechter sozialer Lage und hoher Arbeitslosigkeit (z. B. Billstedt oder Wilhelmsburg) zwischen 15 und 25 %, in den besser-gestellten Stadtteilen (z. B. Nienstedten, Blankenese) zwischen 55 und 60 % der Wahlberechtigten. Die Einzelanalysen zeigen, dass die Ablehnung der Senatspläne bei den Wahlbeteiligten vorherrschte. Die niedrige Beteiligung an der Abstimmung in den sozial schwachen Stadtteilen zeigt erneut, dass selbst solche politische Maßnahmen hier keine Unterstützung finden, die eine Verbesserung der sozialen Lage (hier der zukünftigen Schulkinder) herbeiführen könnten. Der massiven finanziellen und ideologischen Mobilmachung der Gegner der Senatspläne hatten die Befürworter kaum etwas entgegenzusetzen. Dies ist ein Grund für das fehlende Wahlengagement. Der wichtigere aber ist die fehlende Erfahrung der Selbstwirksamkeit (Wahlrecht nutzen für Veränderung!) in der Unterschicht. Sie pflanzt sich fort in die Zukunft der eigenen Kinder (die kein Gymnasium besuchen und kein Studium beginnen werden), weil ihre Eltern und Familien die Chance nicht erkannten, durch ihr »Selbstwirksam-Werden« **heute** in Zukunft etwas für sie verändern zu können (mangelnde Erfahrung mit aufschiebender Belohnung).

Der Schulstreit zeigt, dass der individuell zugeschriebenen Lernbehinderung oftmals eine gesellschaftlich zu verantwortende Lern**ver**hinderung vorausgeht. Es ist dies ein Beispiel für »symbolische Gewalt«. Sie ist nach Bourdieu (1992) in den Handlungen (Mobilisierung zur Aufrechterhaltung der Unterschiede) verborgen, deren Inhalt (die Absicht, Unterschichtkinder vom Gymnasium fern zu halten) gewaltsam, aggressiv ist, deren Handlungsform (Volksentscheid) jedoch gewaltfrei, demokratisch, legitim daherkommt. Dazu Morus (1516[1], 1983):

» Haben die Reichen erst einmal im Namen des Staates, das heißt also auch der Armen, den Beschluss gefasst, ihre Machenschaften durchzuführen, so erhalten diese sogleich Gesetzeskraft. «

Und Bourdieu (1992) stellt fest:

» Die symbolische Macht, ist eine Macht, die in dem Maße existiert, wie es ihr gelingt, sich anerkennen zu lassen, sich Anerkennung zu verschaffen; d. h. eine (ökonomische, politische, kulturelle oder andere) Macht, die die Macht hat, sich in ihrer Wahrheit als Macht als Gewalt, als Willkür verkennen zu lassen. Die eigentliche Wirksamkeit dieser Macht entfaltet sich nicht auf der Ebene physischer Kraft, sondern auf der Ebene von Sinn und Erkennen … Die symbolische Herrschaft ist eine sanfte Form der Herrschaft, die mit der abgenötigten (oder unbewussten) Komplizenschaft derer ausgeübt wird, die ihr unterworfen sind. «

Wie in den vorindustriellen Klassengesellschaften findet auch heute für Teile der Bevölkerung in der Unterschicht eine Statuszuweisung qua Geburt statt. Arbeitslosigkeit und schlechte Schulchancen können sozial vererbt werden (siehe auch Schütte 2013; Gresch 2012). Die theoretisch durchlässige Schichtungsstruktur der Gesellschaft ist zumindest für diesen unteren Teil zur Klasse verfestigt, aus der so leicht kein Aufsteigen möglich ist (▶ Kap. 7).

Wenn das kein fulminanter **gesellschaftspolitischer Konflikt**, wenn das keine Bestätigung der Konflikttheorie sozialer Ungleichheit ist!

Die Universität Duisburg-Essen fördert Bildungsaufsteiger und Migranten über Stipendien, ein Mentorenprogramm und veranstaltet Seminare speziell für zukünftige Lehrer, um später Potenziale von Schülern besser erkennen und fördern zu können. Noch sind solche Vorstöße engagierten Hochschullehrern wie der Vizerektorin Ute Klammer zu verdanken, sie ist verantwortlich für »Diversity Management«; sie verdienen eine bundesweite Nachahmung! (Christian Heinrich, »Die bunte Uni«, *Die Zeit*, 24.10.2013; Hauenschild et al. 2013).

»Lehre der Klassenmedizin« hat also einen Standpunkt, und sie beschreibt Konflikte. Sie ist gemeint wie »Lehre der Infektionskrankheiten«, die bekanntlich ihren tödlichen Schrecken erst verloren, als der **Fortschritt der Medizin** (Entdeckung der Erreger, Impfungen, Antibiotika) in Verbindung mit einem **Umdenken in der Gesellschaft** (Hygiene, Fürsorge) zu einer Veränderung führte der sozialen und **gesundheitlichen Realitäten** – auch damals bereits konfliktreich aber mit dem größten Nutzen für den Gesundheitszustand der Angehörigen der unteren Schichten (Tuberkulose, Typhus, Kindersterblichkeit, Geschlechtskrankheiten).

Ignatz Semmelweis

Ein Protagonist dieses Umdenkens war Ignatz Semmelweis (1818–1865). Er führte die Asepsis (Keimfreiheit) in die Geburtshilfe ein und bekämpfte damit als erster erfolgreich das tödliche Kindbettfieber, noch bevor die Erreger bekannt waren. Semmelweis ließ seine Studenten, die zuvor in der Pathologie Leichen untersucht hatten, sich die Hände in Chlorlösung desinfizieren (Entfernung des »Leichengifts«), bevor sie seine Patientinnen auf der Wochenstation vaginal (damals noch ohne Handschuhe!) untersuchen durften. Für diesen »spekulativen Unsinn« wurde er von seinen Kollegen gescholten und aus der Klinik verdrängt.

Als »Semmelweis-Reflex« (Leary u. Wilson 1993) wird heute die Abwehr bezeichnet, mit der Angriffe auf etablierte Dogmen oder Paradigmen der Medizin beantwortet werden. Mit dem Sozialen, der Lebenswirklichkeit der Patienten geht »die Medizin« heute in der Regel noch so um wie damals mit Semmelweis` Chlorlösung. Sie werden nicht genutzt, der Semmelweis-Reflex funktioniert auch nach 150 Jahren noch. In der folgenden Kasuistik soll dies einmal unabhängig von der Schichtzugehörigkeit des geschilderten Patienten beschrieben werden.

Fallbeispiel 1.3: 54-jährige Patient mit Verdacht auf vasovagale Synkopen

Der 54-jährige Patient, äußerst besorgt, kommt zusammmen mit seiner Ehefrau(!). Er habe vor 3 Wochen bei der Arbeit einen »Anfall« erlitten, sei bewusstlos zu Boden gesunken, war mit dem Notarzt ins Krankenhaus eingeliefert worden, man habe dort nichts gefunden. Seitdem besteht Arbeitsunfähigkeit. Er war bereits beim Kardiologen – nichts gefunden, der empfahl ggf. eine Koronarangiografie (Herzkatheter), beim Neurologen – nichts gefunden, der empfahl eine Darstellung der Halsgefäße (Carotiden-Duplex-Untersuchung) – nichts

gefunden, beim Hausarzt, der empfahl eine erneute Kontrolle des bisher unauffälligen Langzeit-EKGs und stellte die Überweisung aus. Das Ergebnis war: nichts gefunden. Sollte jetzt die Koronarangiografie erfolgen?

Es kommt zu einem Gespräch gemeinsam mit der Ehefrau: Seit 30 Jahren ist er im Außendienst einer Firma tätig, die Aufzüge wartet. Er sei speziell in Altenheimen und Krankenhäusern im Einsatz, da ginge es »immer um schnell-schnell«. Sie seien immer weniger Techniker, die immer mehr Aufträge abarbeiten müssten. Am Tag des Anfalls – es war Urlaubszeit und 2 Kollegen abwesend – hätte ein Notfall eingeschoben werden müssen. Darüber gab es mit seinem Vorgesetzten eine heftige, laute Auseinandersetzung, er konnte sich nicht durchsetzen und war dabei, den Notfallauftrag auszudrucken, als er sich neben dem Drucker auf dem Boden wiederfand, umringt von den Mitarbeitern.

»Ich glaube, es war der Stress«, sagt die Ehefrau, ihr Mann sei so leistungsbesessen und könne nicht neinsagen, lasse sich immer Zusatzaufgaben »hereindrücken« und sei sogar oft am Wochenende unterwegs, wenn er gar keinen Notdienst habe. Darüber sei bisher aber niemals mit den behandelnden Ärzten gesprochen worden.

Der Patient kann diese Interpretation akzeptieren, ja, er sei oft wütend gewesen, an diesem Tag sei es aber erstmals aus ihm herausgebrochen, was er so lange unterdrückt habe mit der Faust in der Tasche. Er sehe aber zwischen seinem Anfall und dem Stress keinen richtigen Zusammenhang und wisse vor allem nicht, wie es weitergehen soll in der Firma.

Nach 3 weiteren gemeinsamen Gesprächen entscheidet er sich, zunächst keine Koronarangiografie durchführen zu lassen und abzuwarten, ob irgendwann wieder Beschwerden auftreten; er werde seine Arbeit wieder aufnehmen, aber zuvor mit dem Betriebsrat klären, wie die Arbeit anders aufgeteilt werden könnte, z. B. dass primär die jüngeren Mitarbeiter die Notfälle zugeteilt bekommen. Die vorläufigen Arbeitsdiagnosen lauten: Verdacht auf vasovagale Synkope, akuter psychosozialer Konflikt.

Da passiert etwas (unerklärliche Ohnmacht im obigen Fallbeispiel oder Frauen sterben an tödlichem

Fieber im Wochenbett zur Zeit von Semmelweis), es gibt Theorien über die Ursache (Herzrhythmusstörung, verengte Herzkranzgefäße oder Milchstau, Ausbleiben der Menstruation bei den Müttern), und weil die wahre Ursache (Konflikt am Arbeitsplatz oder Bakterien des »Leichengifts«) nicht bekannt ist oder nicht (an-)erkannt wird, kann wirkliche Abhilfe (hier Einschalten des Personalrats oder seinerzeit Hygiene, Asepsis zur Vermeidung des Kindbettfiebers) nicht erfolgen!

1.3.2 Anforderungen an die soziale Kompetenz

Lehre der Klassenmedizin heißt, Lehren zu ziehen aus einer Medizin, in deren Praxis das Soziale noch »ohne Autonomie und ohne eigene Substanz mitgeschleift wird« (Adorno 1951) und die sich wertemäßig an der Lebenswirklichkeit der Mittel- und Oberschicht als Normal-Null-Punkt orientiert und soziale Abweichungen mit einer strengen, unter Umständen zur moralischen Keule werdenden Elle (Kampf gegen die Dicken, ▶ Kap. 8; Mikroallokation, ▶ Kap. 9) nachmisst. Sie lehrt, dass soziale (Ge-)Wissen zu schärfen und zu nutzen, umso mehr, je niedriger der soziale Status dessen ist, der dem Arzt als Patient gegenübertritt.

Klassenmedizin ist nicht »Medizin light«, sie komplettiert die ärztliche Behandlung zu einer Heilkunst, die den Namen »Kunst« verdient. Sie hat **nicht weniger** anzubieten, sondern **mehr**, sie gestaltet ihre Angebote **anders**, sie steht für eine Heilkunde, die verfügbare Fähigkeiten, Erfahrungen und Techniken aus Psychologie, Psychotherapie, Verhaltensmedizin, Sozialarbeit anwendet und die Empathie und gesunden Menschenverstand in Verbindung mit erstklassigem medizinischen Wissen und Können in ihre Therapie integriert: eine »integrierte Medizin« im psychoziosomatischen Sinne also, die leistet, was ihr Adjektiv verspricht. Und wir brauchen dazu die besten und kompetentesten Ärztinnen, Ärzte, Arzthelferinnen, Krankenschwestern und -pfleger, Psychologen, Sozialarbeiter u. v. m. mit der erforderlichen Sensibilität, die neben ihrer fachlich-medizinischen Qualifikation ein besonderes Maß an psychosozialer Kompetenz besitzen. Diese bekommt man nicht automatisch

von der Uni oder in der Ausbildung mit, und sie war als Auswahlkriterium für leitende Positionen bisher meist eher hinderlich. Alle professionell Beteiligten sollten schichtspezifische Versorgungsprobleme kennen, wahrnehmen und dazu eine gut informierte Meinung haben und gemeinsam Konzepte (als essentiellen Teil des Qualitätsmanagements) entwickeln, die das Wissen zu zielgerichtetem Handeln werden lassen. Die heute verbreiteten **Unmutsäußerungen von Ärzten** (▶ Kap. 5 und ▶ Kap. 7) über ihre Arbeitsbedingungen, die Situation der GKV und die Gesundheitspolitik der jeweiligen Regierung werden der ärztlichen Verantwortung nicht gerecht. Sie ersetzen nicht eine klare Positionierung in der Klassenfrage.

Die Forderung, Patienten aus der Unterschicht und ihrem sozialen Umfeld heute – wie damals bei der Bekämpfung der Infektionskrankheiten – vermehrte Aufmerksamkeit in der praktischen Medizin zukommen zu lassen, resultiert

- aus der Medizingeschichte (Virchow:: »Die Ärzte sind die natürlichen Anwälte der Armen ...«),
- aus den oben zitierten aktuellen epidemiologischen Daten (erhöhtes Erkrankungs- und Sterberisiko),
- der Tatsache, dass die (mangelnde) Erfahrung der Selbstwirksamkeit eindeutig mit schichtspezifischen Parametern der Unterschicht korreliert und
- dem mit besonderen Privilegien ausgestatteten gesellschaftlichen Auftrag an die Ärzteschaft.

Damit wird aber auch deutlich, dass es neben den Ärzten noch weiterer »Anwälte« in allen gesellschaftlichen Bereichen (Schule, Ausbildung, Kulturbereich) und in der Politik bedarf, die eine Stärkung der Selbstwirksamkeitserfahrung auf ihre Fahnen schreiben müssten und z. B. bei »Hartz IV-Maßnahmen«, beim »Fördern und Fordern« nicht laufend die Ö-Pünktchen vergessen dürften. Bildungsexperten haben nach den Pisa-Studien (2012) erkannt, dass es nicht **die** Schüler, **die** Schule oder **die** Lehrer, **die** Bildungspolitiker oder **die** Eltern sind, die jeweils für sich genommen für die »Bildungsmisere« verantwortlich zu machen sind, sondern ein komplexes Zusammentreffen von ungünstigen Faktoren und überforderten Akteuren bei fehlender sozialer Kompensationsmöglichkeit für die betroffenen Kinder.

Der Bildungsforscher John Hattie (2013) stellt demgegenüber die Rolle der Person des Lehrers als wichtigsten Bedingungsfaktor für den Lernerfolg der Schüler heraus. Sein viel beachtetes Buch »Visible learning« belegt dies beeindruckend. Er hat aus 800–900 Metaanalysen, die auf über 50.000 Studien mit ca. 250 Millionen Lernenden zurückgreifen, 138 Faktoren extrahiert und gewichtet. Seine Erkenntnis: Auf den Lehrer kommt es an! Lernen und Lernprozesse sollen sichtbar werden, indem die Lehrer mit den Augen der Schüler sehen und diese zu ihrem eigenen Lehrer werden. Es ist dies das gleiche Ziel, das durch »Empowerment« in der Medizin erreicht werden soll.

Der sozioökonomische Status (SES) spielt nach Hattie (2013) beim Lernerfolg in der Schule selbstverständlich auch eine große Rolle. Die von ihm analysierten Studien zeigen etwas Erstaunliches: Noch wichtiger als der SES der Eltern ist der SES der Schule! Bezogen auf die Gesundheitskompetenz und den Behandlungserfolg in der Medizin bedeutet das (letztlich eine Bestätigung des gesunden Menschenverstandes): In einem Umfeld mit niedrigem SES sind die medizinischen Einrichtungen materiell und qualitativ besonders gut auszurüsten. Oder praktischer ausgedrückt: Wenn sich schon der SES der Patienten im Krankheitsfall nicht verbessern lässt, ist ein exzellenter Status der von ihnen aufgesuchten medizinischen Institutionen umso wichtiger. In der Wirklichkeit ist das bisher nicht gewährleistet (siehe Arztdichte, Ausstattung und Spezialisierung von Kliniken und Praxen in Stadt- oder Landesteilen mit niedrigem SES).

Nach meiner Auffassung können in der Schule wegweisende positive oder negative Erfahrungen der Selbstwirksamkeit gemacht werden, die später in allen gesellschaftlichen Bereichen wirksam sind. Spätestens seit PISA wird in der Gesellschaft diskutiert, was die *Frankfurter Allgemeine Sonntagszeitung* am 19.8.2013 mit »Schule ohne Mama? Nicht zu schaffen« überschreibt (Wolbring 2013). Das deutsche Schulsystem sei sozial selektiv. Für Kinder aus einem Akademikerhaushalt sei die statistische Wahrscheinlichkeit, dass sie selbst das Abitur oder einen Studienabschluss erwerben, viel höher als für Kinder aus bildungsfernen Milieus.

(siehe auch Gresch 2012) Mit Klassenmedizin soll die Aufmerksamkeit auf die soziale Selektion in der Medizin gelenkt werden. Eine Art Pisa-Schock könnte auch der praktischen Medizin gut tun mit dem Ziel einer sozialen Reformation der Heilkunst (▶ Kap. 9). Ich möchte nachweisen, dass den Ärzten dabei (wie in der Schule den Lehrern, siehe Hattie 2013) eine wichtige Aufgabe zufällt, die nur gemeistert werden kann, wenn die medizinischen Institutionen, die Arztausbildung, die Kooperation in der Heilkunde mit anderen Berufsgruppen und das Selbstbild der Ärzte entscheidende Veränderungen erfahren und die von ihnen verfassten Behandlungsleitlinien (siehe auch Brockmann u. Borgers 2001) die unterschiedlichen Lebenswirklichkeiten der Patienten berücksichtigen.

Beispiel aus der Diabetologie

Wie notwendig dies ist, zeigt ein Beispiel aus der Diabetologie in 3 Akten:

1. Akt: Die mittelfristigen Behandlungs-Ziele der Diabetologen (Verminderung der Diabeteskomplikationen wie Erblindung, Amputation), niedergelegt in der St. Vincent Deklaration (Saint Vincent Declaration 1989), sind trotz der Disease Management Programme und trotz des Ausbaus der ambulanten Diabetesbehandlung und -schulung neben einzelnen Verbesserungen im Großen und Ganzen nicht erreicht worden (IGES 2012).

St. Vincent ist das Utopia der Diabetologen.

2. Akt: In der Bad Neuenahrer Erklärung von Diabetes und Psychologie e. V. und der AG Psychologie und Verhaltensmedizin der DDG von 2001 wurde beklagt, dass 600.000 Migranten mit Diabetes in Deutschland ungenügend versorgt seien. Die damals ausgelöste Debatte ergab, dass v. a. soziale und nicht etwa kulturelle oder ethnische Gründe für die schlechtere Versorgung verantwortlich waren. Migranten und ihre deutschen Nachbarn mit gleichem sozialen Status und Diabetes taten sich gleich schwer mit den fast gymnasial anmutenden Diabetesschulungen, die jedem Diabetespatienten angeboten werden sollten, die aber von Patienten aus der Unterschicht deutlich weniger und mit weniger Erfolg (Kalvelage 2012; Helfrich-Brand 2009) wahrgenommen wurden.

Bad Neuenahr ist das Pisa der Diabetologen.

Die Bad Neuenahrer Erklärung lenkt die Aufmerksamkeit auf Patientengruppen mit besonderem, bisher unerfülltem Versorgungsbedarf. Ein Grund für die unbefriedigende Erreichbarkeit bestimmter Patientengruppen und damit auch der St-Vincent-Ziele mag sein, dass letztere zu ambitioniert und utopisch zu hoch gesteckt sind. Dies sollte aber kein Grund sein, von den Leitlinienzielen abzuweichen, sondern ein Anlass, die besonderen Bedürfnisse bisher vernachlässigter Patientengruppen deutlich zu artikulieren und Lösungen gemeinsam zu suchen. Die (aktuell durchaus problematische) Inklusion der Schulen entspricht einer noch zu entwickelnden, alle Bevölkerungsschichten integrierenden Medizin.

Genau dies passiert aber – wenn überhaupt – nur sehr zögerlich, so als hafte dem Sozialen etwas Unreines, die Wissenschaft Kontaminierendes an:

3. Akt: Im Jahr 2013 verabschiedet die Deutsche Diabetes Gesellschaft (DDG), die wissenschaftliche Fachgesellschaft der Diabetologen, eine Neuauflage ihrer S2-Leitlinie »Psychosoziales und Diabetes« (DDG 2013). Auf 159 Seiten werden ausführlich die verschiedensten Aspekte des Themas behandelt und die evaluierten Schulungsprogramme dargestellt. Individuelle und psychologische Patientenprobleme werden gründlich erörtert: von Demenz, Alkohol-Tabak-Abhängigkeit, Angststörungen, Essstörungen bis zu Depression und Schizophrenie. **Aber:** »Es fehlt das Soziale« (Kalvelage u. Kofahl 2013a)

Die Lebenswirklichkeit der Menschen mit Diabetes, ihre Auswirkung auf Coping und Empowerment, die soziale Bedeutung des Widerstands in der Behandlungssituation (▶ Kap. 4) als abzuklärendes Symptom, die Chancenungleichheiten durch Bildungsunterschiede und sozioökonomischen Status und die daraus folgenden schlechteren Chancen für die Verwirklichung des Selbstmanagements der Erkrankung sowie auch kulturell bedingte unterschiedliche Auffassungen von Gesundheit und Krankheit bleiben merkwürdig konsequent ausgespart. Folglich fehlt auch die Darstellung von zumindest teilweise vorhandenen Lösungsansätzen zu diesen Komplexen.

Die Leitlinie Psychosoziales und Diabetes spiegelt die Realität und den Stellenwert des Sozialen in der heutigen Medizin wider. In der Diabetologie

kann darüber zumindest schon offen gestritten werden – wenngleich der Widerspruch (siehe Kalvelage u. Kofahl 2013a) noch auf der Leserbriefebene stattfinden muss und keinen Eingang in die Leitlinie findet …

Bei der hier vorgenommenen Fokussierung auf die Unterschicht soll aber keineswegs vergessen werden, dass alle Patienten, gleich welcher Schichtzugehörigkeit, von einer sozial(er)en Medizin profitieren. Dies ist ein wünschenswerter Nebeneffekt, den Fallbeispiel 1.3 belegt. Für die Lösung sozialer Probleme, die es selbstverständlich auch in den oberen Gesellschaftsschichten gibt, ist allerdings seltener ein Arzt nötig. Es stehen andere »Anwälte« zur Verfügung, und Krankheit ist selten mit sozialen Faktoren (wie z. B. Schadstoffbelastung am Arbeitsplatz) verknüpft.

Der provokative Terminus Klassenmedizin muss im Interesse der Sache in Schutz genommen werden vor der Indienstnahme für rechte oder linke Agitation. In der Medizin ist weder Klassenkampf angesagt noch braucht es eine beständige Warnung, diese oder jene gesundheitspolitische Entscheidung führe schnurstracks in die »Zweiklassenmedizin«. Mit diesem populistischen Begriff arbeiten gerade ärztliche Standesvertreter gerne, die klassenkämpferischer Ambitionen eher unverdächtig sind, wenn ein Gesundheitsminister mal wieder den für Ärzte günstigen Status quo anrührt, wie aktuell z. B. bei der erwogenen (medizinisch gesehen sinnvollen, tatsächlich Klassenabstufungen beseitigenden) Abschaffung der Privaten Krankenversicherung (▶ Kap. 7). Zweiklassenmedizin kann es nur geben, wenn sie von Ärzten gegen ihre Patienten praktiziert wird als Kampfmittel in der gesundheitspolitischen Auseinandersetzung. Klassenmedizinische Lehre dagegen, wie wir sie verstehen, ist das Bemühen, einer denkbaren Zweiklassenmedizin durch Berücksichtigung der schichtspezifisch unterschiedlichen Bedürfnisse den Nährboden zu nehmen. Sie steht für eine neue Sichtweise, die sozialen Befunden den gleichen Stellenwert einräumt wie den körperlichen, so wie die psychosomatische Medizin mit nachhaltigem Erfolg das Psychische dem Somatischen gleichberechtigt an die Seite stellte. Michael Balint (1965), der große Psychosomatiker, beforschte die

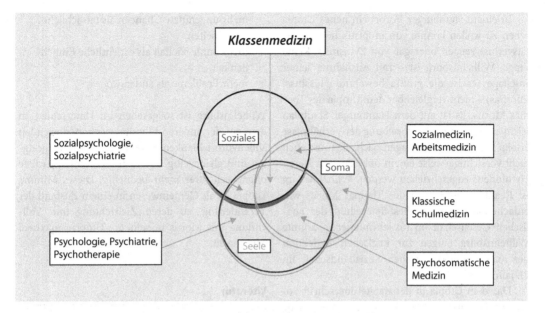

◘ Abb. 1.1 Klassenmedizin, eine schichtsensible Heilkunst, füllt den bisher schulmedizinisch unbeschriebenen Raum im Geflecht von Soma, Seele und Sozialem

Arzt-Patient-Beziehung und fand, was er die »Droge Arzt« nannte: dass die Person des Arztes wesentlich den Behandlungserfolg beeinflusst. Hans Ulrich Deppe, den ich hier sicher nicht zu Unrecht für die Klassenmedizin vereinnahme, legt den Akzent auf das Verhältnis Patient-Gesellschaft-Arzt und kommt zu dem Schluss: »Krankheit ist ohne Politik nicht heilbar« (Deppe 1987). Die Medizin verfügt also über zwei, zumeist noch vernachlässigte, nichtmedikamentöse Therapiepotenziale, die es zu nutzen gilt. Eine auf den 3 Säulen: Soma, Seele und Soziales beruhende Heilkunde könnte die Lösung vieler aktueller Versorgungsprobleme sein (◘ Abb. 1.1; selbstverständlich ist dieses Diagramm typisierend, es ignoriert z. B. viele Überlappungsbereiche). Eine solche Heilkunde existiert aber (noch) nicht. Sie ist eine wegweisende Utopie.

1.4 Wilhelmsburg

Ich ziehe meine zunächst mutwillig und unbelegt erscheinenden Schlüsse aus der Entwicklung und Bearbeitung sozialer Nahaufnahmen, den hier in einer Auswahl dokumentierten Kasuistiken. Sie entstanden in den letzten 30 Jahren in einem der bundesweit (neben Halle-Neustadt, Berlin-Neukölln und Köln-Chorweiler) bekanntesten sozialen Brennpunkte in der Metropole Hamburg, in Hamburg-Wilhelmsburg (siehe: Ini Zukunft Elbinsel Wilhelmsburg 2012; Geschichtswerkstatt Wilhelmsburg 2008). Sozial- und gesundheitspolitische Trends, Reformen und ihr Scheitern, aber auch die damit verbundenen Opfer, werden hier in ihren Auswirkungen oft zuerst gespürt und bringen vor Ort Probleme, aber auch Ideen und Strategien zu ihrer Lösung hervor und lassen stellenweise Utopien aufscheinen.

Heinz Buschkowsky (2012), der Bezirksbürgermeister von Neukölln, hat mit seinem Buchtitel »Neukölln ist überall« einerseits zu Recht auf die tatsächlichen Gemeinsamkeiten sozialer Brennpunkte hingewiesen, andererseits werden die beschriebenen Menschen und ihre Schicksale mit »überall« zu Beispielen, zum Akzidens ihrer sozialen Verhältnisse. Auch Blankenese, Königstein und Starnberg könnten »überall« sein, die Bewohner dieser Orte wissen dies zu verhindern und ihre Individualität zu schützen. Wilhelmsburg ist in meiner Sicht auch nicht »überall«, und das ist auch gut so!

In einem Hamburger Vorort ein neues Utopia sehen zu wollen könnte von utopistischem Realitätsverlust zeugen oder gar von Zynismus. Keine Frage, Wilhelmsburg ist – mit Ausnahme seiner Insellage (es ist die größte bewohnte Flussinsel Europas) – nicht vergleichbar dem Utopia des Thomas Morus. Es ist auf dem Hamburger Stadtplan leicht auffindbar, die Beschreibung der Verhältnisse erfolgt nicht dem Hörensagen nach, sie muss auch nicht vorsichtigerweise einem unbekannten Herrn Hythlodeus zugeschrieben werden. Wilhelmsburg ist Realität. Das Utopia des Thomas Morus war erdacht als sozialkritisches Spiegelbild der englischen Gesellschaft im 16. Jahrhundert – könnte Wilhelmsburg taugen zur kritischen Reflektion der realen bundesdeutschen Soziallandschaft im 21. Jahrhundert?

Das dem Utopia in der Kapitelüberschrift vorangestellte »minima« trägt einmal der Tatsache Rechnung, dass Wilhelmsburg kaum 5 % des Hamburger Stadtgebiets mit ca. 50.000 Einwohnern umfasst, dass Hochhäuser und nicht Utopien hier in den Himmel wachsen, dass alles, vom Durchschnittseinkommen der Bewohner bis zur Arztdichte, vom Kino bis zur Edelboutique, etwas weniger ist als im Durchschnitt – also die prototypische Vorwegnahme der angekündigten »Gesellschaft des Weniger« (Beck 1986) – dass hier ein Minimalstandard gehalten werden muss, Herstellung von Chancengleichheit am Existenzminimum versucht wird und überschäumender, satter Optimismus dementsprechend fehl am Platze ist. So gesehen könnte Wilhelmsburg auch als eine Maxima Calamitas, ein riesiges Missgeschick, erscheinen, maximal ausgestattet mit allem Negativen.

Minima utopia soll aber im Unterschied zu Morus' Utopia bedeuten:

- mehr Aufforderung zu Visionen als deren Besichtigung,
- mehr Aufmerksamkeit für das Wachsende, das Zukünftige als die Beschreibung von Klischees,
- mehr soziale Verantwortung und Aufmerksamkeit aller Bewohner und der gesamten Bürgerschaft für existenzielle Gefährdungen und solidarische Abhilfe,
- mehr Ermächtigung erforderlich als Macht vorhanden,

- mehr ungenutzte Chancen als tatsächliche Sicherheiten,
- mehr bunte Vielfalt als ordentliche Einheitlichkeit,
- mehr Probleme als anderswo.

Wilhelmsburg ist so gesehen im Unterschied zu dem auf der anderen Elbseite gegenüberliegenden Villenvorort Blankenese besser zum Utopia geeignet und gleichzeitig stärker für Zukunftsentwürfe offen, weil ihrer mehr bedürftig. Dieses Minima Utopia ist als Gemeinwesen in einem Zustand der Veränderung, zu deren Zielrichtung und Vollendung uns Morus in seinem »Utopia« maximal Mut macht.

Literatur

Adorno TW (1951) Minima Moralia, Reflexionen aus dem beschädigten Leben. Suhrkamp, Frankfurt/M

Aktionsplan Individualisierte Medizin, Bundesministerium für Bildung und Forschung (2013) ▶ http://www.gesundheitsforschung-bmbf.de/_media/BMBF_MASTER_Aktionsplan_IndiMed_V01.pdf. Zugegriffen: 2.3.2014

Balint M (1965) Der Arzt, sein Patient und die Krankheit. Fischer, Stuttgart

Bandura A (Hrsg) (1995) Self-efficacy in changing societies. University Press, Cambridge GB

Bardehle D, Stiehler M (Hrsg) (2010) Erster Deutscher Männergesundheitsbericht. Ein Pilotbericht. Zuckschwerdt, München

Bauer-Jelinek C (2007) Die geheimen Spielregeln der Macht – und die Illusionen der Gutmenschen. Ecowin, Salzburg

Baumann Z (2005) Verworfenes Leben. Die Ausgegrenzten der Moderne. Hamburger Edition, Hamburg

Beck U (1986) Risikogesellschaft. Auf dem Weg in eine andere Moderne. Suhrkamp, Frankfurt/M

Berckhan B (2004) So bin ich unverwundbar. Sechs Strategien, souverän mit Ärger und Kritik umzugehen. Heyne, München

Bertelsmann Stiftung (2011) Fallstudie Die Hamburger Schulreform. ▶ http://www.bertelsmann-stiftung.de/cps/rde/xbcr/SID-39C93603-12EF0790/bst/xcms_bst_dms_34575_34576_2.pdf. Zugegriffen: 15.9.2013

Bourdieu P (1971) Die Illusion der Chancengleichheit. Untersuchungen zur Soziologie des Bildungswesens am Beispiel Frankreichs. Klett, Stuttgart

Bourdieu P (1982) Die feinen Unterschiede. Kritik der gesellschaftlichen Urteilskraft. Suhrkamp, Frankfurt/M

Bourdieu P (1992) Die verborgenen Mechanismen der Macht. Schriften zu Politik & Kultur 1. VSA-Verlag, Hamburg

Brockmann S, Borgers D (2001) Die Handlungsrelevanz von Leitlinien in der hausärztlichen Versorgung. In: Berlinger T et al (Hrsg) Jahrbuch für kritische Medizin 35. Leitlinien. Argument, Hamburg

Buddeberg C (Hrsg) (2004) Psychosoziale Medizin. Springer, Berlin

Buschkowsky H (2012) Neukölln ist überall. Ullstein, Berlin

Butterwegge C (2012) Krise und Zukunft des Sozialstaats. VS-Verlag, Wiesbaden

Canetti E (1988) Die Befristeten. Hanser, München

Carey J (1996) Hass auf die Massen. Intellektuelle 1880 bis 1939. Steidl Verlag, Göttingen

Claussen JH (2009) Nicht der Armut kommt Würde zu, sondern nur den Armen. Die Zeit 48/2009

Deutscher Ärztetag (2005) Entschließungen zum Tagesordnungspunkt IV. Bericht: Krankheit und Armut. Dtsch Aerztebl 102(19):1377

Deutscher Ärztetag (2013) Entschließungen zum Tagesordnungspunkt II: Gesundheitliche Auswirkung von Armut. Dtsch Aerztebl 110(23–24): A1177

Deutsche Diabetes Gesellschaft (DDG) et al (2013) Psychosoziales und Diabetes. Teil 1 Diabetologie 8: 198–242, Teil 2 Diabetologie 8: 292–324

Deppe HU (1987) Krankheit ist ohne Politik nicht heilbar. Suhrkamp, Frankfurt/M

Deppe HU (2000) Zur sozialen Anatomie des Gesundheitssystems. Neoliberalismus und Gesundheitspolitik in Deutschland. VAS, Frankfurt/M

Erhart M, Herring R, Schulz M, Stillfried D von, Behörde für Gesundheit und Verbraucherschutz der Freien und Hansestadt Hamburg (2013) Morbiditätsatlas Hamburg. Gutachten zum kleinräumigen Versorgungsbedarf in Hamburg – erstellt durch das Zentralinstitut für die kassenärztliche Versorgung in Deutschland, im Auftrag der Behörde für Gesundheit und Verbraucherschutz Hamburg« Hamburg. ► http://www.hamburg.de/bgv. Zugegriffen: 19.2.2014

Frank M (2014) Das geschwächte Geschlecht. Die Zeit, 2.1.2014

Geschichtswerkstatt Wilhelmsburg Honigfabrik e. V., Museum Elbinsel Wilhelmsburg e. V. (Hrsg) (2008) Wilhelmsburg Hamburgs große Elbinsel. Medien-Verlag Schubert, Hamburg

Gresch C (2012) Der Übergang in die Sekundarstufe I. Leistungsbeurteilung, Bildungsaspiration und rechtlicher Kontext bei Kindern mit Migrationshintergrund. Springer VS, Wiesbaden

Hahn D (2010) Prinzip Selbstverantwortung? Eine Gesundheit für alle? Verschiebungen in der Verantwortung für Gesundheit im Kontext sozialer Differenzierungen. In: Bauer U. et al (Hrsg) Jahrbuch kritische Medizin und Gesundheitswissenschaften 46. Verantwortung – Schuld – Sühne. Argument, Hamburg

Haller M, Niggeschmidt M (2012) Der Mythos vom Niedergang der Intelligenz. Von Galton zu Sarrazin: Die Denkmuster und Denkfehler der Eugenik. Springer VS, Wiesbaden

Hattie J (2013) Lernen sichtbar machen. Schneider, Hohengehren

Hauenschild K, Robak S, Sievers I (Hrsg) (2013) Diversity Education. Zugänge, Perspektiven, Beispiel. Brandes & Apsel, Frankfurt/M

Heinrich C (2013) Die bunte Uni. Die Zeit, 24.10.2013

Helfrich-Brand E (2009) Schulung: modular und erlebnisorientiert. Diabetes-Forum 11: 15–22

Helmert U, Maschewsky-Schneider U, Mielck A, Greiser E (1993) Soziale Ungleichheit bei Herzinfarkt und Schlaganfall in Westdeutschland. Sozial und Präventivmedizin 38: 123–132

Honneth A (2009) Fataler Tiefsinn aus Karlsruhe, zum neusten Schrifttum des Peter Sloterdijk. Die Zeit 40/2009

IGES Institut GmbH (2012) Diabetes-Versorgung in Deutschland: Anspruch und Wirklichkeit im 21. Jahrhundert. Evidence-based health policy review. Ergebnisbericht. 2012. ► http://www.iges.de/leistungen/versorgungsforschung/diabetes/e11052/infoboxContent11723/IGESInstitutGutachtenDiabetesVersorgunginDeutschlandAnspruchundWirklichkeitim21.Jahrhundert_ger.pdf. Zugegriffen: 20.2.2014

Ini Zukunft Elbinsel Wilhelmsburg (Hrsg) (2012) Eine starke Insel mitten in der Stadt. Bürger-Engagement in Wilhelmsburg und auf der Veddel als Motor der Stadtteilentwicklung. info@zukunft-elbinsel.de. Zugegriffen: 20.2.2014

Kalvelage B, Kofahl C (2012) Aufklärung und Behandlung zuckerkranker Migranten. Die etwas andere Diabetesschulung. MMW Fortschr Med 153 (15): 39–42

Kalvelage B, Kofahl C (2013a) Es fehlt das Soziale! Kritik des Entwurfs der S2-Leitlinie Psychosoziales und Diabetes. Diabetologie 8: 282–283

Kalvelage B., Kofahl C (2013b) Behandlung von Migrantinnen und Migranten mit Diabetes. In: Petrak F, Herpertz S (Hrsg) Psychodiabetologie. Springer, Berlin

Kessl F, Reutlinger C, Ziegler H (2007) Erziehung zur Armut. Soziale Arbeit und die neue Unterschicht. Verlag für Sozialwissenschaft, Wiesbaden

Kofahl C, Mnich E, Kalvelage B (2011) Diabetesmanagement bei türkischstämmigen Zuwanderern. Diabetes, Stoffwechsel und Herz 20(5): 283–287

Kümmel P (2013) Wollt ihr wissen, wie lang ihr auf der Welt sein werdet? Die Zeit, 19.12.13

Lampert T, Kroll LE., Dunkelberg A (2007) Soziale Ungleichheit der Lebenserwartung in Deutschland. Politik Zeitgeschichte 42: 11–18

Lampert T, Kroll LE, von der Lippe E, Abteilung für Epidemiologie und Gesundheitsmonitoring, Robert Koch-Institut, Berlin (2013) Sozioökonomischer Status und Gesundheit. Ergebnisse der Studie zur Gesundheit Erwachsener in Deutschland (DEGS1), Bundesgesundheitsbl 56: 814–821. doi: 10.1007/s00103-013-1695-4. Springer, Berlin

Leary T, Wilson RA (1993) The game of life. New Falcon Publications, Phoenix AZ

Marcuse H (1967) Der eindimensionale Mensch. Luchterhand, Neuwied

Marmot M, Shipley M, Rose G (1984) Inequalities in death – specific explanation of a general pattern? Lancet I (8384): 1003–1006

Maron M (2013) Zeitunglesen. Der Spiegel 34

Merten R (2002) Psychosoziale Folgen von Armut im Kindes- und Jugendalter. In: Butterwege C, Klundt M (Hrsg) Kinderarmut und Generationengerechtigkeit. Leske & Budrich, Opladen

Mielck A (2000) Soziale Ungleichheit und Gesundheit. Empirische Ergebnisse, Erklärungsansätze, Interventionsmöglichkeiten. Huber, Bern

Morus T (1983) Utopia. Reclam, Stuttgart (Erstveröff. 1516)

Myrdal G (1963) Challenge of affluence. Random House, New York

Nassehi A (2013) Eine Kritik des gesunden Menschenverstandes. Oder: Krankheit als Chance. In: Nassehi A (Hrsg) Kursbuch 175. Gefährdete Gesundheiten. Murmann, Hamburg

Nolte P (2004) Generation Reform. Jenseits der blockierten Republik. Beck, München

PISA (2012) Ergebnisse: Was Schülerinnen und Schüler wissen und können, Bd I. Schülerleistungen in Lesekompetenz, Mathematik und Naturwissenschaften. doi:10.1787/9789264207479-de

Rosanvallon P (2013) Die Gesellschaft der Gleichen. Hamburger Edition HIS, Hamburg

Rosenbrock R, Gerlinger T (2004) Gesundheitspolitik. Eine systematische Einführung. Huber, Bern

Saint Vincent Declaration on diabetes care and research in Europe (1989) Acta diabetologia.10 (Suppl) 143–144

Sarrazin T (2010) Deutschland schafft sich ab. DVA, München

Schmidt B (2008) Eigenverantwortung haben immer die anderen. Der Verantwortungsdiskurs im Gesundheitswesen. Huber, Bern

Schütte JD (2013) Armut wird »sozial vererbt«. Status quo und Reformbedarf der Inklusionsförderung in der Bundesrepublik Deutschland. Springer, Berlin

Schwartz FW (Hrsg) (2012) Public Health. Gesundheit und Gesundheitswesen. Urban & Fischer, München

Siegrist J (1998) Soziale Ungleichheit von Gesundheitschancen. Folgerungen für die Praxis aus der Public-Health-Forschung. Gesundheitswesen 60: 614–617

Siegrist J (2005) Medizinische Soziologie. Urban & Fischer München

Sloterdijk P (2009) Kapitalismus und Kleptokratie – die Revolution der gebenden Hand. Frankfurter Allgemeine Zeitung, 13.6.2009

Stier B, Winter R (Hrsg) (2013) Jungen und Gesundheit. Ein interdisziplinäres Handbuch für Medizin, Psychologie und Pädagogik. Kohlhammer, Stuttgart

Uexküll T von (2002) Integrierte Medizin. Schattauer, Stuttgart

Vester M (2009) Milieuspezifische Lebensführung und Gesundheit. In: Bauer U et al (Hrsg) Jahrbuch kritische Medizin und Gesundheitswissenschaften 45. Health Inequalities. Argument, Hamburg

Weber M (1972) Wirtschaft und Gesellschaft. Mohr, Tübingen

Wehler H-U (2013) Die neue Umverteilung. Soziale Ungleichheit in Deutschland. Beck, München

Wilkinson RG (1997) Health inequalities: relative or absolute material standards? Br Med J 314: 591–595

Wolbring B (2013) Schule ohne Mama? Nicht zu schaffen. Frankfurter Allgemeine Sonntagszeitung, 19.8.2013

Internetquellen

Info Dienst für Gesundheitsförderung. ► http://www.gesundheitbb.de, jährlicher Kongress »Armut & Gesundheit« in Berlin

► http://www.maennergesundheitsportal.de. Zugegriffen: 3.3.2014

► http://www.stiftung-maennergesundheit.de. Zugegriffen: 3.3.2014

Vorsicht Arzt!

2.1 Gebrauchsanweisung für den Arzt

Das klingt befremdlich. Der Arzt ist ja nicht irgendein Gerät, in dessen Gebrauch ich mich einüben muss. Als Patient muss ich mir doch keine Gedanken machen, wie ein Arzt funktioniert und wie ich ihn korrekt handhaben muss! Entsteht nicht bei manchem Arztbesuch der Eindruck, dieser benötige viel dringender eine Gebrauchsanweisung: Wie gehe ich richtig mit meinem Patienten um?

Ein Schild mit der Aufschrift »Vorsicht Arzt« hatte der streitbare Chirurg Professor Julius Hackethal in den 80er-Jahren angeblich vor seinem Haus aufgestellt, um vor ignoranten Ärzten, uneinfühlsamen und besinnungslos operierenden Chirurgen, kurzum vor den Risiken und Nebenwirkungen des Arzt-»Gebrauchs« zu warnen (Hackethal 1978).

Die unverändert aktuelle Diskussion um die Qualität ärztlicher Behandlung zeigt, dass eine »Gebrauchsanweisung für den Arzt« – mit jeweils ganz unterschiedlichem Inhalt – für beide, den Patienten **und** seinen Arzt wichtig sein könnte:

- Vorsicht: Arzt! Wie kann ich **als Patient** aus der Rolle des zu verarztenden Objekts herauskommen oder gar nicht erst dort hineingeraten, wie kann ich leidend Hilfe suchen, Verantwortung an den Arzt abgeben und dennoch Subjekt und Partner des Arztes bleiben und meine Würde behalten, kurzum : Wie und wo werde ich gut behandelt als ein mündiger Patient?
- Vorsicht, Arzt! Wie reflektiert und selbstkritisch gebrauche ich **als Arzt** mein Arztsein, wie setze ich mich als heilende »Droge« (Michael Balint) ein, um genau diesen Prozess bei meinem Patienten zu befördern, kurzum: Was zeichnet gutes Arztsein aus?

Ich habe die nahe liegende Formulierung, »Wie werde ich ein guter Arzt?«, bewusst vermieden.

Bleiben wir zunächst einmal beim Patienten, der heute zunehmend an seine Eigenverantwortung erinnert und gerne als Kunde im modernen Dienstleistungsbereich Gesundheit hingestellt wird.

2.2 Der Patient als Kunde

Fallbeispiel 2.1: 59-jähriger Privatpatient
Ein 59-jähriger Patient, in der Praxis seit 2 Jahren mit seiner ganzen Familie in hausärztlicher Behandlung, beklagt sich über die zu lange Wartezeit; er sehe überhaupt nicht ein, dass er als Privater mit so vielen Türken in einem Wartezimmer sitzen müsse und verlangt Abhilfe. Es entwickelt sich eine lebhafte Diskussion.

Für den gesunden Menschenverstand ist es naheliegend, das heute in allen Bereichen unserer Dienstleistungsgesellschaft vorherrschende Bild vom Verbraucher und Verkäufer, Konsument und Dienstleister, auch auf Patient und Arzt anzuwenden. Die Vorteile sind offensichtlich. Als Kunde hat der Patient Anspruch auf:

- Anerkennung als mündiger, gleichberechtigter Partner,
- zuvorkommende Behandlung, Höflichkeit und Aufmerksamkeit,
- den Luxus, den er sich leisten kann,
- überprüfbare erstklassige Qualität,
- Reklamation bei Mängeln,
- die Nutzung von Sonderangeboten und »Schnäppchen«,
- einen – angesichts der konkurrierenden Mitanbieter – frei auszuhandelnden Preis für die gewünschte Leistung.

Kurzum, die Verbrauchersouveränität des Kunden Patient wendet eine Reihe von derzeit im Medizinbetrieb beklagten Missständen zum Besseren.

Fallbeispiel 2.1 (Fortsetzung)
Ich erkläre, die vermutete Nationalität der wartenden Mitpatienten spiele doch keine Rolle – doch, für ihn schon. Ich verweise auf unsere grundsätzlich gute Terminplanung, in der Regel liegt die maximale Wartezeit unter 15 Minuten – das sei ihm zu lang. Ich verweise auf die Möglichkeit, Befunde in der Telefonsprechstunde jeden 2. Tag abzufragen – da sei ja immer besetzt. Er sei schließlich ein zahlungskräftiger Stammkunde, der etwas mehr Entgegenkommen erwarten dürfe. Ich sage, bei uns

werden Privatpatienten nicht schlechter behandelt als die Mehrheit – da reicht es ihm, und er erklärt, sich einen Arzt zu suchen, der ihn besser verstehe. Wir trennen uns.

Hier wurde Verbrauchersouveränität ausgeübt und durch den Arztwechsel versucht, einen Kundenwunsch (jenseits der medizinischen Behandlung) erfüllt zu bekommen. Unschuld (2006) bemerkt dazu:

》 Der Arzt, der diesen Kundenerwartungen entspricht, bewegt sich auf der Ebene des Gewerbetreibenden. Coca Cola hat keine Verpflichtung, alle Dürstenden dieser Welt zu stillen. Coca Cola stillt nur den Durst derer, die sich das Getränk leisten können. …Der Arzt oder das Gesundheitswesen als Gewerbe hat keine Verpflichtung mehr, die Gesamtheit der Bevölkerung als Patienten wahrzunehmen. Im Blick hat der Gewerbetreibende nur seine Kunden – und das sind die, die es sich leisten können, seine Dienste in Anspruch zu nehmen. 《

Wer sich als Patient in die komfortabel fantasierte Rolle des Kunden hineindenkt, wird außerdem zur Kenntnis nehmen müssen, dass Kundesein heute nicht nur Ansprüche rechtfertigt, sondern die gleichen Abstufungen beinhaltet, die ihm in der Vorkunden-Medizin als drohende **Zweiklassenmedizin** begegneten. Der Begriff »Zweiklassenmedizin« beschreibt nicht eine unausweichliche Wirklichkeit, er ist bis heute immer noch Programm und setzt eine Entscheidung voraus, ist also nicht zwangsläufig die Folge irgendeines Gesetzgebungsverfahrens, auch wenn dies gerade von Ärzten immer wieder behauptet wird. Zweiklassenmedizin findet im Kopf (und Herz?) statt, es kann sie nur geben, wenn sie von Ärzten praktiziert wird. Kein Gesundheitsminister kann und will sie dazu zwingen. »Zum Glück gibt es auch Ärzte, die nicht von der Zweiklassenmedizin korrumpiert werden und alle Patienten gleich behandeln. Leider hört man von ihnen zu wenig Kritik am Verhalten ihrer Kollegen.« (Lauterbach 2007)

Umgang mit Kundendaten
Kundendaten werden seit langem von der Wirtschaft in einem Ausmaß gespeichert und ausgetauscht, dass eine tele-

fonische Bestellung beim Versandhaus z. B. über die Telefonnummer und vom Kunden bereits früher getätigte Geschäfte Informationen liefert, die darüber entscheiden, wie lange er in der Warteschleife des Callcenters kreist und ob er die Lieferung gegen Rechnung oder Vorkasse erhält. Eine Telefonnummer aus Hamburg-Wilhelmsburg oder Berlin-Neukölln war danach keine gute Visitenkarte. Hunderte von z. T. illegal erworbenen Daten – u. a. auch regionale Einkommensprofile – werden zu einem »Kundenprofil« verknüpft, von dessen Existenz der Kunde keine Ahnung hat, die aber darüber entscheiden, ob er kreditwürdig, also ein lukrativer Kunde ist oder einer für die Warteschleife. (Tarik Ahmia, *taz*, 16.1.2006 und »Wiso«, ZDF 16.1.2006).

Das Apotheken-Rechenzentrum VSA in München verkaufte Patientendaten in unzureichend verschlüsselter Form an Marktforscher wie den US-Konzern IMS Health (Hilmar Schmundt: »Pillendreher als Datendealer«, *Der Spiegel*, 19.8.2013). Es geht dabei um Daten von 42 Millionen Versicherten in Deutschland.

Die durch den NSA (National Security Agency)-Skandal bekannt gewordene privatwirtschaftlich-militärische Weitergabe von Kundendaten in den USA zeigt eine Quantität und Qualität von globaler Überwachung, die alles Bisherige harmlos und George Orwells »1984« wie ein Kindermärchen erscheinen lässt.

Schirrmacher (2013) schreibt in der *Frankfurter Allgemeinen Zeitung*:

》 Die Verstörung über Edward Snowdens Enthüllung ist … der Schock darüber, wohin uns die Marktautomaten der Informationsökonomie zielsicher navigiert haben: in die Welt von Doppelagenten, die uns Suchergebnisse, Bücher, Freundschaften oder auch nur einen Arzttermin verschaffen und im Gegenzug jeden einzelnen unserer Schritte aufzeichnen, speichern und weitermelden. …
Digitale Börsen-, Kommunikations- und Geheimdienstsysteme wollen nicht wissen, was war oder ist, sondern was sein wird. Sie wollen Risiken einpreisen und minimieren: vom Aktienkurs über die Kreditwürdigkeit, die Gesundheitsprognose bis hin zur Frage, ob man im Begriff ist, ein Verbrechen zu begehen. 《

Selbst wenn man in Frank Schirrmachers apokalyptischen Tenor nicht einstimmen mag: Es ist absehbar, dass der Patient als Kunde auf dem »Gesundheitsmarkt« auch noch den letzten Schutz aus der Patientenära, den der ärztlichen Verschwiegenheit, verlieren wird

2.3   Gesundheit ist doch keine Ware!

Es wird an dieser Sichtweise manchmal grundsätzlich kritisiert: »Gesundheit ist keine Ware« wie die Bluse vom Versandhaus (attac-Kampagne, Heidelberger Erklärung 2002). Dieser empörte Einwand zeigt, wie erfolgreich die Medizin als gesellschaftliche Institution bereits »vermarktet« ist, weil selbst diese Kritiker davon ausgehen, unser Medizin-»Betrieb« handele mit Gesundheit. Es ist eine riesige, geschickt verbreitete Illusion, Ärzte könnten Gesundheit verkaufen.

Fallbeispiel 2.2: 48-jähriger Patient aus dem Kosovo

Die in den 80er-Jahren eingeführte »Gesundheitsuntersuchung«, auf die Versicherte ab dem 35. Lebensjahr Anspruch haben, hat falsche Erwartungen geweckt. Sie umfasst neben einer körperlichen Untersuchung, einer Urinuntersuchung und der Bestimmung von Blutzucker und Cholesterin eine Beratung.

Ein 48-jähriger Rangierer aus dem Kosovo möchte die Untersuchung, um sicher zu sein, dass er ganz gesund ist, denn er hat 3 Kinder in Ausbildung und macht sich Sorgen, ob er noch 15 Jahre »durchhält«. Er ist seit 5 Jahren Nichtraucher, immer gesund gewesen, hat bei der Arbeit bisher keine körperlichen Probleme gehabt, ist aber in letzter Zeit oft schlaflos. Vor mehr als 20 Jahren habe er 10 Jahre lang in einer Gummifabrik gearbeitet.

Wir besprechen ausführlich seine Sorgen, und ich erkläre, dass es leider keine sicheren Untersuchungen gebe, die seine Gesundheit beweisen könnten. Aber ich schlage ihm eine erweiterte Diagnostik vor, als Krankenkassenleistung mit Belastungs-EKG und Röntgenuntersuchung des Brustkorbs und der Lungen (Thorax), da nicht auszuschließen ist, dass er in der Fabrik Asbestkontakt hatte.

Alle Befunde waren regelrecht, seine Sorgen seien jetzt deutlich weniger. Meine Abrechnungsdiagnose lautet: Ausschluss koronare Herzkrankheit, Ausschluss Asbestfolge-Krankheit.

Mancher selbsternannte Kritiker des Gesundheitswesens wie zum Beispiel Paul Nolte (2004) macht dem angeblich permanent Gesundheit nachfragenden Kunden Patient gar den Vorwurf des Anspruchsdenkens (▶ Abschn. 4.1). Das klingt aus der Kundenperspektive so, als werfe man dem Autokäufer vor, dass er das Auto fahren will, das der Händler ihm anpreist. Ärzte haben aber Gesundheit nicht in ihrem Angebot – wenn sie ehrlich sind! Mitnichten! Sie/wir bemühen sich/uns, mit sehr unterschiedlichem Erfolg, von Fall zu Fall (drohende oder manifeste) Mängel des Körpers oder der Seele zu beseitigen oder abzumildern, für die weder die Natur noch der – sich offensichtlich deistisch aus der Verantwortung stehlende – Schöpfer eine Garantie zu geben bereit waren.

Fallbeispiel 2.2 (Fortsetzung)

Es wurden Kosten verursacht, die über die einer Gesundheitsuntersuchung hinausgingen. War die Ausweitung der Diagnostik gerechtfertigt?

Die Sorgen des Patienten hatten bereits Symptome (Schlafstörungen) verursacht, er hatte kardiale (Ex-Raucher) und pulmonale (Asbestkontakt) Risikofaktoren; das war meine Begründung, die aber weder die Krankenkasse noch die Kassenärztliche Vereinigung mir abverlangte.

Der richtige Terminus für das Tätigkeitsfeld der Ärzte lautet: Krankheit auszuschließen, wie im letzten Fall, zu erkennen und zu behandeln und, wenn möglich, zu heilen.

Und in der Tat, Krankheit ist wahrlich als Ware unverkäuflich, Krankheit ist das letzte, was man gerne einkaufen oder sich einhandeln wollte. Unsere ärztlichen Vorfahren waren außerdem bescheiden und weise genug zuzugeben, dass noch nicht einmal das Heilen der Krankheiten ihre alleinige Leistung darstellt: »Medicus curat«, der Arzt behandelt, »natura sanat«, die Natur heilt, galt Jahrhunderte lang unwidersprochen. Dieses Eingeständnis der Grenzen der eigenen Potenz hat nicht zuletzt die besondere Stellung des Arztes in der Gesellschaft ausgemacht; es bestand eine Übereinstimmung darin, das Leben als etwas äußerst Verletzliches, Begrenztes und die Gesundheit als ein Geschenk anzusehen, das selbstverständlich nicht käuflich zu erwerben war. Die Zeiten haben sich geändert, unsere Natur nicht.

Wenn es niemals neue Autos geben könnte, weil uns z. B. entscheidendes Material und Know-how dafür fehlte, wäre der KFZ-Mechaniker in seiner Werkstatt, der unser Auto wieder heil machte, für uns der (Halb-)Gott im Blaumann für unsere autonome Mobilität, so wie der Arzt lange unser Halbgott in Weiß für unsere Gebrechen war, weil es keinen neuen Körper gab.

2.4 Ende des Halbgotts in Weiß?

2.4.1 Rollenwandel auf dem Gesundheitsmarkt

Die Apologeten des neoliberalen Medizinmarktes suggerieren nun ein Ende des Halbgottes – das mag man vielleicht als längst fällige Anpassung an die Moderne begrüßen, aber die Begründung ist falsch, nämlich: Gesundheit sei heute produzierbar wie neue Opels oder Toyotas. Arzt und Gesundheit werden so gleichermaßen – durch übersteigerte, unrealistische Erwartungen – entwertet und der Arzt wird entweder zum genialen (Gen-)Techniker oder nur noch zum Adressaten enttäuschter Kundenreklamationen. Anders ausgedrückt: Wir haben es mit einer Krise des ärztlichen Selbstverständnisses und einem Rollenwechsel auf der Patientenseite zu tun. Wir Ärzte sollen nicht mehr den Halbgott spielen, aber das göttliche Wunder der ewigen Gesundheit und Jugendlichkeit vollbringen.

Je eindeutiger der Patient auf seinen Kundenstatus pocht, umso weniger wird er die ärztlichen Leistungen bekommen, die es bisher immer umsonst gab: Empathie z. B. oder Menschlichkeit und Wertschätzung, ein Gehör, können nicht gekauft werden, man bekommt sie – entgegen allen Gesetzen des Marktes – immer noch geschenkt. Und an Hightech-Operationen und teuren Designer-Medikamenten alleine werden wir auch in Zukunft nicht genesen.

Fallbeispiel 2.3: 39-jähriger Patient mit Angina pectoris

Ein 39-jähriger Arbeiter der Kupferhütte kommt wegen seit 4 Wochen bestehender »Herzschmerzen« (klinisch: klassische, belastungsabhängige Angina pectoris). Er ist hinter der Fassade des starken Manns ängstlich; er komme nur, weil seine Ehefrau ihm zusetze, hat immer Sport getrieben, dabei jetzt zunehmend Beschwerden, Nichtraucher, sein Vater erlitt mit 50 Jahren einen Herzinfarkt, ein Bruder verstarb an einem plötzlichen Herztod. Sein Cholesterinspiegel sei als erhöht bezeichnet worden, bisher keine Medikamenteneinnahme.

Ergebnis der Untersuchungen: Cholesterinerhöhung: gesamt 342, HDL-Cholesterin 29, LDL-Cholesterin 289 mg %; im Belastungs-EKG ab 100 Watt signifikante Durchblutungsstörungen (ST-Senkung in II, III, aVF, V5 und V6). Ich kläre ihn auf, dass sehr wahrscheinlich eine Herzkranzgefäßverengung vorliegt und dies durch eine Herzkatheter-Untersuchung (Koronarangiografie) abgeklärt werden müsse und die verengte Stelle in gleicher Sitzung beseitigt werden könne. Er ist einverstanden und weiß nun, dass bei ihm eine familiäre Belastung für Herzinfarkt besteht.

Zwei Tage später berichtet er geschockt und noch immer fassungslos, was ihm passiert war: Er habe stundenlang vor dem Untersuchungsraum liegen müssen, es sei wohl ein Notfall dazwischen gekommen. Als er endlich an der Reihe ist, ist er so panisch, dass er von der Aufklärung nichts versteht. Er sei wie vor einer Operation mit blauen Tüchern abgedeckt worden. Man habe ihn unter ein riesiges Gerät geschoben, es habe ewig lange gedauert, er fühlte sich »wie gefoltert« und danach auf Station habe er 24 Stunden streng auf dem Rücken liegen müssen mit dem Gefühl in der rechten Leiste, als ruhe dort eine »mächtige Faust«.

Die erfolgreiche Behandlung seines akuten Koronarsyndroms hat ihn nachhaltig verunsichert, in den ersten Monaten kommt er regelmäßig und befürchtet, es müsse erneut mit Herzkatheter nachgeschaut werden, ob noch »alles offen« ist.

Spätestens im Krankheitsfall macht der o. a. gesunde Menschenverstand denn auch meistens der Einsicht Platz, dass »Krankheit ein zutiefst emotionales Erlebnis ist« (Kühn 2005). Und mit der Kundenrolle ist es dann auch bald vorbei. Noch immer kann passieren, was der Medizinsoziologe Rohde bereits 1962 beschrieb: dem Patienten im Krankenhaus komme keine Stellung zu, sondern eine Lage: idealerweise liegend, leicht bekleidet oder entblößt, schweigend und infantilisiert auf Zeit (Rohde 1962). Ein 1997 erschienener Patientenratgeber (Thorsen-Vitt 1997) trägt den Titel »Überleben im

Krankenhaus«, der den Kunden Patient offensichtlich ebenfalls in prekärer Lage sieht oder zumindest
verkaufspsychologisch auf dessen Verunsicherbar-
keit zielt.

Fallbeispiel 2.3 (Fortsetzung)
Dieser Fall aus der Anfangszeit meiner Praxis hat
mein Vorgehen vor einer geplanten Koronarangiografie (oder entsprechend bei anderen diagnostischen oder therapeutischen Eingriffen) im
Krankenhaus entscheidend verändert. Ich erkläre,
optimalerweise zusammen mit Ehepartner oder
anderem Angehörigen, dass
- die Klinik einen hervorragenden Ruf hat und
   wir seit Jahren gut kooperieren und der dor-
   tige Untersucher mir in der Regel nach der
   Untersuchung das Ergebnis telefonisch mit-
   teilt;
- es zu längeren Wartezeiten und selten auch
   mal zur Verschiebung der Untersuchung auf
   einen anderen Tag kommen kann;
- er/sie gewahr sein muss, wie zu einer Operation vorbereitet zu werden und der Katheter
   in der (meist der rechten) Leistenschlagader
   eingeführt wird;
- er/sie unter bedrohlich groß erscheinenden
   Geräten zu liegen kommt;
- die Spezialisten sehr beschäftigt sind, die Ansprechpartner öfters wechseln und die Zeit für
   ausführliche Gespräche oft fehlt;
- alle offenen Fragen nach Entlassung bei mir
   geklärt werden, ich die Krankenhausärzte an-
   rufe, wenn Fragen offen bleiben und Angehörige bei dieser Besprechung gerne mitgebracht
   werden können;
- nach der Untersuchung ein Kompressionsver-
   band auf der Leiste angebracht wird, er/sie
   24 Stunden auf dem Rücken liegen muss, und
   es selten zu einer Nachblutung aus der Punk-
   tionsstelle kommt.

Solche Aufklärung wünschen sich alle Patienten in
kritischen Situationen und nicht nur vor einer Koronarangiografie. So gewappnet, berichten sie nach
der Entlassung: »Es war, wie Sie gesagt haben, aber
nicht schlimm, ich war ja gewarnt.«

2.4.2   Der Arzt als Verkäufer – Absage an den Berufsstand?

Die prästationäre Vorwegnahme von zu erwarten-
den Zumutungen und die grundsätzliche Einbeziehung von Angehörigen bei schwerwiegenden und/
oder neuen Diagnosen und/oder geplanten Eingriffen sind wichtige Elemente der Klassenmedizin, die eine ärztliche Behandlung vom Kauf eines
Autos unterscheiden.

Man könnte einwenden, genau das sei doch
gute Kundenbetreuung. In der Wirklichkeit klafft
aber selbst zwischen berechtigten Kundenansprü-
chen und der Medizinwirklichkeit eine spürbare
Lücke. Denn die manchmal zwanghafte Vorstellung, aus Patienten Kunden machen zu müssen,
wird m. E. von den Medizinern und Gesundheits-
managern besonders hartnäckig weiter verfolgt,
die es selbst als Verkäufer im Schuhgeschäft an
psychologischer Einfühlungskraft fehlen ließen.
Herauszufinden, »wo der Schuh drückt«, erfordert
in der Medizin manche Fähigkeiten, die Verkäufe-
rinnen und Verkäufer durchaus besitzen können,
die aber nicht zu deren klassischen Einstellungs-
voraussetzungen gehören: Empathie, liebevolle Zuwendung, selbstkritische Reflexion, Zuhörenkön-
nen und der unbedingte Respekt vor dem Willen
des Gegenüber, kurzum die Grundeinstellung, ihm
niemals etwas verkaufen zu wollen und das berufliche Handeln nicht von einer in Aussicht gestellten
materiellen Gegenleistung des »Kunden« abhängig
zu machen. So verständlich und gerechtfertigt der
Rauswurf des Verkäufers wäre, der eine solche Einstellung bei der Arbeit im Schuhgeschäft auslebte,
so gerechtfertigt erscheint die Kritik an den Ärzten, die sich wie Verkäufer (z. B. von IGeL-Leistungen = individuelle Gesundheitsleistungen, die von
der Krankenkasse nicht bezahlt werden und nicht
selten nutzlos oder schädlich sind, ▸ Abschn. 7.14)
aufführen und damit selbst die Zugehörigkeit zu
einem historisch alten Berufstand aufkündigen,
der bis zur Einführung der Gesetzlichen Krankenversicherung und ihren Honorartöpfen sein
Selbstbewusstsein jenseits merkantiler Interessen
definierte.

Fallbeispiel 2.4: 80-jährige Rentnerin beim Augenarzt

Die 80-jährige Rentnerin kommt empört vom Augenarzt, ich hätte ihr doch sagen müssen, dass die Untersuchung dort 15 Euro koste, sie habe sich dort blamiert, weil sie am Monatsende kein Geld mehr hatte und sie wurde deshalb auch nicht untersucht.

Meine Überweisung der Patientin erfolgte zur regelmäßigen Kontrolle des Augenhintergrunds zum Ausschluss einer Netzhautschädigung (Retinopathie) bei ihrem seit 35 Jahren bekannten Diabetes mellitus Typ 2. Die Mitarbeiterinnen des Augenarztes waren intern angewiesen, vor dieser Untersuchung eine Augendruckmessung durchzuführen, die nicht im Katalog der GKV steht, also vom Patienten selbst bezahlt werden muss. Auch dann, wenn er sie gar nicht nachfragt?

2.5 Der »gute Arzt«

Ist »Der gute Arzt« nicht ein Pleonasmus? Ganz so selbstverständlich scheint es allerdings mit der Güte der Ärzte nicht auszusehen, dafür gibt es zu viele Veröffentlichungen zu diesem Thema (eine Auswahl: Dörner 2001; Simon 2005; Gathmann u. Semrau-Lininger 1996; von Uexküll 2002; Lown 2002; Schmeding-Kludas 2005; von Troschke 2004).

Der Psychoanalytiker Georg Groddeck (1978) hat vor fast 100 Jahren die Gut-Böse-Dialektik der Ärzte auf den Punkt gebracht:

>> Das Wesentliche des Arztes ist ein Hang zur Grausamkeit, der gerade so weit verdrängt ist, dass er nützlich wird, und dessen Zuchtmeister die Angst ist, weh zu tun. **«**

Auf die Angst als Begleiter in der Medizin wird im Verlauf (und speziell in ▶ Kap. 3) noch eingegangen werden. Sie ist nicht gerne gesehen in der Medizin, gilt als unprofessionell, wird oft tief verdrängt, kann dann als »Zuchtmeister« nichts mehr verhindern und auch beim Patienten nicht adäquat wahrgenommen werden. Mediziner ohne Angst sind wie Autofahrer ohne Licht bei Nacht.

Wie muss er also aussehen, der gute, der menschliche Arzt? Es heißt immer wieder, Patienten könnten – zumal im Falle einer sie ängstigenden oder körperlich-seelisch einschränkenden Erkrankung – die Qualität des Arztes, den sie aufsuchen, nicht beurteilen. Wer aber dann? Im Gegensatz zum Kauf eines Elektrogerätes oder der Inanspruchnahme einer Dienstleistung wie Friseur oder Reinemachfrau besteht gegenüber den Angeboten der Ärzte keine Verbrauchersouveränität (▶ Abschn. 2.4).

Dem wollen Krankenhausbetreiber abhelfen[1], indem sie den »Arzt als Marke« (Storcks 2013) etablieren wollen. Konkret soll die Person des Chefarztes als strategisches Instrument zum »Imageaufbau« benutzt werden, es soll also mencheln dürfen, »marktkonformes Verhalten« der so aufgebauten Persönlichkeiten soll durch monetäre Anreize geweckt werden. Die Autoren warnen gleichzeitig vor den Risiken: Wenn der Chefarzt das zu gut mache, im Sprech der Ökonomen: wenn die Marke Arzt übermächtig werde, drohe eine »starke interne Verhandlungsmacht gegenüber der Geschäftsführung«. Also: Charisma und Patientenorientierung sind erwünscht bis zu dem Punkt, an dem sie die Geschäfte stören. Die Ökonomisierung ist offenkundig, das Marketing durchdringt die Patient-Arzt-Beziehung wie ein schleichendes Gift. Was darf der Patient noch glauben, was ist echt?

Von Professor Bernard Lown (2002), dem bekannten amerikanischen Kardiologen, Mitbegründer der Internationalen Vereinigung der Ärzte gegen den Atomkrieg (IPPNW) und weisen alten Arzt stammen ehrliche und schlichte Empfehlungen, »die bei der Suche nach einem guten Arzt befolgt werden sollten«:

- »Reicht ein Arzt dem Patienten bei der Begrüßung die Hand?«
- »Pünktlichkeit sollte ein ganz wesentliches Kriterium« sein.

---

1   Die Zeitschrift *KU Gesundheitsmanagement* ist Organ des Verbands der Krankenhausdirektoren Deutschlands e. V. (VKD), der Deutschen Gesellschaft für Medizincontrolling e. V. (DGfM) und der Deutschen Vereinigung für Krankenhaus-Controlling e. V. (DVKC). Auf die Veröffentlichung wurde ich durch ein kritisches Editorial des *Deutschen Ärzteblatts* 110: 33–34 vom 19.8.13 aufmerksam. Die Autorin Dr. Birgit Hibbeler ist Redakteurin für Gesundheits- und Sozialpolitik. Ihre Position ist für diese Zeitschrift ungewöhnlich klar. Chapeau!

- »Er lässt sich während des Patientengesprächs nicht von Telefonanrufen unterbrechen.«
- »Sicherheit und Optimismus« sollte er ausstrahlen, »man sollte immer Zuspruch erwarten können, auch wenn eine Heilung nicht in Sicht ist.«
- Er sollte »willens und bereit sein, zuzuhören« und das Gesagte wiederholen und zusammenfassen.
- Fragen »nach der Arbeit und anderen sozialen Aspekten« sprechen für seine »Gründlichkeit in der Anamneseerhebung«.
- Er sollte so handeln, »als habe er alle Zeit der Welt«, auch wenn dem Patienten bewusst sei, dass dem nicht so ist.
- Schuldgefühle sollte er seinem Patienten nicht machen und er sollte sie niemals durch unbedachte Äußerungen verletzen.
- »Fehler und Irrtümer sollte er ohne jede Ausflüchte« eingestehen.
- Allzu rasche und häufige Überweisungen zu Subspezialisten sollte er vermeiden, »aber dennoch bereit sein, die Grenzen seines Wissens zuzugeben«.

Professor Lown sagt: »Letzten Endes sucht man einen Arzt:

- bei dem es einem leicht fällt, seine Klagen zu schildern, ohne Angst zu haben, anschließend zahlreichen Prozeduren unterzogen zu werden;
- für den der Patient niemals nur eine statistische Größe ist;
- der keine das Leben gefährdende Maßnahmen empfiehlt, mit der Absicht, das Leben zu verlängern, der weder Risiken von harmlosen Erkrankungen übertreibt noch sich von schweren Krankheiten irritieren lässt.

Lown fasst zusammen (ebd.):

» Vor allen Dingen aber sucht man nach einem Anteil nehmenden menschlichen Wesen, dessen Sorge für seine Patienten geleitet ist von einer Freude am Dienen, die in seinen Augen ein unvergleichliches Privileg ist. «

Lowns Empfehlungen können auch als »Knigge für Ärzte« gelesen werden. Das »4-habits model in professional client interaction (p-c-i)« (Frankel u. Stein 1999) entspricht den Kriterien Lowns und dessen weisen Ratschlägen weitgehend und ist als check-Liste hilfreich für eine Strukturierung der Patient-Arzt-Interaktion. Ganz besonders wichtig erscheinen mir:

- Körpersprache,
- Berührung,
- Mimik,
- gemeinsames Lachen,
- Anpassung der Sprache (Wortwahl),
- Wiederholen von Ängsten und Bedenken,
- Loben des Erfolgs,
- Frage nach der Erklärung von Problemen aus der Sicht des Patienten,
- Frage nach zusätzlichen Fragen.

Fallbeispiel 2.5: 35-jähriger Patient mit Asthma bronchiale

Fallvorstellung im Qualitätszirkel: Der 35-jährige Patient mit Asthma bronchiale seit der Kindheit mochte nicht mehr zu seinem Hausarzt gehen. Er habe mehrmals im Jahr eine fieberhafte Verschlechterung seiner Atmung (Asthma-Exazerbation), der Doktor verschreibe dann meist ein Antibiotikum, habe ihn aber in den letzten 2 Jahren niemals berührt und niemals abgehört.

Fallbeispiel 2.6: 17-jährige Patientin mit »Herzbeschwerden«

Ein Kollege berichtet in der Balint-Gruppe: Eine 17-jährige Schülerin aus der benachbarten Berufsschule wird von zwei Klassenkameradinnen in die Praxis gebracht, hochdramatische Schilderung von plötzlich aufgetretenen heftigen Herzstichen. Sie wird sofort auf eine Liege gelegt und hält beide Hände über ihr Brustbein. In der Stunde zuvor war Sportunterricht (Turnen an den Ringen). Was ist ihre Befürchtung? – Das Herz.

Es wird ein EKG geschrieben, Herz und Lunge werden auskultiert und perkutiert, sie verspürt beim Druck auf das Brustbein einen heftigen Schmerz und kann danach verstehen, dass sie beim Turnen eine Zerrung erlitten hat und ihr Herz gesund ist. Sie geht mit Freundinnen erleichtert zurück in den Unterricht. Im Flur höre ich sie mit jemandem telefonieren: »Es ist doch alles in Ordnung, er hat mich gründlich untersucht.«

Fallbeispiel 2.7: 72-jähriger türkischer Patient
Der 72-jährige türkische Patient kommt aus dem Krankenhaus zusammen mit seiner dolmetschenden Enkelin. Wir besprechen den Behandlungsplan. Sie ist hellwach und engagiert, übersetzt 1:1, so wie es sein sollte. Er sitzt mit immer mürrischerem Gesicht daneben. Ich spreche ihn an: »Sie sind nicht so begeistert, hier zu sein?« – Sie übersetzt. – Keine Antwort. – Ich darauf: »Ich glaube, Sie möchten am liebsten schnell weg hier?« – Sie übersetzt, er knurrt, sie übersetzt: »Behandeln Sie doch meine Enkelin, die findet ja alles hier so prima!«
Ich sage: »OK. mach ich, finde ich auch viel netter – und Sie kommen immer mit, um auf sie aufzupassen.« Sie übersetzt. Wir lachen alle drei.

Durch die humorvolle Verdrehung der Rollen des Patienten (vom Großvater zur Enkelin) und des Aufpassers (von der Enkelin zum Großvater) konnte vorübergehend die tatsächlich erfolgte Verletzung der traditionellen Rollenverteilung indirekt verbalisiert und entschärft werden, die den Großvater offensichtlich irritiert hatte. Aber Vorsicht: Im sensiblen Bereich der interkulturellen Kommunikation können unbedachte Witze manchmal mehr schaden als nutzen. Ironie ist im Arzt-Patient-Verhältnis grundsätzlich verboten. Entscheidend ist die in der Praxis vorherrschende therapeutische Grundhaltung (Echtheit, Wertschätzung, Verständnis). Es sind oft solche Banalitäten, die schwierige Situationen rasch entkrampfen und den Ruf einer Praxis entscheidend mitprägen. Humor wirkt nur, wenn er echt ist, und das beglaubigt dann auch das übrige Gespräch und die Person und die Absichten des Arztes.

Von ganz anderen Voraussetzungen ging die Zeitschrift *Focus* aus bei ihren wiederholt versuchten Auflistungen der besten (Chef-)Ärzte verschiedener Fachgebiete in Deutschland. Diese Listen waren allenfalls für mobile, gut betuchte oder für Menschen hilfreich, die für ihre Beschwerden ohnehin nur den prominentesten Arzt – optimalerweise mit Professorentitel – aufsuchen mochten. Erst recht keine Hilfe also für unprivilegierte

Nicht-*Focus*-Leser. Diese Superlativ-Listen wurden zudem im Nachhinein diskreditiert, weil der eine oder andere vom Spitzenplatz sich wegen des Vorwurfs systematischer Behandlungsfehler (Strahlentherapeut in Hamburg) vor Gericht verantworten musste oder seinen Posten, seine Position oder seine Reputation aus anderen Gründen verlor (Transplantationsmediziner in Essen). Die als »Focus-Fakten« präsentierte Rangfolge entsprach offensichtlich dem aktuellen »Who is who« des Medizinbetriebs und war nach Kriterien (z. B. der Zahl wissenschaftlicher Veröffentlichungen und ganz sicherlich nicht der »Freude am Dienen«, Lown 2002) zusammengestellt worden, die nicht unbedingt bei der Suche nach einem guten Arzt helfen.

Gadamer (1993) schreibt:

>> Ich kannte einen berühmten Pathologen, der mir eines Tages sagte: »Wenn ich krank werde, dann gehe ich zu meinem internistischen Kollegen (der auch ein berühmter Mann war) und lasse mir sagen, was es ist, und dann suche ich mir einen Arzt, der mich behandeln soll.« – Natürlich hat die Behandlung selbst wieder ihre Regeln und Rezepte. Aber bei einem guten Arzt kommen allerhand Faktoren hinzu, die die Behandlung in eine letztindividuelle Partnerschaft von Arzt und Patient überführen. Am glücklichen Ende steht Freigabe des Patienten und sein Wiedereintritt in den gewohnten Lebenskreis. **《**

Die Fragestellung des *Focus* war nach meiner Überzeugung bereits falsch. Es wurde gefragt: Wer ist ein guter Arzt, mehr noch: wer ist der Beste, der Größte im ganzen Lande? Seit Schneewittchens Stiefmutter stiftet diese Art zu fragen viel unnötige Aufregung, und die Kleinsten (im Märchen die sieben Zwerge) müssen die Geschichte zu einem guten Ende bringen, wenn die Superlativen versagen.

2.6 Was zeichnet einen guten Arzt aus?

2.6.1 Wunsch und Realität

Was zeichnet einen guten Arzt in welchen Situationen aus? Das herauszuarbeiten ist freilich schwieriger als einmal schnell eine Top-Ten-Liste zu drucken. Es lohnt aber die Mühe, denn damit würden die intra- und interindividuelle Variabilität der Qualität von Ärzten, aber auch die situativ sehr unterschiedlichen Patientenwünsche und die differenzierten Qualitätsanforderungen an den jeweiligen Arzt besser erfasst.

Autos laufen vielleicht in konstanter Qualität vom Band, aber selbst hier muss die »Montagsproduktion« gelegentlich aussortiert werden. Ein Apfelbaum trägt nicht Jahr für Jahr gleich schöne und verführerische Äpfel, sie werden je nach Qualität zu Most oder Mus oder wandern dekorativ in den Obstkorb, vergiftet (wie im o. a. Märchen) können die schönsten tödlich sein.

Beispiel: Vom persönlichen Umgang mit Stress
Nach einem 10-stündigen Arbeitstag, mehreren Notfällen, die spätestens um 11 Uhr meinen Tages-Terminplan zusammenbrechen lassen und diversen unangenehmen Telefonaten mit Behörden, bin ich sicherlich ein schlechterer Arzt als am nächsten Morgen, wenn ich ausgeschlafen bin.

In Stress-Situationen werde ich oft verbissen, verbeiße mich in die Arbeit, delegiere noch weniger als sonst, komme nicht von der Stelle, bin wütend auf Gott und die Welt – und das sieht man mir und meiner Mimik an. Meine (langjährigen) Mitarbeiterinnen haben sich (ermutigt von meiner Frau) angewöhnt, mir dann ein Zeichen zu geben, indem sie ihre Mundwinkel mit zwei Fingern hochziehen, ich weiß dann Bescheid. Bei besonders hartnäckiger Verstimmung liegen auf einmal Gummibärchen neben dem Kaffeebecher; das bedeutet für mich Alarmstufe Rot, oder sie sind die Belohnung nach Überwindung der Krise. Unsere Patienten bemerken allenfalls die auf einmal entspannte Atmosphäre. Diese Interaktion hat immer funktioniert, setzt aber ein gutes Team voraus.

Patienten schätzen laut diversen Befragungen an ihren Ärzten sehr, wenn sie **zuhören** können; im Notfall (Schock) ist diese Eigenschaft weniger gefragt als gezieltes und erfahrenes **Zupacken**. Vom Chirurgen wird eine saubere handwerkliche Arbeit erwartet; schön, wenn er sich vorher und danach auch noch als guter Zuhörer erweist. Ärzte sollten bei einem blutigen Massenunfall nicht zimperlich sein, bei der Untersuchung von Gewaltopfern aber ein hohes Maß an Sensibilität und Empathie zeigen.

Die Ratlosigkeit über diese scheinbaren Unvereinbarkeiten wird eher noch größer, betrachtet man die in der Literatur angebotenen Definitionen des »guten Arztes«, die Dörner (2001) schlicht zum nicht definierbaren Teil der Wirklichkeit zählt, während von Uexküll (2002) dazu ausführt:

> » Ein guter Arzt kann eine Krankengeschichte erheben, die zwischen ihm und dem Patienten eine gemeinsame Wirklichkeit, eine Passung aufbaut, in der Verstehen und Vertrauen die Grundlage für ein diagnostisches und therapeutisches Bündnis schaffen. «

Schmeling-Kludas (2005) hat mit anschaulichen Beispielen darauf hingewiesen, wie schwierig diese einfach erscheinende Aufgabe werden kann, wenn mit Patient und Arzt zwei Wirklichkeiten aufeinanderprallen, die in sozialer, kultureller, psychologischer Hinsicht oder auch »nur« altersmäßig sehr verschieden sein können. Durch kognitive und andere krankheitsbedingte Einschränkungen des Patienten kann die Situation noch verschärft werden. Den gutwilligsten Arzt trennen oft Welten von der Wirklichkeit seines Patienten, der in einer völlig anderen gesellschaftlichen Schicht mit völlig anderen Wertmaßstäben aufwuchs. Exemplarisch wird dies deutlich angesichts von Migranten ohne Deutschkenntnisse und ohne eine bei uns selbstverständlich vorausgesetzte (Schul-)Bildung (Kalvelage 2003).

Fallbeispiel 2.8: 49-jährige Patientin aus dem Kosovo
Die 49-jährige Patientin aus dem Kosovo, Hausfrau, 6 Kinder, kommt mit folgendem Überweisungsauftrag in die Sprechstunde: »Typ-2-Diabetes seit 12 Jahren, Incompliance, HbA1c: 11,5 %, Analphabetin, spricht kein Deutsch«. Ihre bisherige Medikation kann sie nicht benennen (Fortsetzung ▶ Abschn. 6.6.4, Fallbeispiel 6.6).

In solchen Situationen helfen keine Rezepte oder Tricks, aber es gibt eine praxistaugliche, allerdings auch aufwendige Grundidee: »Gelingt es dem Arzt, sich in für den Patienten spürbarer Weise um Verständnis, Wertschätzung und Echtheit zu bemühen, führt dies überprüfbar dazu, dass der Patient produktiv über sich nachzudenken und zu sprechen beginnt …« und »sich der Kontakt und die Arzt-Patient-Beziehung oft schlagartig« ändern (Schmeling-Kludas 2005). Manchmal sind allerdings noch einige Dinge mehr zu tun (▶ Kap. 6), bis diese wünschenswerte Wendung eintritt.

2.6.2 Dörners »kategorischer Imperativ«

Dörner verweigert nur scheinbar, eine Definition des guten Arztes zu geben (▶ Abschn. 2.6.1); immerhin heißt der Titel seines 2001 erschienenen Buchs so, allerdings mit einem beachtenswerten Untertitel: »Lehrbuch der ärztlichen Grundhaltung« und einem das »Lehrbuch« wieder relativierenden Kommentar: »… lernen und lehren kann man nur Wissen, während man Erfahrungen, aus denen meine Grundhaltung sich entwickelt, nur machen kann. Aber warum sollte es neben den vielen anderen Lehrbüchern der Medizin, die alle ein bestimmtes Wissen vermitteln, nicht auch ein ‚Lehrbuch‘ dazu geben, wie man am besten Erfahrungen macht?« Darin findet sich ein Kapitel »Arzt vom Letzten her«, in dem er seinen »kategorischen Imperativ formuliert:

» Handle in deinem Verantwortungsbereich so, dass du mit dem Einsatz all deiner Ressourcen (an Zeit, Kraft, Manpower, Aufmerksamkeit, Liebe) immer beim jeweils Letzten beginnst, bei dem es sich am wenigsten lohnt. **«**

Dörners Denkfigur »Arzt vom Letzten her«, die er an anderer Stelle in den Mittelpunkt seiner Betrachtung stellt (Dörner 2005), ist wie keine andere geeignet für meine Absicht, eine gute »Klassenmedizin« zu beschreiben. Ich erlaube mir deshalb, sie in leicht modifizierter Form zu nutzen. So wie ich Klaus Dörner kenne und verstehe, war und ist eine solche Nutzung, das dankbare und neugierige Sich-zu-eigen-Machen seiner Ideen, ein erwünschtes Ziel aller seiner bisherigen Reden und Veröffentlichungen. Was bedeutet also Dörners kategorischer Imperativ für die Klassenmedizin?

Kalkulierte Überforderung

Dörners kategorischer Imperativ ist eine »kalkulierte Überforderung« – aber eine notwendige, denn »schon wenn ich beim Vorletzten beginne, habe ich den Letzten schon abgeschrieben, werde ihn nie erreichen, da schon der Vorletzte so schwierig ist« (Dörner 2005). Sich nicht nur den leicht erfüllbaren Anforderungen zu stellen, zeichnet meines Erachtens eben gutes Arztsein aus, dies gilt sowohl im medizinisch-wissenschaftlichen (Überwindung von Wissensgrenzen durch Forschung = Medizininnovation) wie auch im psychosozialen Bereich (Überwindung sozialer Barrieren und Benachteiligungen durch eine Grundhaltung = Patientenemanzipation, Klassenmedizin).

Affront gegen die Ökonomisierung des Sozialen

Der Nebensatz, »bei dem es sich am wenigsten lohnt«, ist ein bewusster Affront Dörners, der zwar der Wirtschaft eine entgegengesetzte ethische Norm zugesteht, aber im Sozialen darauf beharrt, dass sich eine »vollständige Ökonomisierung des Sozialen verbietet«, da sie »für beide Bereiche zerstörerisch und zudem auch noch kostentreibend ist«.

Fallbeispiel 2.9: Ayses Mutter, Diabetespatientin mit Migrationshintergrund

Auf den ersten Blick erscheint es wenig lohnend, mit Ayses Mutter eine Diabetesschulung durchzuführen. Sie spricht kein Deutsch, ist Analphabetin, der vermehrte Zeitaufwand wird von ihrer Krankenkasse nicht honoriert, der Erfolg ist nicht kalkulierbar. Aber: Ohne eine Verbesserung ihrer Diabeteseinstellung drohen ihr ernstliche Folgekrankheiten (Herzinfarkt, Erblindung, Nierenversagen), die ihre Lebensqualität entscheidend verschlechtern würden **und** der Solidargemeinschaft teuer zu stehen kämen.

Die diabetesabhängigen Behandlungskosten des unkomplizierten, gut eingestellten Diabetes betragen ca. 542 Euro/Jahr, bei Folgekrankheiten ca. 2193 Euro/Jahr (KoDiM-Studie, zit. nach Ferber et al. 2006). Wenn heute Ayse – nach der Einzelschulung, bei der sie als Kotherapeutin und Dolmetscherin für ihre Mutter immer dabei war – mit ihr lachend mein Sprechzimmer verlässt, erhalte ich

jedes Mal ein verspätetes Honorar für meinen Anteil am Erfolg ihrer guten Diabeteseinstellung – in
einer etwas anderen Währung.

Fortsetzungen: Fallbeispiel 4.5, ▶ Abschn. 4.4.2;
Fallbeispiel 6.13, ▶ Abschn. 6.12.2; ▶ Kap. 7.

Das Geheimnis des »widerwilligen Wollens«

» Natürlich gibt es den Letzten objektiv so wenig
wie den guten Arzt. Aber subjektiv hat jeder Arzt
jederzeit eine Prioritätenliste seiner Patienten, eine
»Hitliste« von den Begehrenswertesten bis zu den
am wenigsten Begehrenswerten (entsprechend
den *Focus*-Ärzte-Listen für Patienten, d. Verf.), ob
es sich dabei nun um die chancenloseste oder
chronische Krankheit handelt oder ob der Patient
besonders unkooperativ, ästhetisch eklig, der
Älteste, unsympathisch, fremd oder psychosozial
besonders entfernt von mir ist. «

Dörner (2001) konstatiert hier, kein Mensch sei
aus freien Stücken gut, auch der gute Arzt könne
nicht immer mit dem Letzten beginnen, ihn könne
er nur »gegen seinen freien, natürlichen, willkür-
lichen Willen, das heißt widerwillig wollen, somit
aber wollen.« Das »widerwillige Wollen« hält Dörner für das »Betriebsgeheimnis der Möglichkeit,
gut zu sein, ein guter Arzt zu sein«, da sich durch
diesen »Salto" »meine willkürliche Freiheit in eine
moralische Freiheit« verwandelt.

Verantwortungsbewusster Pragmatismus

Dörner (ebd.) plädiert für einen verantwortungs-
bewussten Pragmatismus:

» Es reicht in der Praxis völlig aus, wenn ich nur
dann, wenn ich … Zeit, Kraft oder Lust habe, mit
dem Letzten beginne, mich von seinen sprechenden Augen in den Dienst nehmen lasse und ihn
entsprechend mit Zeit, Aufmerksamkeit, Liebe
kompensatorisch bevorzuge – nur damit er die
gleichen, nämlich gerechte Chancen wie die
Bessergestellten hat. Denn dann stehen zwar die
Letzten nicht alle an der ersten Stelle, aber sie
sammeln sich auch nicht alle als Abgeschriebene
an der letzten Stelle, deren zerstörerischen Kräften

ausgeliefert, sondern sie sind eingestreut in die
Reihe aller Patienten, in sie integriert mitten unter
ihnen« (integrierende Medizin, d. Verf.). «

Ausschöpfen von Beziehungsressourcen

Zur Erschließung der Beziehungsressourcen des
Patienten siehe auch ▶ Kap. 6. Dörner weist darauf
hin, dass der Letzte, der als Patient vor uns sitzt
(z. B. Ayses Mutter, Fallbeispiel 2.9) nicht unbedingt der Aller-Letzte ist, dass es Angehörige (z. B.
Ayse) gibt, die oft unter der schlechten Versorgung
des Kranken mehr leiden, weil sie mit der häus-
lichen Situation oder Pflege überfordert sind oder
über die drohenden Folgen der Krankheit besser
informiert sind. Sie in den Behandlungsprozess
einzubeziehen, ist nicht nur im Sinne des kategorischen Imperativs, es ist nach meiner Erfahrung für
alle Beteiligten (Patient, Arzt, Angehöriger) eine
Chance, das Unmögliche möglich, das scheinbar
Aussichtslose lohnend, das »widerwillig Gewollte«
(Dörner) akzeptabel zu machen.

2.6.3 »Arzt vom Letzten her«

Dörners Denkfigur »Arzt vom Letzten her« beschreibt auch die passende Haltung des Arztes
chronisch Kranken, den Unheilbaren und den
Sterbenden gegenüber. Er benutzt dafür den Begriff »der chronische Arzt«, der positiv besetzt ist
und nichts gemein hat mit dem von mir im ▶ Kap. 7
in ganz anderem Zusammenhang beschriebenen
»chronifizierten Arzt«, der selbst gefährdet und
bedürftig ist und bedroht ist von der chronischen
Erkrankung des Burnout-Syndroms.

»Arzt vom Letzten her« ist zugleich eine präzise Antwort auf die ethischen Fragen, die durch
Rationierung und die Übertragung des Prinzips
der Triage aus der Kriegsmedizin in den normalen medizinischen Alltag – hier Mikroallokation
(▶ Abschn. 8.5) genannt – aufgeworfen werden.
Triage bedeutet Selektion von Kranken nach nichtärztlichen, (primär militär-)taktischen Gesichtspunkten mit der Absicht, sich auf diejenigen zu
konzentrieren, bei denen sich die Behandlung
noch lohnt. Mag auf dem Schlachtfeld des Krie-
ges eine solche Haltung unvermeidlich sein (es
wäre ein weiterer Grund für alle Ärzte, Pazifisten

zu werden), im ärztlichen Alltag besteht dazu keinerlei **Not**wendigkeit. Ich werde an verschiedenen Beispielen in den folgenden Kapiteln versuchen zu belegen, dass gegen diesen kategorischen Imperativ in der ärztlichen Versorgung von unprivilegierten Menschen in Friedenszeiten regelmäßig ohne Not verstoßen wird. Beispiele sind:

- die Einschüchterung durch Preise für Medizingeräte oder Medikamente, die dann als »mehr wert als ich« empfunden werden,
- die IGeL-Medizin für Gutzahler, bei denen sich die Mühe im Gegensatz zu den GKV-Patienten noch lohne,
- die Bevorzugung von Privatpatienten,
- die Verweigerung von bestimmten Behandlungen aus Kostengründen,
- alle Gedankenspiele von Rationierung medizinischer Leistungen,
- bestimmte Situationen von Patienten im Krankenhaus,
- die Kommerzialisierung der »Sterbehilfe«.

Das Denken der Triage hat sich bereits vom militärischen Hauptverbandsplatz in die Praxis verbreitet. Dörners »Letzter« soll dagegen in der Praxis als »der Nächste bitte« aufgerufen werden, christlich ausgedrückt: Liebe den Letzen wie dich selbst! Das setzt die Fähigkeit und Bereitschaft zur – zumindest zeitweisen – Identifizierung mit dem Letzten, den Verlierern voraus, löst aber bei manchen Ärzten Berührungsängste und Aggressionen aus, solange sie sich selbst unbewusst oder erklärtermaßen für etwas Besseres halten und sich gleichzeitig selbst als unverdiente, chronische Verlierer, zum Beispiel aller Gesundheitsreformen, oder als Letzter in der von ihnen zum Vergleich herangezogenen Einkommensgruppe (der Besserverdienenden) empfinden. Die notwendige Solidarisierung (▶ Kap. 8) mit dem Letzten kippt konsequent um in ein egozentrisches Denken und Handeln vom »gefühlten« Letzten, also von sich selbst her.

2.6.4 Ausblicke

Werden wir zukünftig eine Spaltung der Ärzteschaft erleben in die um ihr Einkommen besorgten, gefühlsmäßig »armen« Ärzte und die klaglos die Letzten versorgenden, mitfühlenden Armenärzte? Ist die »Güte« der Ärzte auch eine Frage des Preises, den die Gesellschaft aufzubringen bereit ist? Und wie steht es um die Gerechtigkeit der – bisher noch den Ärzten selbst überlassenen und ungerecht gehandhabten – Aufteilung der fast 35 Mrd. Euro der GKV, die jährlich als Honorar an die Vertrags-Ärzteschaft fließen (▶ Kap. 4). Schwierige Detailprobleme, die leichter lösbar wären, wenn unter Ärzten **und** in der Gesellschaft Konsens über eine Grundvoraussetzung bestünde: Die Würde eines jeden Menschen ist nicht nur unantastbar (Grundgesetz Art. 1) sondern uns auch gleich viel wert.

Zum Abschluss noch eine immer wiederkehrende Facette zum Thema: »What's a good doctor, and how could you make one?« (Was macht einen guten Arzt aus und wie macht man einen solchen?). Die Herausgeber des *British Medical Journal* (Tonks 2002) fragten so ihre Leser. Die Antworten waren vielfältig, ein mehrfach anklingender Aspekt scheint mir besonders makaber, die Empfehlungen z. B. »einmal oder zweimal sollte er sich eine Magensonde legen oder sich einer Sigmoidoskopie (Enddarmspiegelung, d. Verf.) unterziehen, zwei Nächte im Klinikbett könnten nicht schaden, durch eine Infusion ans Bett gekettet und lieblosem Personal ausgeliefert …«; Vorschläge, die – nach meinem Gefühl – eher als Bestrafung schlechter Ärzte taugen denn als Weg zu guten (ich nenne das »instant torturing«; vgl. auch »instant social descent«, ▶ Abschn. 7.3). Sie gehen davon aus, Empathie und Menschlichkeit seien quasi mit sadomasochistischen Biofeedback-Manövern erlernbar.

2.7 Der Arzt als Patient

2.7.1 Der kranke Arzt – ein Tabu

Eine andere Art von Härtetest läuft ab, wenn der Arzt nicht nur simuliert, sondern tatsächlich selbst krank wird, aus der Rolle fällt.

Bei Marc Aurel heißt es lapidar: »Hippokrates heilte viele Krankheiten, dann wurde er selber krank und starb«. Die unzweifelhafte (Folge-)Richtigkeit dieses Satzes, den ich bei Paul Lüth (1971) fand, hat mich schon immer erschreckt. Er ist respektvoll der Leistung des Arztes gegenüber, aber auch mitleidlos. Ich lese darin etwas Hämisches und es erinnert mich an die Verhöhnung des gekreuzigten Jesus durch die umstehenden Schriftgelehrten: »Andere hat er gerettet, sich selbst kann er nicht retten, der Messias (Markus 15,31–32).«

Die wundersame Unverletzlichkeit der Ärzte ist eine verbreitete Ansicht, und sie wird durch das Verhalten der Ärzte untermauert, Ärzte gehen nicht zum Arzt, weil sie selber Heilbringer (Messiasse) sind. Es existieren nur einzelne Erfahrungsberichte, gelegentlich erscheint einer im *Deutschen Ärzteblatt* (Schiffter 2005; Ripke 2000), der dann eine kurze, heftige Leserdiskussion auslöst. William Hurt hat in »The doctor« (Regie Randa Haines, deutsch: »Der Doktor – ein ungewöhnlicher Patient«, 1991) beeindruckend den kranken Arzt gespielt, dessen Arztsein und dessen Beziehungsfähigkeit sich mit der Patientenrolle dramatisch verändern. Auch er verlangt nun – wie im oben zitierten Beitrag des *British Medical Journals* – von seinen Studenten, sich in die Patientenrolle zu begeben, um zu erfahren, wie sich das anfühlt.

In der Realität bleibt »Der kranke Arzt« (ausführliche Literaturübersicht bei von Troschke 2004) doch eher ein Tabuthema. Die kompetente Leiterin unserer Balintgruppe war – avant la lettre – überzeugt, eine Psychoanalyse schließe eine Krebserkrankung gewiss aus. Das war auch meine Meinung bis vor ein paar Jahren. Das Schicksal des Gründervaters der Psychoanalyse, Sigmund Freuds, der bekanntlich einem Mundhöhlenkrebs erlag, hatten wir offensichtlich »verdrängt«. Das Nicht-Akzeptieren von Krankheit und des damit verbundenen Verlustes der Freiheit ist verbreitet. Christian Morgenstern (1871–1914) starb an Lungentuberkulose. Er schrieb (1941$_1$, 1973):

》 »Leiden« kann man an allem, aber um »krank« zu sein, muss einen ein fremdes Etwas besitzen, muss man Sklave seiner Krankheit geworden sein. Ich möchte den Satz aufstellen: Kein wahrhaft freier Mensch kann krank sein. **《**

2.7.2   In eigener Sache

Während ich an den ersten Entwürfen zu diesem Buch schrieb, erkrankte mein Bruder, wie unser vor

Jahren verstorbener Vater, an einem Prostatakarzinom mit Knochenmetastasen und ist inzwischen verstorben. Mein statistisches Risiko für Prostatakarzinom war damit fast vervierfacht (Herkommer et al. 2011). Kontrollen des Tumormarkers PSA und Probeentnahmen erbrachten auch bei mir einen positiven Befund, und ich entschied mich für eine radikale Operation, die bei meinem Bruder mit fortgeschrittenem Krebsleiden nicht mehr möglich war.

Ich bin in den Wochen vor der Operation davon ausgegangen, danach an diesem Buch nicht mehr weiterschreiben zu können und das Messianische zusammen mit meiner Prostata für immer zu verlieren. Das vermeintliche Wandeln-Können auf dem Wasser hatte sich als ein mutwilliges Marschieren über sehr dünnes Eis herausgestellt.

Ich habe lange überlegt, ob ich mich hier als Patient outen sollte. Viele Freunde und Kollegen haben mir von dieser »Entblößung« abgeraten und gewarnt, mein eigentliches Anliegen, die Medizin sozialer zu machen, könnte dabei Schaden nehmen. Es gebe bereits so viele Patienten, die scharf mit ihren Ärzten ins Gericht gingen und ihre Selbsterfahrungen und ihre ganze Unzufriedenheit mit dem System in Buchform vermarktet hätten. Andere haben mich vorsichtig ermutigt und meinten, es passe mein Fall in ein Buch, das von Beispielen lebe, und ich hätte mich an anderer Stelle bereits mit meiner Person eingebracht. Es sei bei einem Buch, das Transparenz herstellen wolle, dazu auffordere, Ängste wahrzunehmen und aufklären wolle, nur konsequent, die eigene Erfahrung (im Sinne von Dörners etwas anderem »Lehrbuch«-Begriff, ▸ Abschn. 2.6.2.) nicht zu verheimlichen. Das Leben sei sonst auch bei mir zur »Sphäre des Privaten … geworden, die mitgeschleift wird« (Adorno 1951), und es ginge doch darum, auch zum eigenen »beschädigten Leben« (ebd.) zu stehen.

Da ich kein ununterscheidbares Amalgam aus Vor-Urteilen (aus der Zeit vor der Krankheit) und Nach-Besserungen (mit den Gefühlen und Erkenntnissen aus der Zeit danach) abliefern wollte, hatte ich vor, von diesem Zeitpunkt an die Schriftfarbe beim Schreiben zu wechseln. Ich habe diese Idee nach dem ersten Schock aber verworfen, weil nicht mein Buchkonzept, sondern nur meine körperliche Befindlichkeit sich veränderte, so wie dies tagtäglich auch meinen Patienten widerfährt, die auch die »Farbe ihres Lebens« nicht einfach willkürlich wechseln können.

Ich habe aber verstanden, dass einem Kranken neben der Gesundheit auch die Courage verloren gehen kann, seine frechen Utopien am Leben zu lassen, obwohl – nein, **damit** sie einen überleben können.

In meinem bisherigen beruflichen Alltag habe ich gegen das (nicht nur in meinen Augen) sinnlose Prostatascreening mittels PSA-Test (als IGeL-Leistung) polemisiert, dem ich nun meine rechtzeitige Diagnose und vielleicht mein Leben verdanke. Ich habe konkrete Vorstellungen gehabt, welche Anforderungen ein guter Arzt erfüllen sollte – und zwar als eine moralische Pflicht und aus gesellschaftlicher Verantwortung ohne jeglichen »Widerwillen« (Dörner ► Abschn. 2.6.2.), dessen allzu deutliche mediale Äußerung ich meinem Kolumnen schreibenden Kollegen Michael Drews in der »Medical Tribune« (► Kap. 7) persönlich vorgehalten hatte.

Meinen Operateur habe ich allein unter dem Gesichtspunkt ausgesucht, dass er technisch perfekt operiert und mit großen (Erfolgs-)Zahlen aufwarten kann. Unsere »Wirklichkeiten« (von Uexküll 2002) haben wir beide so weit als möglich ausgespart. In der Zielvorstellung waren wir uns schnell einig: Der bedingungslos erfolgversprechende Eingriff sollte, um keine nachteiligen Folgen zu hinterlassen, möglichst schonend durchgeführt werden.

Ich schrieb diesen Abschnitt damals in der Klinik, sinnierte über Klassenmedizin, erinnerte mich an die Debatten um das klassenlose Krankenhaus (► Kap. 5); das alles geschah in einem hotelartigen Ambiente mit Blick über eine Terrasse, umrankt von Bougainvillea in einen Krankenhauswald im »indian summer look«, ein Glas Rotwein auf dem Nachttisch, was mich nicht davon abhielt, meinen Status als optimal versorgter Kunde (früher genannt: »Privatpatient«) zu reflektieren.

Die wie antrainiert wirkende Freundlichkeit besonders mancher Pfleger – ist sie Folge einer speziellen Schulung, weg von der Patientenpflege hin zur Kundenbetreuung? Sind Patienten unerwünscht?

»Hier entstehen für unsere Kunden 900 PKW-Stellplätze«, steht auf dem Bauschild im Krankenhausgelände.

Nun konnte ich mich selbst fragen, was ich früher im Namen der Patienten geschrieben hatte: Darf ich als zahlender Käufer im Kundenhaus das gleiche erwarten, was man als Patient früher im Krankenhaus »umsonst« erhielt? Ich frage mich, ob die Idee der Kundenorientierung vielleicht notwendig war für jene, die bisher auf der Verwaltungs- oder Chefarztebene das Sagen hatten, eher technokratisch und weniger psychologisch orientiert waren, die Zuwendung erst als notwendig (an)erkannten, als die Konkurrenz sie dazu zwang: Hotelartige Sonderleistungen der privaten Krankenhausträger einerseits und ein erweitertes Leistungsspektrum inklusive ambulant durchführbarer Operationen mit optimaler Terminplanung und individuell vereinbarter Verweildauer in den Praxen vieler niedergelassener Ärzte andererseits standen mit einem Mal den starren Regeln im öffentlichen Krankenhaus mit »5 Uhr-Waschen-Appellen«, einer »nostalgischen« Ausstattung im Stil der 70er-Jahre und einer umständlichen Besuchsregelung und Bürokratie gegenüber.

Die aus Konkurrenzangst geborene Kundenorientierung ist keine Sache des Herzens, das merke ich als Patient. Ich bin überzeugt, viele Ärzte, Krankenschwestern und -pfleger hätten der – von mir unterstellten – Crashkurse in Kundenorientierung nicht bedurft, weil sie eine angeborene Empathie besitzen. Könnte es sein, dass der Einsatz der Empathischen im sensiblen Privatkundenbereich eher vermieden wird, weil ihre Kundenfreundlichkeit allzu sehr als Menschenfreundlichkeit kenntlich werden könnte, die sich ja gerade nicht bevorzugt dem (zahlungskräftigsten) Kunden, sondern dem bedürftigsten Patienten primär zuwendet? Oder wird dieser Arbeitsbereich von ihnen gar nicht erst angestrebt?

Darf ich das hier niederschreiben, obwohl ich allen, die mich hier kompetent und freundlich betreuen, außerordentlich dankbar bin?

Bin ich als Autor noch glaubwürdig oder zerschellen meine maximalen, utopischen Ansprüche an mich, an die Ärztekollegen und die Medizin im Allgemeinen an der simplen Realität meines ersten, eigenen, ernstlichen Krankseins? Was bleibt von meinem Gesundheits-Größenwahn angesichts der Krankheitsrealität?

Mein Bruder musste mich erst davon überzeugen, es sei besser, Freunden und Mitarbeitern den wahren Grund für mein »Ausfallen« zu nennen, während ich spontan an der Konstruktion irgendeiner Legende bastelte, ohne dabei allerdings zu einer für mich akzeptablen Lüge gefunden zu haben. Meine Umgebung habe ich danach mit dem Spruch »erheitert«: Ich bin ja nicht krank, ich habe nur Krebs. Wenn nur die anderen krank werden (dürften), so mein Bruder daraufhin, wenn ich mein Kranksein wie eine allein zu verarbeitende Schande erlebte, was sage das denn aus über meine Bewertung von Kranken und deren Würde in meinen Augen?

Und ich frage mich, ob ich es vielleicht nötig habe, dass immer andere ärmer dran sind als ich, weil ich mich ihnen dann überlegen fühlen kann? Bis zum dritten Tag nach der Operation habe ich für meinen Bruder und für mich selbst keine Antworten, nur ohnmächtige Wut. Und Trauer. Nachts Ängste, Panik.

»Kranksein ist in seiner Freiheit gehemmtes Leben« (Karl Marx), lese ich bei Hagen Kühn (2005). Kranksein ist ein endgültiger Abschied von der Utopie der maximalen Freiheit, der Unverletzlichkeit eines Siegfrieds und ein Mich-Einreihen unter die ununterscheidbaren, kränkbaren Sterblichen.

Panik!

Es bedeutet, den fantasierten, utopischen, maximalen Anspruch gegen den minimalen Handlungsspielraum der Wirklichkeit zu tauschen. Meine Angst, damit etwas von der Kraft zu verlieren, die mein Arztsein bisher ausgemacht hätte, ist zwar unbegründet, weil ich nicht wirklich verlieren kann, was ich niemals besaß …

Dennoch! Trauer!

Nächte später wird mir deutlich: Nicht das Immer-gesund-machen-Können zeichnet den »guten Arzt« aus, sondern das unbeirrbare Angebot, dem Patienten auf seine natürliche Weise beim Gesundwerden zu assistieren oder die Krankheit mit ihm zu ertragen.

Und da bekomme ich einen großen Schreck, denn ich habe dafür keinen Arzt. Und ich weiß mir nicht mehr zu helfen.

Nach meiner Entlassung suche ich einen Urologen auf, ich glaube Professor P stand auch mal auf der *Fokus*-Liste der besten Ärzte. Er hat eine Adresse. Alles, was am Anmeldetresen gesprochen wurde, konnte gut im offenen Wartezimmer mitgehört werden, es herrschte eine gewisse räumliche Enge, die mich erstaunte.

Nach kurzem Kennenlernen kommen seine Fragen zur Operation. Ich sei also von Professor Y operiert worden … Ja, antworte ich, weil er nervschonend operiere und damit die Potenz und die Kontinenz der Harnblase (Fähigkeit, das Wasser zu halten) erhalte. Was das denn für ein Unsinn sei, Ys Patienten bekämen alle mit der Zeit ein Krebsrezidiv, weil er fahrlässig zögerlich statt notwendig radikal operiere! Auch ich hätte zumindest nachbestrahlt werden müssen: »Unverantwortlich! Das können Sie mir glauben, ich habe jahrelang …«

Heute habe ich den Schrecken verdaut, der mir durch die Glieder fuhr und mich tagelang verzweifeln ließ – an mir, meiner Arztwahl, wobei mir irgendwann klar wurde, der zweite Arzt war der falsche.

2.8   Exkurs: Krankheit als Buße?

Das Schwere der anderen zu schultern, sei Pflicht für den, der gesund und stark ist, war immer meine Auffassung. Sie und auch die Schulung meines Intellekts und die Weckung meines Widerspruchsgeistes verdanke ich einer katholischen, strengen Erziehung. Ich hatte das Glück, nach dem Krieg aufzuwachsen, geliebt, behütet und gefördert von meinen Eltern bei meinem Wunsch, Arzt werden zu wollen. In die Dankbarkeit dafür mischen sich Schuldgefühle: meinen Eltern gegenüber, weil sie mir unter Opfern ermöglichten, was sie selbst nicht erreichen konnten, und Schuldgefühle wegen meiner Eltern, die (als Mitläufer mit ihrer Nazi-Generation) unfähig oder zu feige waren, den entwürdigten, ausgegrenzten und schließlich deportierten und ermordeten Nachbarn Schutz und Beistand zu gewähren. Dazu von Schlippe (1992):

» Wenn unsere Schuld darin besteht, dass wir uns fangen ließen von Angst und dem Gehorsamsmythos, so muss es um die Einübung eines Verhaltens gehen, das den Protest wichtiger nimmt als den Gehorsam. Wir sollten ein neues Gefühl entwickeln für Unangepasstheit und die Angst …

deuten … als Herausforderung, ihre Quellen zu er-gründen. Wenn unsere Schuld darin besteht, dass wir auf Kosten anderer zu leben als unser Recht an-gesehen haben, dann folgt für mich daraus nicht nur das Ende jedweden Kolonialismus, sondern auch ein würdiger und hilfreicher Umgang mit der sogenannten Dritten Welt … Darüber hinaus dürfte es aber auch um die Enttarnung der laten-ten Verachtung von Minderheitsgruppen gehen (Ausländer, Asylanten, Homosexuelle). Sie werden schnell Projektionsträger unbewältigter Frustra-tionen und Ängste … Vielleicht war eine unserer größten Sünden in der faschistischen Zeit unsere Unaufmerksamkeit gegenüber diesen tödlichen Kräften, die sich uns heute manchmal in freundli-chen oder kleinkarierten Mustern anbieten, um für den Moment zu helfen. **«**

In jedem alten Türken, der noch womöglich eine kippaähnliche Kopfbedeckung trägt, sah ich den Juden, dessen Vernichtung meine Elterngenera-tion tatenlos zugelassen hätte. Die eintätowierte KZ-Nummer am Unterarm eines Patienten aus der Sinti-Familie hat ihm für immer meine Zunei-gung, meine »Ehr-Furcht« gesichert. Da mir der Mut fehlte, einen Dienst als Entwicklungshelfer in der »Dritten Welt« zu leisten, war jeder Patient aus Ghana, Albanien, Indonesien, Sierra Leone, Pakis-tan, Äthiopien oder Chile, den ich in Wilhelms-burg behandelte, eine Beruhigung meines Gewis-sens – oder pathetischer ausgedrückt: praktizierte internationale Solidarität. Und als eine Bäuerin aus Moorwerder mir erklärte, »Ihr Wartezimmer erin-nert mich manchmal an Lambarene«, war ich stolz, obwohl ich nicht genau weiß, ob diese Bemerkung als Kompliment gemeint war.

So wurde Wilhelmsburg für mich vom sozia-len Brennpunkt mit hässlichen Hochhäusern und fremd aussehenden Menschen zum selbstgewähl-ten Fegefeuer, die Arbeit zur Wiedergutmachung für die Taten(losigkeit) der Väter und Mütter, zur Sühne für mein Leben im reichen Eppendorf (bis meine Frau und ich der Arbeit folgend nach Wil-helmsburg zogen) und zur Absolution für alle mei-ne dünkelhaften Gedanken von Überheblichkeit, Eitelkeit, Ekel und Herablassung.

Meine Arbeitsauffassung war also – mehr un-bewusst – vom Gedanken der Buße geprägt. Durch

die »Strafe der eigenen Krankheit« war nun auf einmal der Schuldkomplex, der Versuch, die in der Fantasie verdiente Strafe durch Tun abzuwehren, mir bewusst und gleichzeitig hinfällig geworden. Eine merkwürdige Befreiung, denn wozu sollte die neue Freiheit von Nutzen sein? Das ganze Ausmaß meiner Strenge gegen mich und meine Kollegen, den gesamten Medizinbetrieb wird mir mit einem Mal deutlich und damit das, was in der Vergangen-heit mein Freund Eduard H. – und nur er durfte und konnte dies – mir als mein »unerträgliches moralisierendes Verurteilen« vorhielt. Ich hatte bisher meine »Bewertungen« für objektiv und ähn-lich selbstevident gehalten wie die Verfasser der »Bill of Rights« ihre Maxime: »… we hold it for self-evident, that all men are created equal and are endowed by their creator with certain unalienable rights …« Kurz zweifelte ich nun, ob diese Erklä-rung als politische Utopie möglicherweise hand-lungsleitend sein könnte, als konkreter Vorsatz für alltägliches ärztliches Handeln kam sie mir vor wie eine selbstüberhebliche Anmaßung, vergleichbar der ebenso (zu) weit gehenden WHO-Definition der Gesundheit als »Zustand des völligen körperli-chen, seelischen und sozialen Wohlbefindens«.

In meiner neuen Wirklichkeit wollte ich die gleiche Arbeit unter dem gleichen Imperativ tun wie immer, aber es gelang mir nicht. Die bisher trei-bende Kraft meiner Motivation versagte, solange ich Kranksein als Strafe fühlte und mir nicht einge-stehen konnte, dass meine Bußfertigkeit eine völlig überflüssige Tortur war (die es mir aber vielleicht ermöglicht hatte, die Mühen des Kassenarztdaseins sadomasochistisch zu »genießen«). Meine Arbeit erschien mir mit einem Mal, als würde ich tagtäg-lich versuchen, Wasser in einen Korb zu pumpen und das jahrelang schon: eine stimulierende Vor-stellung vielleicht für einen Bußwilligen, Aeskulap als Sisyphos (den sich Camus als glücklichen Men-schen vorstellte), für einen normalen Menschen aber eine quälende Obsession. Und dann kam mir bei dieser Arbeit eines Tages ein Gedanke: Das Ab-surde dieses Bildes entsteht erst durch meinen, vom Maul-»Korb« der Wahrnehmung gehaltenen Blick. Es könnte ja sein, dass mir der Korb die Sicht ver-stellt auf das, was da tatsächlich bewässert werden soll. Ich sehe auf einmal aufkeimendes Leben, ge-weckte Hoffnungen, erstarkendes Selbstvertrauen und erkenne mich als Spender dessen, was meine Kranken benötigen, um zu wachsen, um mit ihrer Krankheit zu leben, um gesund zu werden.

In dieser neuen Wirklichkeit bin oder nehme ich mich weniger wichtig. Ich weiß ja nun, ich muss nicht das Unmögliche vollbringen, wie einen Korb mit Wasser anzufüllen. Ich hatte es vergessen, ich bin ein ganz normaler Mensch.

Literatur

Adorno TW (1951) Minima Moralia, Reflexionen aus dem beschädigten Leben. Suhrkamp, Frankfurt/M

Ahmia T (2006) Das Kundenraster: Mit Millionen von Persönlichkeitsprofilen sieben Firmen Kunden – und diskriminieren sie. taz 16.1.2006, S 3

Dörner K (2001) Der gute Arzt – Lehrbuch der ärztlichen Grundhaltung. Schattauer, Stuttgart

Dörner K (2005) Der gute Arzt – aus der Sicht eines Psychiaters. In: Simon S (Hrsg) Der gute Arzt im Alltag. Anleitung zur ärztlichen Grundhaltung in Klinik und Praxis. Deutscher Ärzte-Verlag, Köln

Ferber L, Köster I, Hauner H (2006) Behandlungskosten der Hyperglykämie bei Patienten mit Diabetes mellitus. Die Bedeutung von Alter, Art der Therapie und Komplikationen. Ergebnisse der deutschen KoDiM-Studie. Med Klin 101(5): 384–393

Frankel RM, Stein T (1999) Getting the most out of the clinical encounter. The Four Habits Model. The Permanente Journal 3(3)

Gathmann P, Semrau-Lininger C (1996) Der verwundete Arzt – Ein Psychogramm des Heilberufs. Kösel, München

Groddeck G (1978) Das Buch vom Es. Ullstein, Frankfurt/M

Hackethal J (1978) Keine Angst vor Krebs. Molden, Wien

Herkommer K, Schmidt C, Gschwend JE (2011) Zehn Jahre nationales Forschungsprojekt »familiäres Prostatakarzinom«. Probleme der Identifikation von Risikofamilien. Urologe 7: 813–820

Kalvelage B (2003) Diabetes-Schulung türkischer Patienten – Wanderung zwischen therapeutischem Nihilismus und unrealistischen Erwartungen. In: Borde T, David M (Hrsg) Gut versorgt? Migrantinnen und Migranten im Gesundheits- und Sozialwesen. Mabuse, Frankfurt/M

Kühn H (2005) Patient-Sein und Wirtschaftlichkeit. In: Jahrbuch für kritische Medizin 42

Lauterbach K (2007) Der Zweiklassenstaat. Wie die Privilegierten Deutschland ruinieren. Rowohlt, Berlin

Lown B (2002) Die verlorene Kunst des Heilens. Anstiftung zum Umdenken. Schattauer, Stuttgart

Lüth P (1971) Ansichten einer künftigen Medizin. Hanser, München

Morgenstern C (1973) Wir fanden einen Pfad. Zbinden, Basel (Erstveröff. 1914)

Nolte P (2004) Generation Reform. Jenseits der blockierten Republik. Beck, München

Ripke T (2000) Chance zum besseren Verständnis des Patienten. Dtsch. Aerztebl: 97(5)

Rohde JJ (1962) Soziologie des Krankenhauses. Enke, Stuttgart

Schiffter R (2005) Der Arzt im Krankenbette. Dtsch Aerztebl 102(47)

Schirrmacher F (2013) Der verwettete Mensch. Frankfurter Allgemeine Zeitung, 16.6.13

Schlippe G von (1992) Schuldig! Gedanken zum Umgang mit der eigenen Vergangenheit. Briefe an meinen Sohn. In: Heimannberg B, Schmidt CJ (Hrsg) Das Kollektive Schweigen. Nationalsozialistische Vergangenheit und gebrochene Identität in der Psychotherapie. Edition humanistische Psychologie, Köln

Schmeling-Kludas C (2005) Psychosomatisches Kompendium der Inneren Medizin. Marseille, München

Schmundt H (2013) Pillendreher als Datendealer. Der Spiegel, 19.8.2013

Simon S (2005) Der gute Arzt im Alltag. DÄV, Köln

Storcks H, Fiege A (2013) Human branding – Der Arzt als Marke. KU Gesundheitsmanagement 8: 31–34

Thorsen-Vitt S (Hrsg) (1997) Überleben im Krankenhaus. pmi, Frankfurt/M

Tonks A (2002) What's a good doctor and how do you make one? Br J Med 325

Troschke J von (2004) Die Kunst, ein guter Arzt zu sein. Anregungen zum Nach- und Weiterdenken. Huber, Bern

Uexküll T von (2002) Integrierte Medizin. Schattauer, Stuttgart

Unschuld P (2006) Der Patient als Leidender und Kunde. Dtsch Aerztebl 103(17): A1136–8

Internetquellen

Heidelberger Erklärung (2002) attac-Kampagne. ► http://www.grundeinkommen-attac.de/fileadmin/user_upload/AGs/AG_Genug_fuer_Alle/Download/HEIDEL_ERKLAERUNG.pdf. Zugegriffen: 20.2.2014

Arzt werden und Mensch bleiben

Eine Vorlesung zum Selberlesen – Nicht nur für Studenten

Diese Vorlesung wurde erstmals im Sommersemester 1997 im Rahmen der Berufsfelderkundung der Medizin-Studienanfänger im Universitätskrankenhaus Eppendorf gehalten. Sie wurde danach als Handout im Rahmen eines Praktikums der Erstsemester (»Berufsfeld-Erkundung«) in meiner Praxis »zum Selberlesen« verteilt.

3.1   Zur Einführung

Sie kennen alle den Satz: ... zu Risiken und Nebenwirkungen fragen Sie Ihren Arzt oder Apotheker. Heute soll es hier gehen um die Risiken und Nebenwirkungen des Arztwerdens, des Medizinstudiums. Darüber werden in der Regel keine Vorlesungen gehalten, geht es doch im Grunde um etwas sehr Persönliches, zum Beispiel darum: Wie wird aus diesen jungen, lustigen und begeistert engagierten Studenten – wie Ihnen – ein desillusionierter, unmutiger, frustrierter ausgebrannter Arzt – wie ich einer sei. Sie wenden ein, es gebe keine Vorlesungen über »Architekt werden und Mensch bleiben«, auch Lehrer, Jurist und Betriebswirtschaftler werde man ohne gute Ratschläge, warum sollten Sie sich also meinen heute hier aussetzen?

Der Titel unterstellt eine besondere Gefährdung, dass Sie, dass wir im Prozess des Arzt- oder Ärztin -Werdens oder -Seins unsere Menschlichkeit beschädigen oder gar verlieren könnten. Das wäre eine schlimme »Erkältung der Gefühle«. Das erhöhte Risiko von medizinischem Personal an einer Hepatitis B zu erkranken ist statistisch belegbar, Abhilfe durch eine aktive Schutzimpfung ist möglich. Ich habe keine Zahlen darüber, wie groß die Erkältungsrate, die Abnutzungsquote Ihrer Menschlichkeit im Medizinbetrieb sein wird. Ja, ich kann (und will) noch nicht einmal beweisen, dass es dazu kommen wird. Also bleiben Sie gerne kritisch, Vorlesungen – und das betrifft nicht nur diese hier – sind subjektiv geprägte Veranstaltungen und keine Verkündigungsstunden ewiger Wahrheiten. Aber glauben Sie mir, ich habe mir das mit dem »Mensch bleiben« nicht nur so ausgedacht.

Medizin ist eine Erfahrungswissenschaft. Erkenntnisse werden seit alters her nicht im Studierstübchen ersonnen, sondern an Fällen oder Kasuistiken gewonnen. Ich möchte Ihnen zu Beginn 3 Kasuistiken vorstellen von Ärzten, bei denen zu fordern wäre: Arzt bleiben – Mensch werden! Wenn danach der Sinn dieser Veranstaltung immer noch nicht klar wird, können wir sie gerne beenden.

Bewerbungsversuch einer jungen Ärztin

Eine junge Ärztin bewirbt sich um eine Assistentenstelle beim Chefarzt einer gynäkologischen Abteilung, und der sagt zum Abschluss der Unterredung: Sie können die Stelle bekommen, wenn Sie mir zuvor erlauben, Ihnen höchstpersönlich die Gebärmutter entfernen zu dürfen. Ich habe bereits zwei schwangere Mitarbeiter, das reicht mir.

Ex und hopp?

In einer ausweglosen Situation bei einer Lebertransplantation, die junge Patientin war nach Ansicht des Operateurs infolge erheblicher Komplikationen während der Operation nicht zu retten, lässt er sie auf dem Operationstisch verbluten, nachdem er gezielt ein großes Blutgefäß durchschnitt. Danach verlässt er abrupt den Operationssaal. Von einem mutigen Medizinstudenten daraufhin zur Rede gestellt, erklärt er: Der Patient war tot. Und was ich mit einem toten Patienten mache, ist meine Sache – und wenn ich ihm ein Ohr abschneide! [1]

Medizin der alten Schule ...

Von einem Anatomieprofessor der alten Schule wird berichtet: Er dozierte an einer vor ihm aufgebahrten Leiche: Ein Medizinstudent brauche zwei Eigenschaften, um ein guter Arzt zu werden. Es bedürfe einer schnellen Auffassungsgabe, und er dürfe sich vor nichts ekeln. »Komme er nach vorne!«, fordert er einen Studenten aus der ersten Reihe auf. »Ich führe jetzt den Finger in die Leiche ein« – er tut es – »und lecke ihn anschließend ab« – er tut auch dies. Zum Studenten: »Wiederhole er das!« Der Student erbleicht, zögert, fasst seinen ganzen Mut zusammen und wiederholt, was sein Professor vormachte. Dieser: »Bravo! Er hat eine Eigenschaft des guten zukünftigen Arztes: Er hat keinen Ekel, aber ihm fehlt die schnelle Auffassungsgabe, sonst hätte er bemerken müssen, ich führte den Zeigefinger ein und leckte den Mittelfinger ...«

---

[1]   Gunther von Hagens »Körperwelten«, eine spektakuläre Ausstellung plastinierter enthäuteter Leichen in verschiedenen Alltagstätigkeiten inkl. Geschlechtsverkehr (Ausstellung »Herzenssache«, 2014 in Hamburg), haben großen Publikumszulauf. Hagens ver »körpert« – wie der Chirurg im Fall 3.2 – den Typ des methodenverliebten Mediziners, der über Leichen geht, das »autistisch-undisziplinierte Denken« (Bleuler) und Agieren »in der Medizin«.

Gestatten Sie mir, Sie hier als Gänseblümchen zu zeichnen, in dessen blühendem Zentrum die Medizin stehen könnte, aber es gibt viele schöne Blütenblätter drumherum: Liebe, Leben, Lachen, Angst, Mut und Schmerz und noch viele andere. Sie wurzeln in Weltanschauung, Religion, Ihrer Biografie, Ihrer Familie und Herkunft und nehmen Licht, Luft, Wärme, Sonne und Wind und Ihre Artgenossen um sich herum wahr. Die Medizin als Zentrum wird bleiben, aber es ist Ihre Verantwortung, dass im Laufe Ihrer Karriere nicht nur beispielsweise eine gute soziale Stellung, Erfolg und Wut als einzige Blätter übrig bleiben, dass Sie nicht eingetopft im Medizinbetrieb alle anderen schönen Blätter und Ihre feste Verwurzelung verlieren und vertrocknen.

3.2   Krankheit

Warum und wie könnte das passieren? Sie werden in der Klinik zu Experten von Krankheiten ausgebildet, spätestens ab dem Physikum taucht beruflich kein gesunder Mensch mehr bei Ihnen auf und nach ca. 5 oder 15 Jahren in der Klinik haben Sie es in der Praxis auf einmal in 60 % mit besorgten Gesunden zu tun. Das macht Sie dann im besten Fall hilflos und im schlechtesten gehen Sie hin und versuchen alle Gesunden irgendwie ins Lehrbuch der Krankheiten einzuordnen.

Aber auch vorher schon droht Gefahr: Sie werden lernen, anders zu sehen, Ihre Wahrnehmung wird vom Pathologen geschärft, und dieser Blick verlässt Sie auch nicht zu Hause: Muss der Leberfleck des Freundes nicht dringend einer histologischen Untersuchung zugeführt werden? Ist der eigene Husten nicht doch erstes Anzeichen einer Tuberkulose? Ist die Vermieterin nur dick, oder hat sie einen Morbus Cushing? Jeder Medizinstudent durchläuft die Phase der Hypochondrie, und bei keinem Menschen, in keiner Situation verlässt uns die Lust (oder der Zwang) des Diagnostizierens. Sie regieren in die Alltagssprache hinein: Insuffiziente, hypertrophe und manchmal auch maligne Professoren lassen Sie im Prüfungsstress dekompensieren, Pseudologia phantastica und verbale Diarrhoe auf der anschließenden Party, präcox sind nicht nur Ejakulationen, sondern auch zu früh am Abend heimkehrende Zimmergenossen, die solche

auslösen können. Die ungenießbaren Faszien des Steaks samt subkutanem Fettgewebe werden dem Kretin von Mensakoch – Cave linguam collega – mit angedeutetem Vomitus als biliäre Reizmahlzeit zurückgereicht … Der Schein in medizinischer Terminologie hat unseren Wortschatz neoplastisch balloniert.

Das war lustig (gemeint), aber unsere Patienten, Ihre zukünftigen Patienten werden nicht lachen, wenn sie tatsächlich so reden.

Stellen Sie sich vor, Ihre Frau oder Freundin, im 6. Monat schwanger, wird nach einem Zusammenbruch in die Klinik eingeliefert. Sie rasen von Ihrer Arbeit dorthin und kriegen schließlich den Stationsarzt zu fassen. Und der sagt:»Der Status ist jetzt stabilisiert, die eklamptischen Konvulsionen sistieren unter den Antiepileptika, das Tokogramm ist normal, Proteinurie und Hypertonie sprechen für das Vollbild einer EPH-Gestose, das fötale Risiko ist fifty-fifty, aber das kriegen wir hin. Sie brauchen sich keine Sorgen zu machen. Haben Sie noch Fragen?«

Heute brauchen Sie den »Pschyrembel« (2002) oder ein Glossar zur Übersetzung, zum genauen Verstehen, später könnten unter Umständen Ihre Patienten auf ein solches angewiesen sein, wenn Sie nicht mehr normal reden können.

Glossar
- Morbus Cushing: Überproduktion des Nebennierenhormons Cortisol durch Überstimulation durch die Hirnanhangsdrüse, geht mit einer Zunahme des Fettgewebes am Körperstamm einher
- Insuffizienz: Unfähigkeit
- Hypertrophie: krankhafte Vergrößerung
- maligne: bösartig
- Dekompensation: nicht mehr ausreichender Ausgleich einer gestörten Funktion
- Pseudologia phantastica: Erzählung ausgedachter Erlebnisse als wahr bei starkem Geltungsbedürfnis
- Diarrhoe: Durchfall
- Ejakulation: Samenerguss
- praecox: vorzeitig, zu früh
- Kretin: Mensch mit Entwicklungsverzögerung durch Schädigung im Mutterleib durch Mangel an Schilddrüsenhormon
- Biliäre Reizmahlzeit: die Galle zum Zusammenziehen provozierende Kost
- neoplastisch: durch krebsartiges Wachstum vergrößert
- balloniert: aufgebläht
- Status: Zustand
- Tokogramm: Aufzeichnung der Wehentätigkeit

- Proteinurie: meist krankhafte Eiweißausscheidung im Urin
- Hypertonie: Bluthochdruck
- EPH-Gestose: gefährliche Schwangerschaftskomplikation, die durch Wassereinlagerung, Hypertonie und Proteinurie gekennzeichnet ist und eine Gefahr für Mutter und Kind (Abort) darstellt
- foetal: zum Foetus, der Frucht im Mutterleib gehörend

3.3   Tod

Zur Medizin gehört die Krankheit, zur Krankheit gehört der Tod, so wie die Nacht der Dämmerung folgt. Aber in der Medizin ist er gar nicht gerne gesehen, ist er der ewige Gegenspieler und ein heimtückischer Spielverderber, der uns immer wieder verlieren lässt, mit dem – so eine verbreitete Meinung – wir uns als Heiler nicht einlassen dürften.

Ich möchte Ihnen ein Problem zur Entscheidung vorlegen.

Fallbeispiel 3.1: 58-jähriger Patient mit Darmkrebs

Ich habe vor Jahren bei einem damals 58-jährigen Patienten Darmkrebs diagnostiziert. Er ist Italiener, stolz, stark, Maurer und will lieber in Würde sterben als sich operieren zu lassen. Lange, wiederholte Gespräche über die prinzipiell mögliche Heilung bei rechtzeitiger Operation finden statt. Er weigert sich und geht – ich lasse ihn gehen. Nicht ohne Verzweiflung meinerseits: Habe ich das Gespräch richtig geführt, habe ich versagt? Zwei Wochen später kommt er wieder, lässt sich operieren, wird durch den Bankrott seiner Firma Frührentner, geht nach Sizilien, baut sich dort ein Sommerhaus und schreibt mir gelegentlich eine Ansichtskarte.

Bei einer der jährlichen Kontrollen stellt sich nach 3 Jahren eine kleine Lebermetastase heraus, prinzipiell operierbar. Die Diskussionen vom Anfang der Erkrankung wiederholen sich: Weigerung gegenüber der Operation, er möchte in Würde sterben, fragt, was er genau zu erwarten hat. Er will nicht sinnlos leiden, will sich sofort eine Pistole kaufen, alles sehr rational, er habe überhaupt keine Angst vor dem Tod, eher davor, zu lange quälend auf ihn warten zu müssen. In dieser Situation kommen wir uns näher. Ich mag ihn, finde seine Ein-stellung sehr sympathisch, verspreche ihm dann, er werde nicht leiden müssen, seine Würde werde von mir auch im Sterben respektiert. Ich werde ihm beim Sterben helfen, er müsse sich keine Pistole kaufen. Er vertraut mir und geht erneut nach Italien zurück.

Weitere eineinhalb Jahre später erscheint er, abgemagert und gelb, weil die Galle sich staut, der Leberbefund hat an Größe extrem zugenommen. Bei einer Computertomografie fühlt er sich »wie ein Stück Holz behandelt«, man habe ihn auf einer Liege vergessen, er konnte den Stuhlgang nicht halten. Die Krankenhausbehandlung wird abgelehnt, auch jede ambulante Chemotherapie. Er benötigt starke Schmerzmittel, zuletzt hochdosiert Morphium, ich besuche ihn und seine Ehefrau zu Hause zweimal die Woche. Er wird immer schwächer, will aber noch immer aufstehen zur Toilette und sich selbst waschen. Er erklärt in der vierten Woche, er wolle nun sterben und erinnert mich an mein Versprechen, dass er dazu keine Pistole brauche. Jetzt fragt er mich bei jedem Besuch, wann ich mein Versprechen einzulösen gedenke, bevor er dann erneut in einen von Morphium und Schwäche verursachten Schlaf fällt.

Ich suche Rat bei einem befreundeten Krebsspezialisten. Der berichtet: Sie hatten so einen Fall in der Klinik, alle Behandlungsversuche hatten keinen Erfolg gebracht, die Schmerzen waren nur noch zu lindern, der Patient konnte nicht sterben. Bei jeder Visite bat er, flehte und bettelte er schließlich darum, von seinem Leiden, seinen Schmerzen, seinem unwürdigen Leben erlöst zu werden. Sie haben ihm immer höhere Dosen von Schmerzmitteln in allen möglichen Kombinationen gegeben, die nur immer kürzer zu wirken schienen, und er starb nach 6 Wochen qualvoll.

Eine aktive Sterbehilfe, die bewusste Herbeiführung des Todes ist strafbar. Ich habe meinen Patienten davon abgehalten, selbst aktiv werden zu können. Ich habe ihm ein ehrliches Versprechen gegeben, in der Hoffnung, dass er niemals in eine Situation käme, dessen Einlösung von mir zu verlangen. Muss **ich** ihn jetzt erschießen? Ich war und bin immer noch ein dezidierter Gegner der Freigabe der Euthanasie, wie sie zum Beispiel 2002 in den

Niederlanden gesetzlich geregelt wurde[2]. Ich habe diesen eigenwilligen Patienten besonders geliebt.

Was sollte ich tun, was würden Sie tun?

3.4 Angst

3.4.1 Angst als ständige Begleiterin

Situationen wie diese machen Angst, ganz gleich wie Sie sich entschieden haben. Angst wird Ihre ständige Begleiterin sein in der Medizin, und Sie werden sehr schnell lernen – es macht das Heroische der Medizin aus – sie zu beherrschen, sie zu bekämpfen, sie nicht mehr zu spüren: die Angst, Fehler zu machen, Angst vor Ansteckung, selbst krank zu werden, dem Sterben, vor Leiden, vor Urin und Kot, Eiter und Erbrochenem, Siechtum und Verstümmelung. Krankheiten können sein wie Fratzen aus einem Albtraum, wie von Hieronymus Bosch gemalt.

Mein Medizinstudium war auch der Versuch, meine Ängste ein für allemal abzulegen, abzuwehren, mächtig, autonom und unangreifbar und stark zu sein. Dieser Versuch ist – Gott, meinen medizinischen Lehrern und Lehrerinnen, meiner Analytikerin oder meiner Frau, ich weiß nicht, wer den größten Anteil hatte, sei Dank – gescheitert. Nicht so, wie es Rainer Werner Fassbinder als Filmtitel formuliert hat: »Angst essen Seele auf« (1974), sondern im Sinne der psychologischen Erkenntnis: »Wo die Angst ist, geht's lang«. Setzen wir uns der Angst aus, lassen wir sie zu, haben wir genug Kraft oder Unterstützung dazu, dann passiert etwas Wunderbares, wir werden menschlich und gewinnen etwas, was tausendmal stärker ist als Angstlosigkeit: Wir lernen ein unter der Angst verborgenes Gefühl kennen, zu dem uns die Angst führt, die Wut stärkt, der Schmerz leitet und die Trauer begleitet: die **Liebe**.

---

2   Durch eine Gesetzesänderung wurde 2002 die Lebensbeendigung auf Verlangen und die Hilfe bei der Selbsttötung unter bestimmten Voraussetzungen für straffrei erklärt, aber dies ist ausschließlich zugelassenen Ärzten gestattet bei Patienten, deren Zustand für aussichtslos und deren Leiden für unerträglich gehalten wird. Für Nicht-Ärzte blieb der Tatbestand weiter strafbar, das Strafmaß wurde sogar heraufgesetzt (Körtner 2013).

Georg Groddeck (1978), Psychoanalytiker, praktischer Arzt und begnadeter Schriftsteller hat vor fast 100 Jahren geschrieben:

>> Das Wesentliche des Arztes ist ein Hang zur Grausamkeit, der gerade so weit verdrängt ist, dass er nützlich wird, und dessen Zuchtmeister die Angst ist, weh zu tun. ««

Stellen wir uns vor, was passieren würde, wenn Ärzte bei ihrer Sozialisation und Ausbildung die Angst verlören. Darauf hat Alexander Mitscherlich uns eine Antwort gegeben, als er über die tödlichen und verstümmelnden Experimente der Ärzte im Nationalsozialismus an wehrlosen Männern, Frauen und Kindern berichtete, die bei den Nürnberger Ärzteprozessen tausendfach ans Licht kamen. Der Titel des Buches hieß: »Medizin ohne Menschlichkeit« (Mitscherlich u. Mielke 1978).

Jeder Patient bringt uns zu unseren eigenen noch seine Ängste mit. Ganz gleich, wie schön Sie Ihr Wartezimmer einrichten und wie freundlich Krankenschwestern und Arzthelferinnen ihm begegnen: im Wartezimmer und später im Sprechzimmer sitzt die Angst mit dabei. Es ist eine Urangst vor Schmerzen, vor der Wahrheit, vor dem Arzt als Mensch, vor unangenehmen oder peinlichen Untersuchungen oder gar die Angst, »es könnte **nichts** zu finden sein, was mich quält«. Balint (1965) schreibt dazu:

>> Wenn der Patient nach einer Reihe sorgfältiger, gewissenhafter Untersuchungen erfährt, es fehle ihm nichts, dann erwartet der Arzt, dass der Patient erleichtert ist … [Es ist aber zu bedenken], … dass die Diagnose »Ihnen fehlt nichts« keine Antwort auf die brennende Frage des Patienten nach einem Namen für seine Krankheit ist. Abgesehen von der üblichen Befürchtung, dass unser Befund so schrecklich sei, dass wir es ihm nicht sagen wollten, hat die Antwort »Kein Befund« für den Patienten nur die Bedeutung, dass wir das, was ihn ängstigt und quält, eben nicht gefunden haben … So fühlt er sich im Stich gelassen und kann sich seine Schmerzen, Ängste und Entbehrungen nicht erklären, noch sie akzeptieren. ««

3.4.2   Umgang mit der Angst

Sie werden also täglich bombardiert mit Ängsten, und Sie haben 3 Möglichkeiten, damit umzugehen:

Wegschauen und Zuknöpfen

Sie verschanzen sich hinter Ihren Lehrbüchern, knöpfen Ihren Kittel wie Ihre Seele zu. Sie bleiben dann unberührt von den Ängsten, aber Sie leisten schlechte Arbeit.

Fallbeispiel 3.2: 28-jähriger Maurer mit Brustschmerz
Vor Ihnen sitzt ein 28-jähriger, kraftstrotzender Mann: Schmerzen in der Brust. Sie machen eine gründliche Untersuchung mit Röntgen, Belastungs-EKG und Laboruntersuchungen. Alles o.k. Er geht und ist 3 Tage später in der Notfallambulanz des Krankenhauses: gleiches Ergebnis. Jetzt sitzt er wieder vor Ihnen.

Sie haben vergessen, ihm eine entscheidende Frage zu stellen: »Was meinen oder befürchten Sie, was Ihnen fehlt?«

Fallbeispiel 3.2: (Fortsetzung)
Seine Antwort wäre aus ihm herausgeplatzt: dass es ihm so ergehen könnte wie seinem Arbeitskollegen, der auf der Baustelle plötzlich tot zusammenbrach und nicht gerettet werden konnte. Die nicht gestellte kleine Frage hat ein schnell lösbares Problem quälend und kostspielig verlängert, es Ihnen aber auch erspart, sich mit den Ängsten des Patienten beschäftigen zu müssen.

Wenn Sie also – wie vielleicht 70 % der Ärzte – Lösung 1 gegen die Angst nutzen, rennen Sie ständig vor der Angst Ihrer Patienten weg, vielleicht auch aus Angst vor der Angst, so wie ein nächtlicher Spaziergänger, der Schritte hinter sich hört, daraufhin seine eigenen beschleunigt. Sein vermeintlicher Verfolger wird daraufhin auch schneller, es eskaliert in panischem Wegrennen – wo ein simples Stehenbleiben und Umschauen die Banalität der Situation schnell hätte erkennen lassen.

Hinschauen und Begleiten

Stehenbleiben beim Patienten und seine möglichen Ängste einzukalkulieren, ihnen Raum zu geben, ist die zweite Möglichkeit. Sie ist (im ersten Anlauf) zeitaufwändiger, aber effektiver, erfordert allerdings ein entsprechendes psychologisches Handwerkszeug und Gespür. Vertreter dieser Methode berichten über die sich einstellende große Befriedigung bei dieser Arbeit und eine sensationell klingende Auflösung unentwirrbar erscheinender Krankheitsbilder.

Fallbeispiel 3.3: 25-jähriger Mann mit Magenbeschwerden
Ein 25-jähriger Mann kommt, überwiesen wegen Magenschmerzen, zur Magenspiegelung zum »Ausschluss Ulcus« (Geschwür in Magen oder Zwölffingerdarm). Es findet sich kein Ulkus und kein anderer krankhafter Befund. Es ist seine siebte Magenspiegelung in eineinhalb Jahren. Die Beschwerden seien wechselnd, oft aber unerträglich, Säurelocker (H$_2$-Blocker oder Protonenpumpenhemmer) helfen manchmal etwas. Eine Computertomografie, Darmspiegelung und verschiedene Tests auf Verdauungsstörungen wie Milchzuckerunverträglichkeit und Zoeliakie (allergische Reaktion auf Getreide-Gluten-Anteil) seien bereits »ohne Ergebnis« durchgeführt worden. Ich verschreibe erneut ein Magen-Medikament.

Zwei Tage später kommt er in die Sprechstunde, um noch einmal den Befund zu besprechen; er habe am Tag der Untersuchung wegen der Beruhigungsspritze nicht alles mitbekommen. Eine Woche später berichtet er, die Beschwerden seien noch immer nicht weg, ob wir nicht noch einmal hereinschauen sollten. Das lehne ich ab und frage, was ihn so besorgt mache. Der Vater sei – als er selbst 12 Jahre alt war – wegen einer »Magenkrankheit« operiert worden und dabei verstorben; er befürchte, das sei Krebs gewesen. Seine Mutter leide an einer Psychose und sei inzwischen in einem Heim untergebracht. Er möge dort nicht gerne hingehen, es sei ganz furchtbar, seine Mutter sei so verändert, nur noch apathisch. Eine langjährige Beziehung zu einer Freundin sei vor 2 Jahren in die Brüche gegangen.

Er trinke manchmal zu viel Alkohol und habe danach immer ein schlechtes Gewissen. Ja, dann kämen oft auch die Magenbeschwerden. Er habe Angst, vor allem nachts alleine im Bett, auch einen Magenkrebs zu haben, den die Untersucher nur noch nicht feststellen könnten – und dann sei es irgendwann auch für ihn zu spät …

Er nimmt an einer Entspannungstraining-Gruppe teil und meldet sich an zu einer Psychotherapie, bekommt aber erst einen Termin frühestens im nächsten Jahr. Nach der 5. Sitzung in der Gruppe ist die Angst wieder so groß, dass er um eine Kontrolluntersuchung bittet. Wir vereinbaren, dies nach Abschluss des Trainings nach der 8. Stunde zu machen. Er ist einverstanden und kommt 2 Wochen nach Ende des Trainings(!) zur Magenspiegelung.

In der Folgezeit und v. a. nach Beginn der Psychotherapie können die Intervalle zwischen den Magenspiegelungen immer länger (ausgehalten) werden. Er hat eine neue Freundin, die ihn verstehe. Er war vor 3 Jahren zuletzt zu einer Kontrolle.

Interessant ist, dass psychosoziale Kompetenzen systematisch erst in den 70er-Jahren des letzten Jahrhunderts Eingang in die medizinischen Fakultäten, als Lehrstühle für Psychosomatik, medizinische Soziologie und medizinische Psychologie fanden, befördert nicht zuletzt auch durch Ihre damaligen Kommilitoninnen und Kommilitonen, die gegenüber den im Sinne der Lösung 1 abwehrenden Professoren der »harten« medizinischen Fächer eine Medizin ohne Fantasie und Psychologie als »Veterinärmedizin« (Mitscherlich 1969) kritisierten. Ich weiß, dass heute die morgige Biochemieklausur Ihnen größeren Respekt einflößt als die Vorlesung medizinische Psychologie oder diese hier, aus der Sicht Ihrer zukünftigen Patienten ist das alles aber gleichwertig!

»Eintauchen« und Ausbrennen

Ich hatte Ihnen 3 Möglichkeiten angekündigt, auf Ängste zu reagieren. Die dritte besteht darin, sich intensiv den Ängsten der Patienten zu widmen, sich in sie zu vergraben, sie im Patienten beseitigen zu wollen, in der Hoffnung dann selbst auch endgültig angstfrei zu werden. Dabei wird die Grenze der ärztlichen Einflussmöglichkeit nicht gesehen, es findet mit dem Patienten auch keine Auftragsklä-

rung mehr statt. Die größenwahnartige Vorstellung, alle Patienten (vor ihrer oder **Ihrer** Angst) retten zu können, ist zum Scheitern verurteilt. Ich erinnere Sie an die Warnung Grodecks vor der Angstlosigkeit und den Folgen und füge hinzu, diese Methode könnte Sie geradewegs ins »Burn-out-Syndrom« treiben (► Abschn. 7.8). Dies ist der emotionale Supergau, eine »deformation professionelle«, die uns droht, wenn wir allzu besessen werden von den Problemen der anderen oder uns von den formalen Anforderungen des Medizinbetriebs auffressen lassen, wenn wir isoliert als eingetopftes Gänseblümchen unsere Verbindungen zur Umwelt, unserer Familie, dem Leben verlieren, wenn aus dem positiven Engagement ein frustriertes negatives Abwerten des eigenen Selbst und dann auch des Gegenübers wird.

3.4.3 »Institutionalisierte« Angst

Die Medizin selbst als Institution erzeugt Angst gleich bündelweise: Die Chefarztvisite spiegelte früher(?) in der Regel genauso die Angst des Chefarztes vor der befürchteten Anarchie in seiner Klinik wider, wie sie umgekehrt den kleinen Assistenzarzt in ein angstauslösendes Ritual zwang. In meiner Klinik waren sie als »Vernichtungsvisiten« bekannt, und es wurde die Geschichte erzählt, ein selbstbewusster Assistent habe die persönliche Verunglimpfung vor versammelter Mannschaft nicht akzeptiert und unserem Chef die Krankenakten vor die Füße geworfen. Dann habe er den Kampfplatz erhobenen Hauptes verlassen. Keiner wusste allerdings zu berichten, wie die Heldensage ausgegangen war.

Die Hierarchie, übersetzt: die heilige Herrschaft (► Kap. 5) lebt immer noch von Angst und Unterwürfigkeit. Sie soll die Gefühle disziplinieren, sie dressiert die Krankenhausmitarbeiter, aber sie trifft mit voller Wucht immer auch und v. a. die Patienten, die sich nicht wehren können. Es gibt ein probates Mittel gegen »Hierarchieängste«.

3.5 Lachen

Im hippokratischen Eid werden der Zügellosigkeit des Arztes ethische Grenzen gesetzt. Wie Sie aus Zeitungsberichten über Missbrauch von Patienten in der Therapie – sexueller oder anderer Art – wissen und angesichts von anderem ärztlichen Fehlverhalten wird gegen diesen Eid immer wieder verstoßen. Dagegen habe ich den Eindruck, in der Medizin würde eine »Vorschrift« zunehmend peinlicher befolgt, die im Eid des Hippokrates gar nicht vorkommt, und die lauten könnte: Hippokrates hat nie gelacht, Lachen verboten. Dabei ist Humor inzwischen als Heilmittel anerkannt, Gelotologie ist die Wissenschaft des Lachens (Zimmer 2012, Effinger 2011, Stiftung Humor hilft heilen: c.lutz@humorhilftheilen.de). Humor ist aber nicht aus Büchern erlernbar. Im Medizinalltag geht es oft mehr darum, ihn zuzulassen.

Ich plädiere hier nicht für die platten, oft zynischen Medizinerwitze, die Scherz treiben, indem sie medizinisches Wissen und Patientenschicksale böse zu groteskem Amalgam vereinen.

»Medizinerzynismus«
Eine Karikatur im *Deutschen Ärzteblatt* (16, 1982), überschrieben: »Eines Tages im Mastektomiebereich«: Eine junge, hübsche Patientin liegt verängstigt in ihrem Bett, zieht die Decke herauf bis zum Kinn. Vor ihr die große Chefarztvisite und in der Sprechblase des Chefarztes im Op-Kittel:
»Wir haben eine erfreuliche Nachricht für Sie: die gründliche histologische Aufarbeitung der Brust hat ergeben, dass es doch kein Krebs war.«

Ich meine dagegen das befreiende Lachen aus dem Bauch heraus, nicht das angeknipste, antrainierte, das oft so aussieht wie eine Nebenwirkung zu hoch dosierter Neuroleptika, sondern das normale Lachen, das wir uns nicht gestatten, weil die Medizin eine todernste Angelegenheit sei. Und das Weglachen von sozialen Unterschieden und Barrieren, von Macht und Arroganz:

Selbstkritischer »Medizinerhumor«
Ein Konzert in der Philharmonie, ergriffen schweigendes Publikum. Da steht in der ersten Reihe ein Mann auf und ruft aufgeregt: »Ist ein Arzt im Raume?« Das Schweigen jetzt betroffen. Hinten springt ein Mann auf: »Ja bitte, was ist denn passiert?« Darauf der erste: »Ist das nicht ein wunderbares Konzert, Herr Kollege?!«

In Köln gibt es zwei Aussprüche, die hier treffend passen: »Lache is de beste Medizin« und »Jedes Trönche dat de lachs, dat bruchste nit ze kriesche«.

3.6   Kleine Wahrnehmungskunde

Medizin ist eine Erfahrungswissenschaft, die nicht im Studierstübchen erlernt wird, Computer und Internet sind wunderbare Werkzeuge und unverzichtbar, aber ein schlauer Nerd ist nicht automatisch ein guter Arzt. Dazu muss er raus in die raue, frische Luft der Wirklichkeit (siehe »instant social descent«, ▶ Abschn. 7.3).

Um als Mensch und Arzt da draußen besser zurecht zu kommen, muss man lernen, besser hinzuschauen und sich gleichzeitig vor dem einseitigen Blick durch die Brille des Pathologen oder meinetwegen des Chirurgen oder Biochemikers zu hüten. Was wäre da zu beachten? Ich verdanke die Anregung zu diesem Abschnitt einem Artikel von Christiane Grefe, der in einem anderen Zusammenhang erschien (»Kleine Wahrnehmungskunde«, *taz* vom 12.11.1997).

3.6.1   Lernziel 1: Die Sinne denken mit

Fallbeispiel 3.4: 12-jähriger Junge mit Bauchschmerz
Ein 12-jähriger Junge wird in die Ambulanz Ihres Krankenhauses eingewiesen wegen Bauchschmerzen. In Ihrer Abteilung befindet sich im Test ein »Diagnosecomputer«, in den Sie alle Befunde eingeben, und er spuckt – damit in Übereinstimmung mit dem diensthabenden Chirurgen – die Diagnose »akute Blinddarmentzündung« aus. Sie gehen nochmals an das Krankenbett, um die besorgten Eltern davon zu unterrichten, dass ihr Sohn nun operiert werden muss. Da fällt Ihnen auf, wie stark der schläfrige kleine Patient nach Azeton (Nagellackentferner) riecht. Ihr Riechvermögen hat in diesem Moment dem Patienten eine unnötige Operation erspart. Seine Bauchschmerzen sind tatsächlich durch die Entgleisungen seines heute neu aufgetretenen Diabetes Typ 1 bedingt (diabetische Ketoazidose). Er wird Ihnen dankbar sein, dass Sie alle Ihre Sinne zur Verfügung hatten.

(Zur Ehrenrettung des Computers sei zugegeben, wenn der Urinbefund – mit massiver Zuckerausscheidung – ihm eingegeben worden wäre, hätte er wahrscheinlich auch die richtige Diagnose gestellt. Die Ärzte im Altertum haben alleine durch das Schmecken des Urins die schon damals bekannte Diagnose gestellt. Also immerhin können die Sinne Computer ersetzen!)

3.6.2 Lernziel 2: Man nimmt nur wahr, was man fühlt

Fallbeispiel 3.2 (Fortsetzung)
Sie hätten vielleicht im Gespräch mit dem o. a. Bauarbeiter mit den Brustschmerzen die Verzweiflung im Raum fühlen können, um dann danach zu fragen. Vielleicht hätten Sie auch selbst Angst gehabt, bei ihm eventuell einen Herzinfarkt zu übersehen oder eine andere Erkrankung. Ihre Angst hätte sich mit der seinen im Raum treffen und wegweisend werden können. Seine Beharrlichkeit hätte Sie stutzig machen können, sein Zögern auffallen können, mit dem er trotz Ihrer guten Nachricht: Alles o.k.! bedrückt Ihr Sprechzimmer verließ.

3.6.3 Lernziel 3: Man sieht nur, wo man hinguckt

Der Ameisenforscher sieht selbst unter Elefantenfüßen nur Ameisen. Ärzte verhalten sich oft wie Ameisenforscher (oder wie Elefanten im Ameisenhaufen). Der Biochemiker erklärt Ihnen, wie sich die Tumorzelle unsterblich macht, der Pathologe zeigt Ihnen, woran Sie erkennen können, wie bösartig der Tumor ist, der Chirurg zeigt Ihnen stolz den herausoperierten Tumor, der Stationsarzt einen abgemagerten Patienten, der Hausarzt eine nur dünne Krankenakte, er sei immer gesund gewesen, der Patient.

Sein Vorarbeiter im Vulkanisierwerk zeigt Ihnen seinen Arbeitsplatz, wo die Gummi- und Asbestdämpfe den Leberkrebs in vielen, vielen Arbeitsschichten erzeugten.

3.6.4 Lernziel 4: Man sieht nur, was gezeigt wird

Vor 70 Jahren hätte Ihnen der Anatomieprofessor in seiner Vorlesung Totenschädel gezeigt, an deren Maßen er den Wert des einzelnen Menschen, seine Tugenden oder seine Neigung zum Verbrechen behauptet hätte, ablesen zu können. Sie hätten die Zahlen fürs Examen fleißig mitschreiben müssen.

Heute erfahren Sie – in einer zugegeben weniger dramatischen Situation – wie gut das neue Medikament Y bei der Krankheit Z wirke, die bisher als unheilbar galt. Wie diese guten Ergebnisse gewonnen wurden, welche Interessen sich hinter einer solchen Aussage verbergen und wie die gewonnen Daten ausgewertet wurden, wird oft nicht gezeigt. Negative Studien (Medikament Y wirkt überhaupt nicht bei Krankheit Z) werden oft unterdrückt. Auch die Hintergrunddaten großer Studien werden bisher oft nicht zugänglich gemacht.

3.6.5 Lernziel 5: Man sieht nur, was man weiß

Sie haben einen Patienten vor sich, dessen Befunde zu keiner Ihnen bekannten Erkrankung passen; dann fällt Ihnen ein, es könnte sich um eine Porphyrie, eine seltene Stoffwechselkrankheit handeln, und Sie wissen oder schlagen nach und wissen danach, wie der endgültige biochemische Nachweis zu erfolgen hat.

Die Informationsflut eines Medizinstudiums ist ungeheuer groß, daraus müssen Sie **Ihr** medizinisches Wissen machen, Sie müssen sie nutzen und ihr trotzen, sie verarbeiten und bewerten.

Lassen Sie sich nicht mit Informationen überfüttern, klären Sie, wer Ihnen was und warum serviert, stellen Sie Ihr eigenes Medizinmenü zusammen, essen Sie es mit Kolleginnen und Kollegen gemeinsam! Tauschen Sie sich aus! Verdauen Sie die aufgenommenen Informationen, bauen Sie Ihr eigenes Medizingebäude daraus, überprüfen Sie laufend dessen Stellenwert und Aktualität, und ob diese oder jene Information richtig, plausibel, vernünftig und für Sie oder Ihre Patienten tatsächlich wichtig ist!

3.7 Wünsche für die Zukunft!

Liebe Kolleginnen und Kollegen!
Ich wünsche Ihnen in Ihrem Studium und danach eine ungetrübte Wahrnehmungsfähigkeit mit **allen** Sinnen, dass es Ihnen möglich sei wie dem Kind im Märchen von des Kaisers neuen Kleidern, den Kaiser zu sehen, wie er ist, wo immer er mal wieder nackt auftaucht, auch wenn dessen »neue Kleider« von den Hofschranzen stets bewundert werden, so wie Sie alles zu bewundern gelernt haben, was der Kaiser tut.

Ich wünsche Ihnen, dass Sie niemals zu Hofschranzen des Medizinbetriebs werden sondern dass Sie kritische Ärztinnen und Ärzte werden und liebenswerte und liebesfähige Menschen bleiben mögen.

Ich danke für Ihre Aufmerksamkeit!

Literatur

Balint M (1965) Der Arzt, sein Patient und die Krankheit. Fischer, Stuttgart

Grefe C (1997) Kleine Wahrnehmungskunde. taz, 12.11.1997

Groddeck G (1978) Das Buch vom Es. Ullstein, Frankfurt/M

Körtner UH (2013) Menschenwürde am Lebensende. In: Joerden JC, Hilgendorf E, Thiele F (Hrsg) Menschenwürde und Medizin. Duncker & Humblot, Berlin

Mitscherlich A (1969) Krankheit als Konflikt. Suhrkamp, Frankfurt/M

Mitscherlich A, Mielke F (1978) Medizin ohne Menschlichkeit. Fischer, Frankfurt/M

Pschyrembel W (2002) Klinisches Wörterbuch. de Gruyter, Berlin

Internetquellen

Zimmer 2012, Effinger 2011, Stiftung Humor hilft heilen: c.lutz@humorhilftheilen.de. Zugegriffen: 3.3.2014

Preis, Wert und Würde

4.1   Anspruchsdenken?

4.1.1   Das Gesundheitssystem als Selbstbedienungsladen?

In seinem beachteten Buch »Generation Reform«, das viel Richtiges brillant formuliert, erliegt Paul Nolte (2004) – darin mit vielen Gesundheitsexperten einig – einem fatalen Irrtum. Nicht die Tatsache, dass er die in ihrer Existenz nicht zu bestreitende, sozioökonomisch ärmere und bildungsmäßig weniger beschlagene, also weniger privilegierte Schicht der Bevölkerung als »Unterschicht« bezeichnet, ist ihm vorzuwerfen. Wir haben (und wollen?) keine klassenlose Gesellschaft, und Schichten oder Klassen sind das zentrale Thema dieses Buches. Allenfalls über die »political correctness« des Begriffs »Unterschicht« könnte man streiten. Wir bevorzugen »Mensch, Patient aus der Unterschicht«, um deutlich zu machen, dass seine Person nicht mit seiner Schichtzugehörigkeit wie einem Körperteil verbunden ist, dass sie eine soziologische Variable darstellt, sich also verändern kann, so wie der »Gallenpatient«, oft auch nur »die Galle« genannt, spätestens nach der Operation auch wieder ein ganzer »Nur-Mensch« ist.

Die von Nolte befeuerte Diskussion über die »neue Unterschicht« verortet die Ursache für die gesellschaftliche Ungleichheit in den Gegebenheiten des Unterschichtmilieus und den Eigenschaften seiner Vertreter und sieht diese nicht mehr als Symptome der Klassengesellschaft (ausführliche Kritik an Nolte bei Kessl et al. 2007).

Kritikwürdig sind auch Noltes als objektiv ausgegebene Bilder des Gesundheitswesens, die er durch seine intellektuell beschlagene »Oberschicht«-Brille zu erkennen glaubt, und die daraus abgeleiteten Strategien, deren soziale Folgen außerhalb seines eingeschränkten Gesichtsfeldes passieren. Manche Wahrnehmung ist schlicht falsch (Nolte 2004):

» … weite Teile der über die Krankenkassen abgedeckten Gesundheitsversorgung haben inzwischen einen anderen Charakter [als zu Zeiten Bismarcks, d. Verf.] angenommen: nämlich den einer kontinuierlichen »Betreuung« des Körpers auch bei Bagatellerkrankungen oder bei Abwesenheit von Erkrankungen überhaupt – dann gibt es Viagra auf Rezept bei einer altersgemäßen Funktionsstörung. Mit anderen Worten: Die Inanspruchnahme medizinischer Leistungen ist (auch) zu einem Element der alltäglichen Daseinsvorsorge, ja sogar der individuellen Präferenzen im Lebensstil geworden. Darin ist sie von der Deckung anderer regelmäßiger Bedürfnisse wie Nahrung oder Kleidung manchmal nicht mehr grundsätzlich zu unterscheiden. Man stelle sich vor: Jeder zahlt, je nach Einkommen, bestimmte Abgaben, der Arbeitgeber tut etwas dazu, und dafür darf man sich beim Lebensmitteleinkauf im Supermarkt frei bedienen – auf die Preisauszeichnung der Produkte wird selbstverständlich verzichtet. Utopie oder schlechter Witz? **«**

Das Spektrum der Nolte (als mutmaßlich Gesundem) bekannten Krankheiten scheint eingeschränkt und von der banalen Erkältung über Impotenz bis zur (selbstverschuldeten) Sportverletzung zu reichen. Hier wäre eine Praxishospitation oder zumindest ein Blick in ein Lehrbuch der inneren Medizin hilfreich. Die »Absicherung eines elementaren Existenz- und Lebensrisikos«, ist keine historische Reminiszenz an Bismarcks Zeiten, sondern nach wie vor Hauptaufgabe der Ärzte in Krankenhäusern und der ambulanten Medizin: von A wie Asthma über Diabetes, Herzinfarkt, Krebs und Rheuma bis Z wie Zyklothymie (Psychoseform). Wer die Notwendigkeit einer »kontinuierlichen Betreuung« der Kranken nicht wahrnehmen kann oder anerkennen will und bezeichnenderweise von »Gesundheitsversorgung« spricht, die »in weiten Teilen« Gesunde und Bagatellen »betreue«, ist schnell mit dem Vorwurf eines verbreiteten Anspruchsdenkens bei der Hand. Er verwechselt hier die existierenden Wünsche gesunder Versicherter mit den existenziellen Bedürfnissen der tatsächlich kranken. Man kann wohl davon ausgehen, dass Nolte – wie die meisten seiner beamteten Professorenkollegen – über eine staatliche Beihilfe im Krankheitsfall und/oder eine private(Zusatz-)Versicherung verfügt, die ggf. auch die Kosten für Viagra erstattet. 90% der Patienten, die in der GKV versicherten, haben keinen Anspruch auf ein entsprechendes Kassenrezept.

4

Fallbeispiel 4.1: 39-jähriger Patient mit Prostatakarzinom

Ein 39-jähriger Patient, aktuell arbeitslos, wurde wegen eines – für sein Alter ungewöhnlichen – Prostatakarzinoms radikal operiert (Prostatektomie) und verlor dabei seine Potenz (erektile Dysfunktion). Er war finanziell nicht in der Lage, sich selbst einen der modernen PDE-5-Inhibitoren (Viagra, Cialis, Levitra) zu kaufen. Ich habe ihn mit Ärztemustern versorgt, die mir aber nur spärlich zur Verfügung standen.

Das Neinsagen, wenn er nachfragte, ob ich »was für ihn hätte«, hat mich traurig gemacht, aber eine Verordnungsfähigkeit auf Kassenrezept besteht auch in einem solch eindeutigen Fall nicht. Eine Pille kostet ca. 15 Euro.

Der von Nolte – wo eigentlich? – gesehene Supermarkt mit Selbstbedienung und (zu-)zahlungsfreiem Einkauf medizinischer Leistungen ist weder »Utopie« noch »ein schlechter Witz«. Es gibt ihn schlichtweg nicht! Medizin spielt sich – will man in seinem primär angreifbaren Bild vom Patienten als Verbraucher (▶ Kap. 2) bleiben – allenfalls im Tante-Emma-Laden ab, in dem der Verbraucher-Patient Hunger angibt und das Brot erhält, das Tante Emma für ihn auswählt. Er kann froh sein, wenn es frisch ist, und schon beim Brotbelag könnte es ihm passieren, dass Butter »aus ist« und Tante Emma aus Angst, ihr Schinken-»Budget« zu überziehen, zum Eimer des billigen Kunsthonigs greift. Nolte erahnt vielleicht Auswüchse des Medizinbetriebs, die er allerdings nicht recherchiert hat: das IGeLn (▶ Kap. 7) in den Arztpraxen, die von Ärzten angebotenen Wellness- und Anti-Aging-Angebote, die allerdings gerade **nicht** zu Lasten der GKV, sondern gegen Cash den Gesunden angeboten werden. Auch die Krankenkassen (also wieder **nicht** primär die Patienten) stellen sich in der gegenseitigen Konkurrenz um gesunde (gleich billige Versicherte; ▶ Kap. 8) gerne als »Gesundheits«kassen mit supermarktähnlichen Angeboten dar. Da werden Patienten gelockt durch Sonderangebote wie die Übernahme der Kosten für Wellness, chinesische oder homöopathische Medikamente und andere in ihrer Effizienz unbewiesene Behandlungsmethoden. Gute Gründe also für eine harsche Kritik an einzelnen Krankenkassen oder

IGeL-Mediziner – aber keiner für eine undifferenzierte Patientenbeschimpfung.

Anspruchsdenken ist sicherlich vorhanden, z. T. wird es erzeugt durch Vorwürfe im Nachhinein (»Wärst du doch nur rechtzeitig zum Arzt, zur Vorsorgeuntersuchung gegangen«), z. T. gespeist durch die illusionären Versprechungen des medizinischen Fortschritts und die zunehmende (obwohl gesetzlich unzulässige) Werbung für verschreibungspflichtige Medikamente. Anspruchsdenken ist nach meiner Erfahrung besonders bei gesunden Angehörigen der »Mittel«- und »Oberschicht« verbreitet. Bei den meisten unserer Patienten in Wilhelmsburg ist eher der Mangel an Inanspruchnahme (▶ Abschn. 4.2) zu beklagen. Das kann Nolte nicht wissen, weil er woanders wohnt.

In jedem Fall aber bleibt es dem GKV-Patienten – wie groß auch immer sein Anspruchsdenken sein mag – grundsätzlich verwehrt, in den Medikamentenschrank beim Arzt oder Apotheker zu greifen. Sollte es Ärzte geben, die vielleicht aus Angst bei schwindenden Patientenzahlen unberechtigten Forderungen ihrer Patienten glauben nachgeben zu müssen, so verstoßen diese eklatant gegen Vertragsarztrecht **und** ihre eigenen wirtschaftlichen Interessen. Denn über kurz oder lang werden sie Opfer der »Wirtschaftlichkeitsprüfung« der Krankenkassen, der »Zielvereinbarungen« der Kassenärztlichen Vereinigungen oder von »Regressen« bei Überschreitung der für fast alle Verordnungen bestehenden »Regelleistungsvolumina«.

Anspruchsdenken erfordert eine ehrliche (!) Aufklärung über berechtigte Ansprüche und ihre Grenzen und gelegentlich ein überzeugendes, emotionsloses NEIN. Wenn dann allerdings die Wut des Patienten auf einen ob dessen »Anspruchsdenkens« wütenden Arzt trifft, sind alle Voraussetzungen für »self-fulfilling prophecies« auf beiden Seiten gegeben.

4.1.2 Die Unterschicht-Wirklichkeit

Kommen wir zu den oben angedeuteten sozialen Folgen dieses, von vielen Gesundheitsreformern als Realität beschworenen, Gespenstes eines umgehenden »Anspruchsdenkens«.

Fallbeispiel 4.2: 67-jähriger Patient mit ICD

Als vor 25 Jahren die ersten unter die Haut implantierbaren Kardioverter-Defibrillatoren auf den Markt kamen, saß vor mir ein Patient zur Entfernung der Fäden nach einem solchen Eingriff. Er war tot am Steuer seines LKW zusammengebrochen und erfolgreich vom Notarzt wiederbelebt worden. Seine schweren Herzrhythmusstörungen stellten insofern ein »elementares Lebens- und Existenzrisiko« dar, als sie Auslöser des ursächlichen Kammerflimmerns waren, das jederzeit wieder auftreten konnte. Das Gerät würde in Zukunft in einem solchen Fall automatisch einen Stromstoß abgeben und den normalen Rhythmus umgehend wiederherstellen.

Sein Leben lang hatte er hart gearbeitet, lebte von einer kleinen Rente, die er als 67-Jähriger durch gelegentliches Einspringen als Fahrer in der Spedition seines ehemaligen Arbeitgebers aufbesserte. »Die haben mir in der Klinik gesagt, das Ding« – er wies auf die Vorwölbung seines linken Brustmuskels – »soll 40.000 Mark gekostet haben. Das ist ja mehr wert als ich!« Sein verschämtes Lachen blieb mir in den Ohren stecken …

Solche Beispiele ließen sich fortsetzen:

- Die Rentnerin, die sich entsetzt zeigte über den Preis auf der Packung ihres Medikaments (175 Euro für 100 Tabletten), das erfolgreich ihre schwere Herzschwäche verbesserte, die es eben nicht selbstverständlich fand, dass ihr dies zustehe.
- Der dankbare junge Mann, Fensterputzer von Beruf, dem erst durch die Verschreibung eines teuren, lang wirkenden Asthmasprays die Angst genommen werden konnte, nachts im Schlaf zu ersticken oder bei der Arbeit auszufallen. Er hatte in der *Apotheker-Zeitung* von einem neuen Medikament gelesen und wollte es selbst bezahlen, wenn es mein Medikamentenbudget allzu sehr belaste(!)
- Eine Krankenschwester mit einer chronischen Leberentzündung (Hepatitis C), die sie sich zuzog durch Bluttransfusionen bei der komplikationsreichen Geburt ihrer Tochter. Sie wusste um die drohenden Komplikationen der Leberzerstörung (Zirrhose) und des Leberkrebses und war umso bestürzter, als ihr Hausarzt die mögliche Behandlung mit Interferon wegen der hohen Kosten von ca. 26.000 Euro abgelehnt hatte, als ob er es selbst bezahlen müsste.

Die Wackersteine, die manchmal von der Seele besorgter und geängstigter Patienten abfallen, sind in keiner Qualitätskontrolle kilogrammmäßig erfassbar und bei Unprivilegierten ungleich gewichtiger als bei Patienten, deren »Ballaste« der ärztlichen Entsorgung nicht (so dringend) bedürfen.

Könnte es sein, dass ein Leben in bescheidenen Verhältnissen vor einem arroganten Anspruchsdenken stärker schützt als ein Leben, in dem das Sich-was-Gutes-Gönnen alltägliche Selbstverständlichkeit geworden ist? Der öffentlich erhobene Vorwurf des ungerechtfertigten Anspruchsdenkens von Patienten könnte an diesen Selbstbewussten abprallen, bei jenen aber zu Einschüchterung und Fehl- oder Nichtbehandlung (die der Versichertengemeinschaft u. U. teurer zu stehen käme) aus falscher Bescheidenheit führen.

Fallbeispiel 4.3: 48-jähriger Patient mit Bronchialkarzinom

Am Fall des hochfiebernden Krebspatienten (► Fallbeispiel 1.1, ► Abschn. 1.1) lassen sich typische klassenmedizinische Charakteristika v. a. bei Arbeitern herausarbeiten:

- die Ehefrau als Begleiterin ist in der Regel ein Alarmzeichen (Notfall);
- ihre Anwesenheit kann auch stehen für mangelnde Kommunikationsfähigkeit und oft genug für Schwellenängste vor dem Arzt, Angst vor der Untersuchung, der Krankheit;
- kommt die Ehefrau nicht mit, fällt bei Männern ersatzweise oft die Satz: »Ich komme nur, weil meine Frau mich seit Tagen drängt, nun endlich …«;
- Gesundheits-Vorinformationen sind ungenügend;
- eigene »health beliefs« sind eher dissimulierend, Symptome werden nicht oder unvollständig berichtet, Nachfragen ist erforderlich;
- Körperlich harte Arbeit lässt dem Arbeiter Krankheit wie einen Maschinenschaden des Körpers erscheinen, sie wird nicht als leiblich »empfunden«, »der Indianer kennt keinen

Schmerz«, »was uns nicht tötet, macht uns härter!«;

- Exposition gegen Schadstoffe – nicht selten Jahre zurückliegend – mit Folgekrankheiten müssen erfragt werden
- fehlende oder unzureichende Präventions- oder arbeitsmedizinische Untersuchungen;
- zu späte Diagnosestellung, weil Symptome (anhaltender Husten, Gewichtsverlust) nicht richtig eingeordnet werden;
- Angst vor Arbeitsplatzverlust und/oder Im-Stich-Lassen der Kollegen.

Wir sehen in Wilhelmsburg außerdem häufig Patienten, die ihre berechtigten Ansprüche nicht kennen, sie nicht durchsetzen können oder sie – leider zunehmend häufiger – von Ärzten zurückgewiesen bekommen. Manche Ärzte flüchten feige, aus Angst vor den o. a. Regularien, in einen Verschreibungsboykott auch dringend gebotener und keineswegs »verbotener« Medikamente.

Fallbeispiel 4.4: 60-jährige Patientin braucht teures Krebsmittel
Eine 60-jährige Patientin mit einer chronischen Knochenmarkserkrankung (myelodysplastisches Syndrom) ist gut auf ein niedrig dosiertes, gut wirksames, teures Zytostatikum eingestellt. Nach der Berentung des Ehemanns verlegt das Paar seinen Wohnsitz in einen ländlichen Bezirk in Niedersachsen. Ihr neuer Hausarzt nimmt mit mir telefonisch Kontakt auf, um seine Sorgen loszuwerden: Er könne unmöglich dieses teure Medikament weiter verschreiben, das bringe ihm einen saftigen Regress der Krankenkasse ein, denn sein »Praxisbudget für Medikamente« sei schon überschritten, ob dieses Medikament denn so wichtig sei? Meine Antwort ist JA, und ich weise darauf hin, dass es ein Praxisbudget für Medikamente nicht gebe, sondern nur ein Gesamtbudget, dass allenfalls bei einer Wirtschaftlichkeitsprüfung seiner Verordnungen Nachfragen auftreten könnten, dass dieses Medikament aber alternativlos sei und seine Verordnung bei jeder Prüfung als begründet anerkannt werde und ihm somit kein Schaden drohe. Der Kollege gerät in helle Aufregung, das sei vielleicht in Hamburg so, in Niedersachsen würden andere Regeln gelten. Ich habe ihn nicht vom geltenden Recht überzeugen können.

Vorauseilender Gehorsam unerlassenen Gesetzen gegenüber, die Unkenntnis der bestehenden Ausnahmeregelungen, die Lüge über die Verantwortlichkeit (»Das Budget Ihrer Kasse ist aufgebraucht« – obwohl es ein solches niemals gab) und ein am Patienten ausagierter Trotz verletzen nicht nur dessen Würde und beschädigen nachhaltig das Arzt-Patientenverhältnis, diese Haltung stellt v. a. eine Gefahr für die gesundheitliche Versorgung der als Unterschicht abklassifizierten Unprivilegierten dar, die derartige Zumutungen häufiger erfahren, aber oft nicht durchschauen und ihre Ansprüche auch oft nicht so durchsetzen können wie die Privilegierten.

4.2   Nichtinanspruchnahme

Das weiter ursächlich abzuklärende Phänomen des »Nichtinanspruchnehmens« wäre hier eher zu beklagen und vordringlich zu beheben (»inverse targeting«, ▶ Kap. 7). Die Medikamente für Krankheiten, die »nicht weh tun« wie Diabetes oder Bluthochdruck werden oft nicht regelmäßig eingenommen (»Incompliance«, ▶ Abschn. 4.5). Das kann zum Horten von Medikamentenpackungen zu Hause führen, häufiger ist nach unseren Erfahrungen in Wilhelmsburg aber die »sparsame Medikamenteneinnahme«, die zu einer ineffektiven Unterdosierung führt: 1×1 Tablette statt wie erforderlich 3×1, Insulin wird mit reduzierter Dosis und nicht mehr wie erforderlich vor **jeder** Mahlzeit gespritzt … Die Ursachen sind vielfältig (Osterberg 2005; Kanfer 2006): häufig schrecken die erforderlichen Zuzahlungen bei jedem neuen Rezept, oft ist eine Selbstkontrolle von Blutdruck oder Blutzucker noch nicht vermittelt worden, so dass ein verantwortliches Selbstmanagement nicht erfolgen kann und die Folgen der Unterlassung dem Patienten nicht sichtbar werden (hohe Blutzucker- oder Blutdruckwerte), manchmal besteht eine (unsinnige) Multimedikation, mit der Patienten oft nicht zurechtkommen. Dann werden die Tabletten nach ihrer Größe und Schluckbarkeit sortiert oder bei Erkältungen die Blutdruckmittel weggelassen aus Angst vor Nebenwirkungen oder befürchteten Interaktionen mit der aktuellen Grippemedikation. Ein Medikament ist immer schneller rezeptiert als seine Wirkungsweise dem Patienten erklärt, und

Zeit ist Geld. Diese Phänomene sollten eigentlich allen Hausärzten bekannt sein und zu einer guten Aufklärung und regelmäßigen Kontrolle des Medikamentenplans und des tatsächlichen Einnahmeverhaltens führen. Aus der vorgegebenen Dosierung eines Medikaments und der verschriebenen Packungsgröße lässt sich rasch das Intervall ermitteln, wie lange der Patient damit auskommt. Unterbleibt die Rezeptanforderung in diesem Intervall, wird »falsch gespart«. Die notwendige, von Nolte abschätzig als kontinuierliche »Betreuung des Körpers« abgetane, Aufmerksamkeit der Ärzte ist leider nicht selbstverständlich. Sie ist ein essenzieller Bestandteil guter Klassenmedizin, die davon auszugehen hat, dass hier der Konrad Lorenz (1903–1989) zugeschriebene Satz besondere Bedeutung hat: »Gesagt ist nicht verstanden, verstanden nicht behalten, behalten nicht getan und getan nicht beibehalten!

Wenn Nolte in anderem Zusammenhang von der Notwendigkeit spricht, die »Unterschichten« zu »erziehen«, der Pisa-Studie Bildungsoffensiven folgen zu lassen, kann man ihm zustimmen. Ich fände allerdings die Formulierungen »Bildungschancen eröffnen« und »nachholende Erwachsenenbildung« weniger von oben herab klingend. Faktisch wird in der Sozialpolitik das »Fördern und Fordern« meist in ein »Heute-mit-moralischem-Druck-Fordern« bei ausbleibendem Fördern verkehrt. Die bewusste Verweigerung der Förderung und ihre Folgen sind zu besichtigen bei der eingeforderten Sprachkompetenz von Migranten, bei der erforderlichen Nachhilfe in der Schule und bei der notwendigen Schulung von chronisch Kranken.

Auch bei der Sprachkompetenz zeigt sich die Dominanz des Sozialen: Das soziale Umfeld, in dem ein Kind lebt, beeinflusst seine Sprachkompetenz stärker als ein Migrationshintergrund oder die nichtdeutsche Familiensprache. Zu diesem vorläufigen Ergebnis kommt eine Studie des »Instituts Arbeit und Qualifikation« (IAQ) der Universität Duisburg-Essen (UDE) aus dem Jahr 2013 (▶ http://www.iaq.uni-due.de/aktuell/presse/2013/131104.php). In die Studie wurden 241 Essener Kindertageseinrichtungen einbezogen. Aber: Innenminister Schäuble beabsichtigte 2006 die Sprachförderung von Migranten um 78 Mio Euro zu kürzen. Seine Kanzlerin fordert zeitgleich eine verstärkte Förderung der Sprachkompetenz der Kinder, damit sie ihre Lehrer verstehen können!

Den Forderungen stehen also fehlende – oder gar aus haushaltspolitischen Gründen gestrichene – Förderungen und oft auch fehlende Konzepte gegenüber. Die Sozialpolitik müsste hier wieder vom fordernden Kopf auf befördernde Beine gestellt werden!

Solange die Förderung-Forderungs-Politik noch derart Kopf steht, stellt eine fürsorgliche, kontinuierliche Betreuung keine »fürsorgliche Vernachlässigung der Unterschicht« (Nolte) dar, sondern hebt diese im Gegenteil partiell zumindest auf. Die emanzipatorische Kraft, die das erfolgreiche Verstehen und Bewältigen einer (chronischen) Krankheit freisetzt (▶ Kap. 7), erfordert in der Klassenmedizin für Patienten aus der Unterschicht andere didaktische Maßnahmen, setzt psychosoziale Kompetenz voraus, die nicht Prüfungsstoff ist im Medizinstudium, und benötigt oft mehr Zeit als bei Oberklassenpatienten.

4.3 Der Patient bekommt die Quittung

Die immer wieder neu erhobene Forderung, allen Patienten eine Quittung über die Kosten von in »Anspruch« genommenen medizinischen Leistungen auszustellen[1], würde die Ansprüche der einen nicht dämpfen (»In 3 Jahren habe ich doch nur 260 Euro verbraucht!«), die Unwissenheit und falsche Bescheidenheit der anderen aber in Beschämung verwandeln (» …mehr Wert als ich!«). Es könnte passieren, was Oscar Wilde (1854-1900) auf den Punkt brachte: »Wir wissen von allem den Preis, aber von nichts den Wert.«

Die Unterschiede der (diagnostischen) Wertigkeit einer umfassenden Herz-Kreislauf-Untersuchung (Kosten 22,50 Euro) und einer Kernspintomografie (Kosten 150 Euro) dürften den meisten Patienten unbekannt sein, sie bestimmt sich letztlich daraus, welche Untersuchung zur Diagnostik notwendig (»indiziert«) ist. Die selbstverständliche

---

1   In den Niederlanden wird ab 2014 regelmäßig eine Information der Patienten über die mit ihrer Versicherung abgerechneten Arztkosten erfolgen.

Aufgabe der Ärzte ist es, die medizinische Indikation für diese und alle anderen veranlassten Untersuchungen und Behandlungen kritisch zu stellen, kurzum: mit den Geldern der Solidargemeinschaft **und** den sich ihnen anvertrauenden Versicherten verantwortungsvoll umzugehen.

Dazu bedarf es – aus der Sicht des Gesetzgebers – offensichtlich eines erheblichen bürokratischen Kontrollaufwands (»Richtgrößen«, Budgets« etc.), der von Ärzten postwendend beklagt wird: Sie könnten sich kaum noch ihrer eigentlichen ärztlichen Aufgabe (u. a. also auch der kritischen Indikationsstellung!) widmen. Der Teufelskreis schließt sich: Die unverfrorene sozialpolitische Verantwortungslosigkeit mancher Ärzte lässt dem Gesetzgeber gelegentlich die (bürokratische) Hand ausrutschen. Wie bei Prügelstrafe bekannt, trifft die Ohrfeige oft den falschen (die Patienten). Die der Forderung nach einer Patientenquittung zugrunde liegende Verschiebung der Verantwortung gilt es bewusst zu machen. Preise haben im regulären Arzt-Patienten-Gespräch nichts zu suchen! Sie sind außerdem häufig undurchschaubare Mischkalkulationen, decken komplexe Leistungen ab und sind in ihrer Höhe oft eher honorarpolitisch motiviert als ökonomisch kalkuliert in die Gebührenordnung hineingeschrieben worden. Bei uns in Wilhelmsburg werden wir freiwillig eine solche symbolische Einschüchterung unserer Patienten niemals betreiben.

4.4　Chancengleichheit

4.4.1　»Anspruch« und Wirklichkeit

Aus dem wie eine Kampfparole klingenden Ruf nach mehr »Chancengleichheit« ist eine Formel geworden, die Menschen aus der Unterschicht, statt sie zu fördern, weiter diffamiert.

Chancengleichheit wurde und wird »von zahlreichen Autoren mit vorwiegend rhetorischem Impetus dazu benutzt, Pläne der Umverteilung des Wohlstandes (z. B. über Erbschaftsbesteuerung, d. Verf.), und zwar gerade im Namen der Gleichheit, zu diskreditieren« (▶ Kap. 8). Die Geschichte der Chancengleichheit »ist insofern untrennbar mit der Erfindung und Verteufelung des Begriffs Egalitarismus verknüpft, als dessen Gegenentwurf sie

sich präsentierte« (Rosanvallon 2013). Er schreibt weiter (ebd.):

>> Chancengleichheit wird zumeist auf die Startbedingungen ins Leben bezogen. Doch unterliegt das gesellschaftliche Leben auch in späteren Phasen handfesten Diskriminierungen, was dazu führt, dass die Chancen von Angehörigen bestimmter Gruppen, in bestimmte Positionen zu gelangen, sich reduzieren. Diese berühmten »gläsernen Decken« (glass ceilings) stehen für die Existenz von diffusen Hindernissen, die faire Beziehungen zwischen den Menschen … verfälschen. **《**

Der Hinweis auf die von der Gesellschaft gewährte Chancengleichheit (bei Thilo Sarrazin 2010 und in der aktuellen öffentlichen Diskussion) wird so zum Entlastungsargument für deren soziale Ignoranz. Und zwar so: Die Chancengleichheit sei bei uns wie in der übrigen westlichen Welt verwirklicht (allerdings werden nicht mehr so viele Tellerwäscher Millionär wie früher, als es Chancengleichheit noch nicht gab! d. Verf.), und wer jetzt unten sei und sich beklagt, müsse deshalb entweder dumm oder faul oder beides sein. Er habe schlicht seine Chancen nicht wahrgenommen. Eine neue wird ihm nicht gegönnt.

Die Chancen-Missgönner mögen fest an ihren »Chance-verpasst-Vorwurf« glauben, aber sie haben **ihre** Chancen mit den Chancen gleichgesetzt, die die Gesellschaft für **alle** bereithält, und die Chancengleichheit mit **Ihresgleichen** für die erreichbare Chancengleichheit **aller** gehalten. Solange sie nicht versehentlich in Kontakt mit der Unterschicht geraten oder diesen nur im Verhältnis »Herr-Knecht« erfahren, fehlt eine Korrekturmöglichkeit dieses elitären Irrtums.

In der Praxis sehen wir – wie die Lehrer in den Schulen –, dass die Verhältnisse genau umgekehrt sind: Da ist ein vermeintlich Chancenloser, der Förderung braucht, anders geschult werden muss, wo Defizite u. U. zeitaufwendig auszugleichen sind, und der dann – auf Umwegen vielleicht und mit viel Mühe auf allen Seiten – das Ziel erreichen kann. Die Erfahrung der Praktiker vor Ort sagt: Was einem nicht in die Wiege gelegt wurde, kann man erarbeiten, dazu braucht man aber keine theoretische, gesellschaftlich deklarierte Chancengleichheit, sondern konkrete Hilfestellung, um seine individuellen Chancen wahrzunehmen, d. h. zu sehen und zu nutzen. In Abwandlung eines deutschen Sprichwortes: Was Hänschen nicht lernt, lernt Hans! Vielleicht schafft es nicht ein jeder in den Bundesbankvorstand, aber in vielen Bereichen lässt sich nachweislich viel mehr erreichen als die Chancen-Missgönner sich vorstellen können oder wollen.

»Der soziale Aufstieg wird schwieriger – Die Unterschicht glaubt nicht an ihre Chance
Das Institut für Demoskopie Allensbach befragte Bevölkerungsgruppen unter 30 Jahren zu folgenden Aussagen:
- ‚Die einen sind oben, die anderen unten und für diese ist es sehr schwer nach oben zu kommen, so sehr sie sich auch anstrengen.‘ Dieser Aussage stimmten Angehörige der Oberschicht zu 17%, die der Unterschicht zu 59% zu.
- ‚Wer sich heute anstrengt, der bringt es in der Regel zu etwas.‘ Dem Satz stimmten 56% der Oberschichtangehörigen und 19% der Menschen aus der Unterschichtgruppe zu.«

(Frankfurter Allgemeine Zeitung vom 2.6.2013)

4.4.2 Aspekte der Informationsvermittlung und Schulung

Ein Paradigmenwechsel in der Diabetologie hat dazu geführt, jeden Patienten mit Diabetes durch eine »strukturierte Schulung« zum Spezialisten für **seinen** Diabetes zu machen. Die Diabetologie hat damit eine Vorreiterrolle eingenommen, den »mündigen Patienten« nicht nur zu fordern, sondern ihn dazu zu befähigen (der Düsseldorfer Diabetologe Michael Berger hat sich darum seit den 70er-Jahren verdient gemacht!). Das erforderliche »Selbstmanagement« kann vermittelt werden, das Stichwort »Empowerment« (Ermächtigung, Befähigung) steht dafür, dass der Arzt als Lotse irgendwann von Bord geht, der Patient das Steuer(n) seiner Krankheit weitgehend selbstständig übernimmt und mittels der erhaltenen, erarbeiteten Navigations-Informationen **seine eigenen** Ziele zu erreichen versucht.

Dazu existiert in Deutschland eine Fülle sehr ausgezeichneter Schulungsmaterialien, die in Klinik und Praxis erfolgreich eingesetzt werden können. Das MEDIAS 2 (**Me**hr **Dia**betes **S**elbstmanagement des Typ **2**-Diabetes)-Programm (Kul-

zer 2001) ist eines davon. Es baut auf der aktiven Mitarbeit des Patienten auf, der zwischen den einzelnen Gruppensitzungen sein Handbuch kapitelweise durcharbeitet und bestimmte Aufgaben der Selbstbeobachtung oder Datenbeschaffung lösen muss (Ausfüllen von Ernährungsprotokollen oder des Blutzucker-Tagebuchs, Ermittlung **seiner** speziellen Zusatzrisiken etc.). Nicht die unbestreitbar wichtige Wissensvermittlung steht im Vordergrund, sondern das Herausfinden **eigener** Lösungsansätze, Verhaltensänderungen, Änderungen des Essverhaltens, Vor- und Nachteile der Nikotinabstinenz … Dieses Programm hat große Erfolge in der Akzeptanz bei Patienten, aber auch bezüglich der Vermeidung (gefährlicher und kostenintensiver) Folgekrankheiten des Diabetes (Herzinfarkt, Erblindung, Schlaganfall, Nierenversagen, Amputationen).

Bei uns in Wilhelmsburg wurde uns sehr bald bewusst, dass dieses Programm für bestimmte Patienten nicht geeignet war. Es setzt Kenntnisse und Fertigkeiten voraus, die aus unterschiedlichen Gründen oft nicht ausreichend vorhanden sind, z. B.:
- Lesen und Schreiben,
- Bearbeiten und Begreifen von Texten,
- Analyse des eigenen Essverhaltens, der körperlichen Aktivität,
- Führen von Protokollen,
- Benutzen und Anlegen von Tabellen, um günstigere gegen weniger günstige Nahrungsmittel auszutauschen,
- Durchführen kleiner Rechenoperationen.

Das in diesem Programm geforderte Selbstmanagement kann scheitern an den Bildungsvoraussetzungen, an psychosozialen Konflikten, Mangel an Selbstbewusstsein und Gestaltungsfähigkeit des eigenen Lebens, Entwöhntsein des Erlernens neuen Wissens. Solche Faktoren stehen einer 1 : 1-Umsetzung des Programms im Wege. Für die große Gruppe der Migranten (»Empfehlungen für die Diabetesbehandlung von Migranten«, ▶ Abschn. 6.14), die oft nur auf eine kurze Schulzeit zurückblicken können oder nicht ausreichend Deutsch sprechen, wie auch für deutsche Patienten mit Handicaps (Analphabetismus ist häufiger als in anderen Stadtteilen, man geht inzwischen von einer Häufigkeit des »funktionellen Analphabetismus« von 20%

4

der Bevölkerung aus) ist das MEDIAS 2-Programm zu gymnasial und damit ungeeignet.

Sind diese Patienten deshalb nicht schulbar, ist der Verlauf der Krankheit nicht positiv beeinflussbar, tragen sie allein die Verantwortung für die ihnen in besonderem Maße drohenden Folgekrankheiten, weil sie die Chance des MEDIAS-Programms nicht nutzen (können)?

Fallbeispiel 4.5: Ayses Mutter, Diabetespatientin mit Migrationshintergrund

Fortsetzung von Fallbeispiel 2.9, ▶ Abschn. 2.6.2.

» Sehr geehrter Herr Doktor, sehr geehrte Frau Doktor! Können Sie uns helfen? Meine Mutter hat seit 10 Jahren Diabetes. Ihr Zucker ist immer hoch. Die Augen sind schlecht geworden. Wir haben Angst, dass sie blind wird. Der Hausarzt meint, dass sie eigentlich Insulin spritzen müsste. Davor hat sie Angst. Wir haben gehört, dass es Diabetes-Schulungen gibt, wo man das lernen kann. Wir waren mit ihr in einer Spezial-Klinik. Man hat gesagt, weil sie kein richtiges Deutsch sprechen kann, kann sie nicht geschult werden. Können Sie uns helfen, bitte!
Ayse B., Norderstedt **«**

Diese Patientin und ihre Geschichte stehen stellvertretend hier für all jene, die durch das soziale und medizinische Netz unserer Gesellschaft hindurch zu fallen drohen. Ayses Mutter wurde geschult, darüber soll in ▶ Kap. 6, »Aesculap und andere Ausländer«, berichtet werden.

Der in dem obigen Brief beklagte **therapeutische Nihilismus** (»nicht schulbar«) findet sich im medizinischen Alltag in den verschiedensten Formen der Ausgrenzung und trifft Migranten und deutsche Patienten gleichermaßen, z. B. durch:

- hochschwellige Zugangsrituale (z. B. in der ambulanten Psychotherapie, bei einem komplizierten Verfahren der Bettenvergabe im Krankenhaus),
- Verweigerung von nicht lebensnotwenigen oder kostspieligen Eingriffen und Therapien (»Priorisierung«, ▶ Kap. 8), die heute allerdings meist öffentliche Proteste auslöst, wenn sie nicht subtil sondern unverblümt stattfindet und publik gemacht wird und

- (am häufigsten) eine Behandlung »as usual«, nach Leitlinien und an durchschnittlichen Studien(-Patienten) orientiert, die
  - Handicaps nicht wahrnehmen,
  - auf das Erreichen eines positiven feed backs verzichten oder
  - ohne einen solchen erreicht zu haben abgeschlossen werden.

Fallbeispiel 4.6: Transplantationspatient mit Migrationshintergrund

Das NRW Herzzentrum Bad Oeynhausen hatte im April 2009 die Herztransplantation eines irakischen Flüchtlings abgelehnt, weil er kein Deutsch spreche: »Unter Zusammenschau der erhobenen Befunde ergibt sich auf Grund der gravierenden Verständigungsprobleme und der nicht sicheren Compliance keine Indikation zur Herztransplantation« (aus dem Entlassungsbericht; zitiert nach Heike Haarhoff, *taz* vom 16.12.2013: »Eine Herzenssache«).

Inzwischen hat die Universitätsklinik Münster den Patienten auf ihre Warteliste genommen. Gegen die Entscheidung des Herzzentrums ist eine Klage auf Schmerzensgeld anhängig, die grundsätzlich die Legitimation der von der Bundesärztekammer verfassten Richtlinien der Organtransplantation in Frage stellt. Das Bundesverfassungsgericht – angerufen wegen eine zunächst abgelehnten Prozesskostenhilfe wegen zu geringer Erfolgsaussichten – sagte Prozesskostenhilfe zu und führte aus, dass die Verteilungsgerechtigkeit bei Transplantationen und die Rolle der Bundesärztekammer »in der Rechtsprechung bislang nicht geklärt« wurden.

Chancengleichheit beschreibt nicht einen Ist-Zustand der Vollendung, sondern den permanenten Auftrag einer demokratischen Gesellschaft, vorhandene Chancen allen gleichermaßen – wenngleich auf unterschiedlichen Wegen – zugänglich zu machen.

Die adäquate Vermittlung komplizierter Informationen zu Gesundheit und Krankheit ist nicht nur in der Diabetologie nötig. Die hier gewonnenen Erfahrungen sind gut übertragbar auf Patienten mit anderen chronischen Erkrankungen oder zur Information in präventiven Settings (z. B. in Reha-Kliniken). »Health literacy«, Gesundheitskompetenz,

»umfasst nach WHO die Gesamtheit der kognitiven und sozialen Fertigkeiten, welche die Menschen motivieren und befähigen, ihre Lebensweise so zu gestalten, dass sie für die Gesundheit förderlich ist« (Kolpatzik 2012, dort umfangreiche Literatur- und Web-Tipps). Danach weist Deutschland im europäischen Vergleich (zum Beispiel im Vergleich zu den Niederlanden) eine deutliche schlechtere Gesundheitskompetenz der Bevölkerung auf: als problematisch bis unzureichend gelten 45,9 (NL: 27,3) Prozent. Weiter schreibt Kolpatzik (ebd.):

>> Um das nationale Niveau … anzuheben, müssen Bildungs- und Gesundheitssystem, öffentliches Gesundheitswesen und Medien zusammenspielen. Angefangen im Kindergarten und der Schule müssen Gesundheitsbildung und Vermittlung von gesundheitsbezogenen Fähigkeiten in die Lehr- und Ausbildungsinhalte integriert werden. Auch in der Erwachsenenbildung und bei der Umsetzung kommunaler Programme ist das Konzept der Health-Literacy zu berücksichtigen. … Schätzungen der WHO zufolge beläuft sich der Anteil der Gesundheitsausgaben durch eine unzureichende Gesundheitskompetenz auf drei bis fünf Prozent. Allein in Deutschland entspricht dies 8,5 bis 14 Milliarden Euro. **«**

Die Sterblichkeit an Herzinsuffizienz lag nach einer Studie von Peterson et al. (JAMA, 27.4.2011) bei Patienten mit geringer Gesundheitskompetenz um 97 Prozent höher als bei Patienten mit hohem Gesundheitswissen (ebd.).

Die ACT-Methode (activational competency training, aktivierendes Kompetenztraining; Hazard 1997) ist ein Beispiel für eine erprobte Methode, langfristig Gesundheitskompetenz zu fördern. Es besteht aus 12 bis 15 Kursstunden, die ausgearbeitet vorliegen, aber gut modifiziert werden können. Das Ziel ist, eine gesundheitsfördernde Beziehung zu stiften zu sich selbst, zu anderen und zur Natur und dem eigenen Körper. Hazard (1997) formuliert es so:

>> Verhaltensänderungen setzen Einstellungsveränderungen voraus. Sie lassen sich grob einteilen in drei Erkenntnisse:
»Ich soll etwas ändern« beschreibt die Erkenntnis einer Differenz zwischen dem jetzigen Ist-Zustand und einem Soll-Zustand, ohne dass bereits eine ernsthafte Entscheidung getroffen wurde, den Soll-Zustand auch aktiv anzustreben.
Die Erkenntnis »Ich will etwas ändern« ist ein weiterer notwendiger Schritt in Richtung Verhaltensänderung. Der bisherige Soll-Zustand wird zu einem Wunsch-Zustand, der allerdings – solange die Überzeugung »Ich kann mich ändern« noch nicht vorliegt – noch weit entfernt und unerreichbar erscheint.
»Ich kann …« ist die Ebene, in der Fähigkeiten gelernt werden. Wenn die Überzeugung »Ich kann« vorliegt, ist »Selbstwirksamkeit«, auch »Kompetenzüberzeugung« genannt, vorhanden. **«**

Die den meisten »Leitlinien« (► Kap. 1) der medizinischen Fachgesellschaften zugrunde liegenden randomisierten kontrollierten Studien (RCTs) wurden – entsprechend den Kriterien der evidence based medicine (EBM, allgemeinverständliche Einführung siehe Evans et al. 2013) – mit nach Ausschlusskriterien selektierten Patienten durchgeführt. Im medizinischen Alltag sind die Patienten meist jedoch chronisch krank und »multimorbide« und unausgewählt, bringen also eine Reihe von Einschlusskriterien mit, die sie von den Musterpatienten der wissenschaftlichen Studien deutlich unterscheiden (siehe auch Brockmann u. Borgers 2001). Erst in jüngster Zeit finden auch die Kriterien Geschlecht und sozialer Status die ihnen zustehende Beachtung. Die so gewonnenen wissenschaftlichen Erkenntnisse müssen aber allen Patienten gleichermaßen verständlich erklärt und von ihnen verstanden werden. Es scheint, als habe die Medizin hinter ihren Apparaten diesen pädagogischen Auftrag aus den Augen verloren. Im Grunde müsste bereits im Medizinstudium nach jedem Kapitel der Krankheitslehre, also dem wissenschaftlichen Wissenskanon des (angehenden) Arztes, ein Kapitel »Und wie erkläre ich die Krankheit meinem (zukünftigen) Patienten?« eingefügt werden (siehe auch Schulung und Empowerment, »leichte Sprache« in ► Kap. 6). Diagnostische oder therapeutische Eingriffe sind nur nach Aufklärung des Patienten möglich. Bei der rasanten Fahrt durch den Maschinenpark der modernen Medizin Richtung Fortschritt unterbleibt oft – aus den unterschiedlichsten Gründen – der kritische, di-

daktisch geschärfte Blick in den Rückspiegel, ob
der Patient dabei noch mitkommt.

Die Kunst der Behandlung besteht nicht im be-
sinnungslosen Umsetzen von Leitlinien, auch nicht
im unqualifizierten Pochen auf die »Therapiefreiheit«, sondern in der **individuell angepassten Therapie**, die

- vorliegende Leitlinien berücksichtigt,
- die Lebenssituation des individuellen Patienten sieht,
- Schwerpunkte setzt, mit ihm diese abwägt und
  dabei
- verantwortlich gegenüber Patient und Solidargemeinschaft die anfallenden Kosten berücksichtigt.

Wie konfliktreich diese Abwägung zwischen Pa-
tienteninteresse, medizinischem Fortschritt und
dessen Nutzenbewertung sein kann, soll an einem
Beispiel verdeutlicht werden, das sich explizit auf
»Chancengleichheit« beruft.

Verschreibung von Analoginsulinen

Das »Institut für Qualität und Wirtschaftlichkeit im
Gesundheitswesen« (IQWiG) hat 2006 die Studien
über die neuen, künstlich in ihrer Wirkdauer verän-
derten Insuline (Analoginsuline) kritisch gesichtet
und dabei nur RCTs zugelassen. Ein messbarer Vorteil, so das IQWiG in seiner Empfehlung, bezüglich
der Verhinderung oder Verzögerung von diabeti-
schen Folgeschäden sei nicht belegt. Da Analoginsuline 30% teurer sind als das menschliche Normalinsulin, sollte ihre Verschreibung zulasten der GKV
für die große Gruppe der Typ 2-Diabetespatienten
in Zukunft nicht mehr möglich sein.

Es erhob sich ein vielstimmiger Protestchor, ins-
trumentiert von Vertretern der betroffenen Firmen.
Manche Diabetologen bliesen in das Horn. Dabei
wurde die gute alte »ärztliche Erfahrung« den kalten
EBM-Prinzipien gegenüber in Stellung gebracht. Es
könnte ja sein, so wurde klug vom Deutschen Diabetiker Bund und den Diabetologen argumentiert,
dass in den großen Studien, die das IQWiG herangezogen hatte und allein gelten ließ, jene »Subgruppen« untergegangen seien, von denen die ärztliche
Erfahrung zu berichten wüsste und die sehr von
Analoginsulinen profitieren würden.

Ein bemerkenswertes Argument, weil bei allen,
überwiegend von der Pharmaindustrie durchgeführten Studien, die einen Nutzen für teure Innovationen belegen, niemals nach Subgruppen gefahn-
det wird, die **nicht** von der Behandlung profitieren.
Während bei negativer »Studienlage« die ärztliche
Erfahrung gelten gelassen wird, prallen Einwände
aufgrund ärztlicher Erfahrung bei positiven Studien
stets ab und werden als unwissenschaftlich gescholten. Es geht in beiden Fällen um viel Geld. Die
Pharmafirmen haben es eilig, ihre Produkte auf den
Markt zu bringen und haben deshalb bewusst auf
die – jetzt vom IQWiG vermissten – Studien oder
die Untersuchung von Subgruppen verzichtet. Dies
wird aber von keinem der IQWiG-Kritiker erwähnt,
lieber wird der Vorwurf der »Zweiklassenmedizin«
erhoben, weil die Patienten, die bereits gut mit
einem Analoginsulin eingestellt sind, dieses auch
weiter verschrieben bekommen dürften, aber Patienten nicht auf diese Insuline neu eingestellt werden dürften.

Mit Zweiklassenmedizin hat dies tatsächlich nichts
zu tun, es ist ein pragmatisches Verfahren, das –
ganz gleich wie man das im einzelnen unter Ge-
rechtigkeitsaspekten bewerten mag – im gesundheitspolitischen Bereich geradezu die Regel ist,
wenn z. B. die Kosten für Zahnersatz, die Lohn-
fortzahlung im Krankheitsfall oder die Kostenerstattung für Grippemittel neu geregelt werden. Es
gibt keine medizinische Behandlung, die weniger
privilegierten Patienten zu deren gesundheitlichem
Schaden aus Kostengründen verweigert wird – **das**
wäre Zweiklassenmedizin. Eine Verweigerung von
notwendiger Behandlung passiert nicht auf politischer Ebene mit Kostenargumenten, sondern auf
der ärztlichen Versorgungsebene mit Begründun-
gen, denen die angeblich fehlenden mentalen Voraussetzungen der Patienten oder budgetäre Ängste
der Ärzte zugrunde liegen. Es muss deshalb festge-
halten werden:

Es gibt keine medizinische Behandlung, die für
unprivilegierte Patienten zu kompliziert wäre, die
ihnen also versagt bleiben müsste; es gibt allerdings
Ärzte, denen die Vermittlungsarbeit zu kompliziert
ist, die Geduld und Mühe scheuen, auch ein wie-
derholtes Mal und in einfachsten Worten kompli-

zierte Sachverhalte zu vermitteln oder die schlicht dazu unfähig sind.

Ein Beispiel für schlechte Klassenmedizin und Chancenverweigerung ist die jahrzehntelang unterlassene Schulung von Migranten mit Diabetes (siehe Bad Neuenahrer Erklärung[2], Arbeitsgemeinschaft Psychologie und Verhaltensmedizin in der DDG 2002) und nicht das Verschreibungsverbot für teure Insulinsonderanfertigungen, deren Nutzen noch unbewiesen ist.

Inzwischen haben die Firmen ihre Taktik verändert und bieten im Rahmen von Rabattverträgen den Kassen ihre Analoginsuline zum Preis der Humaninsuline an. Damit ist das Problem in Deutschland gelöst, ohne auf dem Weltmarkt eine offizielle Preissenkung in Deutschland zugeben zu müssen.

Nicht nur Migranten werden Opfer des »therapeutischen Nihilismus« und sind von fehlendem oder didaktisch unzureichendem Vermittlungsengagement betroffen:

- Informationsbroschüren werden verteilt, aber können nicht gelesen werden (Analphabetismus),
- eine Zustimmung zu einer Behandlung wird eingeholt, ohne dass dem Patienten die Konsequenzen und mögliche Alternativen klar werden (fehlende Vorinformation),
- der Zeitaufwand für erklärende Gespräche fehlt,
- kompetente Angehörige werden nicht einbezogen (► Kap. 6),
- vorhandene Ressourcen (Klass(en)medizin)ische Fragen, ► Kap. 4) bleiben so ungenutzt,
- Bedingungen des Arbeitsplatzes, die gesamte soziale Anamnese bleiben unerhoben,
- Routinestandards und Zeitdruck ersticken die Neugier,
- Empathie fällt dem Unmut über den zu einem »schwierigen Patienten« gewordenen Menschen zum Opfer.

---

2   In der Bad Neuenahrer Erklärung von Diabetes und Psychologie e .V. und der AG Psychologie und Verhaltensmedizin der DDG von 2001 wurde beklagt, dass 600.000 Migranten mit Diabetes in Deutschland ungenügend versorgt seien. Das war ein Auslöser für die Gründung der AG Diabetes und Migranten der DDG.

4.5 Incompliance: Der »ungehorsame« Patient

Fallbeispiel 4.7: 68-jähriger multimorbider Patient

Ein Mann mit 68 Jahren und einer langen Krankengeschichte mit Bluthochdruck, schweren und schmerzhaften Durchblutungsstörungen beider Beine und einer dadurch bedingten erheblichen Einschränkung seiner Gehfähigkeit bekam zusätzlich einen Herzinfarkt und Diabetes Typ 2. Er hat wiederholt seinen Hausarzt gewechselt, immer war da irgendwas »vorgefallen«.

Er ist Raucher und alle Bemühungen, damit aufzuhören, waren gescheitert. Aus einer Spezialklinik ließ er sich bereits nach einer Nacht wieder entlassen, das Bett sei zu hart gewesen, der Nachbar habe geschnarcht, die Schwestern seien unfreundlich gewesen, hätten ihn wie ein Kind behandelt und außerdem seine Tabletten verwechselt. Alle medizinisch unbestreitbaren Zusammenhänge zwischen seinem Gefäßstatus und dem Rauchen, dem Essen und seinem Blutzucker, den Blutfetten und der Notwendigkeit, ein Medikament dagegen einzunehmen, werden in Frage gestellt: Helmut Schmidt qualme doch auch wie ein Schlot, und es sei ihm nix passiert. Der eine sage dies (zu viele Fettsenker würden verschrieben in Deutschland, stand im *Stern*) der andere das (omega3-Kapseln seien besser als Statine = Blutfettsenker, sage das »Gesundheitsmagazin Praxis«).Alles drehe sich in der Medizin ums Geld, und die Gesundheitspolitiker seien doch alle ...Wenn er privat versichert wäre, hätten **die** (Gefäßchirurgen) seine Adern schon längst ausgetauscht. Wie das geht, hätten sie im Fernsehen gezeigt.

Es war schwer, mit ihm eine »Passung« (von Uexküell 2002) zu finden, alles passte ihm nicht in den Kram. Oft endete unser Gespräch an der Sprechzimmertür im Tumult, und wir haben uns hinter der erneut verschlossenen Tür manchmal angeschrien, wenn mir seine Unverschämtheiten, sein Besserwissen zu viel wurden.

Er war mit 59 Jahren von seiner Firma, einem Kugellagerwerk, nach 30 Jahren Betriebszugehörigkeit gekündigt worden nach einer handgreiflichen Auseinandersetzung mit seinem neuen, deutlich jüngeren Meister. Dabei ging es um die Veränderung eines Arbeitsschrittes im Schleifbereich. Seine Argumente gegen die Neuerung waren nicht richtig angehört worden, und es kam zu einem schweren Zwischenfall beim ersten Probelauf, bei dem er beinahe seinen rechten Arm verloren hätte. Er hatte die Klage gegen die Kündigung verloren, keine neue Arbeit mehr gefunden und sei nach einem Jahr »in Hartz IV gelandet«. In seinem strengen Elternhaus, in der Kindheit wurde ihm sein älterer Bruder vorgezogen, der durfte studieren, für ihn reichte das Geld nicht. Der Bruder sei »ein arrogantes Arschloch«. Mit der Familie hat er keinen Kontakt mehr. Zwei Ehen wurden geschieden.

Seine jetzige Frau bzw. Lebensgefährtin ertrug seine Launen, behauptete sich aber ihm gegenüber. Erst als ich sie zu unseren Gesprächen einladen durfte, öffneten sich in seiner aggressiven Fassade Fenster, und darin zeigte sich ein vom Leben gebrochener Mann, der sich mit Mühen aufrecht hielt und sich von allen und allem ungerecht behandelt fühlte. Vor allen Dingen wollte er sich niemals und von keinem mehr eines Besseren belehren lassen.

Also rauchte er weiter, aber wir konnten allmählich jeweils die aufflammenden Auseinandersetzungen beenden – ohne uns anzubrüllen – mit der Floskel: O.k, da sind wir unterschiedlicher Meinung.

Er entwickelte im Verlauf eine behandlungsresistente Herz- und später auch Niereninsuffizienz, musste zuletzt täglich zu Infusionen in die Praxis kommen und verstarb mit 71 Jahren zu Hause. Das Rauchen hatte er ein Jahr zuvor aufgegeben: »Ihnen zuliebe!«.

Die Prognose der »schwierigen Patienten« (siehe auch Clever 2013) ist getrübt von vielen Beziehungsproblemen, mit denen sie und ihre Ärzte sich konfrontiert sehen. Aggressionen der Patienten werden vom Arzt oft als persönliche Kränkung empfunden, sie können nicht immer so bearbeitet und erklärt werden, dass die Arzt-Patient-Beziehung darunter nicht leidet. Widerstand (▶ unten) wird als »Incompliance« abgetan. Eigenarten oder Handicaps des Patienten werden oft als eine, wahlweise den Anstand verletzende, Respektlosigkeit oder als eine die Intelligenz des Arztes beleidigende

»Dummheit« empfunden, die beide als gefährliche Situationen, ja, beinahe als seien sie ansteckende Krankheiten, gemieden werden müssen. Die Folge sind oft wiederholte Arztwechsel, hier unterbleibt oft die konsiliarische Beratung mit dem Vorbehandler. Die Patienten irren im Sinne einer self-fulfilling prophecy (»Geh mir weg mit den Ärzten!«), immer unzufriedener, unversorgt und kostspielig für die Solidargemeinschaft durch den Medizin-Dschungel. Es gibt (in Anlehnung an einen Spruch aus Bill Clintons Wahlkampagne 1992) eine Losung: Es ist das Soziale, stupid! Nur eine geschärfte psychosoziale Kompetenz und die Bereitschaft des Arztes, um die Beziehung zu ringen, stehen für eine professionelle Heilkunde mit sozialem Augenmaß.

Die therapeutische Beziehung verlangt besonders bei chronischen Erkrankungen eine geschickte Gratwanderung zwischen Empathie und Veränderungsdruck. Zwei Beispiele:

— Nach unserer Erfahrung gehen Patientinnen mit Gestationsdiabetes (Diabetes, der erstmals in der Schwangerschaft auftritt oder entdeckt wird) sehr unterschiedlich mit der Diagnose um. Einzelne verzweifeln an den fantasierten, übertrieben ausgemalten Gefahren für das eigene Leben und das des Ungeborenen, hier muss relativiert und entängstigt werden, während jene, die mangels Information oder Einsichtsfähigkeit von sich aus bagatellisieren, (auch im Interesse des Kindes) vermehrt beraten, kontrolliert und korrigiert werden müssen.

— Patienten nach einem gerade durchgemachten Herzinfarkt geht es ähnlich: Der sorglose raucht weiter, während der besorgtere u. U. sich körperlich weniger zutraut als möglich ist und zu Nachuntersuchungen (Kontrolle der Herzkatheter-Untersuchung) neigt, die (bei Beschwerdefreiheit) nicht erforderlich sind.

Zuviel Empathie führt in solchen Fällen zu Stagnation, notwendige Maßnahmen (Insulintherapie, Nikotinkarenz) unterbleiben. Zuviel Druck (zu strenge Zielwerte, Ungeduld) ruft Widerstand hervor.

Beide Beispiele verweisen auf Möglichkeiten, Ursachen für gesundheitliche Ungleichheit zu verändern: Der Raucher nach Herzinfarkt hat nur eine

Chance der Überwindung seines Risikos (einen erneuten Infarkt zu erleiden) durch eine beharrliche Betreuung und einer Einbeziehung seines Arbeits- und Lebensumfeldes. Hier müssen alle Register gezogen, aber gleichzeitig die drohende Frustration (auf Seiten von Behandler **und** Patient) vermieden werden.

Bei der »uneinsichtigen Mutter« mit Gestationsdiabetes ist der Handlungsbedarf noch dringender, da für das Ungeborene bei schlechter Stoffwechseleinstellung gesundheitliche Folgen drohen, die sich u. U. erst im Erwachsenalter zeigen können. Es besteht also ein Zeitfenster von wenigen Monaten. Ein Erfolg der therapeutischen Bemühungen hätte zur Folge, dass Gesundheitsrisiken nicht an die nächste Generation weitergegeben würden.

Der Lebenslaufansatz als Erklärung für gesundheitliche Ungleichheit

»Da frühe Risikofaktoren, wie Unter-/ bzw. Fehlernährung der Mutter und Rauchen oder Alkoholmissbrauch während der Schwangerschaft, nicht zufällig über die Bevölkerung verteilt sind, sondern gehäuft bei Menschen mit niedrigem SES (sozioökonomischer Status) vorkommen, haben Kinder aus sozioökonomisch benachteiligten Familien ein höheres Risiko, in sogenannten »kritischen Perioden« der Schwangerschaft und der frühkindlichen Entwicklung frühe Schädigungen zu erfahren. Folglich besteht für sie im Erwachsenenalter ein höheres Erkrankungs- und Sterblichkeitsrisiko. Solche frühen Schädigungen in Kombination mit sozial vermittelten gesundheitlichen Belastungen in späteren Lebensphasen liefern die Grundlage für ein komplexes »Kumulationsmodell«, wonach nicht nur eine Häufung von sozial ungleichen Risiken beobachtet wird, sondern auch zahlreiche Wechselwirkungen der Risikofaktoren untereinander angenommen werden müssen« (Dragano 2007, zitiert nach Fuchs 2012).

Im Behandlungskontext von nicht so leicht führbaren, schwieriger zu beratenden Patienten – wie in den obigen Beispielen – fällt gelegentlich das ansonsten verpönte Wort der »Incompliance«, eine Bewertung, die, auch wenn sie korrekter als »mangelnde Therapietreue« ausgedrückt wird, im Symptomatischen verharrt.

Incompliance ist eine wenig hilfreiche Bewertung des Patientenwiderstands, der als Symptom einer weiteren differenzierten Abklärung bedarf. Nur wenn der hinter der »Verweigerung« verborgene Widerstand verstanden wird, kann auf ihn adäquat reagiert werden, kann er sich vom Hemm-

schuh zum Promotor der Therapie wandeln. Kanfer betont, dass die Entscheidung des aufgeklärten Patienten, »lieber den status quo zu akzeptieren als die Mühen einer Änderung auf sich zu nehmen« (Kanfer et al. 2006), bereits als eine eingetretene innere Veränderung zu werten ist. Diese zumindest als Zwischenergebnis zu akzeptieren, fällt manchmal schwer – es bedeutet, Empowerment ernst zu nehmen.

In erster Linie muss der Patientenwiderstand als eine Widerspiegelung von Problemen in der Arzt-Patient-Beziehung gesehen werden. Widerstand kann gedeutet werden (nach Kanfer et al. 2006):

- als Versuch, die eigene Autonomie zu wahren (Reaktanz).
- als Bruch in der Beziehung zum Arzt, da Nähe mit Abgrenzung konkurriert und Gefühle wie Wut, Enttäuschung über die Erkrankung auf den Arzt übertragen werden kann. Der Arzt »stellt sich zwar in die Dienste von Klienten, lässt sich von diesen aber nicht als Akteur in deren Lebensdrama einbauen, d. h. hilft ihnen nicht, ihre bisherigen problematischen Strategien zu perfektionieren« (Kanfer et al. 2006) (siehe Fallbeispiel 4.8). Selbstverständlich kann auch ärztliches Fehlverhalten, mangelnde Empathie oder die Persönlichkeit des Arztes Widerstand hervorrufen.
- als Zeichen mangelnder Motivation (gesagt ist nicht getan …), Gelerntes im Alltag umzusetzen.
- als Resultat natürlicher Bedingungen von Veränderungsprozessen.

Diese letzte Form des Widerstands spielt in der Klassenmedizin eine besondere Rolle, weil sie die Schwierigkeiten von Patienten aus der Unterschicht widerspiegelt, sich auf eine zielführende Veränderungsarbeit einzulassen. Wer Lernen erst lernen muss (dafür ist Erwachsenenbildung in der Praxis erforderlich!) hat mit mehr inneren Widerständen zu kämpfen als der, für den Neues zu erfahren und in sein Leben zu integrieren alltäglich ist, der sich auf seine Erfahrung der eigenen Selbstwirksamkeit verlassen kann.

In (◘ Tab. 4.1) wird dies an Beispielen verdeutlicht.

◘ Tab. 4.1 Widerstand gegen Veränderungsprozesse in der ärztlichen Behandlung. (Linke Spalte adapt. nach Kanfer et al. 2006)

Ursache	Symptomatik
Verhaltensträgheit	Der 60-jährige Patient mit Zustand nach Hinterwandinfarkt wurde mit einem Stent versorgt. Sein einziger Risikofaktor ist das Rauchen, auf das er glaubt nicht verzichten zu können.
Angst vor Veränderung	Die 45-jährige Patientin mit lange bekanntem Typ-2-Diabetes und HbA1c von 10,3% befürchtet, dass die Krankheit »erst richtig schlimm« wird, wenn sie anfängt, Insulin zu spritzen. So sei es auch bei der Nachbarin geschehen.
Zu hoher Veränderungsdruck	Der Vater von 2 Kindern im Alter von 5 und 8 Jahren hat ein allergisches Asthma bronchiale entwickelt. Er und die ganze Familie können sich nicht vorstellen, auf die beiden Meerschweinchen in der 3-Zimmer-Wohnung zu verzichten, die beide Kinder zum Geburtstag geschenkt bekamen.
Unwissen	Das Prinzip der Prävention setzt Erfahrung mit aufschiebender Belohnung voraus und das Verständnis für den Satz: Ich tue heute etwas nicht, damit morgen etwas nicht passiert, was ich mir heute gar nicht vorstellen kann und will.
Individuelle health beliefs	»Die Oliven, Pistazien und das Gemüse, was ich alles lange in der Türkei gegessen habe, waren verseucht, dadurch ist der Krebs bei mir und auch bei vielen in meinem Ort entstanden.«
Zu schwere »Hausaufgaben«	»Ich schaffe es nicht, während der Arbeit meinen Zucker zu messen und dann auch noch Insulin zu spritzen. Ich trage einen Schutzanzug und meine Hände sind immer schmutzig. Essen geht nur mal schnell zwischendurch.« »Die Familie fordert mich so, dass ich mich nicht um meine Krankheit kümmern kann, wie ich sollte.«
Weil gute Gründe für Veränderung fehlen	Mangelhafte Attraktivität des Ziels: »Ich will nicht Gewicht abnehmen, fühle mich wohl, wie ich bin.« »Bei einem Blutzucker von 200 fühle ich mich wohl, bei 100 geht es mir ganz schlecht, und ich habe großen Hunger.«
	Konflikthafte Zielkonstellationen: »Wenn ich mit dem Rauchen aufhöre und anfange Insulin zu spritzen, nehme ich Gewicht zu …« »Wenn ich guten Blutzucker haben will, muss ich immer NEIN sagen, dann lädt mich keiner mehr zu sich zum Essen ein …«
	Multiple Verhaltensregulation: Die 80-jährige Patientin »vergisst« manchmal ihre Herzmittel und wird dann regelmäßig vom Notarzt ins Krankenhaus eingewiesen. Das Versorgtwerden dort tut ihr gut. Sie ist mit der Pflege des kranken Ehemanns überfordert.
	Bedingungen außerhalb der Therapie: Inkonsequente Medikamenteneinnahme und Mitarbeit bei der Therapie führen zur Verlängerung der Arbeitsunfähigkeit z. B. bei Konflikten am Arbeitsplatz (sekundärer Krankheitsgewinn).

Fallbeispiel 4.8: 28-jährige Patientin mit Bauchsymptomatik

Eine Kollegin berichtet in der Balint-Gruppe:

Eine Frau, 28 Jahre alt, beklagt Bauchschmerzen und Durchfälle. Die internistische Diagnostik erbringt keine Diagnose.

Sie lebt seit 3 Jahren mit einem gleichaltrigen Mann zusammen, der sein BWL-Studium abgebrochen habe und schon lange arbeitslos sei und »nicht richtig in die Gänge« komme. Für viele Jobs, auf die er sich bewerbe, sei er überqualifiziert. Er sei sehr eifersüchtig, sie müsse jede Überstunde im Büro erklären, und er sei dann oft schlecht gelaunt. Um den Haushalt kümmere er sich nicht, weil er den ganzen Tag am PC sitze, angeblich um Bewerbungen zu schreiben und parallel seine Selbstständigkeit als Internethändler für antike Bleiglasjugendstilfenster vorzubereiten. Vor 2 Jahren habe er einen Selbstmordversuch unternommen, als sie bei der Weihnachtsfeier im Büro was mit einem Kollegen angefangen habe. Sie habe deshalb immer noch ein schlechtes Gewissen.

Sie sieht keinen Zusammenhang zwischen ihrem Leben und ihren aktuellen Beschwerden und drängt auf eine Darmspiegelung, die »ohne Befund« ausfällt. Sie ist enttäuscht von meiner »erfolglosen Behandlung«. Ich schlage ihr vor, den weiteren Verlauf erst mal zu beobachten und wünsche ihr zum Abschied Stärke, um für ihre Beziehung weiterhin die Opfer bringen zu können, die von ihr verlangt werden.

Sie kommt nach einem Jahr zur Grippeimpfung. Auf die Frage, wie es ihr gehe, sagt sie: »Viel besser als letztes Jahr. Ich bin Ihrem Rat gefolgt und habe mich von meinem Freund getrennt.«

4.6 Der Kampf gegen die Dicken

Das Übergewicht steht heute im Zentrum gesundheitsbewussten Verhaltens und der medizinischen Präventionsprogramme.

Adipositas ist so lange bekannt, wie die Menschen Körperbautypen klassifizieren (Kretschmer 1977). Die aktuelle Zunahme ist ein Nebenprodukt unserer Wohlstandsgesellschaft, also eines Konsumverhaltens, das wir alle an den Tag legen und das bei genetisch oder pränatal (z. B. durch einen Gestationsdiabetes der Mutter, ▸ oben) prädisponierenden Faktoren zum Übergewicht führen kann. Kurzfristige individuelle Umerziehungsmaßnahmen lösen das Problem nicht nachhaltig, das zeigen alle aufwändigen Präventionsstudien.

Bei jedem aktuellen Internisten-, Diabetes- oder Adipositas-Kongress erfahren wir neue pathophysiologische und sozialpsychologische Fakten, die für eine außergewöhnliche Komplexität dessen sprechen, was im phänotypisch leicht identifizierbaren Menschen abläuft, der als Adipöser schnell zum Probanden einer unkontrollierten experimentellen Abnehmen-»Maßnahme« zu werden droht.

Die jüngsten Entwicklungen in der Diabetologie sollten uns Bescheidenheit gelehrt haben. Ebenso wie die radikale Stoffwechselnormalisierung (siehe ACCORD-Studie[3]; Accord Study Group

2008) ist auch die forcierte Gewichtsabnahme geeignet, mehr Schaden als Nutzen zu erzeugen. Aus dem immer wieder vorgetragenen, grundsätzlich richtigen Zusammenhang der Zunahme von bestimmten Erkrankungen mit zunehmendem Gewicht darf in wissenschaftlicher und intellektuell redlicher Weise nicht der Umkehrschluss gezogen werden, durch Gewichtsabnahme könnten diese Erkrankungen verhindert werden. Für ein solches Versprechen den Betroffenen gegenüber fehlt bis heute jegliche Evidenz!

Nach dem Erkenntnisstand 2014 kann man Folgendes zusammenfassen.

Definition Übergewicht ist eine willkürliche Definition durch die WHO, die 1998 festlegte: Übergewicht ab einem BMI (= Quotient aus Gewicht und Quadrat der Körpergröße) von 25–29, ab einem BMI von > 30 spricht man von Adipositas (»Fettsucht«). 53% der Frauen und 67% der Männer wären demnach übergewichtig, darunter sind 23,9% der Frauen und 23,3% der Männer mit Adipositas (DEGS1 Studie; Deutsche Diabetes Gesellschaft et al. 2013).

Ursachen Die bisher gültige Ursachentheorie, die bisherige Behandlung (Gewichtsabnahme) und die gesellschaftliche Bewertung (»dick, doof, arm«; Schorb 2009) wird von einigen Wissenschaftlern paradigmatisch in Frage gestellt (Schmidt-Semisch u. Schorb 2008; Peters 2012), die andere Erklärungsmodelle anbieten. Ob sich hier tatsächlich eine Veränderung der Sichtweise anbahnt, ob in der Tat z. B. chronischer Stress eine große Rolle spielt, ob andere Denkansätze zu einem besseren Verständnis des Phänomens Übergewicht helfen könnten, ist heute noch ganz offen.

Soziale Verteilung Übergewicht ist sozial unterschiedlich verteilt. Galt es früher als Zeichen für fürstlichen Luxus, ist es heute in der Unterschicht häufiger anzutreffen: »Von den Frauen mit niedrigem SES (sozioökonomischer Status, d. Verf.) sind 36,2% adipös, von den Frauen mit mittlerem und hohem SES sind es 23,7 bzw. 10,5% … Bei Männern variieren die Prävalenzen zwischen 28,8% in der niedrigen, 24,2% in der mittleren und 15,5% in der hohen Statusgruppe« (DEGS1 Studie; Deutsche Diabetes Gesellschaft et al. 2013).

---

3   Die ACCORD-Studie mit über 10.000 eingeschlossenen Patienten musste 2008 abgebrochen werden, da im Studienarm mit intensiver Blutzuckersenkung vermehrt Todesfälle (vermutlich durch vermehrte Unterzuckerungen) aufgetreten waren (Accord Study Group 2008).

Komorbidität und Mortalität Übergewicht und Untergewicht sind statistisch mit reduzierter Lebenserwartung durch zusätzliche Krankheiten korreliert. Der Beweis, dass Gewichtsveränderung daran etwas ändert, ist bisher nicht erbracht (▶ unten).

Korrelation mit Herz-Kreislauferkrankungen und Krebs Übergewicht ist mit häufigerem Auftreten von Herz-Kreislauferkrankungen und Krebs korreliert. Die Zahlen dafür sind aber seit den 70er-Jahren des letzten Jahrhunderts rückläufig (NHANES, National Health and Nutrition Examination Survey, siehe Flegal et al. 2007), obwohl von einer Zunahme der Adipositas ausgegangen wird. (Als »metabolisches Syndrom«, wird die Kombination von Übergewicht/Fettsucht mit Diabetes mellitus, Hypertonus und Fettstoffwechselstörung bezeichnet.)

Prävention Präventionsstudien wurden oft mit aufwändigen Betreuungsmaßnahmen über Jahre durchgeführt. Die erreichte Gewichtsabnahme hielt aber nicht an nach Ende der Studien. Die Look AHEAD-Studie (Look AHEAD Research Group 2013) wurde 2013 beendet, weil sich trotz Gewichtsabnahme der Teilnehmer statistisch kein schützender Effekt bzgl. Herz-Kreislauf-Erkrankungen nachweisen ließ.

Medikamentöse Behandlung Übergewicht ist nicht ohne Risiko mit Medikamenten zu behandeln. Fast alle mit großen Erwartungen vermarkteten Medikamente mussten nach kurzer Zeit wegen erheblicher, zum Teil tödlicher Nebenwirkungen vom Markt genommen werden.

Operative Möglichkeiten Bariatrische Operationen, bei denen Magen- und Darmanteile aus dem natürlichen Weg der Verdauung ausgeschaltet werden, um die Nahrungsaufnahme zu blockieren, erfreuen sich bei Patienten und Ärzten zunehmender Beliebtheit, was viel darüber aussagt, dass da ein Problem »wegoperiert« werden soll und wenig über den tatsächlichen medizinischen Nutzen, der bisher nicht nachgewiesen wurde.

Fallbeispiel 4.9: 57-jährige Patientin mit Adipositas

Eine stark übergewichtige (adipöse, BMI 35) 57-jährige Patientin, früher Reinemachfrau, jetzt nach Scheidung Hartz IV-Empfängerin, stellt sich erstmals in der Praxis vor wegen eines neu aufgetretenen Diabetes mellitus Typ 2 (metabolisches Syndrom). Bei fast allen Familienangehörigen mütterlicherseits besteht ein Diabetes mellitus. Sie möchte an einer Diabetes-Gruppenschulung teilnehmen. Sie wirkt sehr beunruhigt, sagt aber – darauf angesprochen – der Diabetes mache ihr keine Sorgen, sie sei bei einem (neuen) Arzt immer etwas aufgeregt.

Es werden die mitgebrachten Unterlagen und Medikamente gesichtet, die Vorgeschichte aufgenommen, eine körperliche Untersuchung vorgenommen, die Ergebnisse und die nächsten Schritte besprochen, Fragen geklärt und ein Termin bei der Diabetesberaterin verabredet, die auch die Schulung durchführen wird.

Beim Verlassen des Sprechzimmers platzt es aus der Patientin heraus: Sie haben überhaupt nichts vom Übergewicht gesagt. – Nein, möchte sie darüber sprechen? – »Immer und überall«, sagt sie, den Tränen nahe, »muss ich mich rechtfertigen für mein Gewicht, und als die Galle raus sollte, haben sie gesagt, nehmen Sie erst mal 20 Kilo ab, dann können Sie wiederkommen. Ich habe ein Dutzend Diäten probiert und hatte spätestens nach einem halben Jahr alles wieder drauf, war sogar bei den Weight Watchern und hab` Optifast (teure Diät anfangs mit täglichen Fertigdrinks) gemacht, aber das war zu teuer, und das«, sie zeigt auf ihren Leib, »ist das Ergebnis. Sie sind der erste Arzt, der mich so genommen hat, wie ich bin …«

Die Patientin nahm an einer Diabetesschulung und einem Kurs Nordic Walking teil. Der Diabetes war mit 2 Tabletten (Metformin 2×500 mg) gut eingestellt, und sie hatte auch noch nach einem Jahr anhaltend 5 kg Gewicht abgenommen.

Es scheint, als würde mit dem Dicken und seinem Übergewicht ein Epiphänomen, eine Begleiterscheinung gejagt. Übergewicht und die ihm zugeschriebenen Folgen könnten eine gemeinsame

Ursache haben, z. B. eine frühe soziale oder/und genetische oder frühkindliche Prägung, so dass das Essverhalten weniger entscheidend wäre, als wir bisher glauben konnten. Es könnte auch sein (Peters' »brainpull-Hypothese, Stress als Ursache von Übergewicht [2012]), dass auch unser Essverhalten weniger willentlich gesteuert werden kann, als wir bisher annahmen, und dass Wissenschaftler in einigen Jahren über unsere Vorstellungen von Essverhalten und Übergewicht nur den Kopf schütteln können. Das soll nicht als Argument gegen eine vernünftige, selbst bestimmte, langfristig angelegte Gewichtsabnahme angeführt werden, aber gegen den gesellschaftlichen Druck, der oft schlimmere seelische Probleme schafft als das Übergewicht körperliche. Vernünftige Maßnahmen könnten sein: Bewegung und ausgewogene, gesunde Ernährung und Vermeidung von »schnellen Kohlehydraten« (soft drinks!). Wichtig ist aber die Beachtung verhaltensmedizinischer Erkenntnisse: Mit einer negativen Druck-Motivation (»Du musst ..., Du darfst nicht ..., Das ist schlecht für dich!) ist kein anhaltender Erfolg zu erreichen. Positive Motivation fragt: »Willst du?« – Und lässt den Menschen bei einem eindeutigen NEIN in Ruhe – »Was möchtest du probieren? Welche Erfahrungen hast du gemacht?«

In unserer auf Konsum abgerichteten Gesellschaft kann nicht von einigen abverlangt werden, einen Hungersnot-Lebensstil wie nach dem Krieg zu führen, um nicht dick zu werden (genau das verlangt die **Verhaltensprävention**), während die **Verhältnisprävention** den Blick lenkt auf unser kollektives Wohlstands-Konsumverhalten, für das mit einem Riesenaufwand offen und subtil geworben wird und das bei prädisponierten Menschen die oben beschriebenen Auswirkungen hat. Aus der unterschiedlichen Präventionsperspektive ergeben sich grundsätzlich verschiedene Maßnahmen: individuelle Gewichtsabnahme, die den einzelnen unter Druck setzen kann, oder kollektive Änderung des Lebensstils, für die geworben werden müsste wie bisher für die Dickmacher, und die der Nahrungsmittelindustrie klare Vorschriften setzen müsste, ähnlich der Antiraucherkampagne. Diese Maßnahmen setzen allerdings Augenmaß voraus: Essen ist nicht gleich Rauchen. In Karikaturen sind die »Dicken« schon zu den Rauchern vor die Tür des Lokals verbannt.

Solche grundlosen Ächtungen verlangen Solidarität mit den »Dicken« und Schutz vor Diskriminierung unter dem Deckmantel der präventiven Fürsorge. Es geht um den Schutz ihrer Würde. Die Frage nach der »Eigenverantwortung« des Dicken für sein Dicksein ist bis heute wissenschaftlich ungeklärt, also muss gelten: in dubio pro reo! – Im Zweifel für den »Angeklagten«!

4.7 Menschenwürde

Die Gräuel des Nationalsozialismus und die Diskussion um das Wesen totalitärer Herrschaft haben nach dem 2. Weltkrieg zur völkerrechtlichen Verankerung der Menschenrechte geführt. »Die Verbrechen gegen die Menschlichkeit wurden als Verbrechen gegen die Würde des Menschen begrifflich fassbarer. Dafür freilich musste der Würdebegriff gegenüber seiner bisherigen Begriffsgeschichte neu gefasst werden« (Lohmann 2011). Und weiter:

» Dass einem Menschen Würde zugesprochen wird, wurde in der Tradition immer von bestimmten Eigenschaften, Fähigkeiten und Vermögen des Menschen abhängig gemacht, die ihn im wertenden Vergleich mit anderen hervorheben und die ihrerseits eine besondere Achtung verdienen. Da jene von bestimmten Bedingungen abhängig sind und/oder ungleich verteilt oder ungleich ausgeprägt vorliegen können, waren diese inhaltlich konzipierten Würdebegriffe nicht per se egalitär, universell und kategorisch, wie es aber die Idee der Menschenrechte erfordert. ... Das Menschenwürdekonzept nach 1945 ... zeichnet daher nicht ein Perfektionsideal aus, wie der Mensch sein sollte, sondern erfasst die allgemeinen und unverzichtbaren Bedingungen des Menschseins, so dass jeder Mensch als unauswechselbarer Einzelner sich in seinem Leben mit allen anderen gleich wertgeschätzt wissen kann. ... Insofern werden mit Menschenwürde »nur« die Grundbedingungen menschlichen Lebens wertgeschätzt, nicht die kulturellen oder sozialen Höchstleistungen. **«**

Menschenwürde und Medizin sind nicht nur wegen des enormen technologischen Fortschritts und der daraus folgenden Entscheidungen am Beginn und Ende des Lebens zunehmend in den Fokus der bioethischen Debatte geraten, sondern auch wegen medizinischer Alltagsfragen (siehe die umfangreiche Darstellung bei Joerden et al. 2013). Seit der Psychiatriereform-Bewegung der 70er-Jahre wurde die Diskriminierung und Stigmatisierung psychisch Kranker als ihre Würde verletzend kritisiert, ebenso der therapeutische Nihilismus und ihre Unterbringung in Einrichtungen, die alle Kriterien »totaler Institutionen« (Goffmann 1972) erfüllten: Der Insasse/Patient erfährt »eine Reihe von Erniedrigungen, Degradierungen, Demütigungen und Entwürdigungen seines Ichs«(Goffmann 1972).

Im Zusammenhang mit der Darstellung einer **schichtsensiblen Heilkunst** drängen sich Parallelen auf:

- Gibt es in der Medizin eine die Menschenwürde verletzende Stigmatisierung von Menschen aufgrund ihrer sozialen Herkunft, ihrem Aussehen und ihrer Rassen- oder Schichtzugehörigkeit?
- Ist die materielle und vor allem geistige Verarmung von Kindern jenseits der Gerechtigkeitsfrage menschenunwürdig?
- Stellt die Ungleichbehandlung von Kranken eine Verletzung ihrer Würde dar?
- Erfüllen heute noch bestimmte Institutionen oder Verfahren die Kriterien »totaler Institutionen?
- Wird, wie von Luhmann (1997) und Durkheim (2011) vertreten, die Würde dem Individuum von der Gesellschaft verliehen und kann sie ihm von dieser z. B. als Bestrafung entzogen werden?

Lindemann (2013) führt dazu aus:

» Wenn man diese Theorien [die von Luhmann und Durkheim, d. Verf.] menschlicher Würde mit philosophischen Theorien vergleicht, so geben sie jeweils einen Grund dafür an, warum dem Menschen Würde zukommt: Es ist auf eine bestimmte gesellschaftliche bzw. kommunikative Ordnung zurückzuführen, dass jedem einzelnen Menschen als Individuum Würde zuerkannt wird. Aber weder Luhmann noch Durkheim behandeln die Frage, aufgrund welcher Kriterien diejenigen bestimmt werden, denen Würde zukommt. Sie gehen davon aus, dass handlungs- und kommunikationsfähigen Menschen Würde zukommt und geben darauf aufbauend Kriterien für den Würdeverlust an. Dabei handelt es sich jeweils um eine negativ Sanktion für schwere Vergehen gegen die Standards sozialer Erwünschtheit. Das Aberkennen von Würde stellt eine gesellschaftliche Bestrafung dar. Diese Konstruktion setzt voraus, dass der Kreis derjenigen, denen Würde prinzipiell zukommt, bereits vorher feststand. «

Würde ist nach Bieri (2013) die Voraussetzung dafür, die Gefährdungen des Lebens auszuhalten und auch unter widrigsten Bedingungen dessen Herausforderung anzunehmen. Eine Verletzung der Würde oder gar der Versuch, sie einem Menschen entziehen zu wollen, gefährden dessen menschliche Existenz in den Grundfesten. Diese Gefährdung verweist erneut auf die »feinen Unterschiede« in der Gesellschaft, ihr sind Menschen der unteren sozialen Schichten stärker ausgesetzt als ihre privilegierten Mitmenschen. Mit der Würde des Menschen darf nicht wissenschaftlich-autistisch (Bleuler 1976) gespielt, disponiert oder spekuliert werden.

Glücklicherweise ist die Menschenwürde als Teil des Grundgesetzes Artikel 1, Absatz 1 vor Neubewertungen – wie der obigen – und der »Domestizierung durch immer restriktiverer Interpretationen« (Bielefeld 2008) entzogen. Sozial schädliches Verhalten und soziale Erwünschtheit dürfen nie wieder zu Kriterien werden, die eine Unveräußerlichkeit der Würde zu jemandes (wessen?) Disposition stellen. Luhmann und manche Anhänger seiner Systemtheorie wollen uns glauben machen, alles wird gut, wenn über Randgruppen und die Ausgeschlossenen nur genügend kommuniziert wird, sie also gesellschaftlich eine Adresse bekommen.

Ein Beispiel aus der Diskussion um die **Inklusion Behinderter** (Weber 2010):

» Wenn Personen in der modernen Gesellschaft in besonderem Maße Aufmerksamkeit erregen, weil sie beispielsweise im politischen System Gegenstand kontroverser Diskussionen sind, steigt der Grad gesellschaftlicher Inklusion, und zwar auch und gerade dann, wenn es sich um Personen handelt, die man anderen Orts und zu anderen Zeiten vielleicht als »Randgruppen« (vgl. Myrdal 1963) oder auch als »Ausgeschlossene« (vgl. Bude 2008) bezeichnen würde. Der Inklusionsgrad steigt deshalb, weil die Zahl kommunikativer Anschlüsse an diese Personenkreise über die Zeit hin zunimmt – gemessen zum Beispiel an der Häufigkeit ihrer Nennung in modernen Kommunikationsmedien. Der Soziologe Armin Nassehi hat diesen Zusammenhang – in nur scheinbar zynischer Weise – wie folgt beschrieben:

»Man kann kaum für sozial relevanter gehalten werden und man hat kaum weniger Optionen gegen diesen gesellschaftlichen Zugriff als als Insasse eines Gefängnisses, als Bewohner eines Ghettos, als Vertriebener oder als Todeskandidat« (Nassehi 2004, 332).

Man kann den von Nassehi aufgeführten Personenkreisen noch behinderte Menschen hinzufügen, um den unmittelbaren Anschluss an unsere Thematik zu finden. Wenn selbst der Bundespräsident dieses Landes sich für behinderte Kinder stark macht und einen gemeinsamen Unterricht behinderter und nicht behinderter Kinder fordert – was in der politischen Kommunikation als Bekenntnis zu einem inklusiven Schulsystem gedeutet wird – ist dies in der Sichtweise soziologischer Systemtheorie zunächst einmal nichts anderes als die »Einbeziehung immer größerer Personenkreise in die Kommunikationskontexte gesellschaftlicher Funktionssysteme«, von Inklusion also. **«**

Alles soll also z. B. in der Medizin im grünen Bereich sein, weil unverschuldete Armut, erhöhtes Morbiditäts- und Mortalitätsrisiko der Unterschichten, Chancenungleichheit in der Schule, Zweiklassenmedizin und therapeutischer Nihilismus bei Migranten öffentlich thematisiert werden, weil diese Themen in die »Kommunikationskontexte gesellschaftlicher Funktionssysteme« einbezogen werden, weil dieses Buch einen Verleger und Leser gefunden hat? Was haben die Betroffenen davon, wenn das System sie für sozial relevant hält, aber seiner Eigengesetzlichkeit nach weiterfunktioniert und keiner es verändern kann (oder will?).

Bei allem Verständnis für die Lust am Erfinden möglichst origineller Gesellschaftsmodelle, in

denen kein handelnder, lebendiger Mensch mehr stört – sei ein Einwand erlaubt: Luhmann kam niemals nach Wilhelmsburg!

Bemerkungen zur Systemtheorie
Eine ausführliche Kritik der Systemtheorie und des Dekonstruktivismus im Allgemeinen (und besonders des Neurolinguistischen Programmierens, NLP, das darauf fußt) kann hier nicht erfolgen (siehe dazu Habermas 1971). NLP stellt z. B. den Erfolg der Kommunikation in den Mittelpunkt. Gespräche werden bewusst manipulativ auf ein vom Therapeuten bestimmtes Ziel (dessen Erreichen = Erfolg) hin geführt. Diesen Systemen wohnt nach meiner Beurteilung eine Tendenz zu ironischer Distanzierung inne. Während echter Humor, gemeinsames Lachen die Arzt-Patient-Beziehung beglaubigt, stellt Ironie jegliches Vertrauen grundsätzlich in Frage (es freut sich der Therapeut, dass seine Interaktion gelang!). Und das unabhängig davon, was der Gegenüber davon wahrnimmt. Wenn Luhmann (1986) schreibt: »Soziale Systeme bestehen … nicht aus Menschen, auch nicht aus Handlungen sondern aus Kommunikation«, ist das für einen klassenmedizinischen Ansatz, der hier verfolgt werden soll, wenig hilfreich, zu inhuman-abstrakt und eher kontraproduktiv.

In der »systemischen Familientherapie« (z. B. der Heidelberger Schule, Stierlin 1988) tauchen systemtheoretische Ansätze auf, die allerdings in der Kommunikation mit Patienten manchmal hilfreich sein können (zirkuläre Fragen, Skalenfragen, positive Konnotierung positiver Aspekte problematischen Verhaltens). Sie nutzt Paradoxien wie z. B. die »paradoxe Intervention«, in der problematisches Verhalten verschrieben wird, um Automatismen zu verändern. (siehe Fallbeispiel 4.8). Sie analysiert bei scheinbar unlösbaren Konflikten nicht deren Ursache, sondern fragt nach den Bedingungen, die ihren Fortbestand garantieren. Die ärztliche Grundhaltung sollte m. E. niemals »systemisch«, auch nicht »psychoanalytisch« oder sonst wie ideologisch fixiert sein, sondern menschlich. Ich habe die systemische Methode selbst genutzt in Bezug auf das »kranke Gesundheits-Wesen« in ▶ Kap. 8.

4.8   Klass(enmedizin)ische Fragen

Klassenmedizin setzt ein verständlich(er)es Gesellschaftsmodell voraus, das Kommunikation nicht fetischartig konstruiert, sondern konstruktiv zur Verständigung von Mensch zu Mensch einsetzt. Ein rationales Konzept, das, unabhängig von den (o. a.) wechselnden Abrechnungsmodalitäten, unbedingt den Patienten in den Mittelpunkt stellt und immer mit Zuhören, einer guten Anamnese (Erhebung der Krankengeschichte im Zwiegespräch) beginnt. Dieses sollte eigentlich selbstverständlich sein, ist es aber keineswegs bei unprivilegierten Patienten, bei denen es unendlich viel wichtiger, allerdings auch mühsamer ist, gegen alle Widerstände eine »gemeinsame Wirklichkeit herzustellen« (von Uexküll 2002) und dabei u. a. die folgenden klassischen Fragen gründlich abzuklären, die – wie vieles in der Klassenmedizin - nur banal klingen, aber offensichtlich nicht oder zu selten für eine strukturierte Gesprächsführung genutzt werden.

4.8.1   Anliegen des Patienten (Auftragsklärung)?

Fallbeispiel 4.10: 67-jähriger Diabetespatient
Ein 67-jähriger ehemaliger Hafenarbeiter sitzt wütend vor mir. Seine Krankenkasse habe ihn geschickt, er solle bei uns eine Diabetesschulung erhalten. Nein, er wolle das nicht, er habe über seinen Hausarzt eine Kur wegen Diabetes und »dem Herzen« beantragt, die abgelehnt worden sei und jetzt »schikaniert mich die Krankenkasse und zwingt mich zu Ihnen«. Im Gespräch habe ich seinen Unmut als verständlich bezeichnet, natürlich könne ihn die Krankenkasse zu nichts zwingen, was er nicht wolle. Ja, wir bieten Kurse für Patienten mit Diabetes an, aber diese sind selbstverständlich nur für Patienten, die dies wollen. Er verlässt nach 10 Minuten, deutlich entspannter, das Sprechzimmer. Ich habe ihm nichts »verkauft«.

Es erfolgt ein kurzer Bericht an den Hausarzt: nach Auftragsklärung hier kein Patientenwunsch nach Diabetesschulung!

4.8.2   Eingangsworte des Patienten?

Fallbeispiel 4.11: 17-Jähriger mit Kopfschmerz
Ein 17-jähriger Lehrling klagt über »tierische Kopfschmerzen seit dem Vortag«, die Kartei zeigt eine identische Beschwerdemitteilung vor 2 Monaten und vor einem halben Jahr. In beiden Fällen erfolgte Krankschreibung für 2 Tage, eine weiterführende Diagnostik wurde jeweils abgelehnt oder nicht wahrgenommen …

4.8.3   Welches »Vor-Urteil« löst der Patient aus?

Bei einer Leserumfrage kommt *Der Kassenarzt* (1/2006) zu dem Ergebnis: 85% der befragten Ärzte haben bei sich »schon einmal Vorurteile gegen Patienten entdeckt«, bei 43% hatten diese Vorurteile »schon einmal Einfluss auf die Therapieentscheidung«.

Fallbeispiel 4.12: 64-jähriger »ungepflegter« Diabetespatient
Ein 64-jähriger, mäßig gut Deutsch sprechender Patient mit Diabetes kommt zum ersten Mal in die Sprechstunde. Er hat einen beißenden Körpergeruch nach Urin, Nikotin und lange nicht gewechselter Kleidung. Eine Mitarbeiterin hat ihn ohne wertenden Kommentar vorsorglich aus dem Wartezimmer auf einen abwischbaren Holzstuhl in einen freien Untersuchungsraum mit geöffnetem Fenster gesetzt. Er will (oder soll) auf Insulin eingestellt werden. Mein erster Eindruck und der Impuls:»Das werden wir niemals schaffen« und »Ich will ihn ganz schnell wieder loswerden«, erweisen sich als völlig falsch:

Die »Kleiderfrage« kann durch ein offenes Wort von Mann zu Mann geklärt werden. Die Diabeteseinstellung mit einer intensivierten Insulintherapie klappt inzwischen hervorragend. Ich schätze ihn und bewundere seine Selbstsicherheit (▶ Abschn. 4.8.10), mit der er die Herausforderungen der Behandlung gemeistert hat. Das bewusst als solches eingestandene Vorurteil (»stink-doof«) hat nach meiner Überzeugung die entwürdigende Abklassifizierung nicht in die Beziehung einfließen lassen und war damit korrigierbar.

Gerüche in der Medizin
Auffällige und störende Gerüche sind in der Medizin häufig und sie sind nicht nur ein ästhetisches Problem, sondern können diagnostisch hilfreich sein. Manche Krankheitszustände sind mit typischen Körper- oder Ausscheidungsgerüchen verbunden. Schon beim Betreten eines Krankenzimmers konnten Ärzte früher Diagnosen mit der Nase (Harnvergiftung, Ketoazidose = Blutübersäuerung beim entgleisten Typ 1-Diabetes, Leberkoma, Infektion mit Pseudomonas-Bakterien) stellen, für die wir heute technische Untersuchungen haben/brauchen.

Es geht im Alltag darum, die olfaktorischen (geruchssinnvermittelten) Sensationen nicht in peinliche Sanktionen gegen den Patienten zu wenden.Darin muss sich das Be-

handlungsteam einig sein: Das Diskriminierungsverbot betrifft nicht nur Alter, Geschlecht, Hautfarbe, sozialen Status etc., sondern auch Körperfülle und jeglichen Geruch.
Professioneller Umgang damit in der Praxis heißt:

- Geruch wahrnehmen, ggf. den Arzt aufmerksam machen,
- Geruch sozial und medizinisch bewerten (Verwahrlosung, Waschmaschine defekt, Ehefrau krank oder medizinische Ursache [lat. Foetor = Gestank]),
- ggf. mit dem Patienten Abhilfe planen und
- nachfolgenden Patienten einen neutralen Raum ohne Spuren des Vorgängers anbieten (dazu hat sich Lavendelessenz bewährt, in Wasser verdünnt und in handelsüblicher Sprühflasche als »Bio-Raumspray« eingesetzt).

4.8.4 »Welche Beschwerden haben Sie noch?«

Fallbeispiel 4.13: 45-jährige Patientin mit häuslicher Überlastung
»Sie ist immer müde und fühlt sich so schlapp«, sagt die Tochter über ihre 45-jährige Mutter, die nicht ausreichend Deutsch spricht. – »Und was noch?« – »Sie kann schlecht schlafen.« – »Und was noch?« – »Sie grübelt dann immer viel.« – »Und was noch?« – »Am Tag hat sie oft Kopfschmerzen.«

»Vielleicht müsste mal der Kopf geröntgt werden«, schlägt die Tochter vor. – Weitere Fragen: »Und was noch?« Jetzt muss die Tochter nachfragen, und die Mutter, die bisher zusammengesunken dasaß, richtet sich auf. »Sie sagt, sie kann nicht mehr, das ist alles zu viel für sie.«

Und es ergibt sich dann im Trialog, die Mutter oft händeringend, die Tochter zunehmend erstaunt über das, die die Mutter nun sagt: Sie ist mit 5 Kindern zwischen 2 und 14 Jahren zu Hause, der Mann ist immer auf Montage, und der Sohn hat ein Drogenproblem und keine Lehrstelle.

4.8.5 »Was ist Ihrer Meinung nach die Ursache?«

Dies ist die zu selten gestellte »Wunderfrage« am Beispiel aus ▶ Kap. 3:

Fallbeispiel 4.14: 28-jähriger Maurer mit Brustschmerz
Fortsetzung von Fallbeispiel 3.2, ▶ Abschn. 3.4.

Ein 28-jähriger Maurer war in den letzten 3 Wochen bei verschiedenen Ärzten und am Wochenende notfallmäßig im Krankenhaus wegen Brustschmerzen. Alle dort und bisher durchgeführten Untersuchungen erbrachten keinen pathologischen Befund. Das war ihm auch jedes Mal ausführlich mitgeteilt worden, er brauche sich keine Sorgen zu machen.

Die Antwort auf die obige Frage war, als sie ihm endlich gestellt wurde: »Ich habe Angst, mir könnte passieren, was meinem Kollegen bei der Arbeit passiert ist.« Der war aus dem Wohlbefinden in der Pause auf der Baustelle tot zusammengebrochen und konnte vom eintreffenden Notarzt nicht wiederbelebt werde. »Der Heinz hat 2 Kinder, wie ich. Wer soll denn für die sorgen, wenn ich tot bin?« Todesangst ist mit keinem EKG er-messbar aber relativ leicht erfragbar!

4.8.6 Wie aufnahmefähig bin ich gerade?

Im EKG-Raum liegt ein Notfall, Verdacht auf Herzinfarkt, am Telefon ist das Krankenhaus, das Vorbefunde eines anderen Patienten anfordert, Frau M. steht mit einem Formular an der Anmeldung und braucht es dringend, weil sie morgen zur Ausländerbehörde muss, im Wartezimmer noch 2 weitere Patienten. Es ist 18.13 Uhr, ich hatte mich heute auf das Theater gefreut, dessen Vorstellung um 19.30 Uhr beginnt.

Meine Mitarbeiterin bringt mir einen Kaffee, zum Umziehen wird die Zeit mal wieder nicht reichen, aber wahrscheinlich wird sich meine Stimmung mit dem Vorhang heben.

4.8.7 »Was ist bisher geschehen?«

Fallbeispiel 4.15: 72-jähriger Patient mit toxischem Leberschaden
Herr S. ist 72 Jahre alt und lebt als Rentner seit 15 Jahren in einem Altenheim, früher sei er Hilfsarbeiter in einer Farbenfabrik gewesen. Er klagt über »Leberschmerzen«. Nein, er habe keinen Hausarzt, er sei zuletzt vor 3 Jahren bei einem Arzt

gewesen. Er nimmt ein Medikament gegen Bluthochdruck ein. Wer verschreibt denn das? – »Der Hautarzt.« – Warum ist er beim Hautarzt? – »Wegen dem dauernden Hautjucken.«

Die Recherche ergibt ein anderes, komplementäres Bild: Es gibt einen Hausarzt, der hatte bereits den Verdacht, es handle sich um einen möglicherweise beruflich bedingten Leberschaden. Er war wegen seiner Beschwerden bereits in einem Krankenhaus, dort wurde nach umfangreicher Diagnostik ein Lebertumor festgestellt und ein Termin für eine Gefäßdarstellung (Angiografie) ausgemacht. Der Patient hatte Angst vor dem, was da auf ihn zukam, und erhoffte durch eine neue Diagnostik bei mir ein anderes, für ihn günstigeres Ergebnis.

Nach mehreren Telefonaten und Durchsicht zahlreicher zugefaxter Befunde musste ich die zuvor bereits gestellte Diagnose bestätigen, ohne irgendeine zusätzliche, belastende oder kostspielige Untersuchung durchgeführt oder veranlasst zu haben.

Der Patient wollte eine zweite Meinung hören, ein heutzutage in einem solchen Fall durchaus legitimes Anliegen. Er wusste – wie viele unserer weniger gut informierten Patienten – nicht, dass dieses völlig legitim und verständlich ist, aber sinnvollerweise die Vorlage aller bisher erhobenen Befunde voraussetzt.

4.8.8   Tatsächliche Medikamenteneinnahme?

Fallbeispiel 4.16: 82-jährige Patientin mit Dosierungsproblem
Im Qualitätszirkel wird folgender Fall besprochen:

Eine 82-jährige Patientin beklagt Hustenreiz seit 3 Monaten und anhaltende Übelkeit. Sie bringt einen Bericht vom Krankenhaus mit, dort war sie vor 3 Monaten wegen einer Herzschwäche. Ja, sie nehme alle 7 Medikamente so ein wie im Krankenhaus, »so wie es in dem Brief da steht«. Alle Untersuchungen einschließlich einer Magenspiegelung bringen keine Erklärung für ihre Beschwerden. Als ich sie auffordere, alle Medikamentenschachteln mitzubringen, ist sie beleidigt: »Ich bin noch klar im Kopf, Doktor!«

Es stellt sich aber heraus: Sie hatte von den Herztabletten (Digitalis) 3×1 statt 1×1 Tablette eingenommen, das erklärt ihre Übelkeit, und sie erhielt von ihrem Hausarzt zur Blutdrucksenkung zusätzlich ein – im Krankenhausbericht nicht auftauchendes – Medikament (ACE-Hemmer), das bekanntermaßen Reizhusten auslösen kann. Nach Korrektur der Dosierung, Austausch des Blutdruckmittels, Ausdrucken des aktuellen Medikamentenplans und Einschaltung eines Pflegedienstes, der einmal in der Woche die für jeden Wochentag vorhandenen Dosetten füllt, geht es ihr gut.

4.8.9   »Sind Sie denn damit arbeitsfähig?«

(▶ Kap. 6, »Arbeitsmedizin«)

Fallbeispiel 4.17: 40-jähriger Kranführer mit Durchfallerkrankung
Ein 40-jähriger Mann kommt als Notfall in die Praxis wegen Durchfall seit dem Vortag. Regelrechter Untersuchungsbefund, kein Fieber. Der Notarzt sei in der Nacht da gewesen und habe ein Medikament dagelassen, der Durchfall sei aber immer noch nicht weg, der Hausarzt habe heute ein weiteres Medikament verschrieben, das er aber noch nicht eingenommen habe.

Die sich einstellende Ratlosigkeit: Was erwartet er für Wunder von mir? Was fehlt ihm eigentlich? Ist das nicht ein harmloser, normaler Infekt? Oder muss er ins Krankenhaus? – klärt sich durch die o. a. Frage. »Nein, das ist doch das Problem, ich habe Spätschicht auf dem Kran im Hafen, da ist doch kein Klo!«

Er wollte nicht den Eindruck erwecken, nur wegen einer Krankmeldung gekommen zu sein, mochte dieses Thema auch nicht selbst ansprechen und war so in die Situation geraten, seine Beschwerden immer wieder erneut einem anderen klagen zu müssen, mit der Tendenz einer Dramatisierung, die nichts mit der Krankheit zu tun hatte, die aber zu einer überflüssigen, aufwändigen und eingreifenden Diagnostik hätte führen können. Mit einer Arbeitsunfähigkeitsbescheinigung von 3 Tagen und der Zusicherung einer Verlängerung und gegebenenfalls weiterführenden Diagnostik – falls erforderlich – war er seine Sorge los.

4.8.10 Ressourcen des Patienten?

Jeder Mensch hat etwas Besonderes, das ihm in schwierigen Situationen hilft, etwas Persönliches, das ihn von anderen unterscheidet und auszeichnet. Unprivilegierte Menschen tragen ihr Besondersein nicht wie eine Monstranz vor sich her, steigen selten aus Autos, die Bewunderung in der Umgebung auslösen oder zumindest Achtung, treten eher bescheiden auf, zeigen uns manchmal beim ersten Blick ihre Vernarbungen, Verkrüppelungen, Vernachlässigung, vielleicht auch ihre Wut ob der vielen tatsächlich oder vermeintlich erlittenen Kränkungen. Die Handicaps sind schnell aufgedeckt, die Umgangsformen und ihr Äußeres schnell beanstandet, Vorurteile bestätigen sich wie von selbst. Um die Ressourcen zu entdecken und für die gemeinsame Arbeit nutzbar zu machen, bedarf es eines Gespürs.

Mögliche Ressourcen
- Die ungebildete Großmutter aus Anatolien hat ihre junge Enkelin in Begleitung, die BWL studiert, und zu Hause eine große Familie.
- Der etwas abgerissen wirkende arbeitslose Hilfsarbeiter arbeitet ehrenamtlich bei der »Wilhelmsburger Tafel«, die Lebensmittel für einen symbolischen Obulus an Bedürftige verteilt.
- Die alleinerziehende, ziemlich deprimierte Mutter, die mit **ihrem** Leben nicht mehr zu Recht kommt, hat 3 wohlerzogene, freundliche Kinder, für die sie alles tun würde und deretwegen sie ihre Angst überwindet und das Angebot einer Psychotherapie aufgreift.
- Der 84-jährige, alleinstehende Rentner, der sich mit Händen und Füßen gegen die notwendige Krankenhausbehandlung wehrt und damit Unverständnis und Ärger in mir auslöst, bis klar wird, er muss seine Katze zu Hause versorgen, ohne die er ohnehin nicht weiterleben will.
- Die 65-jährige Frau, Analphabetin, die lernt, ihren Blutzucker selbst zu messen und die ihr zuvor nichts sagenden Zahlen als niedrig (gefährlich: Unterzuckerung, also etwas essen), normal und zu hoch (was habe ich anders gemacht als sonst, ich muss jetzt mehr Insulin spritzen) zu bewerten.
- Die allzu übergewichtige, alleinstehende, depressive Frau, die nach zahlreichen erfolglosen Diätkuren darum bittet, im Wartezimmer einen Zettel aufhängen zu dürfen, sie suche andere übergewichtige Frauen, die sich – so wie sie selbst – schämen, allein ins öffentliche Schwimmbad zu gehen.

In unserem Behandlungsteam hat es sich als sinnvoll herausgestellt, gezielt den Behandler zu wechseln, wenn der oder die erste den Zugang zum Patienten und damit die notwendige therapeutische Beziehung nicht herstellen konnte und der Patient einverstanden ist. Der »Vollständigkeit der Wahrnehmung« inklusive der Ressourcen (siehe »Kleine Wahrnehmungskunde« in ▶ Abschn. 3.6) dienen auch
- die Fallbesprechung mit den Mitarbeitern der Praxis (Vorstellung des Patienten, den du am schwierigsten, unangenehmsten und unfreundlichsten empfindest),
- die Balint-Gruppe oder
- das Konsil mit dem Hausarzt, der ihn seit langem betreut und deshalb das Besondere dieses Menschen inzwischen herausgefunden hat.

Das uneingestandene Vorurteil des Arztes und die unentdeckten Ressourcen des Patienten sind **die** Beziehungskiller, die die Klassenmedizin zu vermeiden sucht.

4.9 Arzt und Geld

» Bis jetzt haben wir Ärzte bei unseren Kämpfen nur immer auf die Standeswürde und Standesehre gepocht – ich sage Ihnen Geld, Geld ist die Hauptsache. «

Dieser Satz von Hermann Hartmann, dem Gründer des heutigen Hartmann Bundes – Verband der Ärzte Deutschlands e. V., stammt aus dem Jahr 1900 (zit. nach Göckenjan 1985). Er war damals und ist heute noch provokativ, entlarvend im Blick auf das hehre ärztliche Selbstverständnis, in jedem Fall aber hellsichtig, was die Entwicklung der Gesetzlichen Krankenversicherung (GKV) in den letzten 100 Jahren angeht. Nicht nur das Gesundheitswesen, der Sozialstaat als Institution scheint heute an einem fiskalischen (End?-)Punkt angelangt zu sein, der immer neue (Finanzierungs-)Reformen erzwingt.

4.9.1 Ärztliches Einkommen

Dabei scheint genügend Geld im Spiel zu sein. Die Gesetzliche Krankenversicherung (GKV) gab 2012 insgesamt 180,3 Mrd. Euro aus, die Honorare für die niedergelassenen Ärzte betrugen 34,49 Mrd. Euro, das durchschnittliche Bruttoeinkommen eines niedergelassenen Arztes betrug 5442 Euro monatlich. Leider sagen diese offiziellen Zahlen der Kassenärztlichen Bundesvereinigung (KBV) gar nichts darüber aus, was der einzelne Arzt tatsächlich verdient, allein die durchschnittlichen jährlichen Umsatzzahlen (vor Betriebskosten und vor Steuern, die zusammen ca. 60% ausmachen können) schwanken zwischen 50 und 230.000 Euro, im Durchschnitt enthalten sind einige Umsatz- und Einkommensmillionäre. In den Zahlen der KBV sind die Privathonorare der Ärzte noch nicht enthalten!

Das GKV-Honorar der Ärzte wird in einem komplizierten Verfahren ermittelt, dabei entstehen extreme Einkommensunterschiede, die sich nur teilweise mit hohen Investitionskosten erklären lassen. Generell kann man feststellen: Ärzte, die technische Leistungen (Labor, Röntgen, Herzkatheter) erbringen, verdienen deutlich mehr als jene, die wohnort- und lebensnah arbeiten. Anders ausgedrückt: Es gibt keinen finanziellen Anreiz, eine soziale oder psychosomatische Medizin zu betreiben. Eine Veränderung der chronifizierten Honorarungerechtigkeit ist nicht in Sicht.

Dem am Zustandekommen des Einkommens seines niedergelassenen Arztes interessierten Leser oder Patienten bleibt es übrigens unbenommen, sich beim Deutschen Ärzteverlag den »EMB 2000 plus«, die zweibändige, 1058-seitige aktuelle Gebührenordnung der GKV zu besorgen. Um gegebenenfalls seine Quittung vom Arzt lesen und verstehen zu können, wäre es sinnvoll, danach an einem einsemestrigen Einführungsseminar bei der örtlichen Kassenärztlichen Vereinigung teilzunehmen.

Hier wird der Patient lernen,

- wie jede ärztliche Leistung (vom Telefonat bis zur Kernspintomografie) im Einzelnen beschrieben ist,
- dass jede mit einer 5-stelligen Gebührenziffer, die sich für verschiedene Fachgruppen unterscheiden kann, versehen ist,
- wie diesen Leistungen ein Honorar in Euro zugerechnet wird (früher eine Punktzahl, deren Wert fluktuierte, ▶ unten),
- dass einzelne Leistungen in Leistungskomplexen zusammengefasst werden, zu deren berechtigter Abrechnung obligate Leistungen durchgeführt und fakultative in der Praxis nur vorgehalten werden müssen,
- dass einzelne Leistungen sich am Behandlungstag, andere im Behandlungsfall gegenseitig ausschließen,
- dass es Zeitvorgaben für bestimmt Leistungen gibt, die eingehalten werden müssen und die meisten Leistungen in der Krankenakte oder in der EDV zu dokumentieren sind,
- dass die summierten Honorare durch praxisbezogene Regelleistungsvolumina begrenzt sind, die wiederum aus dem gekürzten Volumen der vor 3 Jahren in dieser Praxis abgerechneten Leistungen berechnet wurden, und bei deren Überschreiten das Honorar ausbleibt,
- dass dieses Regelleistungsvolumen durch so genannte außerbudgetäre Leistungen aufgestockt werden kann und
- dass es qualitätsgebundene Zusatzbudgets (z. B. Psychosomatik, Ultraschalluntersuchung) gibt und Pauschalen (z. B. für chronische Erkrankungen), die unabhängig von speziellen Leistungen anfallen.

So entsteht – etwas vereinfacht (!) dargestellt – das Honorar Ihres Arztes, wenn Sie in der GKV versichert sind.

4.9.2 Sinn und Unsinn von Honorarregelungen

Die Struktur der Gebührenordnung (EBM) hat spürbare Auswirkungen auf das Angebot ärztlicher Leistungen, die damit von der Nachfrage und dem tatsächlichen medizinischen Bedarf fast vollständig abgekoppelt werden.

Es gilt inzwischen als Geheimtipp unter kritischen Ärzten, die laufend (beinahe quartalsweise) vorgenommenen Veränderungen des EBM nicht allzu ernst zu nehmen und sie nicht handlungsbestimmend werden zu lassen. Der EBM ist weder logisch noch medizinisch sinnvoll oder gerecht.

Sehr unklug ist es, seinen Umgang mit den Patienten wesentlich an der jeweils gültigen Fassung des EBM zu orientieren. Denn was heute einen Vorteil bringt (nicht honorierte Leistungen, die in Pauschalen abgegolten werden, zu unterlassen) kann morgen als Nachteil zurückschlagen (weil diese Leistungen dann wieder honoriert werden – aber nur, wenn sie zuvor häufig erbracht wurden).

Eine patientenzentrierte Leistungserbringung garantiert Unabhängigkeit von formalen Schwankungen, und die meisten Patienten wissen es zu goutieren, wenn ihr Arzt sich im IV. Quartal nicht anders verhält als im III. – als ein anderer EBM galt.

Die soziale Ausrichtung der Medizin wird zunehmend ins Abseits gedrängt, wo sie wie ein ärztliches Hobby betrieben werden muss. Dies ist keine Folge von Geldmangel, sondern eine Frage seiner Verteilung, die ausschließlich in den Verantwortungsbereich der ärztlichen Selbstverwaltung liegt. Diese hat sich seit Hartmann (1900) darauf verlegt, immer mehr »Geld, Geld« zu fordern und die Verteilung des Honorarkuchens dem Appetit und der Beißfreudigkeit der einzelnen Ärzte zu überlassen.

Die Auswirkungen dieses asozialen Systems sollen an einem weiteren, leider wieder sehr bürokratischen Beispiel veranschaulicht werden.

Regelleistungsvolumen

Vor etwa 2 Jahren wurden die fallzahlabhängigen Budgets der Praxen durch Praxisregelleistungsvolumina abgelöst, ein dem gutwilligsten Leser kaum erklärbarer Sachverhalt, den manche Ärzte bis heute nicht richtig verstanden haben:

Nehmen wir als Beispiel eine Ultraschalluntersuchung der Bauchorgane: Für diese Untersuchung brachte jeder neue Patient in der Vergangenheit eine kleine Menge von abrechenbaren Punkten (z. B. 100) seinem Arzt mit. Diese Punkte reichten zur Honorierung einer solchen Untersuchung nicht aus, denn die Gebührenordnung gestattet dafür die Abrechnung von 400 Punkten. Es mussten also die Ultraschall-Punkte von 3 weiteren Patienten zusammenkommen, die selbst eine solche Untersuchung nicht benötigten, weil sie z. B. ein EKG erhielten oder eine Magenspiegelung. Mit jedem neuen Patienten, der keine Sonografie benötigte, wuchs also das Budget, das es dem Arzt erlaubte, diese Untersuchung vorzunehmen, wenn er dies für nötig hielt (sog. Verdünner-Patienten). Noch der Letzte, der am letzten Tag des Quartals die Praxis betrat, brachte seinem Arzt seinen Anteil am Sonobudget (und den für andere Untersuchungen angesetzten Budgets) mit, er war also gerne gesehen.

Das hat sich geändert, und das hat weit reichende Folgen für die Versorgung v. a. in der Klassenmedizin. Heute steht schon zu Beginn des Quartals der Gesamthonorarbetrag (Regelleistungsvolumen und qualitätsabhängiges Zusatzvolumen) in Euro fest, den der Arzt in den nächsten 3 Monaten verdient, wenn die Summe seiner Leistungen diese Höhe erreicht. Dieses Gesamthonorar ist aus Kostendämpfungsgründen bewusst klein gehalten und damit meist Mitte des 3. Quartalsmonats rechnerisch erreicht. Jeder Patient kommt also mit leeren Händen in die Praxis. Wenn die Honorarsumme durch die verschiedenen Untersuchungen und Beratungen aller Patienten erreicht ist, bringt ein weiterer Patient nur Arbeit für den Arzt, bringt ihm aber keinen zusätzlichen Honorargewinn (mit Ausnahme so genannter extrabudgetierter Leistungen, wie z. B. Vorsorgeuntersuchungen oder Impfungen).

Er könnte also die letzten Wochen des Quartals, sobald sein Praxis-PC meldet »Honorarvolumen erreicht«, Urlaub machen oder zumindest keine GKV-Patienten mehr annehmen, ohne finanzielle Einbußen befürchten zu müssen. Es weist auf eine bemerkenswerte Haltung der Ärzteschaft hin, dass genau dies nicht nur häufig passiert, sondern von Kassenärztlichen Vereinigungen und den so genannten »freien Berufsverbänden« offen propagiert wird.

Der langjährige Vorsitzende der Kassenärztlichen Bundesvereinigung (KBV) hat 2008 in Hamburg erklärt, das Ziel der KBV sei es, diesen EBM

»gegen die Wand fahren zu lassen«. Das demolierte Modell ist immer noch unterwegs und macht Kollateralschäden!

Manche Ärzte werden auf einmal am Ende des Quartals arbeitsunfähig krank. Und bereits während des Quartals lässt unter diesen Vorzeichen das Interesse an der Bindung des Patienten nach. Galt unter Kassenärzten früher der Gang des Patienten zu einem anderen Arzt oder Facharzt oft als »Feindflug«, von dem der Patient unter Umständen nicht mehr zurückkam, so ist heute – so scheint es mir manchmal – der Verlust von Patienten mit einer gewissen Erleichterung verbunden, weil das knappe Budget mit Sicherheit auch ohne dessen Behandlung ausgenützt werden kann.

Die Abrechnungsmodalitäten erklären auch, warum heute immer häufiger ein »Patienten-Aufnahme-Stopp« von den Praxen erklärt wird und die Arzt-Termin-Absprache schwieriger geworden ist.

Die Werbung um den einzelnen Patienten, sofern er nicht Privatpatient ist oder abgeIGeLt (▸ Kap. 7) werden kann, lässt nach und damit die Bindungskraft des Arztes und der Praxis v. a. für Patienten, die – wie oben ausgeführt – wegen fehlender Verständigung oder dem ihnen nicht entgegengebrachten Verständnis ohnehin permanent auf der Suche nach dem richtigen, guten Arzt sind. »Medizinische Versorgung von Migranten« erhält so jenseits der üblichen eine neue Bedeutung. Es handelt sich um ein neues, künstliches, aus honorarpolitischen Kalkulationen bewusst in Kauf genommenes Versorgungsproblem »wandernder« Patienten. Oder schlimmer noch: Die Konsequenzen der honorarpolitischen Entscheidungen wurden gar nicht bedacht, weil die Gebührenordnungs-»Macher« die soziale Bodenhaftung lange schon verloren haben.

Geld verdirbt den Charakter, weiß der Volksmund. »Arzt und Geld« ist ein ungelöster Konflikt. Die Akzentuierung marktwirtschaftlicher Prinzipien in der Medizin kollidiert mit den sozialen Erwartungen und dem Auftrag der Gesellschaft an den Arzt. (siehe auch Rümmele 2005) Der Konflikt kann verdrängt werden, wirkt dann aber umso zerstörerischer in den Beziehungen zum Patienten weiter. Die Normen des Marktes (Leistung gegen Geld) sind nicht vereinbar mit sozialen Normen (Mitleid, Empathie, Wertschätzung). Die **Verhal-**

tensökonomik kann dies an vielen Beispielen und mit Experimenten nachweisen. Ariely (2008) stellt hierzu fest:

》 Soziale Normen sind in unserer sozialen Natur und unserem Bedürfnis nach Gemeinschaft verankert. In der Regel vermitteln sie Wärme und Wohlgefühl. Man erwartet keine sofortige Belohnung … Im Bereich der **Marktnormen** zählen … Löhne, Preise, Mieten, Zinsen sowie Kosten und Nutzen …

Es gibt zahlreiche Beispiele dafür, dass die Menschen für eine gute Sache mehr Mühe aufwenden als für Geld. So befragte zum Beispiel die AARP (amerikanische Rentnervereinigung) Anwälte, ob sie bereit wären, bedürftigen Rentnern ihre Dienste günstiger anzubieten, für etwa 30 Dollar die Stunde. Die Anwälte lehnten ab. Daraufhin hatte der Projektleiter der AARP eine geniale Idee: Er fragte die Anwälte, ob sie seinen Klienten ihre Dienste kostenlos zur Verfügung stellen würden. Die Anwälte erklärten sich mit überwältigender Mehrheit dazu bereit.

Was war hier los? Wieso waren null Dollar attraktiver als 30 Dollar? Solange ein Honorar im Spiel war, wandten die Anwälte Marktnormen an und empfanden das Angebot im Vergleich zu ihrem marktüblichen Honorar als unzureichend. Als hingegen vom Geld nicht mehr die Rede war zogen sie soziale Normen heran und waren bereit ihre Zeit kostenlos zur Verfügung zu stellen. Soziale Normen spielen keine Rolle mehr, sobald Marktnormen Eingang in unsere Überlegungen gefunden haben. 《

Dies ist selbstverständlich kein Plädoyer dafür, Ärzte nur ehrenamtlich arbeiten zu lassen. Es ist aber ein starkes Argument gegen eine »Einzelleistungsvergütung«, die jeden Handschlag des Arztes auf Euro und Cent genau honoriert. Dann wird der notwendige Hausbesuch unattraktiv und möglichst vermieden, die gutdotierte, aber unnötige Untersuchung wird durchgeführt, oder der Kollege demonstriert gegen die 11,70 Euro (▸ Abschn. 5.6.4), die er für eine Wiederbelebung eines Patienten erhält. Dabei ist die Reanimation ein selbst für den abgebrühtesten Arzt bewegendes Ereignis, das ein Praxis- oder Klinikteam zusammenschweißt und ein positives

Gefühl solidarischen Helfens vermittelt. Ein existenzielles Gefühl, das in Geld nicht zu erfassen ist. Es geht buchstäblich um Leben und Tod. In dem Maße wie ärztliche Leistungen gerade auch in den weniger dramatischen Situationen jeweils einzeln und mit Eurobeträgen vergütet werden, verblassen die sozialen Normen, verliert der aufmerksame Patient sein Vertrauen in die Uneigennützigkeit seines Arztes und dieser sein Charisma. Ariely (2008):

>> Die Anwendung der Normen des Marktes auf das soziale Geben und Nehmen [führt] zu einer Verletzung der sozialen Normen und einer Beschädigung der menschlichen Beziehungen. Wenn dieser Fehler einmal begangen wurde, ist es schwierig, eine soziale Beziehung wiederherzustellen. <<

Das hier beleuchtete Negativszenario ist aber nur ein Teil der Realität. Es widerspiegelt die Ökonomisierung der Medizin, die soziale Verblindung vieler Standespolitiker, das unärztliche Streben mancher Ärzte und den Frust derer, die glauben, für ihre Mühen nur noch mit einer materiellen »Entschädigung« rechnen zu können.

Tagtäglich bemühen sich auf der anderen Seite, in der Heilkunst, Ärzte in Klinik und Praxis mit ihren Mitarbeitern und unter Einsatz von Psychologen und Sozialarbeitern sowie unter Einschaltung von Beratungsstellen um eine psychosoziosomatische Medizin eigener intuitiver Art oder im Sinne einer therapeutischen Grundhaltung unterschiedlicher Provenienz, wie z. B. der »integrierten Medizin« (von Üxküll 2002), »Sozialpsychiatrie« oder »Psychosomatk« (▶ Kap. 2, »Der gute Arzt«). Patienten sind ihnen vorrangig vor ihren Honoraren. Der Ärger über das Agieren der Standespolitiker ist an der Basis groß, auch wenn dies nicht laut artikuliert und damit öffentlich nicht deutlich wird. Eine Honorierung, die den Ruf nach mehr »Geld, Geld …« aus der Arzt-Patient-Beziehung heraushielte und unabhängig von den veranlassten Einzelleistungen und nach der Qualität der Behandlung und Betreuung erfolgte (▶ Kap. 9), fände hier Zustimmung. Viele Standespolitiker könnten so allerdings ihren Arbeitsplatz verlieren, wo sie an immer neuen Gebührenordnungen basteln und an den alten flickschustern.

4.10 Zweikassenmedizin

Zweiklassenmedizin beinhaltet – wie in ▶ Kap. 1 bereits ausgeführt – eine Unterscheidung der Patienten, die nur der Arzt vornehmen kann. Standesvertreter der Ärzteschaft warnen – wie geschildert – vor der Entwicklung hin zu einer Zweiklassenmedizin immer dann, wenn Reformen zuungunsten der Ärzteschaft geplant sind. Sie haben aber kein Problem damit, die Unterschiede zu verteidigen, die sie selbst zwischen Privatversicherten und Kassenpatienten machen, die **Zweikassenmedizin**.

Sorgen eines Zahnarztes
Ein Zahnarzt klagte mir beim Bohren sein Leid, GKV-Patienten könne er nicht mehr behandeln, da verdiene er nichts mehr. Er sei gezwungen, wie vor 20 Jahren, wieder 2 Wartezimmer einzuführen. Schon bei der Terminvergabe erhielten seine AOK-Patienten Termine in frühestens 6 Wochen, die meisten gingen dann woanders hin. Privatpatienten – wie ich einer bin – seinen ihm natürlich »immer willkommen«. Und: »Solange die Politik uns knebelt, müssen halt die Kassenpatienten bluten«, sagt er mit einem schiefen Grinsen.

Ich bin nicht nur wegen seiner Gerätschaften in meinem Mund sprachlos. Galt seine bisherige Freundlichkeit meiner Krankenkasse oder mir? Ich habe mir vorsorglich einen anderen Zahnarzt gesucht.

Privatpatienten sind offensichtlich bei den Ärzten beliebter, sie werden in der Regel bevorzugt bei der Wartezeit auf die Behandlung oder bei der Terminvergabe. Ihre Behandlung erfolgt ohne Budgetierung, ohne Regelleistungsvolumina, die Dokumentation der Befunde wird allenfalls im Schadensfalle geprüft und – obwohl die private »Gebührenordnung für Ärzte« (GOÄ) seit Jahren nicht an die Inflation angepasst wurde – werden fast alle Leistungen mit einem festen Euro-Wert und deutlich besser honoriert als bei Patienten der GKV.

Die Gesundheitsministerin Ulla Schmidt hat sich im November 2005 – nach Abschluss des Koalitionsvertrags zwischen CDU und SPD – für eine Angleichung der Honorare für PKV und GKV ausgesprochen, um dadurch eine – bisher von ihr vermisste – Gleichbehandlung von GKV- und PKV-Patienten zu erreichen.

Die *Bild-Zeitung* titelte am 19.11.2005: »Als Kassenpatient bist du der letzte A …«, und sie machte damit wieder einmal populistisch Stimmung, indem sie den Sachverhalt der Ungleichbehandlung in ihre Sprache übersetzte, ohne aber eine Zustimmung zu den Plänen der Ministerin zu signalisieren. Frau Schmidts Vorstoß wurde allgemein richtig verstanden als Forderung, die PKV-Honorare auf GKV-Niveau zu senken. Ein Aufschrei folgte von Versicherungskonzernen, Pharmaindustrie und Ärzteverbänden. Bei »Christiansen« (ARD am 27.11.2005) räumte der damalige Präsident der Bundesärztekammer, Professor Hoppe, zwar ein, eine bevorzugte Behandlung von PKV-Patienten finde statt, aber eine Angleichung der Honorare hätte verheerende Folgen auch für GKV-Versicherte, da deren Behandlung heute durch PKV-Honorare »quersubventioniert« werden müsse.

Ein in mehrfacher Hinsicht bemerkenswertes Argument.

Primärkassen- und Sekundärkassen

Bis zur Einführung des Gesundheitsfonds (GKV-Wettbewerbsstärkungsgesetz, GKV-WSG 2006) wurde zwischen **Primär- und Ersatzkassen** in der GKV unterschieden. Es gab also auch innerhalb der GKV noch eine Abstufung.

Alle Kassen zahlten pro Kopf ihrer Versicherten eine Pauschale an die Kassenärztliche Vereinigung (KV). Diese Pauschale fiel bei den »ärmeren« Primärkassen deutlich niedriger aus als bei den Ersatzkassen, die mehr junge und gesündere Versicherte als Mitglieder haben. Entsprechend zahlten die KVen für gleiche Leistungen unterschiedliche Honorare an die Ärzte aus. Das konnte erhebliche Unterschiede machen: eine Magenspiegelung erbrachte bei einem Patienten in der Primärkasse z. B.ca. 35 DM, bei einem Patienten in einer Ersatzkasse: ca. 100 DM (zum Vergleich: das private Honorar lag bei ca. 350 DM)!

Die Wilhelmsburger Ärzteschaft forderte in den 90er-Jahren, innerhalb der GKV die prekären Honorare von Primärkassenpatienten auf Ersatzkassenniveau anzuheben, bzw. durch Zusammenlegung beider Honorartöpfe Leistungen in beiden Gruppen gleich zu bezahlen. Diese Forderung wurde abgelehnt und war auch im Instanzenweg bis zum Bundessozialgericht (1999) nicht durchsetzbar. Ärzte in Stadtteilen mit schlechter sozialer Lage haben keine oder kaum PKV-versicherte Patienten zur Quersubventionierung. Sie mussten damals die schlechteren Primärkassenhonorare mit den etwas günstigeren Ersatzkassenhonoraren ausgleichen, die deutlich unter den Margen der PKV liegen. Vor dem drohenden Zusammenbruch der ärztlichen Versorgung in diesen Stadtteilen hat weder Herr Hoppe noch sonst irgendein Standespolitiker je gewarnt.

Es wurden verschiedene Optionen in Wilhelmsburg erwogen: Streik? Keine AOK-Patienten mehr versorgen? AOK-Patienten raten, die Krankenkasse zu wechseln? Gegen die Kassenärztliche Vereinigung(KV) vor Gericht ziehen, weil der Sicherstellungsauftrag der KV gefährdet ist?

Die letzte Variante wurde beschlossen. Patienten sollten nicht in den Honorarstreit hineingezogen werden. Und erst mit der Einführung des Gesundheitsfonds, in den alle Krankenkassenbeiträge fließen, wurde erreicht, was durch die Klage bei Gericht nicht durchsetzbar war, dass innerhalb der GKV für gleiche Leistung das gleiche Honorar gezahlt wird.

Fakt ist: Rein quantitativ betrachtet sind die Gelder der GKV, die von 90% der Bevölkerung in Deutschland aufgebracht werden, die Grundlage der medizinischen Versorgung in Praxis und Krankenhaus, des medizinischen Fortschritts und der Milliardengewinne der Pharmaindustrie. Die Gelder der PKV (20 Mrd. Euro gegenüber 140 Mrd. Euro der GKV jährlich) können für sich genommen nicht bedeutend sein im Hinblick darauf, den Standard unseres Gesundheitswesens zu halten, in dem – ungerechterweise – die Gruppe der PKV-Versicherten als Mini-Einzahler den maximalen Service und allergrößten Respekt genießen. Karl Lauterbach (2007) beschreibt das so: Die GKV-Patienten bezahlen für Mercedes, fahren selbst Golf, damit die PKVler Rolls Royce fahren können.

Eine einheitliche Honorarregelung und eine leistungsbezogene Honorarverteilung (► unten) unter den »Leistungserbringern« (unabhängig vom Status des Patienten als GKV- oder PKV-Versicherter) muss ein Ziel der nächsten Gesundheitsreform sein, will man tatsächlich und nicht nur deklamatorisch eine schleichende Entwicklung hin zu einer Zweiklassenmedizin prinzipiell unterbinden.

Dazu sind die jeweiligen, wechselnden Gesundheitsminister offensichtlich grundsätzlich entschlossen, es fehlt der Mut zur Tat. Wie lange noch werden sich GKV-Patienten und ihre Krankenkassen eine entwürdigende Benachteiligung von GKV-Versicherten gefallen lassen?

Die Krankenkassen besitzen mit dem Recht des »Entzugs der Kassenzulassung« eine scharfe Waffe der Verteidigung von Patientenrechten gegenüber Medizinern, die meinen, ungestört eine Zweiklassenmedizin betreiben zu können und diese gleichzeitig lauthals als Schuld der Politik zu beklagen.

Eine Studie des Wissenschaftlichen Instituts der Ortskrankenkassen, WidO (Leinert 2006) entzieht fakten- und zahlenreich der Legende von der

Quersubventionierung der GKV durch die PKV den Boden. Die höheren PKV-Honorare für alle Leistungen kommen nicht dem Gesundheitswesen, sondern den privilegierten Ärzten zu Gute, die viele PKV-Versicherte betreuen. Die PKV subventioniert nicht, sondern fehlinvestiert in Überversorgung. Leinert (2006):

> In dem Maße, in dem Mittel der PKV in überversorgte Gebiete fließen, lässt sich aus dem »Mehrumsatz« keine wichtige Funktion mehr für die Unterstützung versorgungsnotwendiger Strukturen ableiten. Auf intuitiv verständliche Weise mag dies der Landkreis Starnberg illustrieren. Dort geht eine hohe Zahl von Privatpatienten verbunden mit einem entsprechenden »Mehrumsatz« einher mit einer hohen Überversorgung. Dass Versorgungsgrade von 465 Prozent (Psychotherapeuten) oder gar 510 Prozent (fachärztlich tätige Internisten) keine versorgungsnotwendigen Strukturen darstellen, die über einen Mehrumsatz gesichert werden müssten, liegt auf der Hand. **«**

Während die Ärzteschaft anhand der von der PKV in ganzseitigen Zeitungsanzeigen verbreiteten »Informationen« von einer Quersubventionierung der GKV durch die PKV in einem Umfang von 9,5 Mrd. Euro (2004) jährlich ausgeht und deshalb die PKV zum Retter der GKV stilisiert, rechnet das WidO akribisch vor, dass – im Gegenteil – die Einbeziehung der besserverdienenden PKV-Versicherten in die GKV, also die Abschaffung der PKV, dem dann integrierten Gesamtsystem insgesamt 10 Mrd. Euro jährlich zusätzlich einbrächte. Die ärztlichen Medien (»Ärztezeitung« 11.4.2006, »Medical Tribune« 13.4.2006) bestreiten interessanterweise die Richtigkeit der WidO-Berechnungen nicht, bezweifeln aber umso nachhaltiger die politische Durchsetzbarkeit dieser Vereinheitlichung der Krankenversicherung.

Neue, angeblich wissenschaftliche, aber noch nicht vollständig veröffentlichte Studien (von verdi und der Hans Böckler Stiftung) prognostizieren einen dramatischen Verlust von Arbeitsplätzen in der Privaten Krankenversicherungsbranche. Das trifft natürlich auch für die Friedens- oder Kohleförderungspolitik jeder Regierung zu, die eigentlich zu dramatischem Arbeitsplatzverlust in der Rüstungsindustrie und im Bergbau führen müsste. Hier fand man offensichtlich Auswege.

Eine Befragung der PKV-Versicherten (Zok 2012) weist aus:
- Doppelt so viele Versicherte der PKV (im Vergleich zur GKV) erhielten Untersuchungen oder Behandlungen, die als nicht notwendig empfunden wurden.
- Nur 57% der Rentner in der PKV würden die PKV erneut wählen (86,6% in der GKV)
- 25,6% der PKV-Versicherten haben in diesem oder letzten Jahr eine erhöhte Selbstbeteiligung oder einen Leistungseinschränkung (6,6% wählten beide Optionen) zur Beitragskostensenkung in Kauf genommen
- 10,9% (bei Rentnern 22,8%) der PKV-Versicherten haben die Absicht, in einen günstigeren Versicherungstarif zu wechseln.

Aus Sicht eines großen Teils der PKV-Versicherten ist das PKV-System offensichtlich nicht das ideale Versicherungssystem.

4.11 Ärzte und Streik

Die niedergelassenen Vertragsärzte haben seit 2005 das Mittel des Streiks für sich wieder neu entdeckt. Am 23. März und 19. Mai 2006 (»3. nationaler Protesttag der Ärzte«) fanden bundesweite Streiks der niedergelassenen Ärzte statt, alle Praxen sollten bis auf wenige Notfallpraxen geschlossen bleiben. Die Krankenhausärzte einiger Universitätskliniken und Landeskrankenhäuser waren wochenlang im Streik. Die Ärzteschaft spekulierte auf die anhaltende Sympathie der Bevölkerung: »Endlich zeigt es mal einer der Gesundheitsministerin Ulla Schmidt!«

Drei Fragen zu dem, was der Streik tatsächlich »zeigte«.

4.11.1 Streik gegen wen?

Wenn Opelarbeiter streiken, richtet sich dies gegen General Motors, der Opelfahrer ist nicht das Ziel, und die Wut der Arbeiter wird auch nicht am Werkzeug, an den Produktionsanlagen ausgelas-

4

sen. Streik im öffentlichen Dienst trifft die Bevölkerung direkter, aber den streikenden Busfahrer, der mich nicht zur Arbeit fährt, kenne ich nicht und morgen befördert er mich wieder, mein Vertrauen in seine professionelle Zuverlässigkeit ist nicht erschüttert. Im Unterschied dazu trifft ein Ärztestreik Menschen in besonderer existenzieller Not. Die bewusste Hilfsverweigerung auf Zeit tangiert die »Werkzeuge« des Arzt-Patient-Verhältnisses, dessen besondere Qualität – etwa im Vergleich Fahrgast-Busfahrer – hier nicht ausgeführt werden muss. Der Patient mit nächtlichen Brustschmerzen und Angst vor einem Herzinfarkt steht am Streikmorgen vor einer verschlossenen Praxistür, evtl. wird noch nicht einmal über eine Vertretung informiert. Dem krebskranken Patienten in der Klinik beruhigt es in seinen schlaflosen Nächten nicht, kein dringlicher Notfall zu sein, wenn seine vor 3 Wochen bereits geplante Operation wegen Streik der Krankenhausärzte ein weiteres Mal verschoben wird. Diese, heißt es, seien auf dem Wege, ganz normale Arbeitnehmer zu werden. Allgemein habe sich das »Heroische des Arzttums« angesichts der schlechten (finanziellen) Zukunftsaussichten verflüchtigt.

Bei aller Ähnlichkeit, wie der Streik sich auf die Patienten auswirkt, besteht ein deutlicher Unterschied zwischen dem Streik der – angestellten – Krankenhausärzte als Arbeitnehmer mit tarifvertraglichen Rechten, die sie wahrnehmen, und den freiberuflichen Niedergelassenen, die durch Verträge mit den Krankenkassen zur Sicherstellung der medizinischen ambulanten Versorgung verpflichtet sind.

4.11.2 Streik wofür?

Diese Frage kann nicht beantwortet werden, weil die Ärzteschaft in ihren jahrzehntelangen Kämpfen **gegen** alle Gesundheitsminister gleich welcher Couleur niemals ein verantwortungsvolles Gesamtkonzept vorgelegt hat. Die Ärzteforderungen aus Klinik und Praxis laufen auf 2 unvereinbare Wünsche hinaus: alles zu belassen, wie es ist **und** mehr Geld. Bei der Frage, wer soll das bezahlen, ist vornehmes Schweigen angesagt oder ein klamm-

heimliches Plädoyer für eine weitere Kostenbelastung der Kranken, also unserer Patienten. Wenn letzteres dann Gesetz wird, triumphiert die Ärzteschaft mit dem Vorwurf an die Politik, sie befördere über die Zuzahlungsbelastung der Patienten eine »Zweiklassenmedizin« (► oben).

4.11.3 Wofür steht der Streik?

Diese Frage führt uns ins Zentrum der verlogenen Streikstrategie der niedergelassenen Ärzte:

Interessenverschleierung
Die ehrliche Aussage müsste lauten: Wir Ärzte wollen mehr Honorar. Du, Patient sollst es bezahlen. Tatsächlich werden die eigentlichen Forderungen der Ärzteschaft den Patienten verschwiegen und es wird ihnen eine Postkarte (Aussendung durch die Kassenärztliche Vereinigung an die Vertragsärzte, 2006) an die Bundeskanzlerin zum Unterschreiben aufgedrängt, auf der es unter der Balkenüberschrift: »aerzte-protest.net« heißt:

>> Sehr geehrte Frau Dr. Merkel, Ich protestiere gegen die patienten- und ärztefeindliche Gesundheitspolitik Ihrer Gesundheitsministerin. Was sich gegen meinen Arzt richtet, richtet sich auch gegen mich. Ein besorgter Patient. X Unterschrift **«**

Der Schulterschluss Patient-Arzt, der hier insinuiert wird, wird Ersteren u. U. später teuer zu stehen kommen.

Soziale Verantwortungslosigkeit
PKV Es war bisher Grundlage des Vertrauens zwischen Arzt und Patient, dass mein Arzt nicht nur mir als Privatpatient helfe, sondern meinem armen, kranken Nachbarn auch. Wenn dieses Prinzip nicht mehr gilt, kann keiner mehr sicher sein, ob er als Mensch oder als Gutverdiener bei seinem Arzt willkommen ist.

GKV Die Honorarverteilung in der GKV, die der ärztlichen Selbstverwaltung unterliegt (Kassenärztliche Vereinigungen, KVen) ist ungerecht und unsolidarisch und richtet sich nicht nach der medizinischen Notwendigkeit oder dem Bedarf. Der Ärztemangel in bestimmten Regionen verlangte nach einer ausgleichenden Steuerung durch die zuständige KV, die meist nicht oder nur zögerlich erfolgt.

Paradigmenwechsel

Das Heroische des Arzttums schwindet heimlich, die Realitätsverkennung von Ärzten wird öffentlich demonstriert. Auf einem Transparent bei der Ärztedemonstration am 24. März 2006 in Berlin war zu lesen: »Dies ist kein Ärztestreik! Dies ist ein Sklavenaufstand!« (Foto in: *CardioNews 4/2006*).

Ich schlage dem Gesundheitsminister vor: Geben Sie allen Ärzten endlich mindestens so viel wie dem Klempner, auf dessen Stundenlohn sich der »Neid des Hippokrates« (Kalvelage 2000) seit langem stürzt – oder – damit würde die Ärzteschaft sicher besser wegkommen – z. B. 10.000 Euro im Monat! Der dann losbrechende Sturm der Begeisterung oder empörte Tumult, die Zahl der dann nie mehr, immer noch oder dann erst recht streikenden Ärzte würde jedem die Glaubwürdigkeit und die Redlichkeit der heutigen Streikaufrufe und der optisch beschworenen Ärztesolidarität entlarvend vor Augen führen.

Literatur

ACCORD Study Group (2008) Effects of intensive glucose lowering in type 2 diabetes. NEJM 358(24): 2545–2559

Arbeitsgemeinschaft Psychologie und Verhaltensmedizin in der DDG (2002) Bad Neuenahrer Erklärung zur Versorgung an Diabetes erkrankter Migranten. Diabetologie Informationen 1: 8. ▶ http://www.diabetes-psychologie. de/downloads/neuenahrer_erklaerung.pdf. Zugegriffen: 7.3.2014

Ariely D (2008) Denken hilft zwar, nützt aber nichts. Warum wir immer wieder unvernünftige Entscheidungen treffen. Droemer, München

Bielefeld H (2008) Menschenwürde. Der Grund der Menschenrechte. Deutsches Institut für Menschenrechte (German Institute for Human Rights), Zimmerstr. 26/27, D-10969 Berlin. ▶ http://www.institut-fuer-menschenrechte.de

Bieri P (2013) Eine Art zu leben. Über die Vielfalt menschlicher Würde. Hanser, München

Bleuler E (1976) Das autistisch-undisziplinierte Denken in der Medizin und seine Überwindung. Springer, Berlin

Brockmann S, Borgers D (2001) Die Handlungsrelevanz von Leitlinien in der hausärztlichen Versorgung. In: Berlinger T et al (Hrsg) Jahrbuch für kritische Medizin 35. Leitlinien. Argument, Hamburg

Bude H (2008) Die Ausgeschlossenen. Das Ende vom Traum einer gerechten Gesellschaft. Hanser, München

Clever S (2013) Der »schwierige« Patient mit Diabetes. In: Petrak F, Herpertz S (Hrsg) Psychodiabetologie. Springer, Heidelberg

Deutsche Diabetes Gesellschaft et al (2013) Psychosoziales und Diabetes. Teil 1 Diabetologie 8: 198–242, Teil 2 Diabetologie 8: 292–324

Durkheim E (2011) Der Selbstmord. Suhrkamp, Berlin

Evans I, Thornton H, Chalmers I, Glasziou P (2013) Wo ist der Beweis. Plädoyer für eine evidenzbasierte Medizin. Huber, Bern

Flegal KM, Graubard BI, Williamson DFD, Gail MH (2007) Cause-specific excess deaths associated with underweight, overweight and obesity. JAMA 298(17): 2028–2037

Frankfurter Allgemeine Zeitung (2013) Der soziale Aufstieg wird schwieriger – Die Unterschicht glaubt nicht an ihre Chance. Studie des Instituts für Demoskopie Allensbach. FAS 22, 2.6.2013

Fuchs J (2012) Integration von Menschen mit niedrigem sozioökonomischem Status in Präventionsprogramme der Gesetzlichen Krankenversicherung durch den Hausarzt. Dissertation, Medizinische Fakultät der Universität Duisburg-Essen

Göckenjan G (1985) Kurieren und Staat machen. Gesundheit und Medizin in der bürgerlichen Welt. Suhrkamp, Frankfurt/M

Goffmann E (1972) Asyle. Über die soziale Situation psychiatrischer Patienten und anderer Insassen. Suhrkamp, Frankfurt/M

Haarhoff H (2013) Eine Herzenssache. taz, 16.12.2013

Habermas J, Luhmann N (1971) Theorie der Gesellschaft oder Sozialtechnologie. Suhrkamp, Frankfurt/M

Hazard BP (1997) ACT Aktivierendes Competence Training. Neue Wege zur Gesundheitsförderung. Beltz, Weinheim

Joerden JC, Hilgendorf E, Thiele F (2013) Menschenwürde und Medizin. Duncker & Humblot, Berlin

Kalvelage B (2000) Schön, wenn es Gesunden wieder besser geht! Vom medizinischen Reparaturbetrieb zum Wellness-Center. Hamb Ärztebl 9

Kanfer FH, Reinecker H, Schmelzer D (2006) Selbstmanagement-Therapie. Ein Lehrbuch für die klinische Praxis. Springer, Heidelberg

Kessl F, Reutlinger C, Ziegler H (2007) Erziehung zur Armut. Soziale Arbeit und die neue Unterschicht. Verlag für Sozialwissenschaft, Wiesbaden

Kolpatzik K (2012) Gesundheit lässt sich lernen. Gesundheit und Gesellschaft 10. gug-redaktion@kompart.de. Zugegriffen: 20.2.2014

Kretschmer E (1977) Untersuchungen zum Konstitutions-Problem und zur Lehre von den Temperamenten. Springer, Berlin

Kulzer B (2001) MEDIAS 2: Diabetes selbst steuern. Diabetes Journal 11(2): 33–37

Lauterbach K (2007) Der Zweiklassenstaat. Wie die Privilegierten Deutschland ruinieren. Rowohlt, Berlin

Leinert J (2006) Subventioniert die PKV das Gesundheitswesen? Eine kritische Analyse. WIdO, Bonn

Lindemann G (2013) Menschenwürde – ihre gesellschaftsstrukturellen Bedingungen. In: Joerden JC, Hilgendorf E, Thiele F (Hrsg) Menschenwürde und Medizin. Duncker & Humblot, Berlin

Lohmann G (2011) Menschenwürde – formale und inhaltliche Bestimmungen. In: Joerden JC, Hilgendorf E, Petrillo N, Thiele F (Hrsg) Menschenwürde und moderne Medizintechnik. Nomos, Baden-Baden

Look AHEAD Research Group (2013) Cardiovascular effects of intensive lifestyle intervention in type 2 diabetes. NEJM 369: 145–154

Luhmann N (1986) Ökologische Kommunikation. Kann die moderne Gesellschaft sich auf ökologische Gefährdungen einstellen? Westdeutscher Verlag, Opladen

Luhmann N (1997) Die Gesellschaft der Gesellschaft. Suhrkamp, Frankfurt/M

Myrdal G (1963) Challenge of affluence. Random House, New York

Nassehi A (2004) Inklusion, Exklusion, Ungleichheit. Eine kleine theoretische Skizze. In: Schwinn T (Hrsg) Differenzierung und soziale Ungleichheit. Die zwei Soziologien und ihre Verknüpfung. Humanitas online, Frankfurt/M

Nolte P (2004) Generation Reform. Jenseits der blockierten Republik. Beck, München

Osterberg L, Blaschke T (2005) Adherence to medication. NEJM 353,

Peters A (2012) Das egoistische Gehirn. Warum unser Kopf Diäten sabotiert und gegen den eigenen Körper kämpft. Ullstein, Berlin

Rosanvallon P (2013) Die Gesellschaft der Gleichen. Hamburger Edition HIS, Hamburg

Rümmele M (2005) Kranke Geschäfte mit unserer Gesundheit. Symptome, Diagnosen und Nebenwirkungen der Gesundheitsreformen. NP Buchverlag, St. Pölten

Sarrazin T (2010) Deutschland schafft sich ab. DVA, München

Schmidt-Semisch H, Schorb F (Hrsg) (2008) Kreuzzug gegen Fette. Sozialwissenschaftliche Aspekte des gesellschaftlichen Umgangs mit Übergewicht und Adipositas. VS Verlag, Wiesbaden

Schorb F (2009) Dick, doof und arm? Die große Lüge vom Übergewicht und wer von ihr profitiert. Droemer, München

Stierlin H (1988) Prinzipien systemischer Therapie. In: Simon FB (Hrsg) Lebende Systeme. Springer, Heidelberg

Weber M (2010) Inklusion und Behindertenhilfe. Anmerkungen aus systemtheoretischer Sicht. In: Krönchen S (Hrsg) Vielfalt und Inklusion. Herausforderung an die Praxis und die Ausbildung in der Sozialarbeit und der Kulturpädagogik. Schriften des Fachbereichs Sozialwesen der Hochschule Niederrhein, Bd 51

Zok K (2012) GKV/PKV im Vergleich – die Wahrnehmung der Versicherten. WidOmonitor 9(2):1–8. gug-redaktion@kompart.de (der WidO-Monitor ist über diese Verlagsadresse bestellbar)

Internetquellen

Studie des »Instituts Arbeit und Qualifikation« (IAQ) der Universität Duisburg-Essen (UDE) aus dem Jahr 2013. ▶ http://www.iaq.uni-due.de/aktuell/presse/2013/131104.php. Zugegriffen: 11.3.2014

Hierarchie: Das Sakrament der heiligen Herrschaft

5.1   Vom Unten und Oben in der Medizin. Oder: Ordnung muss sein!

Das Krankenhaus hat eine lange, wandlungsreiche Geschichte. Dabei sind die Strukturen seiner Gründerzeit, des 19. Jahrhunderts, noch gut erkennbar, während die Immobilie, die Architektur und Technik die aufwändigsten Anpassungen an die Moderne erfahren haben.

Das Krankenhaus ist heute nach wie vor der Ort

- wo große diagnostische und therapeutische Eingriffe vorgenommen werden,
- des wissenschaftlichen Fortschritts und medizinischer Innovationen,
- der Ausbildung der zukünftigen Ärzte und der Krankenpflegeberufe,
- wo volkswirtschaftlich bedeutsame Investitionen und Finanztransaktionen stattfinden und Arbeitsplätze zu Verfügung gestellt werden,
- an dem ganz offen eine Zweiklassenmedizin (Privatstation, Chefarztbehandlung) praktiziert wird, mit klarer hierarchischer Rangordnung.

Das Oben und Unten der Gesellschaft des 19. Jahrhunderts hat sich im Krankenhaus als Hierarchie (griechisch: heilige Herrschaft) der dort Beschäftigten konserviert. Gleichzeitig blieben die Patienten – alleine schon wegen einer mehr oder weniger uniformen Anstaltskleidung – zumindest äußerlich ununterscheidbar gleich und auf der untersten Stufe der Rangordnung (Statushierarchie).

Die auch heute noch fast ausschließlich hier ausgebildeten neuen Ärzte nehmen die Strukturen, die sie vorfinden, in der Regel als gegeben hin, sie werden zum Teil verinnerlicht und die Bedeutung des Sozialen kann sich ihnen nicht erschließen, weil sie die Patienten – neben ihrer Garderobe – auch ihrer sozialen Bezüge entkleidet vorfinden.

Klinikalltag: Patienten werden »klassifiziert«

Es gab einen Oberarzt, der bei jeder Visite auf der Aufnahmestation Patienten fragte, was sie beruflich machten. Mit der Antwort »Rentner« gab er sich nicht zufrieden, das sei doch kein Beruf. Die Berufsangabe Schweißer oder Angestellter schien ihn aber ebenso wenig zu interessieren, und niemals ergab sich aus der Berufsangabe irgendeine

relevante Konsequenz bezüglich der von ihm veranlassten Diagnostik oder Therapie. Mit 2 Ausnahmen: Er akzeptierte die Berufsbezeichnung Geiger bei einem Patienten, der einen Hörsturz erlitten hatte. Er fachsimpelte mit ihm über Enescus Rumänische Rhapsodien und Yehudi Menuhins Interpretation von Bartóks Violinkonzert. Der zweite Fall betraf eine junge, hübsche, blonde Frau, bei der er nach dem Verlassen des Krankenzimmers empfahl, noch Laborkontrollen auf Geschlechtskrankheiten vorzunehmen. Und – schulterzuckend angesichts unseres (leider!) schweigenden Erstaunens – hinzufügte, sie habe doch angegeben, als Friseuse zu arbeiten.

Die beiden Fälle zeigen, »Einschüchterung durch Klassizität« (Brecht) ist noch immer eine Möglichkeit, einen Status innerhalb eines hierarchischen Systems zu erhalten und zu bekräftigen. Dieses System lebt zudem von der Abwertung anderer, um die »feinen Unterschiede« (Bourdieu 1982) noch besser zur Geltung zu bringen.

Während im ambulanten Bereich m. E. Zweiklassenmedizin eher eine bedenkliche Tendenz darstellt, aber keineswegs die Regel ist, ist in Krankenhäusern und Kliniken eine Statushierarchie der Patienten tatsächlich nicht zu leugnen. Ich stimme aber nur sehr bedingt mit Karl Lauterbach (Kapitel »Zweiklassenmedizin« in seinem Buch »Der Zweiklassenstaat«, 2007) darin überein, dass die medizinische Versorgung im stationären Bereich für PKV-Angehörige generell qualitativ besser sei als die der GKV-Versicherten. Chefärzte sind nicht immer und nicht immer allein die besten Ärzte oder Operateure für die verschiedensten Krankheiten. Wenn das so wäre, stünde es schlecht um die Organisation ihrer Klinik und der Weiterbildung ihrer Mitarbeiter. Das Team ist entscheidend. Der Ruf einer Klinik beruht andererseits niemals nur auf den Heilungserfolgen und der Zufriedenheit von Privatpatienten. Wer als Chefarzt oder Lehrstuhlinhaber nur noch Private behandelt, wird als Operateur (Lauterbachs Beispiel: der Spezialist für Pankreaskarzinome, der lieber private Leistenbrüche operiert) bald seinen guten Ruf und Expertenstatus mangels Operationszahlen und -erfahrung verlieren. Auch die vereinbarten Bonuszahlungen in den neueren Chefarztverträgen zielen – unabhängig von ihrer grundsätzlichen Bewertung (▶ Abschn. 5.6.1) – darauf, hohe Operationszahlen zu erreichen; dies ist mit einer Konzentration der Chefs auf Privatpatienten nicht zu erreichen.

Nachdenklich hat mich sein Satz gestimmt: »Im Falle einer schweren Erkrankung würden sich die meisten Ärzte niemals den Kollegen anvertrauen, die ihre eigenen Patienten vor Ort versorgen.« Auch wenn er für diese – wie auch für viele andere Behauptungen – den Beleg schuldig bleibt: Dies ist zumindest eine Gewissensfrage. Der kategorische Hausarzt-Imperativ lautet: Behandle deine Patienten nicht nur so, wie du selbst behandelt werden möchtest, sondern vertraue sie auch nur **den** Kollegen zur Mitbehandlung an, von deren Qualität du überzeugt bist. Es ist nach meiner Erfahrung in der Praxis üblich, bei schweren oder seltenen Erkrankungen oder komplizierten Verläufen den besten Spezialisten für den konkreten Patienten – unabhängig von seinem Versichertenstatus – zu suchen und auch umgekehrt, die Arzt-Recherche eines findigen Patienten und dessen Erfahrungen zu registrieren und für den nächsten, ähnlichen Fall zu nutzen. Diejenigen, die es sich leisten können, immer nach dem »besten Arzt« für ihre Krankheit landesweit oder gar international zu suchen, sind nicht unbedingt immer besser dran als die nach dem Think-global-act-local-Prinzip versorgten.

5.2 Vom Armenasyl zum kranken Haus

Das Krankenhaus ist in seiner Entstehungsgeschichte unmittelbar mit der Armut und der Unterschicht verknüpft. Ende des 19. Jahrhunderts wurden Armenasyle und Verwahranstalten in Kliniken umgewandelt. Dies ist der Ausdruck eines mehrfachen gesellschaftlichen und medizinischen Umbruchs. Durch die Industrialisierung ist ein entwurzeltes, auf engem Raum, unter schlechten hygienischen und Ernährungsbedingungen lebendes, hart arbeitendes städtisches Proletariat entstanden, um dessen Gesundheit und damit Produktivität es schlecht steht – eine Bedrohung der aufstrebenden Industrie, eine Herausforderung an die Medizin. Die Fortschritte der Naturwissenschaften haben positive Auswirkungen auf die Medizin und haben

zu einer gewandelten Einstellung zum Individuum und seiner Krankheit geführt. Mechanistische Vorstellungen beginnen sich durchzusetzen, Verallgemeinerungen sind vorherrschend. In der Vor-Klinik-Ära »ist der Kranke Subjekt seiner Krankheit, d. h. es handelt sich um einen Fall; in der Klinik geht es nur um ein Beispiel: Hier ist der Kranke ein Akzidens seiner Krankheit, das vorübergehende Objekt dessen sie sich bemächtigt hat« (Foucault 1973).

Die moderne Klinik wird zum medizinischen Zentrum der Forschung, Ausbildung und Behandlung, aber auch zur »Erziehungsanstalt der arbeitenden Unterschichten« (Göckenjan 1985). Für die überwiegende Zahl der »großen Männer der Medizin« des 19. Jahrhunderts gibt es zur patriarchalisch-hierarchischen Ordnung keine denkbare Alternative. Sie wird damit zwangsläufig zum inneren Organisationsprinzip der Krankenhäuser. Die von den Armenasylen in den Pflegebereich übernommenen katholischen Schwesternorden können sich in diese Ordnung nicht nur nahtlos einfügen, sie prägen sie entscheidend mit. Die z. T. aus hygienischen Gründen notwendige Isolation der Kranken sowohl von der übrigen Gesellschaft als auch untereinander und die architektonischen Gegebenheiten, die meist eher an Gefängnisse erinnern, lassen Widerstand gar nicht erst aufkommen. Immerhin sieht sich die Berliner Sozialdemokratie 1893/94 veranlasst, zum Boykott der großen staatlichen Klinik »Charité« (franz.: »Nächstenliebe«) aufzurufen. Dabei geht es um die Durchsetzung der folgenden Forderungen (zit. nach Göckenjan 1985):

❯❯ Fortfall der militärischen Disziplin und des Kasernenhoftons, Wegfall aller gefängnisartigen Einrichtungen und Maßregelungen, Wegfall aller Disziplinarstrafen, völlige Freiheit der Kranken in Bezug auf Verwendung zu Unterrichts- und Demonstrationszwecken, völlige Freiheit in der Wahl ihrer Lektüre, Fortfall der religiösen und politischen Beeinflussung. ❮❮

Die Kriege des ausgehenden 19. Jahrhunderts und die beiden Weltkriege haben hierarchische Strukturen in der von der Kriegsmedizin, insbesondere der Chirurgie, profitierenden bürgerlichen Medizin noch zusätzlich verfestigt. Das soziale Elend – von

Heinrich Zille (1858–1929) (»Man kann mit einer Wohnung einen Menschen genauso gut töten wie mit einer Axt«, siehe auch Flügge u. Winzen 2013) und Käthe Kollwitz (1867–1945) (Aufgabe der Kunst sei es, die sozialen Bedingungen darzustellen; Kollwitz 1958) treffend dokumentiert – und die Schlacht der sich organisierenden Ärzteschaft gegen den Einfluss der »roten Krankenkassen« im ambulanten Bereich lassen für die Diskussion struktureller Bedingungen im Krankenhaus kaum intellektuellen Raum. Kollwitz (1958), bildende Künstlerin und »Arztfrau«, schildert es so:

» Das eigentliche Motiv aber, warum ich von jetzt an zur Darstellung fast nur das Arbeiterleben wählte, war, weil die aus dieser Sphäre gewählten Motive mir einfach und bedingungslos das gaben, was ich als schön empfand … Ohne jeden Reiz waren mir Menschen aus dem bürgerlichen Leben. Das ganze bürgerliche Leben schien mir pedantisch. Dagegen einen großen Wurf hatte das Proletariat. Erst viel später, als ich, besonders durch meinen Mann [den Arzt Karl Kollwitz, d. Verf.], die Schwere und Tragik der proletarischen Lebenstiefe kennenlernte, als ich Frauen kennenlernte, die beistandssuchend zu meinem Mann und nebenbei auch zu mir kamen, erfasste mich mit ganzer Stärke das Schicksal des Proletariats und aller seiner Nebenerscheinungen. Ungelöste Probleme wie Prostitution, Arbeitslosigkeit, quälten und beunruhigten mich und wirkten mit als Ursache dieser meiner Gebundenheit an die Darstellung des niederen Volkes, und ihre immer wiederholte Darstellung öffnete mir ein Ventil oder eine Möglichkeit, das Leben zu ertragen … Wie Zola oder jemand einmal sagte: »Le beau c`est le laid« (»Das Schöne ist das Unansehnliche« (Übers. d. Verf.). **«**

5.3   Das moderne Krankenhaus

5.3.1   Status quo

Dienten die Krankenhäuser anfangs ausschließlich der medizinischen Versorgung der Armen, während es sich bürgerliche Schichten leisten können, sich zu Hause behandeln und pflegen zu lassen, so änderte sich dies schlagartig mit der Entwicklung der modernen Chirurgie und dem Ausbau der Medizintechnik. Mit der Einbeziehung der bürgerlichen Kreise findet die Krankenhaushierarchie innerhalb der Patientenschaft die Fortsetzung ihrer Abstufungen in den sog. Pflegeklassen. Erst in den 60er-Jahren des letzten Jahrhunderts werden durch die Studentenbewegung hierarchische Strukturen kritisch und öffentlichkeitswirksam angegriffen.

Die Krankenhäuser bleiben davon nicht verschont. Der Vorwurf der »Klassenmedizin« und die Forderung nach dem »klassenlosen Krankenhaus« (See 1973) stehen für eine kurze Zeit im Zentrum der gesundheitspolitischen Debatte. Bekannt wird der Landrat von Hanau, Woythal, mit seinem letztendlich gescheiterten Versuch, ein klassenloses Krankenhaus von Grund auf zu planen und zu bauen. In der leidenschaftlich geführten Diskussion müssen immer wieder Missverständnisse ausgeräumt werden: Nein, nicht die Entscheidung zur Blinddarmoperation, die chirurgische Abteilung soll demokratisiert werden mit dem Ziel, jeden Mitarbeiter am Entscheidungsprozess entsprechend seiner Erfahrung und Kompetenz zu beteiligen. Zahlreiche Krankenhausreformgesetze der 70er-Jahre regeln im Detail eine solche demokratischere Führungsstruktur auf der Basis einer verstärkten, berufsgruppenübergreifenden Teamarbeit. Sie werden – wenn überhaupt – nur zaghaft umgesetzt und häufig, so z. B. das Altonaer Modell in Hamburg (1971–1975), ohne Begründung wieder eingestellt. Das 1969 eröffnete, anthroposophisch ausgerichtete, gemeinnützige Gemeinschaftskrankenhaus Herdecke/Ruhr war einmal Hoffnungsträger für eine radikale, demokratische Krankenhausstruktur. Eine Selbstdarstellung 20 Jahre später lässt eine solche nicht erkennen.

Es ist also festzustellen: Das hierarchische System überstand diese Phase der antiautoritären Bewegung nicht etwa wegen des Ausbleibens einer sachlich fundierten Kritik, nicht wegen des Fehlens eines konkreten Gegenkonzepts oder dessen Scheiterns – Anarchie statt Hierarchie war nirgends zu beobachten. Es war vielmehr ein schlaffes Zurückfallen in den alten Trott, als ob zu viel Energie erforderlich wäre, innerhalb einer Klassengesellschaft und ihrer hierarchisch ausgerichteten Medizin gegen eine unverändert starke antidemokratische Lobby demokratische Zustände aufrechtzuerhalten. Die Internalisierung demokratischer Spielregeln erfordert offensichtlich wie in der großen Politik mehr Zeit, als für diese Versuche im Krankenhaus administrativ zugestanden und individuell aufgebracht wurde. Das ist ein begünstigender Faktor für die zähe Persistenz des Status quo, aber noch keine ausreichende Erklärung.

5.3.2 Zu den Zielsetzungen einer demokratischen Medizin

Es folgt ein Auszug aus den »Programmatischen Grundlagen des VdÄÄ 2012«. Der VdÄÄ ist der Verein demokratischer Ärztinnen und Ärzte.

» In den medizinischen Fachabteilungen wurde die traditionelle patriarchale Hierarchie mit einer Chefärztin[1] an der Spitze, Oberärztinnen an ihrer Seite und einem Gehilfenstatus sowohl der fachärztlichen als auch der Weiterbildungs«assistentinnen« unter den DRGs eher verstärkt als abgebaut. Die rigorose Umsetzung ökonomisch motivierter ständig gesteigerter Zielvorgaben soll über Bonuszahlungen an die Chefs und eine exzessive Kommandostruktur sichergestellt werden. Häufig werden entsprechend machtorientierte Persönlichkeiten zur Chefärztin [▶ Abschn. 1.3.1] berufen, die Teams nicht führen und motivieren können. Zielvereinbarungen in den Chefärztinnenverträgen orientieren sich nicht an der Patientenversorgung, sondern am ökonomischen Gewinn einer Abteilung. Zunehmend beobachten wir, dass machtorientierte Führungsstrukturen implodieren, weil qualifizierte Leistungsträgerinnen kündigen und in eigenverantwortlichere z. B. belegärztlichen

---

1 Die Redaktion des VdÄÄ (Verein demokratischer Ärztinnen und Ärzte) ging davon aus, der Text ihres Programms sei lesbarer, wenn »wir alle Geschlechter in der von uns gewählten weiblichen Form einschließen«. Beim Thema Tradition und Hierarchie im Krankenhaus wird damit allerdings die Wirklichkeit bis zur Unwahrheit verzerrt, so als schreibe man gendermäßig korrekt, aber historisch unwahr, dass im Mittelalter Priesterinnen über das Los der Hexen entschieden … Die von den durchgehend weiblichen Formen ausgehende Hoffnung auf eine Verweiblichung und Enthierarchisierung der Medizin auf allen Ebenen wird von mir geteilt. Eine Quote wäre hier noch dringlicher geboten als in der (übrigen) Wirtschaft.

Strukturen abwandern. Sinnvoller wären ein Abbau von Hierarchie und eine Übertragung von mehr Verantwortung an fachärztliche Leitungsträgerinnen z.B. in einer Consultant-Struktur.

Eine neue Arbeitsteilung – mit reflektierter Delegation und Substitution von ärztlichen Tätigkeiten – muss unter der Zielsetzung einer optimalen und dabei auch wirtschaftlichen Versorgung der Patienten entwickelt werden. Der vdää fordert, qualifizierten nicht ärztlichen Heilberufen in Zukunft mehr Kompetenzen zuzuerkennen. Im ärztlichen Bereich muss der Tatsache, dass Arbeit im stationären Bereich heute nicht mehr der Übergang zur Niederlassung ist, sondern Lebensarbeit bedeutet, Rechnung getragen werden durch neue, kooperative Arbeitsformen. Eigenverantwortliche Tätigkeit und flachere Hierarchien müssen die Arbeit im Krankenhaus auch für erfahrene Mitarbeiterinnen attraktiv machen. Dazu müssen die unübersichtlichen rechtlichen Rahmenbedingungen (Arztvorbehalt, delegierbare Leistungen, höchstpersönliche ärztliche Leistungen) so verändert werden, dass Rechtssicherheit für alle Gesundheitsberufe geschaffen wird. Sinnvolle Berufsbilder müssen innerhalb und zwischen den Berufsgruppen diskutiert werden. Dabei sind Tätigkeiten abzugrenzen, die an andere oder neu zu schaffende Berufsgruppen abgegeben werden sollen (Stationsassistenz bzw. -sekretariat, Kodierfachkräfte, Servicekräfte etc.).

Die umfassenden und schnellen Veränderungsprozesse verstärken Konfliktpotentiale zwischen den Berufsgruppen im Krankenhaus. In Servicebereichen und Pflege wurden Stellen in hoher Zahl gekürzt, während die Anzahl der Ärztinnen zunahm. Ursachen dafür waren die Umsetzung des Arbeitszeitgesetzes, Zunahme von Teilzeitarbeit sowie die zentrale Stellung der Ärztinnen auch für die unmittelbar erlösrelevante Definition und Kodierung von Diagnosen und Prozeduren. **«**

5.4 Soziologie des Krankenhauses

Der Medizinsoziologe Rohde (1962) hat in seinem im deutschsprachigen Raum wirklich einzigartigen Buch »Soziologie des Krankenhauses« eine Kartographierung des weißen Flecks » Krankenhaus-Hierarchie« versucht. Das Buch ist 1974 zuletzt in einer Neuauflage erschienen. Die aktuellen Lehrbücher der psychosozialen Medizin entsprechend dem Gegenstandskatalog des Medizinstudiums (Buddeberg 2004; Schüler u. Dietz 2004; Rothgangel 2004; Faller 2006) widmen dem Thema nur wenige Sätze und die Arbeit von Rhode wird nur bei Siegrist (2005) kurz erwähnt. Das ist erstaunlich, denn Rohde stieß bei seinen Untersuchungen des Krankenhauses auf latente Konflikte und innere Widersprüche, die bis heute ihre Brisanz nicht verloren haben.

Er stellt zunächst fest, das Verhältnis der Ärzte untereinander sei beispielhaft für alle anderen Berufsgruppen. Innerärztliche Konflikte, auf die er überwiegend eingeht, spiegelten sich in modifizierter Weise v. a. im Pflegebereich wider. In der – heute deutlicher noch als 1962 oder 1974 erkennbaren – zunehmenden Dominanz der Verwaltungen und den Ärzten sieht er bereits damals eine Hauptspannungsfront. Der Pflegebereich diene dabei häufig als Pufferzone, mit der Tendenz der dort Tätigen zu einer »gespaltenen Loyalität«. Es bedürfte aktueller medizinsoziologischer Forschung, die es (nach meinem Wissen) erstaunlicherweise zu diesem Thema nicht gibt, diesen Gedankengang fortzuführen und zu untersuchen, inwieweit der heute allgemein beklagte Pflegenotstand und die Qualität der Pflege neben den meist diskutierten Ursachen wie Schichtarbeit, schlechte Bezahlung und fehlende soziale Absicherung und Aufstiegschancen, auch strukturelle Ursachen in der Hierarchie hat, an der demokratisch und modern erzogene, emanzipierte oder gar antiautoritär geprägte junge Menschen verzweifeln müssen.

Die Verwaltungen kämpfen dessen ungeachtet um die Richtlinienkompetenz, um bewusst kalkuliert medizinische oder soziale Maßstäbe politischen Vorgaben und damit meist ökonomischen Zielen unterzuordnen. Diese Machtverschiebung wird eindrucksvoll belegt durch die anhaltende Diskussion um die Privatisierung öffentlicher Krankenhäuser und Universitätskliniken (2005 in Gießen und Marburg), Schließung von ganzen Krankenhausabteilungen, Entlassung qualifizierten Personals, Verdichtung der Arbeit durch kürzere Liegezeiten (1991: 14 Tage, 2009: 8 Tage durchschnittlich). Die Qualität der Krankenhausbehandlung, die mit unbeschränkter modernster Technik kleine Wunder vollbringen kann, kann durch solche Maßnahmen in der pflegerischen Zielgeraden durch Personalmangel gefährdet und teilweise zunichte gemacht werden. Es gibt bereits Beispiele einer solchen kontraproduktiven Rationalisierung. Unter »patient dumping« wird heute die Abweisung von Patienten mit ungünstigem Kosten-Risiko-Verhältnis verstanden. Ziel ist, sie erst gar nicht ins Krankenhaus hereinzulassen, weil Gefahr besteht, sie so schnell nicht wieder los zu werden.

Samuel Shem hat in seinem lesenswerten Insider-Roman »House of God« das Akronym »GOMER« für diese Patientengruppe eingeführt (= **G**et **O**ut of **M**y **E**mergency **R**oom – raus aus meiner Notaufnahme). Seine literarische Bearbeitung dieser problematischen Patientenselektion verdeutlicht die Konsequenzen (Shem 1996):

>> Der Dicke [der ausbildende Arzt, d. Verf.] versammelte uns um das elektrische Gomerbett, in dem mein Patient, Mr. Rokitansky, lag. Er erklärte, das Ziel jeden Interns [junge Krankenhausärzte in USA, d. Verf.] sei es, so wenig Patienten wie möglich zu haben ... Nach Regel Nr. 1 – Gomers sterben nicht – würden die Gomers aber nicht auf diesem natürlichen Weg von der Station verschwinden ... Ärztliche Versorgung bestünde darin, den Patienten aufzunehmen und abzuschieben. Das Drehtürprinzip. Das Problem beim Abschieben war, dass der Patient zurückprallen konnte. Ein Gomer, der z. B. in die Urologie abgeschoben worden war, weil er wegen seiner geschwollenen Prostata kein Wasser lassen konnte, würde in die Innere zurückprallen, wenn der Urologie-Intern mit seinen fadenförmigen und flexiblen Sonden und Kathetern eine totale Septikämie [Blutvergiftung, d. Verf.] erreicht hätte, die eine Versorgung in der Inneren erfordert. Das Geheimnis des professionellen Abschiebens, ohne dass der Patient zurückprallt, sei das »Frisieren«, sagte der Dicke ... Eines der wichtigsten Instrumente, um Gomers irgendwohin abzuschieben ist das elektrische Gomerbett ... Er rief »Aufwärts«, drückte den Knopf, und Mr. Rokitansky fuhr nach oben ... und schließlich, als Mr. Rokitansky sich in Brusthöhe, fünf Fuß über dem Boden befand, sagte er: »Dies ist eine der wichtigsten Positionen. Wenn ein Gomer aus dieser Höhe fällt ... denn Regel Nr. 2 lautet: Gomers gehen zu Boden – ist das automatisch eine intertrochantäre Fraktur der Hüfte [Oberschenkelfraktur, d. Verf.] und eine Ab-

schiebung in die Orthopädie. Diese Höhe ... heißt die Orthopädische. **«**

In konspirativem Einverständnis mit den Schwestern der Station haben wir in den 80er-Jahren Patienten nach Schlaganfall vor der »Abschiebung« – sprich Verlegung in ein Krankenhaus der Minimalversorgung – bewahrt.

Es waren meist alte Menschen, oft alleinstehend, bei denen mit einer baldigen Rehabilitation und Rückkehr in die eigene Wohnung nicht zu rechnen war.

Sie waren zufällig dienstags, zur Zeit der Chef- oder Oberarztvisite, die immer auch Kontrolle der Bettenkapazität bedeutete, »unterwegs« zum EKG oder der ohnehin geplanten Röntgen- oder irgendeiner anderen mehr oder weniger sinnvollen Untersuchung. Wir/ich waren damals – im Rückblick reichlich arrogant – der Meinung, sie seien bei uns in der Universitätsklinik mit dem größeren Pflegefundus und der Möglichkeit der täglichen Krankengymnastik besser aufgehoben.

Heute wissen wir, dass »dem Schlaganfall« nicht nur im kleinen Krankenhaus, sondern auch in der großen Klinik mit therapeutischem Nihilismus begegnet wurde und der Patient mit dieser Diagnose fast überall eine stiefväterliche Versorgung seitens der Ärzte erfuhr. Es gab und gibt eine Hierarchie der Krankheiten, die darauf beruht, wie sehr sich die Medizin, die Ärzte, die Wissenschaft und die Pharmaindustrie, die Gesellschaft und die Politik für diese Krankheit interessieren, sie interessant finden. Dann profitiert in der Regel auch der Patient, das »Objekt, dessen sie sich bemächtigt hat« (Focault). Aus der Position der »letzten« Krankheit kamen der Schlaganfall und der Schlaganfallpatient aus der Gomer-Rolle erst heraus durch die Einführung der modernen Bildgebung (Computertomografie des Gehirns) und durch die Etablierung der Geriatrie als eigenständiges Fachgebiet mit ärztlichen Aufstiegschancen Mitte/Ende der 80er-Jahre.

5.5 Rolle der Ärzte

Ärzte sollen und wollen heute keine »Heldentaten« mehr vollbringen. Das bedeutet, sie exekutieren unmutig die Vorgaben ihrer »neuen Herren« in der Krankenhausverwaltung, wo im Interesse der

Patienten, zumal der unwillkommenen »Schlechtzahler«, der »Gomers«, couragierte Ärzte gefragt wären (zu den entstehenden Konflikten siehe »Von Macht und Wertschöpfung zu Wertschöpfung und Moral«, ▶ Abschn. 5.8).

5.5.1 Ärzte in der Hierarchie

Kehren wir deshalb noch einmal zu Rohdes Betrachtung der Ärzte in der Hierarchie zurück: Nach seiner Auffassung setzt der medizinisch-ethische Anspruch an den jeweils behandelnden Arzt und zumal an den fertig weitergebildeten Gebietsarzt prinzipiell eine egalitäre Ordnung miteinander voraus. Die Hierarchie mache entgegen der als Ideal hochgehaltenen alleinigen Verantwortlichkeit des behandelnden Arztes diesen zum verlängerten Arm des Chefarztes und damit zu einem »Knecht in Hinsichten« – ein unlösbarer Widerspruch im bestehenden System, über den gerne mit zahlreichen Rechtfertigungen hinweggegangen wird, die das Dilemma jedoch nur vergrößern.

5.5.2 Wer »prüft« den Chefarzt?

Da muss die persönliche Autorität des Chefarztes übermenschlich überhöht herausgestellt werden, um das sich einstellende schlechte Gewissen zu beruhigen und das selbst geschaffene Bild des Halbgottes wenigstens mit Aura zu füllen, wo beim besten Willen menschliche Eigenschaften und fachliche Kompetenz alleine nicht ausreichen können. Verhängnisvollerweise werden damit Kritik und Kontrolle in der Institution noch weiter erschwert. Jeder Facharzt wird regelhaft einer Abschlussprüfung durch die Ärztekammer unterzogen und kann dabei auch durchfallen. Sein einmal zur Ausbildung »ermächtigter« Chef bleibt sein Berufsleben lang von der Überprüfung seiner Ausbildungsfähigkeiten gegenüber seinen Assistenten verschont. Das viel beschworene Leistungsprinzip ist damit ab einer bestimmten Stufe der Hierarchie zumindest tendenziell außer Kraft gesetzt. Jeder Fleischermeister ist schärferen qualitativen Kontrollen seiner Arbeit und v. a. der Ausbildung seiner Mitarbeiter durch seine Innung unterworfen als der Chefarzt einer Abteilung durch seine, dafür eigentlich zuständige, aber bisher weitgehend untätige Ärztekammer.

Der Bernbeck-Skandal
An dem als Bernbeck-Skandal (Krüger 1993) vor 20 Jahren in Hamburg bekannt gewordenen Beispiel wurden die Auswirkungen eines solchen strukturell bedingten Laisser-faire erstmalig und leider aber auch nur einmalig deutlich gemacht. Über 200 geschädigte Patienten und Schadenersatzzahlungen von vielen Millionen durch die Hamburger Gesundheitsbehörde waren das Ergebnis einer jahrzehntelang unkontrollierten orthopädischen Operationstätigkeit. In Patienten und Personal einschüchternder autoritärer Atmosphäre wurde teilweise nach veralteten, eigenwilligen Verfahren unter skandalösen hygienischen Bedingungen operiert. Die Dokumentation von Befunden und Operationskomplikationen war völlig unzureichend. Mitarbeitern waren die Missstände bekannt, keiner wagte sie zu benennen. Es waren geschädigte Patienten, die schließlich mit Hilfe der Boulevardpresse anklagten (*Hamburger Morgenpost*: »Professor Bernbeck hat uns zu Krüppeln operiert!«). Auf Initiative der oppositionellen grün-alternativen Rathausfraktion hin wurde nun ein parlamentarischer Untersuchungsausschuss eingerichtet, dessen 1986 vorgelegter, auch heute noch in seinem allgemeinen Teil und den Schlussfolgerungen lesenswerter Bericht (Drucksache der Hamburger Bürgerschaft 11/6600) über die konkreten Missstände in Bernbecks Abteilung hinaus klarsichtig – und im Rahmen einer Kunstfehler-Diskussion erstmalig – einen Zusammenhang zwischen den Qualitätsmängeln und den (allgemein vorherrschenden) Strukturen im Krankenhaus dokumentiert. Konsequenzen im Hinblick auf eine Demokratisierung der Krankenhäuser hat einzig die Grün-Alternative Liste mit der Vorlage konkreter Vorschläge gezogen (zusammengefasst bei Kalvelage 1987).

5.5.3 Umgang mit Fehlern

In der Debatte um Fehlbehandlungen ist die nahezu ausweglose Position des einzelnen Patienten der Institution gegenüber, durch die er sich geschädigt fühlt, nur auf dem Hintergrund des Zusammenspiels eines abgeschotteten hierarchischen Systems im Krankenhaus und einer bewusst nachlässig organisierten Zuständigkeit von Aufsichtsbehörden erklärbar und konservierbar. So, als ob es Fehler dort im Grunde gar nicht geben könnte, als ob mit einem Mal kein einziger Verantwortlicher als Ansprechpartner existierte.

Ein »normales« Umgehen mit Fehlern, eine den Patienten gerecht werdende Regelung, ist nur denkbar nach Überwindung des autoritären, hierarchischen Führungssystems in den Krankenhäusern –

ganz gleich, ob der Chefarzt oder der Verwaltungsdirektor die »heilige Herrschaft« ausübt und nach Überwindung des unerfüllten und vielleicht auch unerfüllbaren Anspruchs der Ärzteschaft, sich selbst nur kontrollieren zu können.

Nicht jeder Fehler in der Behandlung ist ein »Kunstfehler« im juristischen Sinne. Nicht jeder Behandlungsfehler hat (bleibende) gesundheitliche Folgen für den Patienten. Besteht Hoffnung, in Zukunft könnten Arzt und Patient lernen, über Erwartungen, Erfolge und Misserfolge im Zusammenhang mit einer Behandlung in partnerschaftlicher Weise offen sprechen? Könnte in vielen Fällen eine ehrliche Entschuldigung des Arztes die banalste und menschlichste Lösung darstellen? (Kalvelage 1987) Auch dazu ist aber eine Haltungs- oder besser Stellungsänderungen der beteiligten Partner erforderlich.

Von Troschke (2004) zitiert den Traum des alten Arztes im Film »Wilde Erdbeeren« (Regie Ingmar Bergman, 1957).

» Er träumt, dass er sein Staatsexamen noch einmal machen muss. In einem großen, leeren Anatomiehörsaal sitzt er seinem Prüfer gegenüber, der ihn fragt: »Was ist die wichtigste Fähigkeit eines Arztes?« Von der Beantwortung dieser Frage hängt alles ab, bestehen oder durchfallen, Erfolg oder Niederlage. Der Kandidat sucht nach der richtigen Antwort, ohne sie zu finden. Er fällt durch. Die richtige Antwort wäre gewesen, »um Verzeihung bitten zu können«. **«**

Behandlungsfehler in Zahlen
Die medizinischen Dienste der Krankenversicherung haben 2012 insgesamt 12483 Gutachten zu vermuteten Behandlungsfehlern erfasst, in 33,5 % der Fälle wurde ein Behandlungsfehler bestätigt.

Das Bundesministerium für Gesundheit schätzt eine Zahl von 40.000–170.000 Behandlungsfehlern jährlich, das Aktionsbündnis Patientensicherheit geht von deutlich höheren Zahlen aus.

In USA hat sich inzwischen ein »Disclosure, Apology and Offer« Programm (DAO=Unmittelbare Mitteilung des Behandlungsfehlers an den Patienten, Entschuldigung, Angebot einer finanziellen Entschädigung) in den Krankenhäusern bewährt, anscheinend mit guter Akzeptanz bei allen Beteiligten. »DAOs können Zeit und Kosten sparen, eine kontinuierliche Verbesserung des Gesundheitssystems erlauben und die Würde des Arztes und des Patienten beachten« (Freres u. Walter 2013).

Fallbeispiel 5.1: 58-jähriger Arbeiter mit Brustschmerzen

Ein Kollege berichtet im Qualitätszirkel:

»In den 80er-Jahren wurden in meiner Praxis EKGs noch auf Papier aufgezeichnet. Es bestand noch keine klare Regelung, welchen Weg der unbefundete Papierstreifen zu gehen habe. In der Regel wurde er mir vorgelegt, bei Routinekontrollen bei beschwerdefreien Patienten (z. B. vor einer geplanten Operation) wanderte er in den Posteingangskorb und wurde von mir mittags oder abends befundet.

Ein 58-jähriger Arbeiter war mittags bei voller Sprechstunde mit Brustschmerzen eingeschoben und von mir untersucht worden, dabei fand sich kein pathologischer Befund. Ein EKG wurde veranlasst – und dann habe ich den Patienten aus dem Auge verloren, und er war wohl der Meinung, mehr müsse nicht geschehen, jedenfalls war er gegangen. Abends fand ich sein EKG mit einem frischen Hinterwandinfarkt in meinem Befundkorb.

Er kam, als ich ihn abends telefonisch erreichte, gerade von seinem Sohn, dem er beim Umzug geholfen hatte. Ich sah alle denkbaren Komplikationen wie Herzrhythmusstörungen, Herzversagen und plötzlichen Herztod vor Augen und habe ihn umgehend mit Notarztbegleitung ins Krankenhaus eingewiesen.

Nach der Entlassung – es hatte glücklicherweise keine Komplikationen gegeben – habe ich den Fehler mit ihm und seiner Ehefrau besprochen. Meine Entschuldigung wurde angenommen, man glaubte mir, dass so ein Fehler sich in meiner Praxis niemals mehr wiederholen würde. Die Familie hat mir bis heute als Arzt die Treue gehalten, und der Patient verstarb 20 Jahre nach diesem Vorfall an einem Lungenkrebs (Bronchialkarzinom).

Eine Frage kann ich nicht beantworten: Wie hätte ich mich verhalten, wenn er an dem übersehenen Herzinfarkt gestorben wäre?«

Die Abwehr jeglicher Demokratisierungs- und Partizipationsbestrebungen im weitesten Sinne trifft neben dem Pflegepersonal v. a. den Patienten besonders hart – und das nicht nur im Falle einer Fehlbehandlung. Wenn die Gesellschaft Wert legt auf einen anderen Umgang mit den Patienten im Krankenhaus, muss sie in den Krankenhäusern andere Arbeitsbedingungen schaffen, damit den Beschäftigten Mundschutz nicht zum Knebel, Stethoskop nicht zum Ohrstopfen und Augenspiegel nicht zu Scheuklappen verkommen.

Um keine Missverständnisse aufkommen zu lassen: Einzelfälle sollen hier nicht verallgemeinert werden, aber infolge der fehlenden Kontrolle von außen bleiben sie zu lange unaufgedeckt zum Schaden der Patienten.

5.5.4 Qualitätskontrolle

Alle Krankenhäuser sind seit 2005 gezwungen, Qualitätsberichte zu erstellen und gewisse Standards zu erfüllen. Qualitätskontrollen müssen nicht nur regelmäßig durchgeführt werden, sondern die Ergebnisse werden in der Regel veröffentlicht. Jeder, der dazu in der Lage ist, kann im Internet exakt die Komplikationsrate einer bestimmten Operation in einem bestimmten Krankenhaus feststellen und danach entscheiden, wo er sich operieren lassen möchte. Es ist klassenmedizinisch nicht überraschend, dass Patienten aus der Unterschicht häufig das nächste, das ihnen von Voraufenthalten bekannte oder familiär vertraute Krankenhaus der Region aufsuchen. Ich vermag auch nach 30 Jahren in der Praxis nicht zu beurteilen, wer bei dieser Auswahl besser fährt: der kritische oder der vertrauensvolle, naive. Allerdings fällt dem regionalen Krankenhaus damit eine besondere Verantwortung zu, dieses Vertrauen nicht zu beschädigen und ohne Befürchtung eines Ansehensverlustes – sondern mit dem Effekt, solches zu gewinnen – eine Verlegung rechtzeitig zu veranlassen, wenn dies medizinisch erforderlich wird.

5.6 Das Primat der Ökonomie

5.6.1 Operieren als Geschäft

Waren es vor 20 Jahren noch »Ärztepfusch« oder blindwütiges Operieren à la Bernbeck, wie es der eigenwillige Professor Julius Hackethal (1978) in den 80er-Jahren angriff, die den Patienten vorwiegend Schaden zufügen konnten, sind es heute eher präzise und korrekt durchgeführte, eingreifende diagnostische und therapeutische Maßnahmen, die ohne ausreichende Indikation, ohne Abwägung des Nutzen-Risikos und v. a. ohne »informed consent« mit dem Patienten durchgeführt werden. Der schlecht durchgeführte Eingriff aus überheblichem Dünkel oder menschlichem Versagen hat dem technisch perfekt durchgeführten Eingriff ohne Indikation Platz gemacht, der aus ökonomischen Gründen dem Patienten empfohlen und mangels ausreichender Erörterung der möglichen Alternativen meist dann auch durchgeführt wird. (▶ Kap. 9; Blech 2006).

Beispiel: Der Verwaltungschef eines Krankenhauses appelliert in einer Ärzterunde an die Niedergelassenen, seinem Chirurgen mehr Patienten zum prothetischen Kniegelenksersatz einzuweisen. Die neuen Richtlinien schrieben 50 solcher Eingriffe vor, der aktuelle Stand sei bei 38 »Stück«.

Die berechtigten Sorgen des Verwaltungschefs sollten ärztliche Entscheidungen nicht beeinflussen. In den modernen Chefarztverträgen sind oft »Zielvereinbarungen« enthalten, die Bonuszahlungen auslösen beim Erreichen einer festgesetzten Zahl von Eingriffen. Da es eine objektive Kontrollinstanz der ärztlichen Behandlungsweise (und z. B. der Indikationsstellung zur Operation) nicht gibt, wurde so der Willkür und dem Gewinnstreben ein mögliches Tor geöffnet.

Der Transplantationsskandal
Als »Transplantationsskandal« ging 2012 durch die Presse, dass offensichtlich in verschiedenen Universitätskliniken Krankenakten gefälscht wurden, um Patienten auf den eigenen Wartelisten bevorzugt operieren zu können. Dabei stand nicht (nur) das Wohl des bevorzugt operierten Patienten als Motiv im Vordergrund, sondern zumindest gleichwertig die wirtschaftlichen Interessen der Klink (Transplantationen sind lukrative Eingriffe) und des Operateurs (der zumindest in einem Fall Bonuszahlungen pro transplantiertem Organ erhielt) und die wissenschaftliche Reputation der Klinik bzw. des Operateurs (hohe Fallzahlen sprechen für Erfahrung und lassen besonders hohe Qualität erwarten). Viele Bonuszahlungen in den Verträgen sind mit der Versuchung oder Absicht verbunden, nichtindizierte Maßnahmen zu initiieren.

Im *Deutschen Ärzteblatt* stand zu lesen: »Wo der Rubikon überschritten ist. Die BÄK und der Verband der leitenden Krankenhausärzte haben Zielvereinbarungen in ihnen zugeleiteten Chefarztverträgen ausgewertet. Viele Regelungen seien berufsrechtlich nicht in Ordnung« (Flintrop 2013 im *Deutschen Ärzteblatt*). So seien finanzielle Anreize für einzelne Leistungen oder Eingriffe nicht legitim.

Und der Kommentar der *Ärztezeitung*: »Eine externe Gutachterkommission hat ein verheerendes Bild von den einstigen Zuständen in der Transplantationschirurgie des Göttinger Universitätsklinikums gezeichnet. Die Rede ist von systematischen Verstößen gegen Richtlinien, Manipulationen am laufenden Band, intransparenten Entscheidungen, keinen funktionierenden Kontrollmechanismen, einer Vielzahl medizinisch nicht zu rechtfertigender Transplantationen, hierarchischen Strukturen, die Kritik nicht zulassen und ein Klima von Repression und Angst produzieren« (»Unimedizin Göttingen. Gutachter sehen massives Systemversagen«; Niemann, *Ärztezeitung* vom 15.1.2014).

Wie bereits im Zusammenhang mit dem »Bernbeck-Skandal« ausgeführt, bestätigen die Gutachter auch beim »Transplantationsskandal« die Rolle von hierarchischen Strukturen, Einschüchterung und Angst, die der Aufdeckung offensichtlicher Missstände in der Klinik im Wege stehen.

Dem klassischen Kunstfehler im Operationssaal steht heute also neben dem nichtindizierten Eingriff als dritte Fehlersorte das fehlerhafte Verwaltungsverfahren durch Datenmanipulation und eine ungerechtfertigte Patientenselektion und -Bevorzugung zur Seite. Diese Fehler werden ebenso schwer aufgedeckt wie die klassische Fehlbehandlung, nicht zuletzt deshalb, weil auch in diesen Fällen die Zuständigkeit für die Kontrolle zwischen Klinikbetreiber, staatlicher Aufsichtsbehörde und Ärztekammer beliebig hin und her geschoben werden kann.

5.6.2 Unterlassung aus Kostengründen

Es gibt allerdings auch den gegensätzlichen Sachverhalt, dass notwendige therapeutische Maßnahmen aus Kostengründen unterlassen werden, weil diese Behandlung sich ökonomisch für diese Klinik nicht lohnt. Die Vergütung der Krankenhäuser ist auf das sog. DRG (diagnosis related groups)-System umgestellt worden, das einen Festpreis garantiert, unabhängig von der Verweildauer (die zuvor Grundlage der Bezahlung mit einem »Tagessatz« war) – ein Ansporn schnell und möglichst komplikationslos zu behandeln, aber auch möglichst viele relevante DRGs abzurechnen, den Patienten kränker zu klassifizieren als er ist und ihn dennoch möglichst früh zu entlassen. Potenzielle »Langlieger« und chronisch Kranke, die »Gomers« (Shem 1996), können in diesem System zu einer ökonomisch gesehen untragbaren Belastung für ein Krankenhaus werden. Das Krankenhaus kann umgekehrt zu einer existenziellen Bedrohung für bestimmte Kranke werden, die bei der stattfindenden Selektion (siehe bei Shem) ausgemustert und nicht aufgenommen werden, trotz bestehender Indikation. Kühn (2005):

» Ein großer Teil der Krankenhausärzte arbeitet subjektiv in einer Realität, in der das, was sie für moralisch richtig erachten, nicht ihre Praxis ist. Das fällt besonders deshalb ins Gewicht, weil es sich hier um eine weitgehend selbstgestaltete Realität handelt. Ob im Versorgungshandeln dem Kostenkalkül oder der medizinischen Notwendigkeit das Primat zukommt, ist ja Resultat von Arztentscheidungen. «

Forschungsprojekt zum Kostenkalkül

Die denkbaren Konflikte waren Gegenstand eines Forschungsprojekts, aus dem Hagen Kühn (2005) die folgende Befragung von 1500 Krankenhausärzten berichtet, bei der es u. a. um die Beurteilung von 2 normativen Sätzen geht, wobei der erste eine persönliche Haltung abfragen und der zweite prüfen sollte, ob dieser Haltung in der tatsächlichen Arbeitsrealität auch entsprochen werden kann.

1. »Aus Kostengründen muss man Patienten effektive Leistungen vorenthalten.«
   - Dies lehnen 55,5 % ohne Einschränkung ab,
   - weitere 30,3 % halten diesen Satz für »bedenklich und problematisch«.
2. »Die Versorgung richtet sich nicht nach den Kosten.«

Es zeigte sich, dass lediglich 11,4 % der Ärzte, die Frage 1 ablehnen (die obigen 85,8 %, d. Verf.), also von der Nachrangigkeit des Kostenkalküls hinter dem medizinisch Notwendigen überzeugt sind, in einem Kontext arbeiten, in dem dies nach ihrer Einschätzung tatsächlich auch der Fall ist, die also die 2. Frage bejahen können.

5.6.3 Gibt es Kontrollmöglichkeiten?

Die »Knechte in Hinsichten« (Rohde) erliegen also einer »moralischen Dissonanz« (Kühn 2005) zwischen dem, was sie für moralisch richtig ansehen, und dem Verhalten, das ihre Herren in der Klinik von ihnen erwarten. Eine solche Situation könnte nach neuen Helden verlangen, die durch ihr Handeln diese Dissonanzen mutig harmonisieren. Kühn appelliert dagegen an die politische Vernunft,

»Institutionen und Steuerungsinstrumente so zu gestalten, dass die in ihnen handelnden Individuen nicht zu Helden werden müssen, um ihrer ethischen Verantwortung zu entsprechen«.

Solche Appelle sind meines Erachtens in der Hektik des Krankenhausalltags wirkungslos. Es gibt keine Kontrolle jenseits des individuellen ärztlichen Gewissens. Ethikkommissionen existieren zwar bei den Ärztekammern, aber sie urteilen in hermetischer Abgeschlossenheit meist über Forschungsprojekte und nicht über die o. a. Alltagsprobleme. Ärzte behaupten, nur sie könnten sich selbst gegenseitig richtig kontrollieren. Auf die Einhaltung des hippokratischen Eids und die Anständigkeit der Ärzte ist also blind zu vertrauen. Dieses Vertrauen wird in aller Regel nicht enttäuscht – aber würde eine echte gesellschaftlich institutionalisierte Kontrolle nicht eine offenere Atmosphäre schaffen? Wäre dies nicht der schönste Service, den ein Krankenhaus seinen Patienten bieten könnte? Ängste von Patienten sind oft unbegründet, aber deshalb noch lange nicht grundlos. Das häufig in Tagen der Gesundheit geäußerte Grauen gegenüber der Institution Krankenhaus setzt sich u. a. zusammen aus Angst vor ärztlicher Inkompetenz, falschem wissenschaftlichen Ehrgeiz, der befürchteten Unwahrhaftigkeit über den tatsächlichen Gesundheitszustand und einem allgemeinen Gefühl der Verlassenheit und des Ausgeliefertseins. Im Krankenhaus selbst werden solche Ängste kaum geäußert und nach erfolgreicher Genesung werden sie in der Regel mit Schuldgefühlen als Hirngespinste verdrängt. Wir wissen von der sehr realen Existenz dieser Gefühle durch veröffentlichte Berichte Betroffener (Wander 1982)

» Diese Nächte, diese Angst und mein Grübeln über die Arzte, ihre Unsicherheit, ihr Tappen im Dunkeln. Vielleicht müssen sie die Kranken belügen, nicht jeder erträgt die Wahrheit … So erfährt der Patient, der beobachtet und nachdenkt und Fragen stellt, bohrende Fragen, erfährt er nur ein Mischmasch von Andeutungen, halben Lügen und Widersprüchen, aus denen die Hilflosigkeit und oft auch die menschliche Unreife der Ärzte spricht. Und dann ist der Kranke verunsichert und versinkt in Angst. «

5.6.4   Die Macht der Verwaltungen

Wir haben gesehen: Dort, wo Veränderungen stattfinden, geht es um die Verlagerung hierarchischer Entscheidungsmacht aus dem ärztlichen Bereich in die Verwaltungen oder um einen Wechsel in der hierarchischen Rangfolge, aber so gut wie niemals um eine Infragestellung des Prinzips. Die heute tatsächlich erfolgende Entmachtung der Ärzte durch die neuen »Halbgötter in Grau« kann nun je nach Einstellung Schadenfreude oder noch mehr Ängste vor einer verbürokratisierten Medizin hervorrufen oder als ein Schritt in die richtige Richtung angesehen werden. Wir wissen tatsächlich nicht, wie diese Entwicklung zu bewerten ist, denn jenseits von kurzfristigen Sparmaßnahmen fehlt in Verwaltung und Politik jegliche gesundheitspolitische Konzeption und ein offener Konflikt mit den Ärzten und anderen lobbystarken Gruppen im Gesundheitswesen wird gescheut; die Folgen der um sich greifenden Privatisierungen mit Profiterwartungen sind noch nicht absehbar.

Angesichts dieser Situation verhält sich die Ärzteschaft wie paralysiert. Sie ist in der hierarchischen Pyramidenspitze an 3 Fronten im Stellungskrieg gefangen:

- gegen die bürokratischen Ansprüche der Politik draußen,
- gegen die Klinikverwaltung im Inneren und
- in der Niederhaltung gewerkschaftlicher Mitbestimmungsforderungen von unten.

Dort wiederum, an der ärztlichen Basis, herrscht die Mentalität leitender Angestellter vor, und Solidarität (▶ Kap. 8) mit nichtärztlichen Berufsgruppen ist selten.

Der dem Aufstieg in der Pyramide oder dem Rückzug in die »freie« Praxis vorangehende »Zustand des Assistenzarztes« (des »Interns« in USA) wurde bis vor Kurzem noch unter Inkaufnahme von Opfern überwiegend klaglos akzeptiert. Inzwischen ist es zu einem Wandel der Einstellung gekommen. Das Krankenhaus funktioniert nicht mehr als Durchlauferhitzer von neuen, niederlassungswilligen Fachärzten, weil deren Bereitschaft, die wirtschaftliche Prognose und die Angebote von attraktiven Praxen einen negativen Trend zeigen. Infolgedessen werden auch die Torturen des Krankenhausarztes mit meist unbezahlten Überstunden nicht mehr heldenhaft weggesteckt. Der bisher systemkonforme Marburger Bund entdeckt nach 120 Jahren unangefochtener Hierarchie deren negative Seiten und stellt Forderungen: z. B. im Oktober 2005 eine Gehaltsteigerung von 30 % – selbstverständlich nur für die Ärzte.

Was ist ein Menschenleben »wert«?
Bei einer Demonstration von Krankenhausärzten in Düsseldorf, organisiert vom Marburger Bund, hält ein Demonstrant im weißen Kittel ein Transparent hoch mit der Aufschrift »Eine Stunde Reanimation(= Wiederbelebung, d. Verf.) – Ärztelohn 11,70 Euro« (*Ärztezeitung* vom 25.10.2005). Krankenhausärzte werden nicht nach Einzelleistungen oder pro Stunde bezahlt. Hatte sich ein niedergelassener Kollege eingemischt oder hat die *Ärztezeitung* kein besseres Foto im Archiv? Wie dem auch sei: Der Marburger Bund fordert – nicht ganz ohne Gründe – eine Gehaltserhöhung für Krankenhausärzte um 30 %. Aber sind 15,21 Euro für die Rettung eines Menschenlebens ein angemessener Arztlohn? Wer kann das beurteilen? Ist die Würde eines Menschen stundenlohn- und damit wertmäßig definierbar? Müssen die berechtigten finanziellen Ansprüche der Ärzte im Krankenhaus oder der Praxis nicht unabhängig von einer oft latent mitschwingenden Drohung, z. B. für 11,70 Euro zukünftig keine Notfallpatienten mehr wiederbeleben zu wollen, im Tarifkampf durchgesetzt werden – also im Falle der Krankenhausärzte so wie bei allen anderen Arbeitnehmern auch und in jedem Fall ohne das Patienten-Arzt-Verhältnis zu beschädigen.

Der Dekan der Universität Witten/Herdecke, Prof. Matthias Schrappe, prognostiziert in einem *Spiegel*-Gespräch (von Bredow u. Hackenbroch 2005) unter der Überschrift: »Abschied vom Halbgott in Weiß«:

» Der Arztberuf im Krankenhaus ist auf dem besten Wege, eine ganz normale Dienstleistung zu werden, auch weil solche Dinge wie Transparenz und Qualitätssicherung …immer wichtiger werden. Wir erleben gerade den Abschied vom Halbgott in Weiß, eine Art Säkularisierung. Der Beruf wird auf allen Ebenen normaler …« [Auch müsse]

... sich das Selbstbild der Ärzte ändern, zum anderen aber auch das Arztbild der Gesellschaft – damit sich Ärzte und Patienten in der sich drastisch wandelnden Krankenhauswelt noch zurechtfinden, in der nicht mehr Heldentaten gefragt sind, sondern schlicht gutdokumentierte Dienstleistungen von hoher Qualität. **«**

Die »totale Institution« (Rohde 1962) Krankenhaus ist tatsächlich in einem Wandlungsprozess: Ärzte verhalten sich wie normale Arbeitnehmer (vielleicht noch ein wenig arroganter als diese, eher fluglotsenartig) und Patienten werden als – unterschiedlich zahlungskräftige – Kunden angesehen. Solange die Institution ihre innere Struktur nicht kritisch analysiert und verändert, vielmehr glaubt, mit einem Schnellkurs in Kundenorientierung über die Runden kommen zu können, bleibt das verzerrte Menschenbild der Hierarchie erhalten und auch dem zum Kunden beförderten Patienten spürbar, das früher vielleicht noch häufiger vom (von Shem [1996] treffend dargestellten) typischen Medizinerzynismus, heute mehr von einer emotionslosen Technokratenmentalität gekennzeichnet ist.

Fallbeispiel 5.2: 59-jähriger Patient mit Makuladegeneration
Ein 59-jähriger Patient wird in einer Augen-Spezialambulanz einer westdeutschen Universitätsklinik vorstellig. Es ist seit wenigen Wochen die Diagnose einer Makuladegeneration (Erkrankung der Netzhaut, die zur Erblindung führen kann) bekannt. Der Augenarzt, ein bekannter Spezialist, kontrolliert den Befund und die mitgebrachten Unterlagen. »Ja, es gibt heute die Möglichkeit, den Prozess durch die Injektion eines speziellen Medikamentes (Lucentis) ins Auge zu beeinflussen, aber Sie sind für die Krankheit noch so jung, dass Sie gute Chancen haben, blind zu werden, wenn Sie sich nicht vorher aus dem Fenster stürzen.«

Technisierung und Ökonomisierung scheinen die zwei Seiten des medizinischen Fortschritts zu sein. Sollte es keine anderen Seiten des Fortschritts geben, bliebe die Menschlichkeit (wie der Fall 5.2 demonstriert) auf der Strecke. Bernard Lown (2002), der heute 92-jährige amerikanische Kardiologe, hat diese Entwicklung so beschrieben:

» In dem Augenblick, in dem Fürsorge dem Profit dient, hat sie die wahre Fürsorge verloren. Dieser moralische Widerspruch lässt sich nicht mehr reparieren. **«**

5.7 Der Patient als Letzter

Dem Patienten, schreibt Rohde (1962), komme im Krankenhaus keine Stellung zu, sondern eine Lage: idealerweise liegend, leicht bekleidet, schweigend und infantilisiert auf Zeit. Er steht immer noch auf der untersten Stufe in der Hierarchie und kann so strukturell bedingt nicht zum Subjekt seiner Krankengeschichte werden. Ein heute durchaus praktizierter partnerschaftlicher Umgang mit Patienten im Einzelfall darf darüber nicht hinwegtäuschen.

In diesen Fällen geht die Veränderung meist entweder von bestimmten Patienten und ihrer sozialen Stellung aus – die Patienten der Privatstationen der Chefärzte sind ein Beispiel – oder dieser partnerschaftliche Umgang wird von einzelnen Mitarbeitern bewusst herbeigeführt, oder es handelt sich um ein Krankenhaus mit einem modernen Service-Konzept, das Kundenzufriedenheit für eine bestimmte, erwünschte Patientengruppe anstrebt.

Die »Kundenzufriedenheit« bleibt auf der Strecke
Ein 70-jähriger Patient mit einer Leberzirrhose und zusätzlichem Verdacht auf Leberkrebs ist zur Abklärung für 14 Tage im Krankenhaus. Unter Tränen berichtet er, man hätte ihn ausgesprochen freundlich behandelt, immer wenn denn jemand da gewesen sei. Oft habe er aber Stunden vor irgendwelchen Untersuchungsräumen alleine in seinem Bett gelegen, aber es sei ihn keiner abholen gekommen. Einmal abends, irgendwo in einem Kellerflur, er habe noch nichts gegessen und getrunken und er habe starke Schmerzen gehabt, kam die Angst, man habe ihn nun endgültig vergessen. »Ich hätte mir so gewünscht, dass sich einer für mich zuständig gefühlt hätte, an den ich mich hätte wenden, auf den ich mich hätte verlassen können.« Er bat mich, ihn niemals mehr ins Krankenhaus zu schicken. Er verstarb 3 Wochen später an seinem Leiden.

Das Beispiel unterstreicht erneut: Kundenzufriedenheit wird angestrebt, aber oft nicht erreicht …

Vom lapidaren Umgang mit Tod und Selbstmord

Visite auf der Intensivstation: Mein internistischer Chef – das Zimmer des sterbenden, mit seinen Hautausschlägen (Kaposi Sarkom) hochinfektiösen HIV-Patienten hatte er wieder einmal nicht betreten – kommt mit seinem chirurgischen Kollegen von einem gemeinsamen Patienten. »Schauen Sie mal, **was** ich hier noch habe«, er zieht den Chirurgen in das Zimmer, in dem der gestern nach einem Suizidversuch aufgenommene emeritierte Ordinarius der Anatomie künstlich beatmet wird …

Scheinbar objektive, wissenschaftliche Diagnosen (HIV-Infektion, Suizidversuch) können mit Bewertungen aufgeladen werden, und selbst eine hohe gesellschaftliche Stellung schützt unter bestimmten Umständen nicht vor einer demütigenden Abklassifizierung.

Auch wir Privilegierten sollten uns keine Illusionen machen. Wenn wir heute noch als Privatpatienten im Separée unseres Arztes Platz nehmen dürfen, so kann sich dies schon morgen ändern: ein ästhetisch störender Hautausschlag, eine stigmatisierende oder ansteckende Erkrankung oder eine beruflich-wirtschaftliche Schlappe kann uns unversehens ins Wartezimmer der Holzklasse zurückbefördern. Denn wer einmal damit anfängt, Patienten nach dem Ihm-Genehm-Sein zu selektieren, wird davor auch in der Gruppe der primär Privilegierten nicht zurückschrecken. Der Anatomie-Professor im obigen Beispiel hätte sich – wäre er nicht in jenem erbärmlichen Zustand gewesen – der Freundlichkeit seines behandelnden Kollegen sicher sein können und wäre ganz bestimmt nicht – unter Verletzung der ärztlichen Schweigepflicht – wie ein Tier im Zoo den abschätzenden Blicken Fremder ausgesetzt worden.

Manche Ärzte haben das Charisma verloren oder nie besessen, dass Ärzte qua Beruf in der Gesellschaft nur mit wenigen Gruppen (z. B. Priestern, Krankenschwestern oder Richtern) teilen und das sich darin zeigt, Menschen nicht unterschiedlich zu bewerten und ihre Würde prinzipiell zu achten und zu schützen (Siehe Deprofessionalisierung der Ärzte, ▶ Kap. 7). Bei der Zulassung zum Medi-

zinstudium, bei der Auswahl der Studenten im Bewerbungsgespräch um einen Studienplatz könnten die medizinischen Fakultäten auf Charisma und Empathie bei den Bewerbern achten, vorausgesetzt, die Prüfer verfügen selbst darüber.

Untersuchungskurs bei Professor G.

Professor G.'s Untersuchungskurs (Klinische Visite) in den 70er-Jahren in der Kölner Universitätsklinik »Lindenburg« zeichnete sich durch eine charismatische, vorbildliche Inszenierung aus, die uns Studenten und die Patienten gleichermaßen faszinierte.

Im zuvor zu absolvierenden Untersuchungskurs hatten wir uns anfangs gegenseitig untersucht und dabei reflektieren können, wie es sich anfühlt, als Patient abgeklopft und abgetastet zu werden. So entwickelten wir gewisse Fingerfertigkeiten und Sensibilitäten, bevor wir auf den ersten Patienten losgingen. Jeder Patient war über unser Erscheinen vorinformiert. Er wurde von G. begrüßt, und wir wurden als »seine Studenten« vorgestellt. Wenn es sich ergab, wurde auch der Nachbarpatient einbezogen und über seine Erfahrung mit seiner Krankheit befragt. Und es war aufschlussreich, wie unterschiedlich die Patienten oftmals über die gleiche Krankheit berichteten.

Jeder Patient konnte bei der Visite etwas Neues erfahren, z. B. durch die am Krankenbett – immer mit Einbeziehung des Patienten – erfolgenden Diskussionen, die Professor G. zwischendurch für ihn zusammenfasste. »Die jungen Kollegen sind der Ansicht, Sie könnten eine entzündliche Nierenerkrankung haben. Was sagen Sie dazu?« Der Patient konnte sich mit Fug und Recht als unser Lehrer fühlen und wurde so auch angesprochen: »Erklären Sie doch mal meinen Studenten, was Sie als erstes von der Krankheit bemerkten?«

Die Belastbarkeit eines jeden Patienten wurde von Prof G. gut eingeschätzt. Manchmal gebot er uns nach 2 Untersuchungen an einem Patienten Einhalt. Wir konnten das Krankenzimmer immer in der Gewissheit verlassen, den Patienten nicht »benutzt« zu haben. G. fand immer einen Anlass für ein Lächeln oder Lachen, in das ein ganzes Krankenzimmer einstimmen konnte, weil es immer ein Lachen »mit« und nicht »über« eine Person war.

Jede Visite hatte 1–2 Themen, z. B. Gelbsucht. Professor G jagte uns von Pavillon zu Pavillon: zu dem Patienten mit Gallensteinen, der Patientin mit einer infektiösen Gelbsucht (Hepatitis), zu einem Tumorpatienten, bei dem der Gallengang zugedrückt wurde und einem anderen, der bei Felten & Guilleaume – einem Kabelhersteller – arbeitete und dabei Leberkrebs als Folge der PVC-Inhalation (Berufskrankheit) bekommen hatte. Dieser Patient schien ihm besonders am Herzen zu liegen, denn die Bedeutung der Arbeitsumwelt als Risikofaktor, krank zu werden, wurde von Professor G. ganz besonders hervorgehoben. Durch sog. Risikozuschläge, führte er aus, die in einigen riskanten Produktionsbereichen gezahlt würden, kauften die Betriebe ihren Arbeitern quasi die Gesundheit ab!

Das Krankenhaussystem ist – wie hier dargelegt werden soll – eher zufällig unmenschlich, es gibt oft mehr oder weniger flexibel nach und lässt Mitarbeiter bis zu einer gewissen Toleranzgrenze sogar gewähren. Echte, couragierte Krankenschwestern aus Fleisch und Blut sind rar geworden – aber es gibt sie. Und sie sind besonders wichtig in den vor angstmachender Technik strotzenden Bereichen.

Fallbeispiel 5.3: 60-jähriger Patient mit Klaustrophobie

Ein 60-jähriger Patient berichtet: »Wegen der Aussackung einer Ader im Kopf (arterielles Aneurysma) muss ich jährlich durch die Röhre fahren (Kernspintomografie des Kopfes). Ich leide unter schwerer Platzangst (Klaustrophobie). Vor einem Jahr musste die Untersuchung abgebrochen werden und konnte nur unter Vollnarkose durchgeführt werden. Ein Jahr lang habe ich mich vor der nächsten Untersuchung gefürchtet. Mein Hausarzt hat mir für den Tag der Untersuchung eine Beruhigungstablette (Tavor expidet) mitgegeben, aber die half nicht, es war fürchterlich, und ich sah schon wieder den ganzen Zirkus mit Narkosearzt und so. Meine Tochter ist Arzthelferin und hat mir eingeschärft, über meine Angst zu sprechen. Die Röntgenassistentin war dann sehr nett und hat mich beruhigt. Dennoch musste sie mich sofort nach dem Reinfahren wieder rausholen. Sie riet mir, die Augen fest geschlossen zu halten. Dann sagte sie noch: ‚Ich passe gut auf sie auf, wir machen das jetzt ganz schnell'. Und dann machte sie was Tolles, ich hörte sie schnell aus dem Raum richtig laufen, und ich war entspannt, ich hatte am Drücker eine Verbündete.«

Bei den hohen Anforderungen an Ärzte und ihre Mitarbeiter, immer kompliziertere Geräte präzise zu steuern, um gute, objektive Befunde zu bekommen, kann es passieren, dass der Patient mit dem Gerät zu einem Objekt verschmilzt, von der Maschine nur unterscheidbar durch seine Angst, wenn sie denn wahrgenommen wird. Empathie kann Wunder bewirken und wie in diesem Fall Narkosen überflüssig machen. Die einfühlsamen Worte der Röntgenassistentin wurden über den Level der üblichen Beruhigungsfloskeln (»Keine Angst!«) gehoben, beglaubigt und potenziert durch die korrespondierende Körpersprache. Ihr Laufen signalisierte dem Patienten mehr als weitere Worte, die meint es ernst, ich bin für sie mehr als eine Maschine in der Maschine.

Es sind v. a. im Krankenhaus Tendenzen erkennbar hin zum gut trainierten Pflegefacharbeiter oder zur promovierten Pflegewissenschaftlerin. Dabei ist nicht die höhere Qualifizierung kritisch zu sehen, sondern die scheinbar regelhaft damit verbundene Gefahr einer reduzierten Menschlichkeit (▶ Kap. 3). War früher die Pflege das Zentrum der Krankenhausversorgung, so scheint sie heute eher eine notwendige Nebenbeschäftigung zu sein. Der heutige Präsident der Bundesärztekammer Frank Ulrich Montgomery sagte bei einem großen bundesweiten Streik der Krankenhausärzte für höhere Löhne (nur für die Ärzte!): Ein Krankenhaus ohne Ärzte sei ein Altenheim – als sei ein Krankenhaus ohne Krankenschwestern oder Physiotherapeuten (ein Ärzte-Casino?) nicht ebenso wenig weiter als Krankenhaus zu führen. Bei dieser kollegialen Geringschätzung der Arbeit des sog. Pflegepersonals und des Teamgedankens verwundert es fast schon, dass Pflege nicht längst ausgesourced wurde, wie bei Küche, Apotheke, Reinigungsdiensten und Sterilisation bereits geschehen.

Menschlichkeit ist abrufbar, aber flüchtig. Für den Patienten gibt es oft nicht die gewünschte Verlässlichkeit. Es existieren Patientenratgeber mit dem bezeichnenden Titeln »Überleben im Krankenhaus« (Thorsen-Vitt 1997), »Kliniken und Nebenwirkungen. Überleben in Deutschlands Krankenhäusern« (Brandenburg 2013), offensichtlich gibt es Nachfrage. Solche Lektüre, v. a. aber sprachliche Artikulationsfähigkeit und selbstbewusstes Sich-Durchsetzen können vorübergehend objektivierende, hierarchische Mechanismen außer Kraft setzen. Es ist aber das Wesen des Krankseins, dass genau diese Eigenschaften dem Patienten nicht oder nicht ausreichend genug zur Verfügung stehen.

Fallbeispiel 5.4: Komplikation nach Neck dissection

Nach einer großen Tumoroperation (Neck dissection bei Tonsillenkarzinom) wird der frisch operierte Patient auf der perioperativen Wachstation, die keine Intensivstation (ICU) ist, sondern »eine Nummer kleiner«, überwacht.

Er klagt gegen Abend über Luftnot, die Schwester kontrolliert die Apparate inklusive des Sauerstoffgehaltes des Blutes und beruhigt den Patienten, alles sei in Ordnung, vielleicht sei das noch eine Gefühlsstörung durch den während der Operation in die Luftröhre eingeführten Schlauch. Es geht dem Patienten aber nicht besser, er bekommt stärkere Luftnot und Erstickungsangst. Die Nachtschwester kontrolliert erneut und beruhigt. So geht das einige Stunden, dann ist ein Notfalleinsatz erforderlich mit Wiederbelebung und künstlicher Beatmung. Der Patient, selbst Arzt, hatte das Zuschwellen seines operierten Halses gespürt, bevor es zu einem Sauerstoffabfall im Blut gekommen war und hatte sich immer mehr angestrengt, die Luft dennoch in die Lungen zu bekommen. Die Angaben des Patienten wurden nicht ernst genommen, es wurde zu spät ein Arzt gerufen, es wurden technische Untersuchungen durchgeführt und mechanisch beruhigt, ohne die zunehmende Panik des Patienten wahr zu nehmen. Er hatte sich nicht durchsetzen können.

Die Vorwürfe der Ehefrau wurden von den behandelnden Ärzten am nächsten Tag zurückgewiesen. Offensichtlich gingen sie von einer »schicksalhaften« postoperativen Komplikation aus. Keine Entschuldigung!

Vielen Patienten gelingt das Sich-Durchsetzen eher noch schlechter als dem Arzt im obigen Fallbeispiel. Kanfers (Kanfer et al. 2006) »5. Gesetz der Therapie«: Der Patient hat immer Recht, wurde nicht beachtet. Es gilt grundsätzlich bis zum Beweis des Gegenteils. (Brust-)Schmerzen und Luftnot z. B. sind immer ein Alarmzeichen, das im obigen Fall nicht beachtet wurde.

Kanfers 11 Gesetze der Therapie (Kanfer et al. 2006)

1. »Verlange niemals vom Klienten gegen ihre eigenen Interessen zu handeln!«
2. »Arbeite zukunftsorientiert, suche nach konkreten Lösungen und richte Deine Aufmerksamkeit auf die Stärken von Klienten!«
3. »Spiele nicht den »lieben Gott«, indem du Verantwortung für das Leben von Klienten übernimmst!«
4. »Säge nicht den Ast ab, auf dem die Klienten sitzen, bevor Du ihnen geholfen hast, eine Leiter zu bauen!«
5. »Klienten haben immer Recht!«
6. »Bevor Du ein problematisches Verhalten nicht plastisch vor Augen hast, weißt Du nicht, worum es eigentlich geht!«
7. »Du kannst nur mit Klienten arbeiten, die anwesend sind!«
8. »Peile kleine, machbare Fortschritte von Woche zu Woche an und hüte Dich vor utopischen Fernzielen!«
9. »Bedenke, dass die Informationsverarbeitungskapazität von Menschen begrenzt ist!«
10. »Wenn Du in der Therapiestunde härter arbeitest als Dein Klient, machst Du etwas falsch!«
11. »Spare nicht mit Anerkennung für die Fortschritte von Klienten!«

Für die große Gruppe der Ausländer und soziale Randgruppen, die Unterschicht, zeigt das hierarchische System kaum Wege auf, sich als Patient zu artikulieren und sich das zu holen, was nicht mehr selbstverständlich »im Angebot« ist. Die Folgen: Fragen und Ängste des Patienten werden nicht verstanden und bleiben unbeantwortet, die Ursache unausgeräumt. Es besteht die Tendenz zur technischen Lösung, zur vorschnellen Festlegung auf ein spezielles Therapieverfahren, da die Situation des Patienten und seine Prioritäten nicht erkannt werden und/oder die Besprechung von alternativen Behandlungsformen an Sprachlosigkeit scheitert. Die vorgeschriebene Aufklärung vor einem operativen Eingriff erfolgt zwar, wird jedoch oftmals vom Patienten nicht richtig verstanden, weil Ärzte im Allgemeinen einen »elaborierten Sprachcode« (Siegrist 2005) verwenden (siehe »Leichte Sprache«, ▶ Abschn. 6.6.5), und auch dieses Nichtverstandenwerden bleibt den Ärzten verborgen: Die zugrunde liegende Kommunikationsstörung der »strukturell asymmetrischen sozialen Beziehung« (Siegrist) wird nicht als solche erkannt. Die große – von der Hierarchie, der Arbeitshektik und den ökonomischen Zwängen durch die Krankenhausbetreiber zusätzlich verstärkte – soziale Distanz zwischen (Chef-)Arzt und Patient, zwischen Spezialist und Laie, steht einem partnerschaftlichen Verhältnis grundsätzlich im Wege. Patienten sind in der Hierarchie »die Letzten« (siehe Dörner 2001, ▶ Kap. 2). Zu dieser Feststellung kommen Rohde (1962) und der parlamentarische Untersuchungsausschuss der Hamburger Bürgerschaft im Fall Bernbeck unabhängig voneinander.

Gutgemeinte Ansätze können im Krankenhaus durchaus auch am verinnerlichten demütigen Patientenverhalten scheitern. Für Krankenschwestern ist es fast zu einer Routinewendung geworden: Das müssen Sie bei der Visite den Ärzten sagen! Manche Patienten bevorzugen dennoch die weniger angstbesetzte Besprechung ihrer wahren Nöte mit dem Zivildienstleistenden der Station oder einer der raren Schwestern des Vertrauens, die als Mittler wirken und oft noch eine dem unprivilegierten Patienten verständliche Sprache sprechen.

Die tägliche Arztvisite dauert pro Patient durchschnittlich 3–4 Minuten. Gut die Hälfte aller Sätze, die in dieser Zeit geäußert werden, stammen vom Arzt, ein Viertel von der Krankenschwester, ein weiteres Viertel vom Patienten ... 60 % aller Sätze, die Informationen über seine Krankheit enthalten, werden zwischen Arzt und Schwester (oder zwischen zwei Ärzten) ausgetauscht, sind also nur implizit an den Patienten gerichtet (Siegrist 2005).

Das hierarchische Prinzip hat noch über das Krankenhaus hinaus Auswirkungen auf die Medizin. Wo früher über eine Euthanasie von Behinderten, Alten und chronisch Kranken diskutiert wurde, steht heute das Versprechen der »individualisierten Medizin«, die chronische Krankheit erst gar nicht aufkommen lassen möchte oder eine Pränataldiagnostik, die bereits vor der Zeugung oder unmittelbar danach behinderte Kinder ausschlie-

ßen will. Und am Ende des Lebens werden heute als Angebote zur Sterbehilfe deklarierte Aussortierungen erwogen und vorgenommen, statt geriatrische und palliative Pflegeeinrichtungen auszubauen und anzubieten.

Mit der Ökonomisierung werden die Grenzen zwischen der Klinik, der dort betriebenen Wissenschaft und der Wirtschaft gefährlich verwischt. »Medizin ohne Menschlichkeit« ist nicht nur ein Buchtitel (Mitscherlich u. Mielke 1978), sondern ein ständiges Menetekel, weil Medizin und Macht in Form der alltäglichen Hierarchie ein rational schwer analysierbares Konglomerat eingegangen sind, das in der Lage ist, Menschlichkeit zu ersticken.

5.8 Von Macht und Wertschöpfung zu Wertschätzung und Moral

Hierarchie bedeutet eine ungleiche Verteilung der Macht, also der Chance, seinen Willen in sozialen Beziehungen auch gegen Widerstreben durchsetzen zu können (Weber 1972).

Hierarchien sind auch in anderen gesellschaftlichen Bereichen nicht unbekannt. In der Wirtschaft werden Macht und Einfluss nicht weniger entschieden verteidigt als im Krankenhaus. Hier geht es um erhebliche (Sach-)Werte. Kein Mensch bezweifelt heute, dass Unternehmer prinzipiell profitorientiert handeln und dabei gelegentlich auch skrupellos vorgehen, was der Presse, den Gewerkschaften und der kritischen Öffentlichkeit sei Dank – gelegentlich aufgedeckt werden kann. Jeder Mensch möchte jedoch unzweifelhaft davon ausgehen, dass im Zusammenhang mit seiner Krankheit keine Profitinteressen, Profilierungen der Ärzte und medizinisch irrelevante Absichten eine Rolle spielen. Er möchte Mittelpunkt der ungeheuchelten ärztlichen Aufmerksamkeit und Pflege in einem gesellschaftlich geschützten Raum sein. Er möchte in der Regel unbedingt als Patient umsorgt werden und nicht nur wie ein – als guter oder schlechter Kunde eingeschätzter – Konsument behandelt werden (siehe »Der Patient als Kunde«, ▶ Abschn. 2.2). Seine Würde steht auf dem Spiel. Allein die Vorstellung wäre unerträglich, als Mittel für einen unerklärten Zweck missbraucht werden zu können. Mit der klinischen Erprobung neuer Medikamente, die den Ärzten Extrahonorare der pharmazeutischen Industrie einbringt, und mit der Entscheidung zur nicht unbedingt notwendigen Operation – Chirurgen müssen bis zur Gebietsarztanerkennung einen vorgeschriebenen Katalog von Operationen nachweisen, Krankenhäuser den Krankenkassen gegenüber (im GMG, Gesundheitsmodernisierungsgesetz, § 137 SGB V fixierte) Operations-Mindestmengen belegen, um diese überhaupt abrechnen zu können – finden oft genug ohne böse Absichten und fast immer ohne Schuldbewusstsein solche Finalisierungen des Patienten statt, wird seine Würde verletzt.

5.9   Fazit

Ziehen wir eine Bilanz. Eine prinzipielle Gleichbehandlung aller Patienten setzt eine Medizin ohne Hierarchien voraus. Das würde Veränderungen bedeuten:

- Im Krankenhaus: Teamwork mit Primat der ärztlichen Verantwortung vor den ökonomischen Strategien der Verwaltungen und Klinikbetreiber.
- Auf der Ebene der Patientenbehandlung müsste die unterschiedliche Stellung der Patienten angeglichen werden: klassenloses Krankenhaus und Abschaffung der privaten Krankenversicherung, Partnerschaftlichkeit in der Arzt-Patient-Beziehung.
- Bei den niedergelassenen Vertragsärzten: gleiches Honorar für gleiche Leistungen und leistungsadäquate Angleichung der unterschiedlichen Honorarvolumen (Einführung eines Mindesthonorars mit Zuschlägen je nach Einsatz sozialer Kompetenz oder anderer Qualifikationen).

Eine solche Umsetzung des Gleichheitsprinzips in der Medizin wäre wünschenswert und machbar, sie ist aber wenig real(istisch). Die alte Hierarchie lebt in Klinikneubauten fort, sie hat an der Spitze den feudalistisch-patriarchalischen weißen Kittel gegen den postmodernen technokratischen OP-Blaumann oder den grauen Verwalteranzug getauscht. Ihre sakramentale Unangreifbarkeit und von Kritik nahezu ungetrübte gesellschaftliche Akzeptanz verdankt sie offensichtlich einer beinahe

religiösen Bedürftigkeit. Somit fehlt gerade bei den Betroffenen, und das heißt im Krankheitsfall, ein öffentlich wirksam werdendes Interesse, ohne das bisher Hierarchien niemals zu stürzen waren. Eine Revolte der (Krankenhaus-)Patienten ist nicht in Sicht. Was durch einen Marsch engagierter Krankenhausmitarbeiter durch die Institution nicht erreichbar war, wird von Menschen im Schlafanzug erst recht nicht erwartet werden dürfen. Die Frage nach der Ursache des ungestörten Fortbestehens der Krankenhaushierarchie wird damit zu einer psychologischen und politischen.

Sakramente sind heilbringende Rituale für Gläubige. Die kirchlichen Sakramente sind einer allgemeinen Säkularisierung zum Opfer gefallen. Könnte es sein, dass der Mensch, verloren in einer als bedrohlich empfundenen und zunehmend unübersichtlicher (Habermas 1989) werdenden Welt aus »promethischer Scham« (Anders 1987) vor der Technik das Krankenhaus als letzte Kathedrale gläubig-fürchtigen Staunens und die Hierarchie als letzte Bastion einer sinnvollen höheren Ordnung zu akzeptieren geneigt, ja gezwungen ist? G. Anders reimt (1987):

>> Täglich steigt aus Automaten
immer schöneres Gerät.
Wir nur blieben ungeraten,
uns nur schuf man obsolet.
Ach, im Umkreis des Genauen
ziemt uns kein erhobnes Haupt.
Dingen nur ist Selbstvertrauen,
nur Geräten Stolz erlaubt. **<<**

In einer Wickert-Institut-Umfrage aus dem Jahr 1969 – danach sind mir keine ähnlichen demoskopischen Fragestellungen bekannt – sprachen sich 74 % für das klassenlose Krankenhaus, niemand jedoch für die dringliche Beseitigung des Chefarztsystems aus (Reusch 1970). Google findet 926 Einträge im Jahr 2013 zu diesem Thema, die meisten davon beziehen sich auf einen Artikel aus dem Kreis des Vereins demokratischer Ärztinnen und Ärzte. Könnte es sein, dass wir im Ernstfall auf den hoffentlich gnädigen, aber immer als fähig fantasierten Halbgott in Weiß nicht verzichten möchten, klassenlos mit unqualifiziert assoziieren?

Die Exponenten der sich wissenschaftlich nennenden Medizin werden nicht müde, diese Heilserwartungen (▶ Kap. 8, ▶ Kap. 9) zu verstärken und die (theoretische) Machbarkeit des heute noch Undenkbaren zu predigen. Die behauptete merkwürdige Abhängigkeit des medizinischen Fortschritts im 21. Jahrhundert von den Denk- und Krankenhausstrukturen des 19., in der allein er sich angeblich nur entwickeln könnte, ist bei kritischer Analyse nicht länger aufrecht zu halten.

Krankenhausstrukturen, die Teamarbeit fördern, demokratische Beteiligung und Kontrolle von außen zulassen, die psychosoziale Aspekte gleichwertig neben den naturwissenschaftlichen gelten lassen, die auf fachlicher Kompetenz statt auf unangreifbarer Autorität beruhen, die Mitverantwortung des Menschen für seine Gesundheit und Krankheit befördern, statt zu untergraben, solche Strukturen setzen – sofern man sie nicht zur Utopie erklärt – eine Gesellschaft voraus, die, zumindest in ihren aufgeklärten Teilen, weniger gläubig wider besseres Wissen ist und sich mutig genug fühlt, nach dem konstatierten Tod Gottes (Nietzsche 1983) auch eine Halbgottdämmerung in Medizin und Wissenschaft zu verkraften. Die Medizin würde damit nicht aufhören, Segen zu stiften, wo dies tatsächlich möglich und nötig ist. Vielleicht würden die Prioritäten dann erst zurechtgerückt, und die besten Ärzte würden sich den bedürftigsten Kranken, den Letzten zuerst (Dörner 2001, ▶ Kap. 2) zuwenden können.

Könnte so angesichts von Krankheit eine »Gesellschaft der Gleichen« (Rosanvallon 2013, siehe »Freiheit, Gleichheit, Brüderlichkeit«, ▶ Abschn. 8.8) entstehen und ein neuer, gesellschaftlich geschützter Raum, die Heilkunst, in der die abstufende gesellschaftliche Segregation der Gesellschaft vorübergehend aufgehoben ist, ohne die Verschiedenheiten der Kranken, ihre unterschiedlichen Herkünfte und soziale Stellungen zu verleugnen oder für immer aufheben zu wollen?

Literatur

Anders G (1987) Die Antiquiertheit des Menschen – Über die Zerstörung des Lebens im Zeitalter der dritten industriellen Revolution. Beck, München

Blech J (2006) Heillose Medizin. Fragwürdige Therapien und wie Sie sich davor schützen können. Fischer, Frankfurt/M

Bourdieu P (1982) Die feinen Unterschiede. Kritik der gesellschaftlichen Urteilskraft. Suhrkamp, Frankfurt/M

Brandenburg P (2013) Kliniken und Nebenwirkungen – Überleben in Deutschlands Krankenhäusern. Fischer, Frankfurt/M

Bredow R v, Hackenbroch V (2005) Abschied vom Halbgott in Weiß. Der Spiegel 45

Buddeberg C (Hrsg) (2004) Psychosoziale Medizin. Springer, Berlin

Dörner K (2001) Der gute Arzt – Lehrbuch der ärztlichen Grundhaltung. Schattauer, Stuttgart

Faller H, Lang H (2006) Medizinische Psychologie und Soziologie. Springer, Heidelberg

Flintrop J (2013) Wo der Rubikon überschritten ist. Zielvereinbarungen in Chefarztverträgen. Dtsch Ärztebl 110(45): 1820–1822

Flügge M, Winzen M (2013) Typen mit Tiefgang. Heinrich Zille und sein Berlin. Athena, Oberhausen

Foucault M (1973) Die Geburt der Klinik München. Eine Archäologie des ärztlichen Blicks. Hanser, München

Freres M, Walter C (2013) Offenlegen – entschuldigen – entschädigen. Dtsch. Aerztebl 110(40)

Göckenjan G (1985) Kurieren und Staat machen. Gesundheit und Medizin in der bürgerlichen Welt. Suhrkamp, Frankfurt/M

Habermas J (1985) Die neue Unübersichtlichkeit. Suhrkamp, Frankfurt/M

Hackethal J (1978) Keine Angst vor Krebs. Molden, Wien

Kalvelage B (1987) Unständischer Ungehorsam. In: Komitee für Grundrechte und Demokratie, Jahrbuch 1987

Kanfer FH, Reinecker H, Schmelzer D (2006) Selbstmanagement-Therapie. Ein Lehrbuch für die klinische Praxis. Springer, Heidelberg

Kollwitz K (1958) Aus meinem Leben. List, München

Krüger J (1993) der Hamburger Barmbek Bernbeck-Fall. Peter Lang, Frankfurt/M

Kühn H (2005) Patient-Sein und Wirtschaftlichkeit. In: Jahrbuch für kritische Medizin 42

Lauterbach K (2007) Der Zweiklassenstaat. Wie die Privilegierten Deutschland ruinieren. Rowohlt, Berlin

Lown B (2002) Die verlorene Kunst des Heilens. Anstiftung zum Umdenken. Schattauer, Stuttgart

Mitscherlich A, Mielke F (1978) Medizin ohne Menschlichkeit. Fischer, Frankfurt/M

Niemann H (2014) Unimedizin Göttingen. Gutachter sehen massives Systemversagen. Ärztezeitung, 15.1.2014

Nietzsche F (1983) Die Fröhliche Wissenschaft. Ges. Werke Bd 4. Caesar, Salzburg

Reusch H (Hrsg), Dienst für Gesellschaftspolitik, (1970) Klassenlos"-aber wie weit? Ergebnisse einer Zweiten Krankenhaus-Umfrage. Ergebnis der Umfrage der Wickert-Institute vom Aug./Sept.1969. Köln Bonn No. 29, 23.Juli, S 3–5

Rohde JJ (1962) Soziologie des Krankenhauses. Enke, Stuttgart

Rosanvallon P (2013) Die Gesellschaft der Gleichen. Hamburger Edition HIS, Hamburg

Rothgangel S (2004) Kurzlehrbuch medizinische Psychologie und Soziologie, Thieme, Stuttgart

Schüler J, Dietz F (2004) Lehrbuch medizinische Psychologie und Soziologie. Thieme, Stuttgart

See H (1973) Die Gesellschaft und ihre Kranken oder brauchen wir das klassenlose Krankenhaus. Rowohlt, Hamburg

Shem S (1996) House of God. Fischer, Stuttgart

Siegrist J (2005) Medizinische Soziologie. Urban & Fischer München

Thorsen-Vitt S (Hrsg) (1997) Überleben im Krankenhaus. pmi, Frankfurt/M

Troschke J von (2004) Die Kunst, ein guter Arzt zu sein. Anregungen zum Nach- und Weiterdenken. Huber, Bern

Wander M (1982) Leben wär eine prima Alternative. Büchergilde Gutenberg, Frankfurt/M

Weber M (1972) Wirtschaft und Gesellschaft. Mohr, Tübingen

Internetquellen

VdÄÄ,Verein demokratischer Ärztinnen und Ärzte (2012) Gute Medizin braucht Politik – Wider die Kommerzialisierung der Medizin. Programmatische Grundlage des vdää, Frankfurt/M. ▶ http://www.vdaeae

Aesculap und andere Ausländer

Von den 81,9 Mio. Einwohnern Deutschlands im Jahr 2009 hatten 16 Mio. Personen einen Migrationshintergrund, – dies sind 19,6 % der Gesamtbevölkerung. Ausländische Staatsangehörige sind mit 8,8 % Bevölkerungsanteil nur noch eine Teilmenge der Personen mit Migrationshintergrund neben Eingebürgerten und (Spät-)Aussiedlern sowie deren in Deutschland geborenen Kindern. Bereits 34,6 % der Kinder unter 5 Jahren haben einen Migrationshintergrund, bei den Kindern und Jugendlichen bis einschließlich dem 15. Lebensjahr sind es 31,2 % (Bundesweiter Arbeitskreis Migration und öffentliche Gesundheit, Positionspapier 2013).

6.1   Ausländerprobleme?

So, wie die sozialen Unterschiede keinen Einfluss auf die medizinische Behandlung haben (sollten), so verhält es sich auch mit der Nationalität der Patienten.

Die moderne Medizin als Wissenschaft ist international. Der hippokratische Eid kennt keine nationalen Unterschiede. Der medizinisch-industrielle Komplex ist multinational organisiert. Krankheiten wie Influenza, AIDS, Tuberkulose und Vogelgrippe halten sich nicht an Landesgrenzen. Krebs, Rheumatismus und Herzinfarkt sind prinzipiell vaterlandslos.

Dieses Statement findet meist uneingeschränkte Zustimmung.

Aber so, wie tatsächlich der Status Unterschicht sehr wohl Behandlungschancen verändert, so kann auch die Nationalität vielfache, oft negative Auswirkungen auf den sozialen Status und die medizinische Behandlung haben.[1]

---

1   Das Deutsche Rote Kreuz hat eine Broschüre herausgegeben mit dem Titel: »Gesundheitsversorgung für EU-Bürgerinnen und EU-Bürger in Deutschland – Handreichung zu den rechtlichen Grundlagen« Bestellung über: koesslem@DRK.de oder ▶ www.DRK.de oder DRK, Generalsekretariat, Melanie Kößler, Carstennstr. 58, D-12205 Berlin. Eine wichtige Quelle von Informationsmaterial, Veranstaltungen und geplanten Projekten ist der »Infodienst Migration und öffentliche Gesundheit« (kontakt@id-migration.de) der Bundeszentrale für gesundheitliche Aufklärung (BZgA): ▶ http://www.infodienst.bzga.de

6.1.1   Soziale Determinanten

Viele Migranten gehören der Unterschicht an und teilen somit (zusätzlich zu den migrationsspezifischen Besonderheiten, siehe Übersicht) viele soziale Probleme mit ihren deutschen Nachbarn (▶ Kap. 1) mit vergleichbarem Status (Sahrai 2009).

Migrationsspezifische soziale Determinanten mit negativem Einfluss auf die Erfahrung der Selbstwirksamkeit

- Aufenthalts- und arbeitsrechtliche Belastungen
- Unklare oder mangelnde Zukunftsperspektiven
- Lebens- und gesundheitsbedrohende Erfahrungen im Herkunftsland; Gesundheitsschädigungen, Verwundungen, Folter, Gefangenschaft
- Entwurzelung, Ohnmachtsgefühle, Orientierungslosigkeit
- Auflösung der Familienverbände, Familien- und/oder Autoritätskonflikte, Normen- und Wertekonflikte
- Vereinsamung, Isolation, Rollenverlust
- Geringe Anteilnahme an gesellschaftlichen Ereignissen der Mehrheitsbevölkerung
- Kommunikationsschwierigkeiten
- Diskriminierung, Verdächtigung

Die Hamburger Behörde für Gesundheit und Verbraucherschutz (BGV) hat in ihrem »Morbiditätsatlas Hamburg« (Erhard et al. 2013) den Anteil an Migranten zu einem von 26 Indikatoren der sozioregionalen Lage auf Stadtteilebene gemacht. Mit einem wichtigen Zusatz:

❯❯ Stadtteile mit starker sozialer Belastung sind geprägt durch einen hohen Anteil an Empfängern von Arbeitslosengeld II (nach dem SGB-II) und einer hohen Arbeitslosenquote, aber auch einem hohen Anteil von Einwohnern mit Migrationshintergrund (Anmerkung: Migrationshintergrund an sich ist keine soziale Belastung. Einwohner mit Migrationshintergrund werden jedoch häufiger sozial benachteiligt. Daher kann ihr Anteil an der Bevölkerung einen Hinweis auf die Stärke der sozialen Belastungen in dem Stadtteil geben). Das Durchschnittseinkommen, der Anteil an Gymnasiasten und die Wohnraumgröße sind in Stadtteilen mit hoher sozialer Belastung geringer. **«**

Anders formuliert: Die Bewohner der »Stadtteile mit starker sozialer Belastung« gehören zum größten Teil der Unterschicht an. Das ist der gemeinsame Nenner der aufgeführten Sozialindikatoren. Und: Angehörige der Unterschicht unterliegen größeren sozialen (und damit gesundheitlichen) Belastungen. Weder der Migrationshintergrund noch fehlende Gymnasialabschlüsse an sich bedingen die soziale Belastung. Beide Faktoren weisen vielmehr zurück auf die der Schichtenbildung zugrunde liegenden Konflikte: auf nicht adäquat gewährte und/oder nicht ausreichend genutzte Chancen. (▶ Kap. 1)

6.1.2   Diskriminierung

Ausländer in Deutschland müssen sich bezüglich »Ausländerfeindlichkeit« keine Sorgen machen, wenn sie aus Amerika oder aus einem nördlichen EU-Land kommen. Migranten aus südlichen Ländern wie dem ehemaligen Jugoslawien, der Türkei oder Rumänien und Asylbewerber und Flüchtlinge aus aller Herren Länder können sich nicht so sicher sein. Sie haben mit Vorbehalten, Vorurteilen bis hin zu handfester Diskriminierung zu kämpfen und können sich – wie aktuell die seit 2011 bekannten Taten des NSU belegen – vor Körperverletzung und Mord aus ausländerfeindlichen Motiven nicht ausreichend geschützt fühlen. Bis vor wenigen Jahren haben alle Bundesregierungen geleugnet, Deutschland sei ein Einwanderungsland und alles unternommen, Integration zu erschweren. So konnten – unabhängig von ihrer eigenen Integrationsmöglichkeit und -willigkeit – die tatsächlich hier lebenden Eingewanderten gesellschaftlich nicht richtig eingeordnet werden, war ihre Daseinsberechtigung jenseits der gesetzlichen Bestimmungen immer unsicher und anfällig für Stimmungen, denen nicht nur oft politisch nachgegeben wurde, die leider auch politisch geschürt und ausgenutzt wurden

(Stascheit 2003.). Diese Unsicherheit der meist der Unterschicht angehörigen Migranten hat in der Medizin, zusätzlich zu den sozialen und den Verständigungsproblemen (▶ Abschn. 1.2, ▶ Abschn. 6. 1.1), ihre Behandlung erschwert – eine typische Situation für eine klassenmedizinische Betrachtung.

Simulation oder »Ganzkörpersyndrom«?

Von unserer Ausbildung her sind wir geschult, »Simulanten« zu entdecken oder gar zu »entlarven«. Viele Migranten – keineswegs alle, hier muss eine »positive Diskriminierung« (▶ Abschn. 1.2) vorgenommen werden) klagen: »Alles tut weh«, »ganz krank«, »wie tot« oder führen zahlreiche Symptome an, die zu keinem uns bekannten Krankheitsbild zu passen scheinen. Ist der Patient ein Simulant?

Gelegentlich wird über das »ostanatolische Ganzkörpersyndrom« gespottet. Von »unseren« Patienten sind wir gewohnt, Beschwerden organbezogen und damit arztgerecht präsentiert zu bekommen (Nierenschmerzen, Magen-Darm-Grippe, vielleicht der Blinddarm?). Das christlich-abendländische Körpergefühl mit Leib-Seele-Dualismus ist tief verinnerlicht, kann angesprochen werden und ist im optimalen Fall Verständigungsgrundlage für gezielte Diagnostik und Therapie. Viele Migranten empfinden ganzheitlich. Sie stellen damit einen Anspruch an die westliche Medizin, den wir alle theoretisch voll akzeptieren, aber nur selten tatsächlich erfüllen können.

Andererseits könnte die im Ganzkörpersyndrom zum Ausdruck kommende Unsicherheit dem eigenen Körper gegenüber das widerspiegeln, was der Patient in der sozialen Realität unserer Gesellschaft als Person erfährt: Er ist fremd, wird misstrauisch beobachtet und ist Institutionen wie der »Ausländerpolizei« ausgeliefert. Der Medizinbetrieb ist dann eine weitere, für das körperliche Befinden zuständige »Behörde«, der man sich ebenso passiv eher überlassen muss als anvertrauen darf. Das Ganzkörpersyndrom fußt auf keinen noch so laienhaften anatomischen oder pathophysiologischen Kenntnissen, mit Begriffen wie »schwarze und weiße Galle« können wir nichts anfangen.

Es ist, als ob wir mit einem Mal einen Patienten aus der Ära des Aesculaps behandeln sollten.

Diese Situation erfordert eine ernsthafte zweigleisige, somatische und psychische Differenzialdiagnostik. Hinter dem Ganzkörpersyndrom können sich erfahrungsgemäß schwerwiegende Systemerkrankungen wie somatisierte Depression, rheumatoide Arthritis. Hypotonie, Anämie (speziell Thalassämie), aber auch akute Partnerkonflikte oder lokale Befunde wie Angina tonsillaris, Pneumonie oder Magenkarzinom verbergen. Oft bleibt am Ende alles so unklar wie am Anfang, vielleicht bringt dann ein Sich-besser-Kennenlernen bei späteren Besuchen mehr Klarheit. Aber dieses passive, beobachtende Verhalten darf niemals Ergebnis der ersten Arzt-Patienten-Begegnung sein. Auch wenn es selbstverständlich erscheint: Dem ersten Eindruck muss eine gründliche körperliche Untersuchung folgen.

Der Begriff »ausländischer Mitbürger« ist mit seinen implizierten gesellschaftlichen Konsequenzen noch nicht selbstverständlich geworden. Elisabeth Niejahr (»Einwanderung für Fortgeschrittene. Wer nützt Deutschland, wer nicht so sehr? Plädoyer für eine ehrliche Integrationspolitik«, *Die Zeit* vom 21.11.2013) schlägt ein Erklärungsmodell vor, das die Unterschiede in der Bewertung von Einwanderung zwischen USA und Deutschland erklären soll. In kultureller und religiöser Hinsicht heterogene Gesellschaften wie die USA zeigten weniger Bereitschaft zu Steuern und Sozialtransfers und entwickelten deshalb eine geringere Ablehnung gegenüber den Zuwanderern. In Deutschland mit seiner relativ homogenen, sozialstaatlich organisierten Gesellschaft würde oft als Rassismus gewertet, wo Sozialneid als Erklärung ausreichen würde. Folgt man dieser Argumentation, müsste Integration von Zuwanderern vermehrt eine Perspektive der Eigenständigkeit zulassen und fördern. Würde so am Ende mehr Menschlichkeit stehen oder eine neue Hierarchie mehr oder minder nützlicher Menschen und eine Selektion bei uns hilfesuchender Flüchtlinge danach, ob sie **uns** nützlich sind oder nicht?

Die Ausländerprogrome von Hoyerswerda (1991), Rostock und Mölln (1992), die sich in Solingen 1993 fortsetzten, waren Folge von Diskussionen der großen Parteien über eine »Ausländerschwemme«, die 1993 zur Abschaffung des Asylrechts im Grundgesetz führten. Die Stimmung wurde zusätzlich von Medienberichten angeheizt. *Der Spiegel* (37/1991) erschien z. B. mit einem schwarz-rot-goldenen Boot auf dem Titelblatt, das von insektenartig wimmelnden Gestalten geentert wird. Die Parole der Rechten »Das Boot ist voll« wurde nicht ausgesprochen, sondern scheinheilig getitelt »Flüchtlinge, Aussiedler, Asylanten – Ansturm der Armen«.

Baumann (2005) schreibt:

>> Die Gestalt des »Asylbewerbers«, die einst mitmenschliche Gefühle und große Hilfsbereitschaft auslöste, wurde mit Schmutz überzogen und verunglimpft, während der bloße Begriff des »Asyls«, einst eine Angelegenheit des zivilen und zivilisierten Stolzes, zu einer schrecklichen Mischung aus schmählicher Naivität und krimineller Verantwortungslosigkeit umdefiniert wurde. Die »Wirtschaftsmigranten« verschwanden aus den Schlagzeilen und machten dort den finsteren, Gift brauenden und Krankheiten einschleppenden »Asylbewerbern« Platz. **«**

Die fehlende echte Betroffenheit (▶ Kap. 8) der Bundesregierung und die brüske Verweigerung einer Beileidsgeste durch Bundeskanzler Kohl (im Gegensatz zu NRW-Ministerpräsident Johannes Rau, der in Solingen am Tatort präsent war) muss den Tätern wie eine Aufforderung vorgekommen sein, in putativer Notwehr dem Staat weiter mit Feuer und Flamme, Mord und Totschlag im Stechschritt zur Seite zu springen. Baumann weiter (ebd.):

>> Wir hassen diese Menschen, weil wir spüren, dass sich das, was sie vor unseren Augen erleiden, sehr wohl (und schon bald) als Generalprobe für unser eigenes Schicksal erweisen kann. Wir versuchen alles, um sie aus unserem Blickfeld zu entfernen, wir verhaften sie, wir sperren sie in Lager, deportieren sie, denn wir wollen das Gespenst austreiben. So weit können wir gehen … Wir können die »Kräfte der Globalisierung« nur symbolisch verbrennen, wir scheinen keine andere Möglichkeit zu haben, als Feuer zu entzünden, wenn wir die angestaute Angst zum Verschwinden bringen wollen. **«**

Das *Hamburger Ärzteblatt* erschien im April 1993 ungewöhnlicherweise als Themenheft »Der ausländische Patient«. In seinem Leitartikel »Alle Menschen sind Ausländer. Fast überall.« formuliert Klaus E. Weber, ein Hamburger Nervenarzt und Vertreter der Hamburger Ärzteopposition (▶ Kap. 7) für die Medizin einen kategorischen Imperativ, sich der gesellschaftlichen Verantwortung zu stellen (Weber 1993):

>> Im Umgang mit …Arbeitsmigranten der ersten, zweiten und dritten Generation, Flüchtlingen, Asylsuchenden, Aussiedler, Vertriebenen … lässt sich … exemplarisch zeigen, dass eine gute und humane Medizin nur die ist, bei der alle Faktoren beachtet werden – also auch die psychischen und sozialen Bedingungen von Krankheit und Gesund-

heit. Indem wir so handeln, können wir als Ärzte versuchen, durch praktische Solidarität mit den ausländischen Patienten und ihren Familien die gefährlich emotional aufgeladene Diskussion um das »Ausländer-Problem« (wieder?) in vernünftige und mit-menschliche Bahnen zu lenken. **«**

6.1.3 Politische Aspekte

Das Ausländerproblem in Anführungszeichen, auch ich hatte in meinem Beitrag damals konstatiert: »Wir haben kein Ausländerproblem, Ausländer haben ein Arzt-Problem« (Kalvelage 1993), wurde keineswegs nach den schockierenden Morden in »mit-menschliche Bahnen« gelenkt. Roland Koch (CDU) gewann zum Beispiel die Landtagswahl in Hessen 2001 nach einer eindeutig fremdenfeindlichen Kampagne mit 400.000 Unterschriften gegen die von Rot-Grün geplante Reform des Staatsbürgerrechts (u. a. geplant: doppelte Staatsbürgerschaften).

Die Politik »draußen vor« lassen(?)
Auf Einladung der Türkisch-Deutschen Gesundheitsstiftung e. V. hielt ich 2002 in der Universitätsklinik Gießen einen Vortrag mit dem Thema »Diabetes-Schulung türkischer Patienten – Wanderung zwischen therapeutischem Nihilismus und unrealistischen Erwartungen«.

Meine Praxis war seit 1998 als Diabetes-Schwerpunktpraxis anerkannt, und da wir schon immer viele türkische Patienten betreuen, hatten wir begonnen, zusätzlich Diabetes-Gruppenschulungen durch eine speziell geschulte türkische Arzthelferin in türkischer Sprache durchzuführen. Darüber wollte ich im Rahmen des Symposiums »Gesundheit und Migration« sprechen. Als Schirmherr stand auf dem Programm Ministerpräsident Dr. Roland Koch, der seinen Staatssekretär eine Begrüßung verlesen ließ.

Eine Passage am Ende meines Vortrags ließ im Hörsaal die Stimmung kippen, es wurde sehr still und mein Vortrag wurde als einziger wegen angeblicher Überschreitung der Vortragszeit abgebrochen. Ich hatte mich in einer Art paradoxen Intervention den sich auftuenden Schwierigkeiten in der Schulung zugewandt und sie frech »´Hilfreiche` Aktivitäten, Einstellungen und Programme zum Therapie-Ziel-Versagen« genannt. Unter vielen anderen Punkten hatte ich ausgeführt: »´Hilfreich` sind auch Politiker, die lauthals Integration von Migranten fordern, klammheimlich aber Fremdenfeindlichkeit wahlkampftaktisch nutzen und bei Veranstaltung wie dieser Grußbotschaften verlesen lassen.«

Der Klinikchef mahnte, die Politik draußen vor zu lassen, der türkische Vorsitzende des Vereins warf mir in der anschließenden Kaffeepause, in der ich völlig isoliert dastand,

vor, ihn schwer beleidigt zu haben und als ich das Symposium vorzeitig verließ, sagte eine Klinikmitarbeiterin im Vorbeigehen in gutem Hessisch, »Da habe se seinem Freund, dem Minischterpräsidenten aber ordentlich einen eingeschenkt«.

Auch im Wahlkampf 2008/2009 folgte Kochs Wahlkampf dem gleichen Muster, diesmal verlangte er eine Verschärfung des Jugendstrafrechts für straffällig gewordene Einwanderer. »Wer sich als Ausländer nicht an unsere Regeln hält ist hier fehl am Platze ... Wir haben zu viele kriminelle Ausländer.« (*Bild Zeitung* zit. nach *Welt* online 28.12.2007) Das »Ausländerproblem« so scheint es, soll doch ein Ausländerproblem! sein und bleiben – für alle Fälle.

Die fremdenfeindlichen, rassistischen Auslassungen von Thilo Sarrazin (ehemaliger Berliner Finanzsenator, SPD; danach Mitglied des Bundesbankvorstands, schrieb 2010 ein Buch mit dem Titel »Deutschland schafft sich ab«) wurden mit intellektueller Gewissheit und Kühle vorgetragen und gesellschaftlich und medial auf allen Kanälen und in jeder Talk-Show als »Das musste wirklich mal gesagt werden«-Tabubruch gefeiert. Die Einwände und die wissenschaftlich fundierte Kritik der kruden, unhaltbaren Thesen (z. B. Haller u. Niggeschmidt 2012; Butterwegge 2013) fanden bei Weitem nicht die gleiche Resonanz. Aus den Folgen der Debatten um die Abschaffung des Asylrechts in den 90er-Jahren war nicht gelernt worden. Wenige Monate nach dem Sarrazin-Hype standen Politiker und Medien fassungslos vor weiteren 10, jahrelang unaufgeklärten Morden, diesmal der NSU-Terrorzelle, an überwiegend türkischen Mitbürgern. Wie hatte so etwas passieren können? Dahrendorf (2006):

» In Zeiten des Umbruchs sind die Intellektuellen nötig, in normalen Zeiten sind sie allenfalls nützlich. Wenn Umbrüche geschehen, werden die Worte die sie beschreiben, selbst zu Taten ... **«**

Intellektuelle sollen von ihrem Verstand öffentlich Gebrauch machen. Die Fälle Koch und Sarrazin stehen prototypisch für den verlogenen, manipulativen Umgang mit Minderheiten aus dem Bauch heraus und für das Bemühen, niemals die »feinen Unterschiede« (Bourdieu 1982) zu verwischen zwischen oben und unten, gebildet und ordinär, einheimisch und fremd, zwischen der bürgerlichen Mehrheit und deklassierten Außenseitern. Zygmunt Baumann (2005) formuliert den Unterschied noch schärfer – als einen zwischen wertvoll und überflüssig:

>> »Überflüssig« zu sein bedeutet, überzählig und nutzlos zu sein, nicht gebraucht zu werden – wie immer der Nutz- und Gebrauchswert beschaffen sein mag, der den Standard für Nützlichkeit und Unentbehrlichkeit liefert. Die anderen brauchen dich nicht; sie kommen ohne dich genauso gut zurecht, ja sogar besser. Es gibt keinen einleuchtenden Grund für deine Anwesenheit und keine nahe liegende Rechtfertigung für deinen Anspruch, hierbleiben zu dürfen. Für überflüssig erklärt zu werden bedeutet, weggeworfen zu werden, weil man ein Wegwerfartikel ist – wie eine leere Einwegplastikflasche oder wie eine Einmalspritze, eine unattraktive Ware, für die sich keine Käufer finden, oder ein fehlerhaftes oder beschädigtes Produkt, das im gleichen semantischen Umfeld wie »Ausschussware«, »fehlerhaftes Exemplar«, »Müll« – wie Abfall. Die Arbeits-losen, die »industrielle Reservearmee« – sollten noch ins aktive Erwerbsleben zurückgeholt werden. Der Bestimmungsort von Abfall ist die Abfallecke im Hinterhof, die Müllhalde. **<<**

6.1.4 Mediziner als Handlanger

Wie der nächste Fall zeigen wird, werden diese Unterschiede auch in der Medizin gemacht und die sich daraus ergebenden Katastrophen kollegial gedeckt.

Gewaltsamer Brechmitteleinsatz
Ein junger Schwarzafrikaner war Drogenfahndern aufgefallen, und sie glaubten bei ihm vor seiner dann erfolgenden Festnahme Schluckaktionen festgestellt zu haben. Man ging seitens der Polizei davon aus, er habe Beweismaterial in Form abgepackter Rauschgiftportionen verschluckt. Er wurde ins Gerichtsmedizinische Institut verbracht, und da er sich weigerte, ein Brechmittel zu schlucken, wurde ihm gewaltsam, mehrere Polizisten mussten sich heftig wehrenden Mann dabei festhalten, ein Magenschlauch eingeführt und eine Magenspü-

lung vorgenommen. Bei dieser Prozedur habe er wiederholt »Ich sterbe, ich sterbe« gejammert, und am Ende habe er reglos auf dem Boden gelegen. Erst nach geraumer Zeit, die Gerichtsmedizinerin vermutete Simulation, wurde erkannt, dass er einen Herzstillstand erlitten hatte. Es dauerte weitere wichtige Zeit, bis ein Notarztteam aus der Klinik anrückte. Der Verdächtigte starb, ohne sein Bewusstsein wiedererlangt zu haben, an den Folgen einer zu langen Unterbrechung der Sauerstoffzufuhr.

Eine Initiative kritischer Bürger und der Flüchtlingsrat Hamburg haben das Vorgehen in der Gerichtsmedizin scharf kritisiert. Wir haben in der Öffentlichkeit deutlich gemacht, dass es sich hier um Folter mit Todesfolge handelt, wenn unter Folter das Beibringen von Beweismitteln durch körperliche Misshandlung zu verstehen ist. Es wurde Strafanzeige gegen die Beteiligten erstattet. Die Klage wurde von der Staatsanwaltschaft nicht angenommen, weil inzwischen ein Gutachten der Berliner Rechtsmedizin vorlag, dass als Todesursache nicht die körperlichen Folgen des gewaltsam durchgeführten Eingriffs ansah, sondern eine vorbestehende Herzerkrankung, die aber selbst bei gründlichster Voruntersuchung des Opfers nicht hätte festgestellt werden können.

Dasselbe Berliner Institut begutachtete auch einen zweiten Todesfall in Bremen nach Brechmitteleinsatz und kam zu dem gleichen Ergebnis! Der angeklagte Gerichtsmediziner wurde zweimal freigesprochen. Das Verfahren in Bremen musste auf Veranlassung des Bundesgerichtshofs, der zweimal angerufen werden musste, zum dritten Mal wieder aufgenommen werden. 2013 wurde das Verfahren wegen Krankheit des Angeklagten eingestellt. Nach Auffassung des Gerichts sei die individuelle Schuld des Angeklagten nicht so einzustufen, dass ein öffentliches Interesse an einer weiteren Strafverfolgung vertretbar ist.

Inzwischen hat der Europäische Gerichtshof (EuGH) die Praxis des gewaltsamen Verabreichens von Brechmittel als Verstoß gegen die Menschenwürde verurteilt.

Aus der Sicht des Opfers
Bei einer öffentlichen Protestveranstaltung der Initiative gegen den Einsatz von Brechmitteln vor den Toren der Hamburger Universitätsklinik habe ich im April 2002 versucht, mich in das Opfer hineinzuversetzen.

Empathie muss offensichtlich in dieser Stadt und hier vor der Universitätsklinik wieder buchstabiert werden:

Er ist ein Hoffnungsträger seiner Familie in Afrika. Er ist noch nicht lange in Hamburg. Er weiß nicht, was er tun soll. Er ist in schlechte Gesellschaft geraten. Polizei greift ihn in der Stadt auf. Angst. Er ist verdächtigt. Er wird weggebracht. Wehrt sich. Blaulicht. Sein Herz klopft schneller. Sie fahren ihn nach Verhören in eine Klinik. Weiße Kacheln. Polizisten in weißen Kitteln. Er sträubt sich. Sie schieben ihn, zerren, halten ihn fest. Er wird nicht entkommen. Sie reden, was er nicht versteht. Sie wollen ihn operieren. Sie werden mich töten.

»I will die!«

Er wehrt sich, kämpft um sein Leben. Vier Polizisten halten ihn fest an Armen und Beinen, einer reißt seinen Kopf nach hinten. Sein Atem stockt. Die Polizistin im weißen Kittel wird ihn strangulieren. Sie hält ein Plastikseil in den Händen. Sein Herz rast. Sie holen Verstärkung. Sie halten ihm Nase und Mund zu. Schieben einen Schlauch in die Nase. Wie eine Schraube dreht er sich in den Kopf. Etwas knackt und bricht innen.

Niesen, Spucken, Tränen, Würgen, Husten, Atemnot, Herzrasen, Brüllen, Würgen, Knebeln, Schreien, Knebeln, Fesseln, Spucken, Treten, Todesangst, Kratzen, Herzstolpern, Würgen, Tränen, Blut, Schreien ... – Und wieder nach einer Pause: Niesen, Spucken, Würgen, Herzklopfen, die Kräfte erlahmen ... er fällt ... – Sein Herz hat aufgehört zu schlagen. (»Die stellen sich immer tot anschließend«, werden die Polizeiprofessoren später erklären.)

— 3 Minuten vergehen, bis die Umstehenden bemerken, dass sie gerade einen Menschen umgebracht haben.

— 3 Minuten vergehen, in denen der Mann noch hätte wiederbelebt werden können.

— 3 Minuten müssen vergehen, um Folterer wieder zu Ärzten werden zu lassen.

— 3 Minuten vergehen, in denen die Umstehenden verächtlich auf einen am Boden sterbenden schwarzen Menschen blicken, dessen Würde, dessen Leben und dessen Hoffnungen sie gerade vernichtet haben.

3 Minuten vergehen, in denen sich die Umstehenden hätten erinnern können, was ihr Chef, der Leiter der Gerichtsmedizin schon 11 Jahre zuvor den Polizeibehörden gegenüber formuliert hatte und nun im heißen Bürgerschaftswahlkampf (Thema Kriminalität und Ausländer) nicht mehr gelten sollte, weil der Innensenator, Olaf Scholz, SPD dem Populisten Ronald Schill Paroli bieten wollte: »Die zwangsweise Verabreichung von Brechmitteln«, sagte der Chef der Gerichtsmedizin 1991, »ist wegen der damit verbundenen Gefahr für Leib und Leben nicht vertretbar.«

Mindestens 6 rote Ampeln wurden überfahren:

1. Das ärztliche Prinzip des »nil nocere« (unbedingt Schaden für den Patienten vermeiden!) bei einem bekanntermaßen risikoreichen Eingriff (wie jeder Arzt weiß, der einmal eine Magenspiegelung mit Einführung des Endoskops durchgeführt hat: Aufklärung, Einwilligung, Beruhigung und Prämedikation mit einem kurzwirkendem Beruhigungsmittel sind obligat, die Untersuchung muss bei zunehmender Gegenwehr des Patienten unbedingt abgebrochen werden).

2. Das Prinzip der Verhältnismäßigkeit der Mittel.

3. Das Prinzip, Eingriffe nur mit Einwilligung des Patienten vornehmen zu dürfen.

4. Das Prinzip der politischen Neutralität des Arztes, der **niemals** Auftragsleistungen für Staat und Polizei übernehmen darf, wenn er damit das Leben oder die Würde eines Menschen verletzen könnte. Er darf es nicht, wenn er Arzt bleiben will.

5. Die gewaltsame Hervorbringung von Beweismitteln unter körperlichen Qualen aus dem Körper eines überwältigten Verdächtigen ist nach Auffassung von Juristen **Folter**. Nach der Beurteilung durch den Europäischen Gerichtshof für Menschenrechte ist es »unmenschlich und erniedrigend«.

6. Die Ärztekammer Hamburg hat bereits bei Zulassung der Maßnahme durch die Politik ihren Protest angemeldet: »Unter ärztlichen Gesichtspunkten ist die Vergabe von Brechmitteln gegen den Willen des Betroffenen nicht zu vertreten.« Leider erfolgt im weiteren

Verlauf der Ärztekammer-Entschließung eine verhängnisvolle, aber für Ärztekammer-Verlautbarungen nicht untypische Einschränkung. Die Gabe des Brechmittels sei »nur bei qualifizierter Notfallbereitschaft mit der ärztlichen Berufsordnung vereinbar«. Und der Präsident der Kammer, Montgomery relativiert weiter: »Sollte der Senat nicht auf den zweifelhaften Einsatz verzichten wollen, so komme »nur ein ärztlicher Eingriff auf einer klinischen Station in Betracht« (Presseerklärung der Hamburger Ärzteopposition vom 13.2.2002).

Die Hamburger Ärzteopposition (▶ Kap. 7) fragte in ihrer Presseerklärung:

» Ist die Gültigkeit des hippokratischen Eids abhängig von den Räumlichkeiten, in denen Ärzte agieren? Macht es einen Unterschied, ob die Menschenwürde durch dilettantische Anfänger oder medizinische Spezialisten angetastet wird? Sind die Erinnerungen an eine »Medizin ohne Menschlichkeit« im Nationalsozialismus schon so sehr verblasst? Damals wie heute beugten sich Ärzte staatlichen Vorgaben, damals der angeblichen Minderwertigkeit nicht arischen Lebens, heute einer symbolischen Politik, die vorgibt, Drogenabhängigkeit durch Verängstigung, körperliches Quälen und entwürdigendes Traktieren kleiner Drogendealer zu bekämpfen, die tatsächlich nicht so aussehen, wie der nette Nachbarsjunge von nebenan …Beweismittel unter körperlichen Torturen aus Verdächtigten herauszuholen ist Folter! «

Die hochgehaltene politische Neutralität der Medizin und der Ärzte – in Gießen (▶ oben) Grund, einen Vortrag abzubrechen – wird durch solche spektakulären Ereignisse als vorgeschoben entlarvt. Die Medizin als Organisation ist nicht gesellschaftlich neutral, sondern eine Dienerin des bürgerlichen Mainstreams (vergl. auch Göckenjan 1985).

Beim Thema Ausländer und Migranten müssen 2 Ebenen unterschieden werden: Auf der einen – der hier bisher behandelten – geht es um Probleme, die die Gesellschaft offenkundig mit Ausländern hat, und wie sie mit ihnen umgeht; hier ist der Arzt als Staatsbürger und kritischer Intellektueller gefragt. Auf der anderen Ebene geht es um Probleme, die

Migranten in der Gesellschaft und mit der sinnvollen Nutzung der medizinischen Angebote haben; hier ist der Arzt als Arzt gefragt, als psychosozial und kulturkompetenter Lotse, der empathisch und professionell in akuter Gefahr Krankheitsklippen sicher umschifft und danach strebt, das Ruder bald wieder dem Patienten übergeben zu können (Förderung des Selbstmanagements, Empowerment, positive Erfahrung der Selbstwirksamkeit) – der sich also seiner klassenmedizinischen Aufgabe bewusst ist.

6.2 Abgeschoben

In der Situation der gerichtlich verfügten »Abschiebung« von bei uns behandelten Patienten, deren Asylantrag letztendlich abgelehnt wurde, müssen wir uns als Ärzte auf beiden Ebenen gleichzeitig bewegen und haben es auf einmal mit Kollegen als Gegnern (als Gutachter unserer Atteste über unsere Patienten, die der Gutachter meist nicht einmal zu sehen bekommt) zu tun.

Fallbeispiel 6.1: 50-jähriger Diabetespatient aus Ghana

Der 50-jährige Patient aus Ghana mit einem Typ 1-Diabetes war seit 10 Jahren in unserer Praxis in Behandlung. Es lief ein Asylverfahren. Regelmäßig wurden Atteste für die Ausländerbehörde angefragt und ausführlich erstattet. Der Auszug aus den zahlreichen Attesten soll für sich sprechen:

» … Die notwendige Behandlung umfasst weiterhin mindestens:

1. regelmäßige Selbstkontrolle des Blutzuckers durch den Patienten 3- bis 5-mal täglich;
2. täglich 3–4 Injektionen von Insulin, wobei die nötige Dosis vom Patienten bestimmt wird entsprechend dem zuvor gemessenen Blutzuckerspiegel und der geplanten Menge der zu verzehrenden Kohlenhydrate;
3. Kontrolle des geführten Blutzucker-Tagebuchs und des Blutdrucks alle 3 Wochen;
4. Laborkontrollen zur Überprüfung von HbA1c, Blutfetten und Nierenwerten alle 3 Monate;
5. halbjährliche Kontrollen der Füße (Neuropathie) und des Augenhintergrundes beim Augenspezialisten (Retinopathie);

6. jährlich bzw. anlassbedingte kardiologische Kontrolle (makrovaskuläre Folgekrankheiten des Diabetes) Die Behandlung ist hier entsprechend den – im Disease Management Programm (DMP) Diabetesmellitus Typ 1 festgelegten – Richtlinien der Deutschen Diabetes Gesellschaft garantiert und erfolgreich.«

» …Aktueller HbA1c: 7,2 % …«

»… Zusammenfassung: Es besteht ein insulinpflichtiger Diabetes mellitus vom LADA-Typ (Manifestation eines Typ 1-Diabetes im späteren Lebensalter), der einer täglich mehrmaligen Insulinbehandlung, regelmäßiger Blutzucker-Selbstkontrollen, einer regelmäßigen diabetologische Betreuung und Nachsorge bezüglich möglicher Folgeschäden (Erblindung, Nervenschäden, Nierenversagen, Herzinfarkt) bedarf. Bei einer Unterbrechung der Behandlung oder der Betreuung besteht mit an Sicherheit grenzender Wahrscheinlichkeit die Gefahr einer aktuellen Unterzuckerung oder eines Koma …«

»… Die Prognose des Menschen mit Typ 1-Diabetes gilt in den meisten Ländern der »Dritten Welt« als schlecht, die Lebenserwartung ist wegen der unzureichenden Behandlungsmöglichkeiten um Jahre bis Jahrzehnte reduziert, dies gilt auch für Ghana (siehe Mitteilungen der »Internationalen Diabetes Federation«, IDF) …**«**

Dann wurde der Patient in Abschiebehaft genommen, die Duldung war nicht verlängert worden. Wir mussten den Eindruck gewinnen, dass den Richtern und den beteiligten medizinischen Gutachtern das Krankheitsbild des Typ 1-Diabetes mit seinen lebensgefährlichen Komplikationen nicht bekannt war.

Auszug aus meiner Stellungnahme

»… Siehe Atteste vom 26.2.2002, 19.9.2002, 4.2.2003, 4.1.2005, 5.3.2007, 2.6.2008, 14.8.2008, 14.1.2009,, 18.5.2009, 14.9.2009, 17.11.2009, 5.2.2010, 15.7.2010, 9.11.2010 und 14.7.2011.

An der medizinischen Situation und den Gründen, die gegen eine Abschiebung nach Ghana sprechen, hat sich in den Jahren nichts geändert. Der Diabetes mellitus Typ 1 ist keine heilbare Erkrankung und das (Über-)Leben des Patienten hängt ab von der kontinuierlichen ärztlichen Betreuung und der ununterbrochen zu gewährleistenden (Insulin-)

Therapie, ohne die der Patient in kurzer Zeit an den Diabetes-Folgen (z. B. Koma, Herzinfarkt, Nierenversagen) verstürbe.

Es ist deshalb aus medizinischen Gründen entschieden abzulehnen und nicht nachvollziehbar und aus humanitären Gründen m. E. skandalös, dass nun eine Abschiebehaft verhängt wurde.

Ich bitte um dringende Revision dieser Entscheidung und Ermöglichung der Weiterbehandlung und Durchführung der geplanten Kontrolluntersuchungen – wie geplant – in unserem Zentrum. … Bitte ggf. um eine kollegiale Rücksprache der ärztlichen Gutachter! …**«**

Weiterer Verlauf

Ein Konsil mit den im Hintergrund gutachtenden ärztlichen Kollegen gab es niemals.

Die Abschiebung erfolgte. Wenige Monate später teilte mir sein Anwalt mit, Herr O. sei in Ghana verstorben. Die näheren Umstände seines Todes ließen sich nicht eruieren.

Nur wenn wir als Ärzte auf beiden Ebenen, als Staatsbürger, kritische Intellektuelle und als Ärzte, eindeutig auftreten, könnten wir in der Tat den gesellschaftlichen Konflikt in der Ausländerfrage in »mit-menschliche Bahnen« (Weber 1993) lenken. Den Ärztekammern kommt hier die Aufgabe zu, berufsrechtlich zu regeln, wo die Grenze der Vereinnahmung bei der ärztlichen Absegnung von Abschiebepraktiken und der grundsätzlichen Kooperation von Ärzten mit den Ausländerbehörden liegt. Das ist keine einfache Aufgabe, vielleicht ist der Anspruch, die Deutsche Ärzteschaft möge sich schützend vor Flüchtlinge und von Abschiebung bedrohte Asylbewerber stellen, utopisch. Historisch ist er gut zu begründen. Die Berufsverbote für jüdische Kollegen unter dem Nationalsozialismus, die Arisierung ihrer Praxis und ihres Eigentums, ihre und die Deportation und Ermordung ihrer Familien – sofern sie nicht rechtzeitig auswanderten oder kein Asyl in anderen Ländern fanden – geschahen ohne nennenswerten Widerspruch oder gar Widerstand ihrer deutschen Kollegen oder ihrer immer mächtiger werdenden Standesorganisationen. Auch deshalb soll hier für den Anspruch, Ärzte seien die natürlichen Anwälte der Asylsuchenden, geworben werden.

6.3 Kranksein ohne Recht aufs Dasein

Solidarität (▶ Kap. 8) ist nicht nur mit dem »gesetzlich Ausgegrenzten« erforderlich, sondern auch mit den »Ungesetzlichen«, den verwaltungs- und ausländerrechtlich Nichtexistenten. Das sind die Menschen, die sich »ohne Papiere« in Deutschland aufhalten, nachdem ein Asylantrag abgelehnt wurde, ein Besuchsvisum abgelaufen war oder die ohne Aufenthaltserlaubnis eingereist sind. In allen Metropolen gibt es inzwischen medizinische Beratungsstellen (»Medibüros«, ▶ http://www.medibuero.de/de/Links.html), die sich in Kooperation mit Flüchtlingsräten, pro asyl und den kirchlichen Einrichtungen (Fluchtpunkt in Hamburg) für diese Menschen einsetzen. Sie brauchen u. a. Ärzte als Kooperationspartner, denn es sind Menschen, die krank werden können oder Kinder sicher zur Welt bringen wollen.

Es gibt verschiedene Ansichten über sie als Patienten …

Helfen ja oder nein?

In einem Kreis von Ärzten wird für die unentgeltliche Behandlung der vom Medibüro vermittelten Patienten geworben. Es entwickelt sich eine Diskussion:

Sind es Wirtschafts- oder eher Armutsflüchtlinge, wurden sie in ihren Herkunftsländern tatsächlich traumatisiert, gefoltert, oder wird das nur behauptet, gab es gute Gründe für die Ablehnung ihres Asylantrags, was machen sie in Deutschland, sind sie mittellos, wovon leben sie, ich fühle mich und meine Hilfsbereitschaft missbraucht, wenn ich den gerade umsonst versorgten Patienten vor meiner Praxis in einen schicken Mercedes steigen sehe …

Wer Flüchtlingen helfen will, sollte auf diese Fragen nicht unbedingt Antworten haben wollen. Wer Flüchtlingen helfen will, sollte ihnen nicht nachschauen oder neugierig nachforschen, wie sie tatsächlich leben und sollte nicht den Wahrheitsgehalt ihrer Schilderungen überprüfen. Wer sich missbraucht fühlt, sollte keine Flüchtlinge mehr behandeln. Wer Flüchtlingen helfen will, sollte nicht alleine kämpfen, er sollte gut vernetzt sein mit den Aktivisten in den Basisorganisationen. Wer sich all diese Fragen noch nicht gestellt hat, sollte prüfen, ob er/sie nicht der/die ist, den Kreis der Helfer um sein/ihr Engagement zu bereichern.

Zwei Fragen aber sollen dennoch geklärt werden: **Dürfen** diese Menschen ohne Papiere medizinisch behandelt werden? Und: **Können** diese Menschen ohne Krankenversicherungs-Schutz medizinisch behandelt werden? Die Antwort ist zweimal **ja**, sie dürfen und sie können behandelt werden:

— Das ärztliche Ethos und Behandlungsprivileg in Verbindung mit der Freiberuflichkeit der Ärzte wird von ausländerrechtlichen Bestimmungen nicht berührt. Es ist bezeichnend, dass diese Selbstverständlichkeit erst offiziell durch die Ärztekammern verkündet werden musste, um diesbezügliche Sorgen auszuräumen.

— Im Notfall können die Patienten medizinische Leistungen nach dem »Asylbewerber-Leistungs-Gesetz« erhalten, dadurch wurden sie aber zumindest in der Vergangenheit aktenkundig, die Ausweisung drohte nach Abschluss der Akutbehandlung. Jenseits von Notfällen ist keine sichere Kostenübernahme vorgesehen.

— Die ärztliche Behandlung und technische Untersuchungen, die in der Praxis durchgeführt werden können (Sonografie, Elektrokardiogramm, Magen- oder Darmspiegelung), müssen also kostenlos erfolgen. Die Medibüros oder die Beratungsstellen der Stadtmission klären soweit möglich die Probleme vor und vermitteln den Kontakt zu den mit ihnen kooperierenden (Fach-)Ärzten. Diese legen fest, wie viele Patienten sie neben ihrem regulären Praxisbetrieb betreuen können.

— Laborkosten werden in der Regel von den großen Laborgemeinschaften umsonst erbracht. Dies ist besonders wichtig bei den kostspieligen Untersuchungen auf Hepatitis (ansteckende Leberentzündung) und AIDS. Es bedarf oft nur einer entsprechenden Bitte der Praxis an ihr Labor. Röntgenuntersuchungen oder Bluttransfusionen (bei chronischen Bluterkrankungen) sind besonders schwer zu vermitteln. Hier ist Beratung erforderlich, ob nicht eine Legalisierung des Aufenthaltsstatus sinnvoll und erfolgversprechend ist.

— Problematisch ist auch die medikamentöse Versorgung v. a. bei chronischen Erkrankungen. Ärztemuster stehen nicht mehr im früher gewohnten Umfang zu Verfügung. Die Medibüros haben oft Mittel, diese Lücke materiell oder finanziell zu füllen.

— Wie im Arzt-Patient-Verhältnis ist eine gute Kommunikation auch mit Vor- und nachbehandelnden Ärzten erforderlich. Zumal häufig aus den verschiedensten Gründen ein Arztwechsel erfolgt. Wir haben versuchsweise den Patienten des Medibüros eine Mappe mit ihren Befunden angelegt und sie aufgefordert, diese bei jedem Arztbesuch mitzunehmen. Die dazu nötige Disziplin und Strukturiertheit kann nicht immer vorausgesetzt werden.

— Ziel des Medibüros war von Anbeginn der »anonyme Krankenschein«, auf dem die Leistungen abgerechnet werden können, ohne eine Abschiebung zu riskieren. Das karitative Versorgungsmodell sollte in die Normalversorgung überführt werden. Ein wirklich wichtiger Beitrag gegen eine Zweiklassenmedizin, der auf seine Durchsetzung harrt.

— Politik und Wirtschaft wissen selbstverständlich von der Existenz der Menschen ohne Papiere, die von der politischen Seite als Illegale apostrophiert, aber – sofern sie nicht auffallen, auffällig werden – ignoriert werden, und die von der Wirtschaft gerne zu Niedrigstlöhnen und ohne jede Absicherung gegen Krankheit ausgebeutet werden. **Sie** sind es oft, die uns die Mahlzeiten kochen, die wir im Restaurant serviert bekommen. (Das gilt auch für Menschen im Asylverfahren, die offiziell ein Arbeitsverbot haben, das sie zu willkommen Opfern der Ausbeutung macht.)

Fallbeispiel 6.2: Schwerkranker 58-jähriger Peruaner

Ein 58-jähriger Peruaner war jahrelang auf einem deutschen Frachter beschäftigt, der irgendwann ausgeflaggt worden war und nun unter panamaischer Flagge fuhr. Er kam bei einer Ankerung in Hamburg über das Medibüro zur Untersuchung, da er seit der Ausflaggung nicht mehr in Deutschland krankenversichert war.

Er sei kaum noch in der Lage, körperlich schwere Arbeit zu verrichten. Es wurde eine gründliche Untersuchung vorgenommen, bei der sich eine schwere Blut-Knochenmarks-Erkrankung als Ursache herausstellte. Bluttransfusionen und eine medikamentöse Behandlung waren erforderlich, aber es gab keinen Kostenträger. Er wollte seine Arbeit nicht aufgeben, war aber alle paar Monate in Hamburg.

Über einen persönlichen Kontakt konnte er in der Universitätsklinik die erforderlichen Bluttransfusionen erhalten. Ich bezweifle, ob dies heute noch möglich wäre.

Das Beispiel zeigt, wie ein Arbeitnehmer unverschuldet seinen Krankenversicherungsschutz verlieren kann und dass Abhilfe auch heute nur durch eine mutige individuelle Entscheidung von Ärzten getroffen werden kann.

Als Staatsbürger kann ich die Fragen stellen,

— wie es mit den weltweiten Flüchtlingsströmen weitergehen soll;

— ob wir ausländerrechtlich außer Aufnehmen oder Abschieben noch andere Lösungen entwickeln können;

— wie wir vermeiden wollen, dass an der Festung Europa mit den Flüchtlingen auch unsere Menschlichkeit zerschellt oder untergeht wie in den letzten Jahren Hunderte von schiffbrüchigen Flüchtlingen vor Lampedusa.

Auf diese Fragen gibt es sehr unterschiedliche Antworten.[2] Als Arzt muss ich nur die eine Frage klären: Wie viele Menschen ohne Papiere kann ich und will ich neben meiner regulären Arbeit versorgen? Keine Patientengruppe ist so sehr auf gute Ärzte angewiesen, keine Patientengruppe erfordert

---

2   Eine Juso-Arbeitsgruppe unter Leitung von Ralf Stegner hat dem Parteivorstand der SPD am 4.3.2013 »Empfehlungen für eine humanitäre Flüchtlingspolitik« vorgelegt. Unter der Überschrift »Freiheit einzuklagen für die Verfolgten und Ohnmächtigen« (Willy Brandt 1987) wird darin u. a. gefordert: die Abschaffung des Asylbewerberleistungsgesetzes und des Flughafenverfahrens, Aufhebung der Residenzpflicht, Zugang zum Arbeitsmarkt spätestens nach 6 Monaten und eine menschenrechtskonforme »Fortentwicklung« der Frontex-Einsätze (▶ www.ralf-stegner.de/blog/aid/5884).

so viele diagnostische, therapeutische und menschliche Fähigkeiten, keine Patientengruppe stärkt die Selbstwirksamkeitserfahrung (siehe »Chronifizierung des Arztseins« (▶ Abschn. 7.4) des Arztes so nachhaltig.

6.4 Migration als menschliche Seite der Globalisierung

6.4.1 Praktische Schwierigkeiten

Im ärztlichen Alltag geht es meist nicht um die grundsätzlichen Konflikte der ausländerrechtlichen Ebene. Die hier lebenden und arbeitenden und in der gesetzlichen Krankenkasse versicherten Migranten sollen medizinisch versorgt werden (siehe auch Wengler 2013). Dabei tun sich Schwierigkeiten auf – unabhängig von der theoretisch unbestreitbaren Internationalität der medizinischen Wissenschaft und der tatsächlich globalen Präsenz identischer Krankheiten.

Migranten sind eine sehr inhomogene Gruppe. Die türkische Gymnasiastin mit Typ-1-Diabetes, der japanische Geschäftsmann, der fließend Englisch spricht, der Vorarbeiter und Betriebsrat aus dem Kosovo, der seit 42 Jahren auf der Werft arbeitet: Hinsichtlich ihres Krankheits-Selbstmanagements haben sie alle ähnliche Probleme und Lösungspotenziale wie die nicht migrantischen Mitpatienten. Im Gegensatz zu ihnen stellen das ältere Ehepaar aus Russland, kaum der deutschen Sprache mächtig, die junge Frau mit Gestationsdiabetes (Diabetes, der in der Schwangerschaft auftritt) aus Afghanistan, verheiratet und seit einem Monat in Deutschland, die 65-jährige Hausfrau aus Anatolien, Analphabetin mit mäßig guten Deutschkenntnissen und einer chronischen depressiven Verstimmung, der 75-jährige rumänische Hilfsarbeiter, der trotz seiner dolmetschenden Tochter so gut wie nichts versteht, im Praxisalltag eine deutlich höhere Herausforderung an das Behandlungsteam in Klinik oder Praxis dar.

Denn die praktischen Schwierigkeiten beruhen nur teilweise auf Sprachproblemen, hauptsächlich aber auf Verständnisproblemen. Diese sollen anhand von Beispielen anschaulich gemacht werden. Dabei wird deutlich werden: Viele ausländische Patienten haben ein Arztproblem, dessen Lösung Veränderungen auch in unserem Denken und ein Infragestellen einiger Strukturen unseres Gesundheitswesens voraussetzt. Diese ausländischen Patienten haben ein Arztproblem, das sie mit vielen deutschen Patienten gemeinsam haben, die ähnliche Benachteiligungen, Handicaps oder Defizite, kurzum den gleichen Status der »Unterschicht« mit ihnen teilen (◘ Tab. 6.1). Daraus ergeben sich inhaltliche Überschneidungen mit anderen Kapiteln, auf die ich nach Möglichkeit hinweisen werde.

Es geht in diesem Kapitel also nicht etwa darum, eine neue – jetzt medizinisch relevante – Facette des zum großen Teil herbeigeredeten und manipulativ eingesetzten »Ausländerproblems« aufzuzeigen, diese Ebene wollen wir verlassen. Auf das Gegensatzpaar deutsch-ausländisch kommt es – wie ich zeigen möchte – gar nicht so sehr an. Es geht vielmehr um die Frage, wie können wir uns, die privilegierten, die kulturell vom christlichen Abendland geprägten Ärzte, Krankenschwestern, Arzthelferinnen und anderen Gesundheitsarbeiter, auf Migranten aus der Unterschicht und aus anderen Kulturen mit anderen Krankheits- und Heilungsvorstellungen einstellen. Die Achtung der uns ebenso fremd erscheinenden Überzeugungen der Zeugen Jehovas (z. B. Verweigerung von Bluttransfusionen) erfordert auch bei deutschen Patienten ein extremes Abweichen von der medizinischen Routine. Einige Krankenhäuser haben bewiesen, dass solche Toleranz und Flexibilität ohne Ausgrenzung der Abweichler und ohne von medizinischen Standards grundsätzlich abzuweichen, praktikabel ist. Damit wird schon deutlich: Anpassung allein von den uns Fremden zu verlangen, ist eine Einbahnstraße in die Sackgasse von diagnostischem und therapeutischem Nihilismus.

6.4.2 Einfluss kultureller Faktoren

Die Erfahrungen der **Selbstwirksamkeit** sind bei Migranten mindestens genauso wichtig wie bei deutschen Patienten. Auf den modifizierenden Einfluss kultureller Wertevorstellungen auf die Selbstwirksamkeitserfahrung weist Öttingen (1995) hin. Kultur ist für sie die kollektive geistige Programmierung, die eine Gruppe von Menschen

◘ Tab. 6.1 Barrieren in der Behandlung von Migranten

Barrieren	Folgen	Abhilfen
Armut	Belastung durch Zuzahlungen	Ausweitung von »Befreiungen«
Analphabetismus	Lesen und Lernen erschwert	Tun statt Lesen, Vormachen statt Vortragen
Fehlende Deutschkenntnise	»Soziale Taubstummheit«	Zweisprachige Mitarbeiter, dolmetschende erwachsene* Familien-Angehörige (Kotherapeuten)
Bildungsdefizite	Schulung erschwert	»Andere Schulung« (▶ Tab. 1.1, ▶ Abschn. 1.2.2)
Abweichende Krankheits-Vorstellung	Missverständnisse	Aufklärung oder Geltenlassen
Fehlende Therapietreue	Therapieversagen	Kontrolle, Kooperation und Kommunikation der Behandler, Austausch schriftlicher Therapiepläne
Lange Heimaturlaube	Therapieunterbrechung	Ausreichende Mengen verschreiben oder Weiterbehandlung in der Heimat anderweitig sicherstellen
Mangelnde Erfahrung der Selbstwirksamkeit	Verzagen, Unstrukturiertheit, fehlende Motivation	Lernen lehren, Erfolge bekräftigen, Wertschätzung
Schichtbedingt erhöhtes kardiovaskuläres Risiko	Erhöhte Morbidität und Mortalität	Verhältnisprävention (Schule, Arbeitsplatz, Moschee als Informationsstellen)
Schwellenängste	Vermeidung notwendiger Arztbesuche	Einfache Terminabsprachen, freundlicher Empfang, Dolmetscherfrage im Voraus klären

von anderen unterscheidet (Hofstede 1980). Sie identifiziert verschiedene Dimensionen kultureller Unterschiede. Demnach unterscheiden sich Kulturen u. a. in 4 Gegensatzpaaren, deren eine oder andere Variante mehr oder weniger vorherrschend ist. In ◘ Tab. 6.2 ist der Versuch wiedergegeben, die Relevanz dieser Unterschiede für die medizinische Behandlung auszuleuchten. Erklärend muss hinzugefügt werden: Bei Migranten gibt es vielleicht vorherrschende und von nordwesteuropäischen Vorstellungen abweichende kulturelle Einflüsse, oft ist aber eine klare Unterscheidung und Zuordnung nicht möglich und auch nicht hilfreich oder beabsichtigt. Kulturelle Einflüsse sollen vielmehr als ein Spektrum von Möglichkeiten dargestellt werden, um daraus nützliche Schlüsse für die Behandlung und didaktische Strategien für die Informationsweitergabe und Schulung abzuleiten.

Bei vielen Ausländern treten allenfalls Sprachprobleme auf, wenn sie einem vergleichbaren kulturellen Umfeld entstammen. Vor allem Patienten muslimischer, arabischer, fernöstlicher Herkunft und die zwischen diesen Kulturen aufgewachsene Generation haben es schwerer sich zurechtzufinden und zu integrieren.

Diese Patientengruppen haben oft neben ihrer Andersartigkeit aber auch Gemeinsamkeiten mit ihren deutschen Nachbarn (▶ Tab. 1.1, ▶ Abschn. 1.2.2):
- niedrigen sozioökonomischen Status,
- Analphabetismus,
- Beschäftigung als (ungelernte) Arbeiter,
- Exposition gegenüber Schadstoffen am Arbeitsplatz,
- Arbeitslosigkeit,
- soziale Desintegration,
- Diskriminierung (sei es als potenzieller »islamischer Terrorist« oder als potenzieller »arbeitsloser Drückeberger«).

Soziologische Merkmale also, die auch auf eine immer größere Zahl von Menschen unserer deutschen Zweidrittelgesellschaft zutreffen und Anlass für eine schichtsensible Klassenmedizin sein sollten.

◘ Tab. 6.2 Relevanz kultureller Faktoren für die medizinische Behandlung (Kalvelage u. Kofahl 2013)

Kultureller Faktor	Auswirkung	Relevanz für die Behandlung
Individualismus	Realisierung des individuellen Potenzials, Emanzipation (»to learn how to learn«)	Individuelle Lösungen können angestrebt werden, die u. U. Konflikte mit kulturellem Umfeld provozieren (Esskultur, Fasten, Moral)
Kollektivismus	Fremdbestimmte Orientierung, Gemeinsinn	Familie als Ressource, Kompensation eigener Handicaps durch »familiären Kotherapeut« möglich.
Macht-Unterschiede (Hierarchie) gering	Originale Persönlichkeit, Finden des eigenen Wegs, Diskussionsfreudigkeit, Kritik am Lehrer	Empowerment wird als »Selbstermächtigung« positiv aufgenommen, u. U. Diskussionen über eigene Krankheitsvorstellungen
Macht-Unterschiede (Hierarchie) groß	Mensch als »Schachfigur«, fremdbestimmt, Lehrer weiß alles, Gehorchen, allenfalls Ausweichen möglich	»Compliance-Falle« (▶ Abschn. 6.8) Patient fragt, was er tun soll, wird instruiert, tut es nicht, Berater enttäuscht, Patient hat versagt
Unsicherheit ertragen können	Tendenziell Neugier, Lust am Ausprobieren, Herausforderungen werden angepackt, Uneindeutigkeiten verunsichern nicht	Der ideale oder auch der anstrengende, viel diskutierende, alles in Frage stellende Patient, der Internet-Nutzer
Unsicherheit unbedingt vermeiden müssen	Alles Voraussehbare beruhigt, Veränderungen sind bedrohlich, Tendenz zur Selbstgerechtigkeit, Lehrer muss alles wissen	Starre Gewohnheiten, Medikamentenumstellungen erst nach langen Diskussionen, Überzeugungsarbeit nötig, viele Ängste
Dominierende Maskulinität	Konkurrenz, Wettbewerb, Erfolg	Rationalisierung als Bewältigungshilfe oder Schutzpanzer, große Enttäuschung und ggf. Therapieabbruch bei Misserfolg, Machismo **Cave:** Zuschreibung sozial erworbener Eigenschaften!
Dominierende Feminität	Kompromissfreudigkeit, Anpassungsfähigkeit, Nachgeben, Misserfolg hinnehmen, Gefühle zulassen	Gute Patientenführung, aber u. U. Lähmung durch Ambivalenzen, Passivität **Cave:** Zuschreibung sozial erworbener Eigenschaften!

6.5 Gruppe der Roma

6.5.1 »Soziale« Gegebenheiten

Die vermehrte Einwanderung von Roma aus den osteuropäischen Ländern ist der Grund, diese Bevölkerungsgruppe in diesem Kapitel zu erwähnen.

Mit der – EU-rechtskonformen – Einwanderung von Bürgern aus Bulgarien und Rumänien im Jahr 2014 ist uns neben hochqualifizierten und dringend benötigten Arbeitskräften auch Armut zugewandert. Sie wird oft von Roma verkörpert, dabei sind mindestens 2 Probleme deutlich geworden: ein reales und ein ideologisches:

- Realität ist eine stellenweise (oft wird 2013 in den Medien über Dortmund berichtet) zu be-

sichtigende Verwahrlosung und die Zunahme von Kriminalität (vorwiegend Eigentumsdelikte).
- Das zweite Problem ist die Neuauflage längst überwunden geglaubter Stigmatisierungen als »Zigeuner, die stehlen und wie Tiere hausen«. Beide Probleme sind auf mehrfache Weise sozial verknüpft.

Ihr Zuzug erfolgt entsprechend den regional unterschiedlichen Mietpreisen vornehmlich in sozial benachteiligten Stadtteilen, die bereits mit zahlreichen sozialen Problemen konfrontiert sind

Einige wohnen gegen Miete (z. B. in Dortmund Nord) in Häusern, die vorher seit Jahrzehnten unbewohnt (und unbewohnbar) waren, ohne Strom-

und Wasserversorgung sind und die von der städtischen Müllabfuhr nicht bedient werden.

Es erfolgt eine Zuschreibung dieser sozialen Gegebenheiten (Mappes-Niediek 2012) auf die Folie des »ewigen Zigeuners«:

- Das Abgehängtsein von den kommunalen Strukturen macht den aufgestauten Müll zu dem für sie typischen Ambiente.
- Die Unwissenheit der Unterschicht wird bei ihnen zur Dummheit der Zigeuner.
- Das Stehlen der Habenichtse zu ihrem Charakterzug, ihrer Veranlagung.
- Die erheblichen Akkommodationsstörungen derer, die in ihren Herkunftsländern nie richtig sesshaft sein durften, verfolgt und verachtet wurden, werden zur verrohten typischen Lebensweise der Zigeuner.

Den Kommunen in Deutschland werden zu wenig Mittel zur Verfügung gestellt für eine prinzipiell lösbare Aufgabe, wie dies zahlreiche positive Beispiele belegen. Wir und die Herkunftsländer rufen die von der EU zur Verfügung gestellten Mittel nicht im vollen Umfang ab. Die Herkunftsländer, um sich des »Problems der Zigeuner« durch deren Vertreibung zu entledigen, wir, weil sie uns nicht willkommen sind, anstatt die Mittel zu nutzen, ihnen ein menschenwürdiges Umfeld und berufliche Chancen zu schaffen.

In der gerade ausgelaufenen Förderungsperiode 2006–2013 des Europäischen Sozialfonds (ESF) haben deutsche Projektträger nur 5,3 Mrd. Euro der insgesamt 8,3 Mrd. Euro abgerufen, die die EU Bund und Ländern zur Verfügung gestellt hat. Das entspricht einer Quote von 63 %. Bulgarien hat 53 % und Rumänien lediglich 30 % der Mittel eingefordert, die für die Integration benachteiligter Menschen in den Arbeitsmarkt zur Verfügung stehen. (*Frankfurter Allgemeine Sonntagszeitung* 12.1.2014: »Deutschland lässt EU-Hilfen liegen. Verzicht auf drei Milliarden Euro.«)

Auch die Einwanderer leiden unter Kriminalität, nämlich der von Vermietern und ihren Wuchermieten für überbelegten heruntergekommenen Wohnraum oder von Arbeitgebern oder windigen Vermittlern und ihren Dumpinglöhnen in Scheinselbständigkeit. Im gebräuchlich gewor-

denen Begriff osteuropäischer »Arbeiterstrich« schwingt Zwangsarbeit mit. Der Berliner Senat hat als erstes Bundesland in Deutschland am 16.7.13 einen »Aktionsplan zur Einbeziehung ausländischer Roma« beschlossen: Der Schwerpunkt liegt auf Gesundheitsversorgung sowie schulische und berufliche Eingliederung von Kindern und Jugendlichen. Weiter soll ein Missbrauch ihrer prekären Situation (Mietwucher, Frauen- und Menschenhandel) unterbunden werden. Die Europäische Kommission hat dies als gutes Praxisbeispiel bewertet. (Bundeszentrale für gesundheitliche Aufklärung (BZgA) 2013).

6.5.2   Sinti und Roma oder doch Zigeuner?

»Die Doppelbezeichnung »Sinti und Roma« (bzw. »Roma und Sinti«) ist auch innerhalb der Sinti nicht unumstritten. Die Sinti Allianz Deutschland forderte eine Ersetzung dieser Bezeichnungsweise durch die Bezeichnung Zigeuner, weil die Doppelbezeichnung ungeeignet sei, wirklich alle Gruppen zu erfassen, weil sie durch die verallgemeinernde Verwendung von Eigenbezeichnungen gegen Tabuisierungs- und Vermeidungsregeln der bezeichneten Gruppen verstoße und weil sie im Übrigen auch ungeeignet sei, die ihr zugedachte Aufgabe im Abbau diskriminierender Einstellungen der Bevölkerung zu erfüllen« (▶ http://de.wikipedia.org/wiki/sinti 2013). »Mit der Neubegründung der Sinti-Allianz 2013 wurde diese Auffassung revidiert« (▶ http://de.wikipedia.org/wiki/sinti 2014). In der Sendung »Hart aber fair« (Thema »Deutschland, wir kommen. Aber welche Flüchtlinge, welche Menschen sollen bleiben?«, mit Frank Plassberg, 21.10.2013) verlangt Dotschy Reinhardt als Sintezza eine Differenzierung in Sinti und Roma aufgrund ihrer unterschiedlichen Integrationsgeschichte und möchte dies nicht als Distanzierung von den aktuellen Problemen der eingewanderten Roma sehen. »Welcher Mensch möchte immer am Rande der Gesellschaft leben?«, fragt sie.

Auch Bogdal (2011) formuliert einen Einwand, der mich darin bestärkt, die Formulierung »Zigeuner« nicht zu benutzen:

» Die Fremdbezeichnung ,Zigeuner', deren etymologische Herkunft bisher nicht zufriedenstellend geklärt werden konnte, ist wie ihre Äquivalente in anderen europäischen Sprachen von ,Gypsy' bis ,Tattare' selbst ein wichtiges Element dessen was hier als Geschichte von Faszination und Verachtung untersucht wird, Sinti oder Roma werden geboren, ,Zigeuner' sind ein gesellschaftliches Konstrukt, dem ein Grundbestand an Wissen, Bildern, Motiven, Handlungsmustern und Legenden zugrunde liegt, durch die ihnen im Reden über sie kollektive Merkmale erst zugeschrieben werden … Weil es sich dabei also um Redeweisen und mediale Repräsentationen, um die Erfindung einer Ethnie in einem übertragenen Sinn handelt und nicht um denkende, fühlende und handelnde Subjekte, kann und muss die Bezeichnung Zigeuner (von hier an) ohne Anführungszeichen verwendet werden.

Die Diskrepanz zwischen der kontinuierlichen Repräsentanz der ,erfundenen' Zigeuner in unterschiedlichen Diskursen, vor allem in Kunst und Literatur, und dem nahezu völligen Fehlen historischer Selbstzeugnisse der Romavölker, die über lange Zeiträume nomadisch lebten, über keine eigene Schriftkultur verfügten und politisch nicht in Erscheinung traten, ist gewaltig. «

Eine andere aktuelle Stimme nutzt den Begriff Zigeuner ohne Scheu und findet ihn einen »ehrenwerten Begriff«. Das Buch könnte als Bestätigung aller Bewertungen der Vergangenheit gelesen werden (Bauerdick 2013). Es ist eine globale Abrechnung mit den Antiziganismus-Forschern, denen er vorwirft, nie wirkliche »Zigeuner« kennen gelernt zu haben, aber wie Trüffelschweine in Literatur und Politik Rassismus aufspüren zu wollen: »In den Studien der Anti-Antiziganisten finden sich Abertausende Belege für offene und versteckte Rassismen, aber kein einziger Satz, aus dem spricht, dass sie die Zigeuner schätzen.«

Die Erfahrungen des Autors beruhen auf der Zeit der »Epochenwende« um 1989. Er liefert eine Fülle von Beispielen, die durchaus Sympathie für die beschriebenen Menschen erkennen lässt. Sein Standpunkt ist vergleichbar einem Reporter, der seine schnappschussartigen Momentaufnahmen (B. ist auch Fotograf) für die Wahrheit und die ganze Wirklichkeit ausgibt. Man könnte seine »Recherche«-Ergebnisse so zusammenfassen: Die mangelnde Erfahrung der Selbstwirksamkeit marginalisierter, im Sozialismus ausgebeuteter und danach nicht mehr arbeitsmarkttauglicher Volksgruppen äußert sich in ihrer mangelnden Selbstwirksamkeit. Dieser Zirkel(kurz)schluss verführt dazu, die Ursachen von sozialem Elend in der Unterschicht im persönlichen oder kollektiven Versagen zu verorten. Das Wort »Zigeunerkriminalität« wird von Bauerdick unbefangen benutzt und gegen eine – seiner Meinung nach – verschämte und einschüchternde politcal correctness verteidigt, es drücke schlicht eine statistische Häufung von Gewaltdelikten in dieser Gruppe aus.

Die verheerenden und verrohenden sozialen Umstände, die Bauerdick ausführlich und durchaus mitfühlend schildert, werden aber nicht mit dem dissozialen Verhalten einzelner dieser Volksgruppe in eine Ursache-Wirkungs-Beziehung gesetzt. Diese ignorierende, verallgemeinernde Betrachtungsweise findet sich nicht nur beim Blick auf Roma (und bei Bauerdick), sie ist typisch für die Bewertung von Minderheiten und generell der Unterschicht aus vorgeblich neutraler Sicht. (siehe auch »instant social descent«, ▶ Kap. 8) Die gesellschaftliche Rolle des genuin potenziell gefährlichen Verbrechers hatten einmal die Armen (Lombroso, italienischer Arzt: der »geborene Verbrecher« [1876]), dann die Unterschichten, nun wird sie den Roma zugeschrieben. Statistiken, deren Korrektheit hier nicht bestritten werden kann und soll, ersetzen keine Ursachenanalyse. Diese soll Gewalt und Verbrechen nicht entschuldigen oder verharmlosen, sondern zukünftig verhindern helfen, ohne eine weitere Diskriminierung vieler Unschuldiger und ihre Ausgrenzung aus Deutschland (und aus Europa?) als unvermeidbare letzte Lösung erscheinen zu lassen. Die neuen »Überflüssigen« (Baumann 2005) sind eine Herausforderung an die europäische Integrationsfähigkeit und ein menschenfreundliches europäisches Haus.

6.5.3 Bleibende Herausforderung

Die Verfolgung und massenhafte Ermordung von Roma und Sinti im Nationalsozialismus und ihre lange europäische Geschichte, in der sie zur Projektionsfläche der verschiedensten Ängste und Fantasien wurden, Ausgrenzung, Faszination und Verfolgung, Romantisierung und Verabscheuung ausgesetzt waren, verlangt eine klare Stellungnahme. Sinti und Roma haben eine gemeinsame Geschichte und unterscheiden sich doch in ihren vielfältigen Traditionen und unterschiedlichen individuellen Lebensweisen. Die hier lebenden Sinti sind zum großen Teil Deutsche. Sinti gehören also zu Deutschland. (Schleswig-Holstein hat als erstes und bisher einziges Bundesland den Schutz der Sinti und Roma als zu schützende Minderheit in die Verfassung aufgenommen!) Sie leben seit Hunderten von Jahren hier, sie haben sich (zwei-) sprachlich vorbildlich selbst integriert, ohne jegliche staatliche Hilfe, und wurden doch weiterhin als Fremde angesehen und behandelt. Roma nutzen die Freizügigkeit, die allen EU-Bürgern zusteht. Es ist nicht **ihre** Schuld, dass die Europäische Kommission Rumänien und Bulgarien ohne ausreichende Vorbereitung als Mitgliedsländer aufnahm.

Die Probleme eines von der Mehrheitsbevölkerung nicht akzeptierten Zusammenlebens sind noch nicht Geschichte, sondern eine bleibende Herausforderung. Dazu Bogdal (2011):

» Die Fähigkeit zur Entzivilisierung ist den europäischen Gesellschaften nicht abhandengekommen. Muster der Wahrnehmung der ‚Fremden, die bleiben', die Bedrohungsszenarien, die Weisen der kulturellen Repräsentation sind tief in ihnen verankert und werden immer dann sichtbar, wenn die eigene Ordnung gefährdet scheint. Die Erscheinungsformen wandeln sich, wie sie sich auch im Fall der Romvölker immer wieder verändert und angepasst haben.

Beginnt nicht die Geschichte von neuem, wenn die afrikanischen und arabischen Einwanderer an den Küsten Europas stranden? Wie die Romgruppen vor sechshundert Jahren kommen sie nicht selten unter falschem Namen in Europa an, verschleiern ihre Herkunft und verbreiten Legenden über die Gründe, die sie zum Verlassen der Heimat gezwungen haben. Das gleiche Räderwerk setzt sich in Gang: das Gefühl allgegenwärtiger Bedrohung wandelt sich in Gewissheit, dass ein Zusammenleben unmöglich ist. Der zivilisatorische

Abstand wird vermessen und schafft Raum für staatliches Handeln und alltägliche Diskriminierung.

Und für die Roma in Ungarn, Rumänien, im Kosovo, in der Slowakei beginnt der Ausgrenzungsprozess erneut, jetzt in den heimischen Siedlungen und überall dort, wo sie Europas offene Grenzen überschreiten. **«**

Sinti und Roma sind und waren die endgültig letzten in dem nach unten offenen Klassenranking unserer Gesellschaft, auf die der vorletzte noch herabsehen konnte. Sie bedürfen deshalb im Medizinbereich besonders des Arztes als Anwalt, einer wachen klassenmedizinischen Aufmerksamkeit, einer sozial sensiblen Heilkunst. Einzelne Mitglieder der »Wilhelmsburger Ärzteschaft«[3] haben die Aufgabe in vorbildlicher Weise erfüllt. Der Hamburger Senat hat 1981 für ungefähr 50 Sinti-Familien, die seit 170 Jahren an der Elbe siedelten, passenden gemeinschaftlichen Wohnraum als Reihenhaussiedlung in Wilhelmsburg geschaffen und damit nicht nur ein sicheres, glückliches Zusammenleben ermöglicht, sondern auch dem Vorurteil der vermeintlichen unabänderlichen Andersartigkeiten ein weiteres Argument entzogen.

Ich habe lange gezögert, auf diese Bevölkerungsgruppe im Rahmen der »Klassenmedizin« und speziell in diesem Kapitel über Ausländer dezidiert und mit Beispielen einzugehen. Würden sie damit nicht erneut, vielleicht in der allerbesten Absicht, »ausgesondert« und ihre Probleme und sozialen Merkmale erneut einer rassistischen Interpretation freigegeben? Patienten aus Sinti- oder Roma-Familien werden deshalb in diesem Kapitel nicht als Fälle vorgestellt und in den anderen Kapiteln nicht als solche kenntlich gemacht.

---

3   Die »Wilhelmsburger Ärzteschaft« ist ein eingetragener Verein und wurde im Jahr 2004 mit dem Ziel gegründet, die medizinische Versorgung auf der Insel für alle auch zukünftig zu sichern und neue Versorgungsstrukturen zu entwickeln. Ich möchte besonders meinen verehrten Kollegen Joachim Eppers erwähnen, der jahrzehntelang als Hausarzt die große Wilhelmsburger Sinti-Siedlung vorbildlich betreute, viel Dankbarkeit empfing und eine große Trauergemeinde vereinte nach seinem frühen plötzlichen Tod in der Praxis.

6.6 Überwindung »sozialer Taubstummheit«

Zum Begriff »soziale Taubstummheit« siehe auch Kalvelage 2003.

6.6.1 Probleme der Diagnostik

Selbstverständlich ist bei gänzlich fehlenden Deutschkenntnissen des Patienten ein Dolmetscher für jede vernünftige Anamneseerhebung bereits Voraussetzung. Und was ist zu beachten, wenn Deutschkenntnisse vorliegen, diese jedoch nicht ausreichen? Auch und gerade hinter **scheinbaren Bagatellbeschwerden** können sich größere medizinische Probleme verbergen, die nur mit Hilfe eines Dolmetschers erkannt werden können.

Fallbeispiel 6.3: 50-jährige Patientin mit Ovarialtumor
Eine 50-jährige, sehr adipöse Patientin klagt über »dicken Bauch«. Erst durch weiteres Befragen ergibt sich: Die Beschwerden bestehen seit 3 Wochen, zunehmend mit gelegentlich heftigem Ziehen im Unterleib, Schmerzen auch beim Koitus. Zwei vorbehandelnde Ärzte haben Lefax und Gastrosil (Magen-Darm-Mittel) rezeptiert. Sonografisch findet sich ein großer zystischer Ovarialprozess (Eierstocktumor).

Gleiches gilt für Patienten mit guten Deutschkenntnissen, die sich jedoch nur **scheinbar** ausreichend verständlich machen.

Fallbeispiel 6.4: 28-jähriger Mann mit Magenulkus
Ein 28-jähriger Mann, beschäftigt in der Kupferelektrolyse, sagt, er fühle sich »wie tot«, habe »keine Kraft«. Die gezielte Nachfrage ergibt eine unklare Gewichtsabnahme, Inappetenz, gelegentliches Erbrechen, der Stuhlgang sei vor einer Woche schwarz gewesen. Es liegt ein blutendes Magengeschwür vor.

6.6.2 Dolmetschen in der Praxis

In vielen Praxen sind zweisprachig aufgewachsene Arzthelferinnen oder Auszubildende beschäftigt, die diese Aufgabe mit der Zeit ausgezeichnet beherrschen können. Situationen der Sprachlosigkeit sind dennoch oft unvermeidbar. Die oft in Krankenhäusern praktizierte Lösung, irgendeine Reinmachefrau gleicher Nationalität einzusetzen, hat die Nachteile fehlender medizinischer Vorkenntnisse und spezieller Schulung. Konflikte mit der Vorarbeiterin und dem Arbeitgeber (meist Fremdfirmen) sind möglich. Problematisch können auch von den Konsulaten gestellte Dolmetscher sein; hier fehlt oft das Vertrauen seitens des Patienten und alle professionellen Dolmetscher sind in der Praxis v. a. bei der laufenden Betreuung chronisch kranker Patienten nicht verfügbar zur rechten Zeit, ganz abgesehen von einer völlig ungeklärten Zuständigkeit, was ihre Honorierung betrifft.

6.6.3 Dolmetschende Angehörige

Häufig gibt es die Situation, dass ein Angehöriger, oft ein Kind, die Dolmetscherfunktion übernimmt.

Kinder als Dolmetscher

Fallbeispiel 6.5: 35-jährige Patientin, depressiver Versagenszustand
Ihre 35-jährige Mutter, sagt die 10-jährige Tochter, habe Fieber und Kopfschmerzen; weitere Einzelheiten sind nicht zu erfahren.
Die türkische Arzthelferin spricht mit der Patientin. Sie ist seit 2 Wochen bettlägerig, kann ihren Haushalt mit 6 Kindern nicht mehr versorgen, ihr Mann sei immer außerhalb auf Montage, ihr ältester Sohn habe ein Drogenproblem. Mit alldem werde sie alleine nicht mehr fertig.

Solche Anamnesen sind zeitaufwendig und erfordern einen medizinisch geschulten und psychologisch einfühlsamen Dolmetscher (siehe Anhang: »Empfehlungen für die Diabetesbehandlung von Migranten«). Ein Kind (unter 15 Jahren) wie in Fallbeispiel 6.5 ist für diese Aufgabe nicht geeignet, ist überfordert und könnte damit selbst Schaden davontragen. Dennoch ist es leider immer noch geübte Praxis, dass Kinder, v. a. Mädchen, aus der Schule genommen werden, um Familienangehörige zum Arzt zu begleiten.

Erwachsene Angehörige als Dolmetscher

Wir haben gute Erfahrung damit gemacht, begleitende erwachsene Angehörige zu Dolmetschern zu machen.

Fallbeispiel 6.6: 49-jährige Patientin aus dem Kosovo

Fortsetzung von Fallbeispiel 2.8, ► Abschn. 2.6.1.

Die Patientin aus dem Kosovo war Analphabetin, und es wurde ihr auf der Überweisung »Incompliance« attestiert. Eine Behandlungsunwilligkeit lag nicht vor, sie war durchaus besorgt. Die Kommunikation musste als erstes sichergestellt werden. Ihre 25-jährige Tochter, Kassiererin an der Supermarktkasse, übernahm die Kotherapeutenrolle, und die notwendige Insulinbehandlung erfolgte folgendermaßen: Sie wollte es zunächst noch einmal ohne Insulin versuchen und die Ernährung umstellen; es wurde vereinbart, welcher HbA1c-Wert bei der nächsten Kontrolle erreicht werden sollte (< 10 %), und da dieser Wert nicht erreicht wurde (tatsächlich 10,8 %), wurde für 3 Monate ein Versuch mit Insulin vereinbart (darunter HbA1c 8,0 %). Die Patientin war danach zu einer Fortsetzung dieser Behandlung entschlossen.

Der Widerstand (► Kap. 4) der Patientin war ein Symptom von Unwissenheit und Angst vor dem Unbekannten bei gleichzeitig zu hohem Erwartungsdruck (»Sie müssen jetzt Insulin spritzen!«).

6.6.4 Erfahrungen und Empfehlungen

> **Regeln für gedolmetschte Gespräche**
> - Es wird 1 : 1, Satz für Satz übersetzt.
> - Augenkontakt des Behandlers mit dem Patienten, nicht mit dem Dolmetscher.
> - Es wird in kurzen Hauptsätzen geredet, diese werden umgehend übersetzt.

> - Es erfolgen Rückfragen, die richtig beantwortet werden müssen (»Welche Nebenwirkung kann bei diesem Medikament auftreten?«).
> - Keine abschweifenden Diskussionen zwischen Dolmetscher und Patient.
> - Beobachtung und Nutzung der internationalen Körpersprache und der Patientenreaktion (gemeinsames Lachen, Ausdruck von Sorge, Angst, Abwehr, Wut, Ungläubigkeit etc.).
> - Prüfung, ob technische Verrichtungen korrekt verstanden und richtig durchgeführt werden (z. B. Kontrolle der Blutzuckerselbstkontrolle).
> - Alle Beteiligte signalisieren am Ende ihre Zufriedenheit.
> - Der Therapieverlauf und die entsprechenden Kontrollen sprechen für eine Verbesserung.

Angehörige können im Gespräch mit dem Arzt und den Praxismitarbeitern viele ihrer Sorgen um den Angehörigen los werden, sie sind zu Hause in der Lage, die vereinbarte Medikation und Ernährungsumstellungen zu kontrollieren und bei formalen oder technischen Fragen zu helfen. Dies muss offen angesprochen werden: »Bringen Sie bitte einen Dolmetscher mit«. Den oft berufstätigen Angehörigen muss ein akzeptabler Sprechstundentermin angeboten werden, und ihr Engagement verdient offen geäußerten Respekt, der wiederum ihr Selbstbewusstsein und im familiären Umfeld ihre Position stärkt.

Die guten Erfahrungen mit den Familienangehörigen als Dolmetscher haben uns ermutigt, sie als Kotherapeuten einzusetzen, die an den angebotenen Schulungen in Gruppen oder nur mit ihrem Angehörigen teilnehmen.

Fallbeispiel 6.7: 72-jähriger türkischer Patient mit Brustschmerz, Diabetiker

Notfallmäßige Klinikaufnahme eines 72-jährigen türkischen Patienten wegen Brustschmerzen. Dort erneute Röntgenuntersuchung der Herzkranzgefäße (Rekoronarangiografie) bei anamnestisch

Zustand nach Herzinfarkt und wiederholten perkutanen Interventionen (Ballondilatationen) und Bypass-Operation vor 3 Jahren. Befund: erheblich fortgeschrittene Arteriosklerose aller Herzkranzgefäße, Bypässe z. T. verschlossen, keine Interventionsmöglichkeit. HbA1c in der Klinik 10,2 %, LDL-C 192 mg %, HDL-C 32 mg %, RR 164/98 mmHg. Empfehlung zu konservativer Therapie und Vorstellung beim Diabetologen.

Bestandsaufnahme in der Praxis: Schlechte Verständigung auf Deutsch. Diabetes seit 7 Jahren. Mischinsulin wird unregelmäßig, »bei Bedarf« (der aber nicht definiert werden kann) gespritzt; keine regelmäßige BZ-Selbstkontrolle, Insulinpatronen passen nicht zum Pen, Teststreifen sind abgelaufen, Lipodystrophien (Verdickung des Unterhautfettgewebes durch wiederholte Insulininjektion an derselben Stelle) links und rechts paraumbilikal (neben dem Nabel), Metformin wurde weggelassen, weil die Tabletten »zu groß« seien, unzureichende Medikation (kein Statin, kein ACE-Hemmer) regelmäßige Medikation zunächst unbekannt, am nächsten Tag werden mitgebracht: Gerinnungshemmer (ASS 100) und Betablocker (von 2 verschiedenen Herstellern, wurde also in doppelter Dosierung eingenommen!). Bisher keine Diabetes-Schulung.

Er fühlt sich bis auf gelegentliche Angina pectoris-Beschwerden wohl, lebt 5 Monate im Jahr in der Türkei und hat einen Flug dorthin in einer Woche gebucht.

Fazit: ein gestresster Arzt (»Alles falsch, so geht das nicht«) und ein frustrierter Patient (»Alles unnötig, ich gehe trotzdem«).

Im Umgang mit »Unterschicht«-Patienten und Migranten können Vorurteile entstehen, der Patient sei wohl »zu dumm« oder »zu undiszipliniert« für eine erfolgreiche Behandlung.

So wie in diesem Fall enden oft Konsultationen von Migranten und hinterlassen beim Arzt zwiespältige Gefühle zwischen schlechtem Gewissen (»Was hätte ich anders machen sollen?«) und Unmut (»Wer nicht will, der hat schon!«) Alternativen zu diesem auch gesundheitsökonomisch ungünstigen Verlauf gibt es, aber die dazu nötigen Instrumente müssen vorhanden und eingeübt sein.

Fallbeispiel 6.7: Fortsetzung
Die Zeit und die Ressourcen des Patienten wurden zur weitgehenden Zufriedenheit aller Beteiligten genutzt.

Der Patient erhielt einen einwöchigen »Crash-Kurs« gemeinsam mit seinem Sohn als Kotherapeut und erwies sich als sehr lernfähig. Es entstand eine therapeutische Beziehung, und die gröbsten Therapiefehler konnten korrigiert werden. Es wurde ihm eine Gruppenschulung auf Türkisch angeboten. Er flog dennoch in die Türkei.

Die Einbeziehung der Angehörigen ist für die medizinische Versorgung essenziell, v. a., wenn sprachliche Verständigungsschwierigkeiten und/oder ungenügendes Verständnis infolge von Bildungsdefiziten vorliegen. Es gilt, wie im obigen Beispiel dargestellt, die familiären Ressourcen zu nutzen. Dies gelingt umso besser, je akribischer die Auswahl der Angehörigen und deren Vorbereitung auf die neue Aufgabe erfolgt. Voraussetzung ist, dass es sich um einen weniger hastig auszuführenden Behandlungsauftrag handelt als im obigen Fall. Das ist glücklicherweise meist der Fall, und die Zeit kann genutzt werden.

George (2005) schlägt dazu ein evidenzbasiertes Angehörigenassessment vor, das 8 Dimensionen/Skalen mit insgesamt 50 Items umfasst, die hier gekürzt wiedergegeben sind.

Angehörigenassessment nach George (2005)
- **Situationsverständnis:** Welche Voraussetzungen bringt der Angehörige mit? Wie kann er kurzfristig Kompetenz erwerben? Welche Aufgaben soll/kann er übernehmen?
- **Entscheidungspartizipation und Expertenstatus:** Wie groß ist die Bereitschaft des Angehörigen? Welche Angebote müssen entwickelt werden?
- **Erfahrung:** Welche Erfahrung bringt der Angehörige mit? Wie kann eine konstruktive Arbeitsbeziehung hergestellt werden? Durch welche Aktivitäten wird Vertrauen aufgebaut?

— **Wissen:** Über welches Wissen verfügt der Angehörige? Welche Hilfen können ihm angeboten werden (Selbsthilfegruppen, Informationsmaterial)?

— **Kompetenzen:** Welche Kompetenzen sind unmittelbar notwendig? Welche Kompetenzen können in der Praxis, welche von Mitarbeitern, welche durch externe Dritte vermittelt werden?

— **Rahmenbedingungen:** Wie kann auf äußere Dinge Einfluss genommen werden? Wie kann Empowerment aussehen? Wie kann die Infrastruktur zu Hause beeinflusst werden? Kontaktpflege zu Pflegediensten, Arbeitgeber etc.?

— **Mentale und körperliche Fitness/Entlastung:** Ist eine dauerhafte Betreuung gewährleistet? Wie können Ressourcen und Fähigkeiten des Angehörigen erhalten werden? Wie kann Stress in der Familie reduziert werden?

— **Beziehung der Betroffenen untereinander:** Wie und durch welche Aktivitäten kann die Beziehung konsolidiert werden? Gibt es zu Hause Konflikte bei der Umsetzung vereinbarter Maßnahmen?

6.6.5 »Leichte Sprache«

Leichte Sprache

Leichte Sprache zeichnet sich durch folgende Items aus (Wikipedia; ▶ http://de.wikipedia.org/wiki/leichte_Sprache):

— Es werden kurze Sätze verwendet.
— Jeder Satz enthält nur eine Aussage.
— Es werden Aktivsätze eingesetzt.
— Ein verständlicher Satz besteht aus den Gliedern: Subjekt + Prädikat + Objekt, z. B.: Das Kind streichelt den Hund.
— Der Konjunktiv wird vermieden.
— Der Genitiv wird in den meisten Fällen durch den Dativ ersetzt, z. B.: »das Haus des Lehrers« oder »des Lehrers Haus« durch: »das Haus von dem Lehrer« oder »das Haus vom Lehrer«. Aber: »Ich leihe dir mein Buch« ist verständlicher als »Ich leihe dir das Buch von mir«.
— Abstrakte Begriffe werden vermieden; wo sie notwendig sind, werden sie durch anschauliche Beispiele oder Vergleiche erklärt.
— Bildhafte Sprache wird vermieden, z. B. Rabeneltern.

— Wenn Fremdwörter oder Fachwörter vorkommen, werden sie erklärt.
— Bei langen Zusammensetzungen wird durch Bindestriche deutlich gemacht, aus welchen Wörtern die Zusammensetzungen bestehen.
— Abkürzungen werden beim ersten Vorkommen durch die ausgeschriebene Form erklärt.
— Es wird keine Kindersprache verwendet.
— Bilder oder Filme helfen, einen Text besser zu verstehen.
— Wörter werden nicht in durchgehenden Großbuchstaben geschrieben. Kursive Schrift wird nicht verwendet.
— Texte werden übersichtlich gestaltet.

Weitere Quellen und Informationen: Netzwerk leichte Sprache (▶ http://www.leichtesprache.org), Wörterbuch für leichte Sprache (▶ http://hurraki.de)

Zum internationalen Tag der Menschen mit Behinderungen am 3. Dezember erklärt die SPD-Bundestagsabgeordnete Ulla Schmidt (Pressemitteilung der SPD-Bundestagsfraktion vom 3.12.12; ▶ http://www.lebenshilfe.de/de/leichte-sprache/mitbestimmen/Leichte-Sprache/Leichte-Sprache-im-Bundestag.php?listLink=1):

》 Artikel 29 der UN-Behindertenrechtskonvention fordert: Alle Menschen sollen am politischen Leben teilhaben dürfen. Deswegen hat die SPD-Bundestagsfraktion eine Initiative gestartet, um wichtige Debatten und Entscheidungen des Deutschen Bundestages in Leichte Sprache zu übersetzen.

Leichte Sprache verwendet einfache, kurze Sätze. Die Texte sind mit Bildern illustriert. Leichte Sprache hilft Menschen mit Lernschwierigkeiten oder Konzentrationsschwäche, Menschen, die erst Deutsch lernen oder Menschen, die an Altersdemenz erkrankt sind, Texte besser zu verstehen. Auch diese Menschen haben einen Rechtsanspruch auf Teilhabe an politischen Debatten und Entscheidungen. Zudem sind viele von ihnen wahlberechtigt.

Der Deutsche Bundestag muss bei der Verwirklichung der Rechtsansprüche aus der UN-Konvention mit gutem Beispiel vorangehen. Deswegen hat die SPD Anfang dieses Jahres einen Antrag zu Barrierefreiheit im Kulturbereich in Leichter Sprache in den Deutschen Bundestag eingebracht.

Die SPD-Bundestagsfraktion begrüßt, dass auf der Webseite des Deutschen Bundestages grundlegende Informationen über den Bundestag in

Leichter Sprache angeboten werden. Wir wollen aber mehr: Die wichtigen Entscheidungen und Debatten müssen in den Publikationen des Deutschen Bundestages übersetzt werden. Dies gilt besonders, wenn sie die Belange von Menschen mit Behinderungen betreffen. Auch bei Anhörungen, die Menschen mit eingeschränkten kognitiven Fähigkeiten betreffen, brauchen wir eine Übersetzung in Leichte Sprache. **«**

Leichte Sprache und Barrierefreiheit im Kulturbereich sind grundsätzlich auch in der Medizin nötig. Es fehlen dazu aber wegweisende Vorstöße wie der des Bundestages. Es könnte in der obigen Erklärung Politik durch Medizin und der Deutsche Bundestag durch die Deutsche Ärzteschaft ersetzt werden. Nicht nur Migranten mit Verständigungs- und Verständnisproblemen würden von der geforderten Übersetzung erheblich profitieren (siehe auch »Empfehlungen der Deutschen Diabetes Gesellschaft«, ▶ Abschn. 6.14).

Wie erkläre ich in leichter Sprache die Hashimoto Thyreoiditis?
Pschyrembel, Klinisches Wörterbuch (2002): »Struma lymphomatosa Hashimoto: mit den Jahren zunehmende fokale od. diffuse lymphozytäre u. plasmazelluläre Infiltration der Schilddrüse unter Ausbildung von Lymphfollikeln u. Keimzentren, die mittels Punktionszytologie nachgewiesen werden u. für diese Form typisch sind. Dabei zunehmende Fibrosierung bis zum Verschwinden des Schilddrüsenparenchyms unter gleichzeitiger Ausbildung einer derben Struma ohne Knoten; häufig in Kombination mit anderen Autoimmunerkrankungen (z.B. Myasthenie, perniziöse Anämie, atrophische Gastritis). Klin. Unauffälliger Verlauf mit mehr oder minder ausgeprägter Hypothyreose, event. Lymphozytose u. Immunglobulinvermehrung; Diagn: Nachweis von Schilddrüsenantikörpern (TPO-AK, TG-AK initial erhöht), Zytodiagnostik; Ther: Substitutionsbehandlung mit Schilddrüsenhormon; DD: Struma anderer Urs.; insbesondere Struma maligna ausschließen.«
    Wikipedia (▶ http://de.wikipedia.org/wiki/Hashimoto_Thyreoiditis): »Bei der Hashimoto-Thyreoiditis (Synonyme Struma lymphomatosa Hashimoto, lymphozytäre Thyreoiditis und Ord-Thyreoiditis) handelt es sich um eine Autoimmunerkrankung, die zu einer chronischen Entzündung der Schilddrüse führt. Bei dieser Erkrankung wird Schilddrüsengewebe infolge eines fehlgeleiteten Immunprozesses durch T-Lymphozyten zerstört. Darüber hinaus ist eine Antikörperbildung gegen schilddrüsenspezifische Antigene nachweisbar. Diese Krankheit wurde nach dem japanischen Arzt Hakaru Hashimoto (1881–1934) benannt, der sie 1912 als erster be-

schrieb.[1] Der Charakter als Autoimmunerkrankung wurde durch Deborah Doniach und Ivan Roitt erkannt.«
    Vorschlag für eine Formulierung in »leichter Sprache«: Ihr Hausarzt hat eine Unterfunktion Ihrer Schilddrüse (nur hier als SD abgekürzt, d. Verf.) festgestellt. Die SD sitzt mit 2 Teilen, so groß jeweils wie eine kleine Pflaume, die man Lappen nennt, rechts und links von der Luftröhre unterhalb des Kehlkopfs (hinzeigen!). Die SD regelt viele komplizierte Dinge in Ihrem Körper. Ihre arbeitet zu langsam, und das könnte zu einer Gewichtszunahme oder trockener Haut führen. Ihre SD ist entzündet. Davon merken Sie nichts, und es ist auch nicht schlimm, weil es sehr gut mit einer Tablette SD-Hormon behandelt werden kann. In der Tablette ist genau das, was die SD ins Blut abgibt, aber eben bei Ihnen zu wenig. Diesen natürlichen Stoff (Hormon) müssen Sie Ihr Leben lang morgens einnehmen. Es gibt keine Nebenwirkungen und auch keine andere Behandlungsmöglichkeit. Einmal im Jahr sollten eine Blutabnahme sein und eine Ultraschalluntersuchung.

Der »Pschyrembel« ist das klassische Wörterbuch der Medizin und liegt inzwischen in der 265. Auflage (2014) vor. Klassenmedizinisch wäre seine parallele Herausgabe in leichter Sprache als »Pschyrembel light« oder ein Wikipedia/Medizin in leichter Sprache eine große Hilfe in der Kommunikation mit vielen Patienten – und das betrifft nicht nur die Unterschicht!

6.7   Die Schamschwelle

Eine Untersuchung wird von den meisten Patienten (mit Recht) erwartet. Da gibt es keinen Unterschied zwischen Migranten und deutschen Patienten. Der gelegentlich zu hörende Einwand, ob nicht ein uns befremdliches Schamgefühl notwendige Untersuchungen blockiere, stellt sich nach unserer Auffassung meist als unbegründet heraus. Aufforderungen wie »nun lassen wir mal die Hosen herunter«, möglicherweise mitten im Sprechzimmer ohne Sichtschutz vor evtl. eintretenden Helferinnen oder das unbekleidete Herumliegen in Durchgangsräumen sollten selbst im größten Klinik- oder Praxistrubel nicht vorkommen. Dies betrifft ganz besonders die sensible Situation der sozialmedizinischen Begutachtung!

Fallbeispiel 6.8: Distanzlose Begutachtung einer 34-jährigen Albanerin

Eine 34-jährige Patientin aus Albanien berichtet verschämt über ihre Erlebnisse bei der Begutachtung wegen des Reha-Antrags. Sie habe sich vollständig nackt ausziehen müssen, sei dann grob untersucht worden und habe danach, nackt vor dem Arzt auf einem Stuhl sitzend, weitere Fragen beantworten müssen.

»Ich habe da gewünscht, zu sterben und dass ich den Antrag nie gestellt hätte.«

Eine Untersuchung von Kopf bis Fuß ist möglich, ohne den Patienten je das Gefühl des Entkleidetseins spüren zu lassen: Sei es, dass Region für Region untersucht wird oder dass die Entkleidung für technische Untersuchungen (EKG) genutzt wird. Die entängstigende Anwesenheit eines Angehörigen (z. B. des Ehemanns) sollte freigestellt, besser noch immer aktiv angeboten werden. Bei Frauen ist die Anwesenheit der dolmetschenden Arzthelferin ideal zu nutzen. Taktgefühl, Intuition und Menschlichkeit – in der klinischen Ausbildung leider nicht immer optimal vorgelebt – sind nahezu immer in der Lage, die notwendige Verletzung der Intimsphäre akzeptabel zu gestalten. Verschleierte Frauen verweigern oft den Handschlag mit dem Arzt, für spätere Begegnungen ist eine entsprechende Notiz in den Krankendaten hilfreich und entkrampfend. Eine körperliche Untersuchung ist aber immer möglich, wenn die obigen Empfehlungen beachtet werden.

Nicht zu unterschätzen ist der Zuwendungsaspekt körperlicher Untersuchungen, die Verständigung durch Handauflegen, Beschauen, Beklopfen, die physikalischen Untersuchungsmethoden, die oft mehr glaubhafte Beruhigung vermitteln als diverse hochtechnische Untersuchungen. Es sollte auch nicht verwundern oder zu vorschneller Bewertung Anlass geben, dass gelegentlich bereits nach einer Ultraschalluntersuchung – also der optimalen Kombination von technischer und manueller Diagnostik – Besserung der Beschwerden berichtet wird.

6.8   »Gute deutsche Medizin« und die »Compliance-Falle«

6.8.1   Missverständnisse und Widerstände …

Die uns zur Verfügung stehenden theoretischen, technischen und labordiagnostischen Möglichkeiten fördern bei Migranten die Hochachtung vor der »guten deutschen Medizin« und dem guten Doktor, der alles zu wissen und zu können scheint. Hinter der narzisstischen Gratifikation lauern schlimme Missverständnisse.

- »Der Doktor wird mir helfen können, ohne dass ich ihm alle Medikamente mitbringe, die ich bisher vergeblich eingenommen habe« (und auf die der Patient u. U. mit Nebenwirkungen reagiert hat).
- »Ich sage dem Doktor, weil es ihn vermutlich kränken würde, nicht, dass ich bereits 4 andere Ärzte wegen der gleichen Beschwerden konsultiert habe. Sicherlich wird er die Tabletten finden, die meine Beschwerden endgültig heilen.«

Häufig werden Ärzte in oder aus dem Heimatland gleichzeitig konsultiert und der Patient nimmt eine – für den Behandlungsverlauf ungünstige – Spaltung vor: mit dem einen Arzt kann ich reden, vom anderen will ich mich behandeln lassen. Wenn dann die Ärzte sich nicht untereinander austauschen, was leider häufig der Fall ist, wird die Verwirrung zum Schaden des Patienten immer größer.

In ▶ Kap. 4 wird ausführlich das früher gerne »**Incompliance**« genannte Verhalten bearbeitet (medizinisch = Undehnbarkeit; im übertragenen Sinne = fehlende Einwilligung oder Bereitschaft). Es bedeutet, dass ärztliche Verordnungen seitens des Patienten nicht befolgt werden. Der Begriff ist (ab-)wertend und wenig hilfreich, wir schlagen den Begriff »**Widerstand**« vor, da er etwas von der Kraft ahnen lässt, die Patienten aufbringen, um eigene Wege zu gehen. Während »Incompliance« gerne wie eine Diagnose eingesetzt wird, die ärztliches Bemühen obsolet erscheinen lässt und zu therapeutischem Nihilismus, einem Abschreiben des »schwierigen Patienten« führen kann, ist

Widerstand ein abzuklärendes Symptom, hat also Ursachen, die gemeinsam herausgefunden und bearbeitet werden können.

Fallbeispiel 6.9: 53-jähriger türkischer Diabetespatient

Ein 53-jähriger türkischer Patient, der mit seinem Sohn zusammen einen Gemüseladen betreibt, wird »zur Verbesserung der Diabeteseinstellung bei Incompliance« überwiesen.

Seit 15 Jahren ist ein Diabetes mellitus Typ 2 bekannt und wird mit Tabletten behandelt. Der HbA1c-Wert (Maß der Güte der Stoffwechseleinstellung, Zielbereich < 7 %) liegt bei 11,4 %, Folgekrankheiten bestehen als Nervenschädigung (diabetische Polyneuropathie) und Netzhauterkrankung der Augen (diabetische Retinopathie), es erfolgte deshalb bereits eine Laserbehandlung beider Augen.

Er erlernt die Blutzucker-Selbstkontrolle und kommt damit gut zurecht, die selbstgemessenen Werte liegen immer über 200–500 mg %, doppelt bis 4-mal so hoch wie normal.

Wir schlagen eine Insulinbehandlung vor, er stimmt zu. Es wird in mehreren einstündigen Sitzungen mit der türkischen Beraterin alles ausführlich besprochen: Insulin soll vor jeder Hauptmahlzeit und ein langwirkendes Insulin einmal abends gespritzt werden. Das wird geübt, aber beim nächsten Besuch hat er die Behandlung zu Hause gar nicht erst begonnen, er hasse das Spritzen, möchte neue, stärkere Tabletten haben.

Ich erkläre, dass es ohne Insulin nicht geht, verweise auf die bereits eingetretenen Schädigungen anderer Organe. Wir machen einen Schritt zurück: Es soll jetzt nur das abendliche Insulin gespritzt werden, das akzeptiert er als tolerabel, tut es aber bis zur nächsten Visite nur 2- oder 3-mal.

Die Verlaufskontrolle des HbA1c ist mit 10,9 im Wesentlichen unverändert schlecht, aber er sieht einen kleinen Fortschritt. »Was soll ich tun«, fragt er. »Regelmäßig Insulin spritzen«, ist die Antwort. Nach 4 Wochen berichtet er, das Insulin abgesetzt zu haben, er habe darunter 4 kg Gewicht zugenommen. Die Einladung zu einer ausführlichen Schulung in türkischer Sprache, bei der Ernährung und Gewichtsabnahme Thema sind, und die Einbeziehung seiner Ehefrau hat er bis heute abgelehnt.

6.8.2 Compliance-Fallen

Bei Migranten gibt es zwei besondere Arten des Widerstandes, die wir Compliance-Fallen nennen wollen.

Die erste besteht in einem freundlichen Jasagen des Patienten zu den Vorschlägen des Arztes, das aber nicht Zustimmung und auch nicht die Bereitschaft signalisiert, den vorgeschlagenen Weg zu gehen, sondern der speziellen Höflichkeit geschuldet ist, »höhergestellten Respektspersonen« nicht zu widersprechen. Viel ärztlicher Unmut und manche Therapieverzögerung wären vermeidbar, wenn das **Ja** in dieser schillernden Form als verborgenes **Nein** erkannt würde, z. B. an der widersprüchlichen Körpersprache des Patienten oder daran, dass er den ausführlich besprochenen Behandlungsplan, das mitgegebene Medikament oder die Vereinbarung des nächsten Termins »vergisst« oder eine Schulung zusagt, aber nicht erscheint.

Die zweite Compliance-Falle geht so: »Doktor, sag mir, was ich tun soll, damit es besser wird«, daraufhin legt der Arzt – v. a. bei chronischen Erkrankungen – los, eine komplexe Behandlungsstrategie darzulegen, die der Patient entsprechend der Compliance-Falle 1 abnickt, obwohl er eigentlich sagen wollte: »Doktor, mach, dass ich das Ganze schnell los werde, ich habe dazu großes Vertrauen in dich!«

Fallbeispiel 6.9: Fortsetzung

Der Gemüseladen ist insolvent, der Sohn hat Geldschulden, das Haus, in dem der Patient wohnt, das er für die große Familie (5 Kinder, 2 noch zu Hause wohnend) umgebaut und erweitert hat, muss verkauft werden. Für ihn ist das ein so beschämender Abstieg, dass er es mir erst nach vielen Wochen erzählt. Er muss in eine Sozialwohnung umziehen, kann nicht schlafen, ist depressiv. Er lehnt eine stationäre Behandlung (»mal raus aus allem«) ab. Ich gewinne den Eindruck, die Diabetesentgleisung ist schmerzlos und für ihn das allerkleinste Übel, verglichen mit seinen sozialen Problemen und steht ca. auf Platz 56 seiner To-do-Liste.

Er verlässt jedes Mal mich tröstend das Sprechzimmer: »Du bester Doktor, ich mach jetzt alles richtig! Nächstes Mal ist besser!«

6.8.3 »Für alles gibt es eine Medizin«

Weitere Vorurteile auf Patientenseite: »Es gibt keine Beschwerden, die man ertragen muss, allenfalls lindern kann. Ich weiß aus Erfahrung, es gibt für alles eine Tablette, oder besser noch Spritze, die am schnellsten hilft.« Diese absichtlich etwas zugespitzten Äußerungen stehen nicht für das viel beklagte Anspruchsdenken (▸ Kap. 4), sondern sind Widerspiegelungen einer Selbstdarstellung unserer Medizin. Sie sind auch Lernprodukt aus dem Umgang mit Ärzten und Folge allzu oberflächlicher Anamnesen, die immer – erneut führe ich Selbstverständlichkeiten an – die Medikamenten-, Ärzte- und Arbeitsplatzanamnese beinhalten sollten.

Fallbeispiel 6.10: 56-jähriger Rentner aus Rumänien mit Polymedikation
Ein 56-jähriger Rentner aus Rumänien, früher Stahlbetonbauer, kommt wegen Luftnot in der Nacht und bei körperlicher Belastung. Er nehme zeitweise Medikamente ein, die er aber nicht benennen kann. Vor 2 Jahren sei er im Krankenhaus gewesen. Nach intensiver Befragung und mehreren Telefonaten ergibt sich: Es besteht seit 10 Jahren ein allergisches Asthma bronchiale, es behandelten bisher 3 Ärzte (Allgemeinmediziner, Lungenfacharzt und HNO-Arzt), der Krankenhausaufenthalt war vor einem halben Jahr, eine später mitgebrachte Plastiktüte enthält 35 verschiedene Arzneien, z. T. mit identischer Wirkung (2 verschiedene kurzwirksame Beta-2-Mimetika), z. T. bei Asthma (relativ) kontraindizierte (Betablocker wegen Hypertonus).

Die in die Sprechstunde mitgebrachte Plastiktüte mit allen tatsächlich vorhandenen Medikamenten ist unverzichtbar in klassenmedizinischer Hinsicht. Diese Medikamente
- entsprechen oft nicht dem Medikamentenplan des Facharztes,
- sie sind nicht unbedingt identisch mit dem Plan des Hausarztes und
- es ist nicht gewiss, dass sie überhaupt regelmäßig eingenommen werden!

So ergibt sich ein weites vernebeltes Feld in einem Bereich, wo eindeutige Dosierung, Vermeidung und Erkennung von Nebenwirkungen und mögliche Interaktionen der verschiedenen Medikamente sowie ihre Kontraindikationen beachtet werden müssten.

Der Satz von Konrad Lorenz (1903–1998): »… gesagt ist nicht gehört, gehört ist nicht verstanden, verstanden ist nicht einverstanden, einverstanden ist nicht getan, getan ist nicht richtig getan«, trifft bei Migranten in besonderem Maße zu. Das tapfer geschluckte Zäpfchen, das mit dem Nitrospray verwechselte Asthma-Dosieraerosol, das bei »Bedarf« eingenommene Antihypertensivum, die Digitalisdosis-Verdoppelung (Herzmittel mit geringer therapeutischer Breite, Gefahr toxischer Nebenwirkungen ist hoch) bei Herzschmerzen, die Einnahme von Fettsenkern bei Kopfschmerzen, Aspirin bei Magenschmerzen und das selbstständige Weglassen der von verschiedenen Ärzten verordneten insgesamt 25 Pillen pro Tag(!) sind nur vordergründig Fragen der Compliance – tatsächlich aber meist Auswirkungen unserer gehetzten, tablettenorientierten Medizin, die ihre großartigen Möglichkeiten oft nicht mehr verständlich machen kann – auch dies kein ausländerspezifisches Problem.

Das Vorführen der Anwendung von Dosier-Aerosolen, wiederholte Kontrollen aller mitzubringenden Tablettenschachteln, der Dosierung und der Zahl der Medikamente, die Instruktion von Angehörigen, die schnelle (telefonische) Einbeziehung mitbehandelnder Arzte, der rasche Informationsaustausch über Krankenhausbehandlungen, die Übersetzung im Ausland ausgestellter Befundberichte, die Geduld, ein x-tes Mal ein Krankheitsbild zu erklären, sind zeitraubend und oft auch Nerven zermürbend, dazu gebührenordnungsfremde Extraleistungen. Sie werden dennoch tagtäglich erbracht. Unsere dazu erforderliche Geduld, Fantasie und Zeit sind jedoch nicht so gleichmäßig verteilt wie Apotheken, nicht so unerschöpflich wie deren Medikamentendepots und oft weniger beharrlich als die oben beschriebenen, alltäglichen Missverständnisse.

Die pharmazeutische Industrie trägt dieser Not z. T. durch fremdsprachige Broschüren Rechnung. Gelegentlich scheint die Handschrift der Marketingabteilung allzu deutlich durch. Die beste Broschüre taugt nicht als Ersatz für die zeitaufwändige Beratung durch Arzt oder Arzthelferinnen, kann eine Informationsvermittlung vortäuschen, während Medikament und Broschüre in der gleichen Schublade verschwinden. Wenn Blutdruck, Asthma oder Blutzucker scheinbar immer noch nicht adäquat ansprechen, ist eine medikamentöse Übertherapie oft die Folge, und ungenügende Compliance fungiert als – allerdings nicht verlässlicher – Schutz vor Intoxikation.

Die wichtige, beziehungsstiftende und Ärzte entlastende Rolle des nichtärztlichen Personals in Klinik und Praxis kann nicht genug hervorgehoben werden. Die Ökonomisierung aller Bereiche unseres Gesundheitswesens hat aber zu ökonomisch kalkulierter Personalreduktion in den Praxen und staatlich erzwungenem Pflegenotstand in den Krankenhäusern geführt. Eine auch unter Kosten-Nutzen-Gesichtspunkten in diesem Zusammenhang fatale Entwicklung!

6.9 Arbeitsmedizin

6.9.1 Arbeitsplatzbedingte Gesundheitsstörungen

Für deutsche Arbeitnehmer in vergleichbaren Jobs sind die folgenden Ausführungen selbstverständlich genauso gültig. Sie werden in diesem Kapitel angesprochen, weil eine deutliche Tendenz auf dem Arbeitsmarkt erkennbar ist, nicht nur die prekären, sondern auch die gesundheitlich riskanten Arbeiten zunehmend an Migranten, ausländische Leiharbeiter, und Menschen ohne Papiere zu vergeben.

Taylor (1913[1], 1977) schreibt in »Die Grundsätze wissenschaftlicher Betriebsführung«:

» Das stillschweigende oder offene Übereinkommen der Arbeiter, sich um die Arbeit zu drücken, d.h. absichtlich zu langsam zu arbeiten, das ja nicht eine ehrliche Tagesleistung zustande kommt …ist in industriellen Unternehmen fast allgemein gang und gäbe und besonders im Bauhandwerk recht üblich. Ich glaube, mit der Behauptung, dass dieses Sich-Um-Die-Arbeit-Drücken, wie es bei uns genannt wird, das größte Übel darstelle, an dem gegenwärtig die arbeitende Bevölkerung …krankt, keinen Widerspruch fürchten zu müssen. Wenn man dieses »Sich-Drücken« in jeglicher Form ausmerzen und die Beziehungen zwischen Arbeitnehmer und Arbeitgeber so gestalten könnte, dass jeder Arbeiter in freundschaftlicher Führung mit Unterstützung der Leitung möglichst vorteilhaft und schnell arbeitet, so würde sich im Durchschnitt die Produktion jeder Maschine und jedes Arbeiters annähernd verdoppeln. «

Dazu Tempel u. Ilmarinen (2013):

» … Es hat Jahrzehnte gedauert, bis die Kritik am Taylorismus und den … psychotechnischen Menschenbildern so weit entwickelt war … (ihn als »Anachronismus« zu bezeichnen, Anm. d. Verf.) … Welche Bedeutung haben … die Menschen, die an einer Maschine arbeiten? Sind sie ein bloßes Anhängsel im Wirtschaftskrieg um beste Produktivität und Qualität der Arbeit … Es ist eine der entscheidenden Leistungen der finnischen Forschung zur Arbeitsfähigkeit, zu belegen, dass »sich das Arbeitsleben an den Lebenslauf anpassen muss« (Ilmarinen 2006) und nicht umgekehrt, wenn der demografische Wandel in der Gesellschaft und Unternehmen erfolgreich bewältigt werden soll. «

Migranten sind häufig in jenen industriellen Produktionsbereichen beschäftigt, die aus guten Gründen für einheimische und besser ausgebildete Arbeitnehmer unattraktiv (geworden) sind. Nur eine gezielte Arbeitsplatzanamnese fördert dies zutage. Unter der Hand und unseren Augen wird täglich am Arbeitsplatz Gesundheit verkauft zum zynisch kalkulierten Preis von Gefahrstoffprämien, die durch noch so viel ärztliches Engagement nicht zurückgewonnen werden kann. Solange sich führende Arbeitsmediziner als »Experten für Unbedenklichkeiten« zur Verfügung stellen, sind die Gefahren und erst Recht die Folgeschäden in Klinik und Praxis nicht zu identifizieren. Professor Gerhard Lehnert erwarb sich diesen zweifelhaften Titel, weil er u. a. die gesundheitsschädigende Wirkung des Dioxins im Boehringer-Skandal in Hamburg Mitte der 80er-Jahre banalisierte. Der Kieler

Toxikologe Wassermann ging noch weiter und nannte ihn einen »Fälscher ohne einen Rest von Gewissen und Moral«. Lehnert war in Hamburg Ordinarius für Arbeitsmedizin an der Universität (»Papst der klassischen Arbeitsmedizin«) und später Leiter des Instituts für Arbeits- und Sozialmedizin und Dekan der medizinischen Fakultät der Universität Erlangen (siehe auch *Der Spiegel* 4/93 vom 25.1.93)

Arbeitsmedizinische Kompetenz müsste für alle Ärzte verstärkt bereitgestellt werden. Niedergelassenen Ärzten, engagierten und unabhängigen Arbeitsmedizinern, den Krankenkassen und Gewerkschaften fällt hier eine bisher so gut wie nicht wahrgenommene Aufgabe institutioneller Kooperation zu.

Fallbeispiel 6.11: 49-jähriger Patient mit toxischem Leberschaden

Ein türkischer Familienvater, 49 Jahre alt, war nach einer Feier mit Kollegen mit Alkohol am Steuer in eine Polizeikontrolle geraten. Bei den zahlreichen Tests zur Wiedererlangung des Führerscheins fand sich konstant eine Erhöhung seiner Leberwerte (GPT 51, GammaGT 113 U/l). Er bat mich um ein Attest zur Vorlage beim TÜV, der die Führerscheinrückgabe bisher verweigerte.

Er sei gläubiger Muslim. Der Alkoholkonsum damals sei ein Ausrutscher gewesen. Er habe mit seiner Frau Stress gehabt wegen der Hochzeit seiner jüngsten Tochter mit einem Deutschen, er trinke aber normalerweise keinen Alkohol.

Die weitere Befragung ergibt: Er arbeitet seit fast 30 Jahren in einer kleinen Firma, die Speziallackierungen durchführt. Dabei kommen auch heute noch bei speziellen Arbeitsgängen verschiedene organische Lösungsmittel zum Einsatz. Die vorhandenen Atemmasken würden nicht nur von ihm, sondern auch von den übrigen, überwiegend ausländischen Kollegen nicht getragen, weil sie bei der Arbeit sehr störten.

Die Rückgabe des Führerscheins erfolgte prompt, da der Arbeitsplatz als Ursache der erhöhten Leberwerte bescheinigt werden konnte und die speziell auf chronischen Alkoholismus hinweisenden Laborwerte (MCV, CDT) nicht auffällig verändert waren. Das arbeitsmedizinische Problem war nicht so leicht lösbar. Der Betriebsarzt wurde eingeschaltet. Es erfolgte aber keine Rückmeldung über ggf. eingeleitete Maßnahmen.

Beschwerden von Seiten des Bewegungsapparates werden häufig geklagt. Bei körperlich hart arbeitenden Menschen ist das Gefühl für den eigenen Körper funktionalistisch reduziert, er muss oft maschinenmäßig eingesetzt werden, und daraus resultiert eine abweichende Überzeugung, wie Besserung zu erzielen ist: eher auf mechanischem Wege, durch Eingriffe eher als durch Entspannung.

Fallbeispiel 6.12: 29-jährige Patienten aus Ghana mit Lumbago

Eine 29-jährige Reinemachfrau, alleinerziehend seit ihr Mann nach Ghana zurückging, hat 2 Kinder (7 und 10 Jahre alt) und ist im Krankenhaus beschäftigt, angestellt aber bei einer »ausgesourcten« Firma. Sie klagt über anhaltende Rückenschmerzen. Die Diagnose lautet Lumbago. Nach 2 Wochen einer konservativen Schmerztherapie drängt sie den Orthopäden: »Tu was, ich muss für meine Kinder arbeiten, wer krankfeiert, wird rausgeschmissen!«

Es wird eine CT-gesteuerte periradikuläre Schmerztherapie durchgeführt, die Patientin wird aber auch nach mehreren Sitzungen nicht schmerzfrei und verliert tatsächlich ihren Arbeitsplatz (Probezeit).

CT-gesteuerte Schmerztherapie

Die CT-gesteuerte Schmerztherapie erfuhr einen Boom in den letzten Jahren. Unter Bildkontrolle im Computertomograf wird eine Mischung von lokalem Betäubungsmittel und Kortison an die betroffene Nervenwurzel gespritzt. Die Nebenwirkungen können lokaler Art sein, oder es kann durch den Einsatz von Kortison zu Veränderungen im Stoffwechsel (Verschlechterung eines bestehenden Diabetes mellitus) kommen. Die Erfolgsaussichten liegen langfristig bei 50 % (Arlinghaus 2002).

Zur Begrenzung der Menge der offensichtlich oft als nicht indiziert angesehen Untersuchung darf sie seit April 2013 nur auf Überweisung von Ärzten mit schmerztherapeutischer Zusatzqualifikation erfolgen. Damit ergeben sich für diese Kollegen (neue) Abrechnungs- und Versorgungsprobleme, auf die hier nicht eingegangen werden kann.

6.9.2 Bescheinigung der Arbeitsunfähigkeit

> **Ausstellen von Arbeitsunfähigungsbescheinigungen**
>
> Die Arbeitsunfähigkeitsbescheinigung kann, wie die Fallbeispiele belegen, zu einer für Arzt und Patient heiklen, konfliktreichen Abwägung zwingen zwischen:
>
> - dem Wunsch des Patienten (»fühle mich im Moment überfordert«) und der notwendigen ärztlichen Begründung;
> - der medizinischen Notwendigkeit (z. B. Lungenentzündung mit Fieber) und der Angst um den Arbeitsplatz oder der Besonderheit des Arbeitsplatzes;
> - der subjektiv angenehmen Entlastung bei »Bagatellerkrankungen« (Schnupfen) und der (v. a. jungen Arbeitnehmern gegenüber bestehenden) pädagogischen Verantwortung des Arztes (»Man kann mit diesem Schnupfen in die Berufsschule gehen!«);
> - der ärztlichen Begründung einerseits und der Begutachtung durch den Medizinischen Dienst der Krankenkasse;
> - dem nachvollziehbaren Wunsch des Arbeitgebers nach Planungssicherheit und der ärztlichen Schweigepflicht.

Der Wunsch, Arbeitsunfähigkeit ärztlich bescheinigt zu bekommen, ist oft mit dem Odium des Blaumachen-Wollens belegt, obwohl die Statistiken der letzten Jahre für einen allgemein äußerst niedrigen Krankenstand sprechen. Migranten wollen nach meiner Erfahrung und entgegen einem gelegentlich zu hörenden (Vor-)Urteil nicht häufiger oder länger krankgeschrieben werden. Wie bei allen körperlich und im Freien arbeitenden Patienten kann für sie eine mittelschwere Erkältung, mit der Angestellte gewöhnlich ins Büro gehen, oder eine Magen-Darm-Grippe mit Durchfall bei einem Kranführer im Hafen (▶ Fallbeispiel 4.17, ▶ Abschn. 4.8., »Klass(enmedizin)ische Fragen«) allerdings ein

sehr berechtigter Grund für eine Krankschreibung sein. Ein »gelber Zettel« wird Arbeitern bereits für einen Fehltag vom Arbeitgeber abverlangt. Eine allzu kritische Prüfung eines solchen Begehrens kann u. U. Vorurteile des Patienten bestärken, seine Beschwerden übertreiben zu müssen, mit dem Ergebnis, dass unnötige, kostspielige und die AU-Zeit verlängernde Diagnostik notwendig wird. Zusätzliche Sprachprobleme können dann zu kaum noch zu entwirrenden und unwürdigen Situationen führen. Die im speziellen Fall früh gestellte Frage: »Sind Sie damit denn arbeitsfähig?«, beruhigt den Patienten und verhindert eine irreführende Dramatisierung.

6.9.3 Notwendige Differenzialdiagnostik

Bei vielen anderen Patienten sind Beschwerden des Bewegungsapparates nicht durch die berufliche Tätigkeit verursacht, sondern mit Ängsten verbunden, die ganz andere Organe betreffen (z. B. Krebs, Herzinfarkt). Diese Ängste müssen erfragt (siehe »Klass(enmedizin)ische Fragen«, ▶ Abschn. 4.8), und für den Patienten überzeugend ausgeräumt werden. Oft gelingt dies nicht ohne die Durchführung technischer Untersuchungen (Sonografie, Belastungs-EKG, Labor), deren Indikation umso weiter zu stellen ist, je schlechter die Verständigung mit dem Patienten und seine Gesundheitskompetenz sind. Es scheint, als habe die Budgetierung der ärztlichen Leistungen in den letzten Jahren dazu geführt, dass solche »Sicherheitskontrollen ohne klares Ziel«, mehr eine Möglichkeit ausräumend als den Beweis eines Verdachtes erbringend, eher weniger geworden seien. Das Bemühen zu sparen, unsinnige oder Doppeluntersuchungen zu vermeiden, soll hier nicht in Frage gestellt werden, unter dem Aspekt einer guten Klassenmedizin ist dies aber eine gefährliche Entwicklung. Zumal gerade bei diesen Patienten die Gefahr besteht, dass akute Herzinfarkte, eine Rippenfellentzündung, ein Magenkarzinom als ein Wirbelsäulenleiden fehldiagnostiziert werden, weil diese Diagnose möglicherweise seit Jahren schon bekannt ist. Es wurde wiederholt darauf hingewiesen, dass Symptompräsentation und das Erleben der Krankheit kulturell geprägt sind, auf völlig anderen Krankheitsüberzeugungen (»health beliefs«) beruhen und von unseren klinischen Erfahrungen und Lehrbuchwissen deutlich abweichen können.(Wurzbacher 2003, Ilkilic 2005)

6.10   »Health beliefs«

Dieser Abschnitt wurde modifiziert übernommen aus Kalvelage u. Kofahl (2013)

»Säge nicht den Ast ab, auf dem die Klienten sitzen, bevor du ihnen geholfen hast, eine Leiter zu bauen!« (Kanfer et al. 2006). Dieser verhaltenstherapeutische Leitsatz hebt auf das »health belief model« (Becker et al. 1977), die subjektiven Annahmen des Patienten über seine Beschwerden, seine vermutete Krankheit und die Fantasien darüber ab, wie sie entstand und wie sie behandelt werden sollte. Es geht vor dem »Astabsägen« aber auch darum, zu erkennen, welche durchaus sinnvollen Funktionen das uns »problematisch« erscheinende Verhalten im gesamten Lebenskontext hat. Übergewicht (▸ Kap. 8) kann lästig sein und den Wunsch auslösen, es los zu werden, oder als Sinnbild einer körperlich machtvollen Erscheinung unverzichtbar für einen Menschen erscheinen.

6.10.1 Erfassen der subjektiven Krankheitstheorie

Zur Vermeidung von Fehldiagnosen, Frustration und Therapieabbrüchen ist es daher hilfreich, die **subjektive Krankheitstheorie** zu erfassen (Berg 1998). Der Psychiater und Kulturanthropologe Kleinman (1981; 1988) entwickelte für ein kulturübergreifendes Verständnis der unterschiedlichen Erklärungsmodelle von Krankheit und dem Umgang mit Krankheit die folgenden Leitfragen:

- Wie nennen Sie das Problem? Welchen Namen hat es?
- Was denken Sie hat das Problem, die Erkrankung verursacht?
- Warum denken Sie, ist dieses Problem, diese / Erkrankung aufgetreten?
- Was macht die Erkrankung mit Ihnen?

- Wovor haben Sie Angst, was fürchten Sie am meisten?
- Wie sollte Ihrer Meinung nach das Problem, die Erkrankung behandelt werden?
- Wer sollte in Entscheidungsprozesse mit einbezogen werden?

Auch **Fatalismus** kann als health belief angesehen werden. Bauerdick (2013) beschreibt die Folgen der Schicksalsgläubigkeit am Beispiel der Roma:

>> Sie kann sanftmütige Duldsamkeit hervorbringen oder heitere Gelassenheit, aber auch lethargischen Fatalismus, dort wo Menschen in Jahrhunderten der Fremdbestimmung nie gelernt haben, ihr Geschick in die eigene Hand zu nehmen ... Gadsche [Ausdruck der Roma für Nicht-Roma, d. Verf.] definieren Glück eher darüber, was sie haben: materiellen Besitz, aber auch ideelle Reichtümer wie Erfolg, Gesundheit und Freundschaft. Hingegen besteht das Glück für viele Zigeuner darin, ein Unglück vermieden zu haben, gewissermaßen verschont worden zu sein von Krankheit, Leid und Anfeindung. ≪

Magische Rituale, abergläubischer Zauber sollen das Schicksal beeinflussen (ebd.):

>> Der abergläubische Mensch sieht sich selbst von außen, mit dem Blick eines fremden Auges, ausgeliefert der Macht eines Numinosums. Ohne Vertrauen hängen sein Wohl und Wehe von dem Blick ab, den das fremde Auge auf ihn wirft, gut oder böse, beschützend oder vernichtend, gnädig oder zornig ... Es ist das Kennzeichen magischen Denkens, den Blick des übermächtigen Auges manipulieren zu wollen, durch ein Hufeisen über der Haustür, durch ein Amulett, einen Talisman, eine Haarlocke unter dem Kopfkissen. ≪

Magisches Denken kann in der Krankheitsbewältigung eine wichtige Rolle spielen, es ist nicht nur bei Roma anzutreffen. Es taucht auf beim Placeboeffekt, der Beschwerdelinderung durch unwirksame Behandlungsmethoden oder Tabletten, der bei jedem Menschen wirksam ist. In der Arzt-Patient-Beziehung kann der »Blick des fremden Auges« gebannt werden, wenn es den Partnern gelingt, dem Numinosum (dem Göttlichen) des (Aber-)Glaubens die fesselnde, lähmende Macht, aber nicht die erklärende Bedeutsamkeit zu nehmen.

David u. Borde (2001) haben mit ihren Untersuchungen bei Migrantinnen in der Gynäkologie aus einer ganz anderen Ausgangssituation wichtige Erkenntnisse über die subjektiven Theorien der Patientinnen zusammengestellt. Leider existieren nur wenige derartige Untersuchungen, daher können die Ergebnisse nur mutmaßlich auch auf andere Migrantengruppen oder Krankheitsbilder übertragen werden. Hervorgehoben wird die Inkonsistenz solcher Patiententheorien. Sie sind veränderbar über die Zeit. Gefühle und Abwehrmechanismen und ggf. auch kulturelle oder mythische Vorstellungen können einfließen und die Theorien haben einen »prozessualen Charakter«, können also modifiziert werden. Die Autoren betonen, »Diskrepanzen zwischen der Krankheitstheorie des Arztes und der Patienten werden für eine der Hauptursachen des Nichtbefolgens ärztlicher Anweisungen gehalten« (Berg 1998; siehe auch »Incompliance: der ‚ungehorsame‘ Patient«, ▶ Abschn. 4.5). Die nicht sehr umfangreiche Literatur tendiert dahin, dass bei türkischen Patienten z. B. laienmedizinisch alle Krankheiten eher als exogen verursacht, als von außen her in den Körper eindringend angesehen werden.

Diese beiden Erkenntnisse könnten sehr gut die alltägliche Beobachtung auch bei Migranten anderer Herkunft erklären, dass ärztliche Anweisungen oft nicht oder halbherzig befolgt werden, weil die eigene, nicht angesprochene Krankheitstheorie noch wirksam ist, und die therapeutischen Empfehlungen schlicht nicht »geglaubt« werden, weil sie nicht zu der eigenen Vorstellung passen. Zu einem solchen Krankheitsverständnis passen Pillen (prototypisch das Antibiotikum) besser als Diäten oder andere Lebensstiländerungen, und der Patient ist für sein Selbstwirksam-Werden schwerer zu motivieren. Er hofft vielmehr auf Wundermittel (Essen von Zitronen, Vitaminen, Empfehlungen aus dubiosen Zeitschriften) und ist da zu jedem Ausprobieren bereit. Die ursächlich fatalistische »Von-Außen-Sicht« in eine solche zu wandeln, die das eigene Verhalten als Mitursache oder die eigene Mitarbeit zur Behandlung als notwendig erkennt, muss das erste Ziel der Beratung sein, weil sonst alle Aufklärungs- und Behandlungsbemühungen scheitern werden.

Blutzuckerselbstkontrolle

Die Diabetologie verfügt über ein sehr überzeugendes Instrument, das den Sinneswandel bezüglich der Ursachentheorie oft verblüffend schnell herstellen kann: die Blutzuckerselbstkontrolle. Die eigene Krankheitstheorie wankt oder wendet sich dem tatsächlich von außen kommenden Agens zu, wenn der Blutzuckerwert nach dem Verzehr von einer Portion Melone über 400 mg % ansteigt und umgekehrt abfällt nach einem 20-minütigen Gang während der Schulungsstunde. Die generelle Verordnungseinschränkung von Blutzuckerteststreifen auf Insulin spritzende Patienten (GBA-Beschluss von Oktober 2011; siehe »Chronifizierung des Arztseins«, ▶ Abschn. 7.4) nimmt dem nicht Insulin spritzenden Patienten eine Chance der Selbststeuerung und -kontrolle, es sei denn, der verschreibende Arzt entscheidet sich – in diesem Fall gut zu begründen – von der vorgesehenen Ausnahmeregelung großzügig Gebrauch zu machen.

6.10.2 Vorschläge zum Umgang

Gegenüber den oft komplexen und fest gefügten Patiententheorien muss ein überzeugendes »plausibles Modell« (Kanfer et al. 2006) gestellt werden, das die erwünschten Verhaltensänderungen erleichtert. Seine Vermittlung erfordert Zeit und Geduld.

Dazu 5 Beispiele aus der Diabetologie als Vorschläge für kreative Eigenformulierungen, die immer in sich konsistent sein müssen und sich einer leichten Sprache bedienen (▶ Abschn. 6.6):

- Mein Körper kann den Blutzucker nicht normal halten (Veranlagung).
- Mein Blutzucker und mein Gewicht steigen, wenn ich mehr Energie »tanke«, als ich im Moment verbrauche (Ernährung).
- Hoher Blutzucker lässt meine Gefäße verzuckern, das wirkt wie Rost an einem Rohr. (Pathophysiologie).

6

- Ich habe 2 Möglichkeiten, zusätzlich zu den Medikamenten meinen Blutzucker zu senken:
  - weniger (schnelle) Kohlenhydrate essen oder/und
  - mehr Energie verbrauchen durch Bewegung (Verhalten).
- Bewegung ist nicht Sportmachen, sondern das vermehrte, nur scheinbar grundlose Nutzen von Armen und Beinen. (Vorurteil abbauen).

Der Weg der Annäherung der Patiententheorie an unsere medizinische Vorstellung kann in 4 Schritten gegangen werden:

- Anhörung des Patienten (ohne Veränderungsvorschläge, außer bei gefährlichen Stoffwechselentgleisungen, Notfällen und kritischen anderen Situationen) und Vermittlung neuer Informationen,
- Einbindung verbündeter Angehöriger als Verstärker und Kotherapeut,
- Anerkennung des Erreichten (»Erfolg ist die Mutter des Erfolgs«; Kanfer et al. 2006), dadurch wird gleichzeitig die eigene Selbstwirksamkeit positiv erfahren und verstärkt,
- Geduld und Bescheidenheit der Therapeuten beim Erreichen des Ziels.

6.11   Placebo

Sind die bisher beschriebenen Klippen in Anamnese und Diagnostik erfolgreich umschifft, tun sich in der Therapie neue Gefahren auf.

Placebos (Tabletten ohne Wirkstoff) scheinen optimal zu den manchmal immensen Versorgungs-Bedürfnissen von Migranten (und der Hektik einer überfüllten Sprechstunde) zu passen, um schnell und scheinbar ohne Nebenwirkungen helfen zu können. Eine solche Einstellung bedeutet, einer riskanten Versuchung zu erliegen. Sie nimmt den Patienten nicht ernst, ersetzt oft gründliches Gespräch oder Untersuchung, erspart das manchmal notwendige Eingeständnis, medizinisch nichts tun zu können, verfestigt damit die Omnipotenzfantasien des Patienten, macht ihn abhängig vom Arzt, fördert über die Tablettenorientierung möglicherweise eine spätere Medikamentenabhängigkeit und kann eine schlimme Form von sprachloser Medizin

darstellen. Auch wirksame Medikamente werden in Placebofunktion oder -absicht verabreicht: unterdosiert, als Vitamine, Salben, tägliche Kurzinfusionen oder Injektionen. Tatsächlich ist es oft schwierig, chronische Befindlichkeitsstörungen oder den vermuteten psychosomatischen Zusammenhang verständlich zu machen. Der Versuch muss aber immer wieder parallel erfolgen, das Medikament darf nicht als für alle Beteiligten einfachste »Lösung« angeboten werden. Besonders groß ist die Versuchung, das gequälte und quälende Bild einer somatisierten Depression primär mit Antidepressiva oder gar in Kombination mit einem Tranquilizer zu behandeln. Oft geschieht dies mit der u. U. zutreffenden Begründung, für eine psychotherapeutische Behandlung seien die Voraussetzungen nicht gegeben.

6.12   Schulung und Empowerment

6.12.1   Hilfe zur Selbsthilfe

Die moderne Medizin setzt hohe Anforderungen an die Mitarbeit des Patienten. Vor allem bei chronischen Erkrankungen wird ein Selbstmanagement angestrebt, das für die Behandlung unerlässlich ist und den Patienten von seinem Arzt, der Praxis oder dem Krankenhaus unabhängig macht. Es wird erwartet, dass er Messwerte (Blutdruck, Blutzucker, Gerinnungswerte) erheben und interpretieren kann, seine Medikamente nach Plan einnehmen und ggf. die Dosierung selbstständig verändern oder an gemessene Werte anpassen kann, er soll über eine passende Ernährung Bescheid wissen und über seine Krankheit allgemein gut informiert sein. Es existieren bereits hervorragende Schulungsprogramme, die v. a. für Patienten mit Diabetes mellitus oder Bluthochdruck (Kulzer et al. 2008) oder Patienten, die Blutverdünner einnehmen und kontrollieren müssen, entwickelt wurden. Viele Migranten, aber auch deutsche Patienten benötigen darüber hinaus spezielle Hilfestellungen und nicht selten eine andere, angepasste Form der Informationsvermittlung. Neben die standardisierte Krankenbehandlung treten neu Aufgaben der Erwachsenenbildung hinzu, die nötig sind, um Chancengleichheit erst herzustellen (▶ Kap. 4).

Diese **Informationen** und **Schulungen** müssen deshalb:

- in leichter Sprache abgefasst sein;
- den intellektuellen und sprachlichen Voraussetzungen der Teilnehmer angepasst werden, insbesondere beim Aushändigen fremdsprachiger Broschüren muss die Lesekompetenz gewährleistet sein, und die Materialien müssen zweisprachig angelegt sein, damit der Arzt weiß, was der Patient liest;
- niedrigschwellig erreichbar sein (ideal: die regionale Hausarztpraxis);
- dem Prinzip der didaktischen Reduktion Rechnung tragen;
- vor ihrem Einsatz möglichst wissenschaftlich evaluiert sein, und da dies oft nicht zu gewährleisten ist oder diese Programme die Teilnehmer überfordern, gilt eine individuelle Erfolgskontrolle als obligat (Kalvelage 2013);
- kulturelle Gewohnheiten und Besonderheiten berücksichtigen (z. B. Ernährung, Fasten);
- optimalerweise in der Sprache der Teilnehmer abgehalten werden (z. B. durch zweisprachige Praxismitarbeiter).

Ein Beispiel: erlebnisorientiertes Gruppenlernspiel (entwickelt von Derya Erdogan, Kalvelage u. Kofahl 2011) zum Thema Verdauung von Kohlehydraten und Wirkung von Insulin.

Erlebnisorientiertes Gruppenlernspiel
Die Verdauung der Kohlenhydrate und die Insulinwirkung kann im Gruppenspiel erlebt werden. Die Teilnehmer fassen sich an den Händen, bilden einen Kreis (Mehl), die Beraterin löst die Händepaare voneinander (Verdauung, Aufspaltung des Mehls in Zucker). Das kann schneller (Weißbrot) oder langsamer (Vollkornbrot) vonstatten gehen. Die einzelnen Gruppenmitglieder (Zucker) versuchen, schnell durch die Tür des Schulungsraums zu gelangen (Glukoseaufnahme in die Zelle), es gibt Gedrängel (Hyperglykämie, Blutzuckeranstieg). Ein Teilnehmer macht die Tür auf (Insulin), dies gelingt nicht leicht, wenn er Seife an den Händen hat (Abrutschen vom Türknauf = Insulinresistenz). Der Blutzucker (Zahl der Teilnehmer im Raum) nimmt ab. Einzelne »Zucker« drängeln anschließend am

Insulin in den Schulungsraum zurück (Glukoneogenese, Freisetzung von Speicherzucker aus Leber und Muskulatur), der Blutzucker steigt wieder an.

Eine wichtige Sequenz von Vorgängen im Körper kann so unvergesslich nachgespielt werden. Dies ist grundsätzlich auch bei anderen komplizierten Körpermechanismen denkbar. Der Fantasie sind keine Grenzen gesetzt, wichtig ist allein die Wahrung einer strikten pathophysiologischen Entsprechung (tertium comparationis).

Die Stoffwechseleinstellung des übergewichtigen Menschen mit Typ-2-Diabetes stellt an Arzt und Patient hohe Anforderungen. Spezielle Schulungsprogramme sind effektiv und notwendig, um die Kontrolle des Diabetes weitgehend eine Angelegenheit des Patienten werden zu lassen.

6.12.2 Problemlösungen in der Diabetesschulung

Zwei Hürden sind dabei für den Patienten der unprivilegierten Schicht und seinen Arzt zu nehmen:
- **Sprachliche Verständigungsmöglichkeit** ist absolute Voraussetzung – fremdsprachige Diätberatung oder -schulung ist jedoch immer noch nicht weit verbreitet.
- Spätestens bei der Ernährungsumstellung zur Gewichtsreduktion kommen noch größere Schwierigkeiten hinzu. Die **Ernährungsgewohnheit**en von Migranten sind grundsätzlich anders.

Im Ramadan-Fastenmonat können bei Muslimen bedrohliche Entgleisungen auftreten. Der Mutter einer 8-köpfigen Familie fehlen Zeit, Motivation und Haushaltsgeld für eine Extradiät; einer Verknüpfung der anzustrebenden Gewichtsreduktion mit dem uns geläufigen Schönheitsideal des Schlankseins steht ein gänzlich anderes Körperverständnis und -gefühl gegenüber, Sport verbieten oft die Konventionen, die mögliche Verschlechterung von Begleiterkrankungen wie Depression und Magengeschwüre ist zu beachten, körperliche Arbeit, Schichtdienst und Kantinenessen setzen an jeden Patienten hohe Anforderungen einer bewussten

Ernährungsplanung. Ohne verstärkte, niedrigschwellige Angebote von Spezialkliniken und Diabetes-Schwerpunktpraxen ist der einzelne Arzt oft nicht in der Lage, eine optimale Diabeteseinstellung zur Vermeidung von Sekundärkomplikationen herbeizuführen. Diese sind, entsprechend der Altersverteilung der Migranten, überwiegend in der unmittelbaren Zukunft zu erwarten. Wenn schon der Diabetes nicht einzustellen und das Übergewicht nicht zu beseitigen ist, wird ersatzweise häufig der dicke Patient zum Angriffsziel (▶ Kap. 4.6).

Die Deutsche Diabetes Gesellschaft (DDG) hat durch ihre »Arbeitsgemeinschaft Diabetes und Migranten« Empfehlungen erarbeitet, die in diesem Kapitel als Anhang wiedergegeben werden. Sie wurden z. T. in Wilhelmsburg erarbeitet und finden hier bereits seit Langem Anwendung. Ein Forschungsprojekt des Instituts für Allgemeinmedizin der Universität Hamburg greift diese Anregungen auf. Unter dem Titel »Diabetes einfach schulen« werden derzeit Materialien und Schulungsinformationen für eine für Lehrende zugängliche Website ausgearbeitet (Mews, Wrede: ▶ http://www.diabetes-einfach-schulen.de), die zunächst speziell als »Schulung für illiterative türkische Diabetiker« (SITD) angelegt worden ist, später aber auch auf andere ethnische Gruppen übertragbar sein soll.

Der folgende Fall unterstreicht die Notwendigkeit einer solchen »Schulung in leichter Sprache«.

Fallbeispiel 6.13: Ayses Mutter, Diabetespatientin mit Migrationshintergrund

Fortsetzung von Fallbeispiel 4.5, ▶ Abschn. 4.4.2.

Erinnern Sie sich an Ayse B., die für ihre Mutter keinen Therapieplatz finden konnte? Die Mutter sprach nur Kurdisch, konnte nicht lesen und schreiben und war interessiert zu erfahren, wie sie von ihren hohen Blutzuckerwerten herunterkommen könnte. Die Tochter Ayse, die sie regelmäßig begleitete, studiert Biologie. Sie wurde – mit ihrem freudigen Einverständnis – zur Kotherapeutin und Übersetzerin für ihre Mutter und einen weiteren kurdischen Patienten in einer Kleingruppe. Sie lernte dort – begleitet von einer (deutschen) Diabetesberaterin – als erstes, ihren Blutzucker selbst zu messen und die Zahlen aus dem Display ihres Gerätes in eine Tagebuchtabelle einzutragen. Sie konnte in der Praxis mit Nahrungsmittelattrap-

pen lernen, günstige von ungünstigen Nahrungsmitteln zu unterscheiden und dieses neue Wissen beim Einkaufen im Supermarkt nutzen. Sie begann wenig später mit der Insulinbehandlung und führte täglich vor dem Essen selbstständig eine Insulininjektion durch. Ihre Blutzuckerwerte wurden wegen der bereits geschädigten Augen vorsichtig und langsam in den Zielbereich gesenkt. Nach 4 Monaten war aus der nicht »schulbaren Diabetikerin« eine Frau geworden, die selbstbewusst ihren Diabetes im Griff hatte. Sie ist vielleicht nicht in der Lage, darüber ein Referat zu halten, aber sie hat immerhin ihre 46-jährige Nachbarin dazu gebracht, bei uns ebenfalls eine Schulung zu machen. Für diese Verwandlung waren ca. 25 Kleingruppensitzungen unterschiedlicher Dauer erforderlich. Ein makroökonomisch gesehen äußerst günstiges Kosten-Nutzen-Verhältnis!

Es gibt selbstverständlich auch Beispiele, in denen nicht so erfolgreich der Gleichklang zwischen Patient, Familie und behandelndem Arzt hergestellt werden konnte. Wichtig ist auch in diesen Fällen der professionelle Umgang mit dem »Scheitern«.

Fallbeispiel 6.14: 46-jährige türkische Diabetikerin

Die Angehörigen der 46-jährigen türkischen Frau haben gehört, dass es bei uns türkische Schulungen gibt. Die Tochter: »Meine Mutter hat seit 3 Jahren Zucker und müsste eigentlich Insulin spritzen. Sie kann das nicht alleine. Bitte bringen Sie ihr das bei!«

Die Patientin war im Krankenhaus gewesen und hatte dort bereits eine Insulinbehandlung abgelehnt. Auch die Blutzucker-Selbstkontrolle wollte sie nicht durchführen. Nach Absprache mit den Familienangehörigen wurde nach der Entlassung der Sozialdienst eingeschaltet, der einen türkisch sprechenden Pflegedienst organisieren konnte. Im Nachhinein hat sich herausgestellt, dass dieser von der Patientin abgelehnt worden ist und Familienangehörige (im Wechsel die Tochter, die Enkelin oder der Vater) die Mutter mit Insulin versorgen wollten, was aber daran scheiterte, dass sie darin nicht eingewiesen worden waren. Das Angebot, Insulinspritzen gemeinsam in der Praxis zu erlernen, wurde von der Patientin nicht angenommen.

In diesem Fall ist es der Patientin und den Angehörigen nicht gelungen, die angebotene Unterstützung anzunehmen. Der Auftrag, in die Insulinbehandlung einzuweisen, wurde über den Kopf der Patientin hinweg erteilt, die Behandlung scheiterte. Dieses Beispiel zeigt die Grenzen auf, die selbst bei maximalem Engagement eine gute Behandlung verhindern können und wie wichtig eine Auftragsklärung bei neuen Patienten oder bei neuen Behandlungserfordernissen ist. Vielleicht ist aber dennoch ein allererster, neuer Schritt getan worden, wenn auch noch ohne Erfolg(serlebnis). Kleinschrittige Verhaltensänderungen erfordern viel Geduld, sind jedoch für den Verlauf der Behandlung von maximaler Relevanz. Manchmal gelingt es, eine zunächst unlösbar erscheinende Aufgabe in einem späteren, neuen Anlauf zu bewältigen. Deshalb sollte – bei aller Enttäuschung und Ärger über den momentan ausgebliebenen Erfolg – die Tür der Klinik oder Praxis immer offen und die Beziehung zum Patienten unbeschädigt von ärztlichem Unmut bleiben!

6.13 Migrantenversorgung als Testfall

Die Qualität der Versorgung von Migranten ist ein Indikator für soziale Verantwortung und Humanität in unserem Gesundheits- und Gemeinwesen. Wenn Krankenhausbetreiber heute »Ethno-Marketing: Patienten mit Migrationshintergrund als Zielgruppe des Marketings« (Brandstädter u. Aydin-Saltik 2013; siehe auch ► Kap. 2) entdecken, kann man dies als Fortschritt ansehen für deren Integration. Wie bei jeglichem Marketing in der Medizin darf aber die Absicht unterstellt werden, neue Kunden gewinnen und nicht so sehr Versorgungsdefizite ausgleichen zu wollen.[4] Denn viele

---

4   Siehe auch Broschüre der Beauftragten für Migration, Flüchtlinge und Integration zum Thema »Das kultursensible Krankenhaus. Ansätze zur interkulturellen Öffnung.« Diese Broschüre wurde von im Krankenhaus tätigen Mitgliedern des bundesweiten Arbeitskreises Migration und öffentliche Gesundheit – angesiedelt bei der Beauftragten der Bundesregierung für Migration, Flüchtlinge und Integration – erarbeitet und stellt die Bedürfnisse von Patientinnen und Patienten mit Zuwanderungsgeschichte im Krankenhaus in den Mittelpunkt. ► www.integrationsbeauftragte.de

Ausländer sind noch immer zusammen mit vielen ihrer deutschen Mitbürgern und Nachbarn aus der Unterschicht die »Letzten« (Dörner 2001), also die, denen klassenmedizinisch Priorität eingeräumt werden sollte, weil sie als Kunden weniger attraktiv sind.

Gelingt es uns, die immer komplizierter werdende Medizin an diese Patienten und mit ihrer Lebenswirklichkeit in Einklang zu bringen, oder scheitern wir an den hier aufgezeigten sozialen Barrieren und psychologischen Hemmnissen, die oft der »Kultur« zugeschrieben werden, aber tatsächlich nur zu überwinden sind, wenn wir alle Register einer psychosozial kompetenten Medizin ziehen? »Türken haben Kultur, Deutsche eine Psyche«, titelte schon 2000 das *Deutsche Ärzteblatt* (Rieser 2000; zum Verhältnis von Kultur und Psyche siehe auch Kakar 2012). In der Tat scheint Vorsicht geboten bei der potenziellen Gefahr der Überbetonung des Kulturellen, die zur Kulturalisierung und Stereotypisierung und damit – obgleich ungewollt – zu weiterer Stigmatisierung führen kann (Kleinmann 1988; Kluge u. Kassim 2006). Paradigmatisch geht es um Aufhebung der »sozialen Taubstummheit«, die Anpassung der Schulungs- und Informationsangebote, die Nutzung der individuellen Patientenressourcen sowie die Wahrnehmung und die schrittweise geduldige Aufhebung von Chancenungleichheiten. Eine Heilkunst mit sozialem Augenmaß ist humaner, gerechter und effektiver und damit auch unter gesundheitsökonomischen Aspekten zu fordern und zu fördern.

Bisher zeigen unsere Gesellschaft und der Medizinbetrieb wenig Bereitschaft, ihre Integrations- und Anpassungsforderungen an die »Fremden« und ihre Forderungen nach »Eigenverantwortung« durch Gewährung von Mitsprachemöglichkeiten oder Veränderung eigener Strukturen leichter erfüllbar zu machen. Der gesellschaftlich tolerierte Ausnahmezustand, in dem viele Migranten leben, trägt wesentlich dazu bei, sie zu der problematischen Bevölkerungsgruppe der »Unterschichten« zu stempeln. Durch diese Schichtzuordnung findet nur scheinbar eine Integration statt, tatsächlich ist es eine nur formale Eingliederung in die deutsche Sozialstruktur. Man kann darin einen positiven Anfang sehen, wenn gleichzeitig soziale Mobilität vorhanden ist. Dies scheint nach meiner Einschätzung bei einem großen Teil der Migranten (besonders der türkischen) der Fall zu sein (die erfolgreiche Migration bedeutet grundsätzlich bereits eine positive Erfahrung mit mobiler Selbstwirksamkeit) und unterscheidet sie damit erneut von ihren deutschen Nachbarn mit einem vordergründig gleichen gesellschaftlichen und sozioökonomischen Ausgangsstatus.

Die hier und in ▶ Abschn. 6.14 (speziell für Diabetespatienten, aber leicht übertragbar auf Patienten mit anderen chronischen Erkrankungen) aufgeführten Empfehlungen der Deutschen Diabetes Gesellschaft sind noch einmalig in der deutschen Medizin. Sie mögen manchem Leser banal und selbstverständlich erscheinen, sie werden aber im medizinischen Alltag häufig nicht beachtet und schaffen so zusätzliche, iatrogene Probleme.

6.14 Empfehlungen der Deutschen Diabetes Gesellschaft für die Diabetesbehandlung von Migranten

Die Empfehlungen für die Diabetesbehandlung von Migranten (Parmakerli-Czemmel et al. 2007) wurden auf der Jahrestagung der Deutschen Diabetes Gesellschaft im Mai 2005 in Berlin vorgestellt, Sprecher war der Verfasser. Ihre Wiedergabe erfolgt ungekürzt, um auch dem medizinischen Laien zumindest optisch beispielhaft deutlich zu machen, wie umfangreich die zu beachtenden Probleme sind und wie differenziert die Strategien einer Klassenmedizin für Unprivilegierte sein müssen, um den gleichen medizinischen Erfolg zu erreichen wie bei allen anderen Patienten. Die hier für Patienten mit Diabetes ausgeführten differenzierten Behandlungsempfehlungen wären auch für Migranten mit anderen chronischen Erkrankungen zu fordern!

6.14.1 Präambel

600.000 Migranten mit Diabetes sind medizinisch unterversorgt (Bad Neuenahrer Erklärung, Diabetes und Psychologie e. V. 2001), das sind 10 % aller Diabeteskranken in Deutschland.

Soziale und **nicht primär kulturelle Ursachen** sind für die bisher unbefriedigenden Ergebnisse der Diabetesbehandlung von Migranten verantwortlich:

- fehlende Beherrschung der deutschen Sprache,
- Schwellenängste,
- Bildungs- und Informationsdefizite,
- Analphabetismus.

Viele Migranten stehen heute repräsentativ auch für jene deutschen Patienten, die durch ihren sozialen Status, durch begrenzte Teilhabe an Einkommen, Bildung und Information, durch körperliche oder seelische Handicaps es schwer haben, das Selbstmanagement ihres Lebens und ihres Krankseins zu leisten. Armut zum Beispiel ist ein unabhängiger Risikofaktor für die Chronifizierung von Krankheiten und eine ungünstige Prognose (Armutsbericht der Bundesregierung 2005, Armutsberichte der Länder).

Die **Vermeidung von Chronifizierung** der primär chronischen Diabeteserkrankung und damit von Leiden und Kosten ist ein vorrangiges Ziel der DDG. Die Forderungen der St. Vinzent-Deklaration konnten noch nicht erfüllt werden, die Studien CODE 2, UKPDS und EDIC belegen die Notwendigkeit und den Nutzen einer intensiven Behandlung und Betreuung. Dies gilt auch für Migranten!

Die deutsche Diabetologie ist nicht in der Lage, die gesellschaftlich versäumte Integration von Migranten herbeizuführen. Mit der Anerkennung der »AG Diabetes und Migranten« hat die DDG allerdings ein eindeutiges Signal für Chancengleichheit in der Diabetesversorgung in Deutschland gesetzt.

Die Arbeitsgemeinschaft Diabetes und Migranten legt mit diesen Empfehlungen erstmals ein pragmatisches Konzept vor, das aus der Erfahrung vieler diabetologisch Tätigen vor Ort entstand und Grundlage für eine öffentliche Diskussion innerhalb der DDG werden soll. Es handelt sich um eine Zusammenfassung von »Selbstverständlichkeiten«, deren Umsetzung allerdings erfahrungsgemäß im Alltag oft an einer Fülle von Widrigkeiten scheitert.

Die Empfehlungen sollen Mut machen zum kreativen Umgang mit Migranten und anderen Patienten mit Handicaps sprachlicher oder sozialer Natur (Punkte 2. – 6.), sie sind durchdacht und praxiserprobt, aber (in einigen Punkten noch) nicht wissenschaftlich evaluiert. Sie sollen die gültigen DDG-Leitlinien nicht modifizieren oder gar ersetzen, sondern zu ihrer besseren Umsetzung in der alltäglichen Praxis beitragen.

6.14.2 Empfehlungen

- **1. Anamnese, Verständigung, Verständnis**

Zur Überwindung der verbreiteten Sprachlosigkeit, der »sozialen Taubstummheit« im Umgang mit Migranten schlagen wir vor:

- Vermehrte Beschäftigung von zweisprachigen Ärzten und Diabetesberatern.
- Förderung der Ausbildung von Bewerbern mit entsprechen Voraussetzungen.
- Einbeziehung der Familien und Institutionalisierung kompetenter, erwachsener Angehöriger als Kotherapeuten (idealerweise erwachsene Kinder). Ehepartner haben oft selbst Verständigungs- und Verständnisprobleme und außerdem oft eigene Bedürfnisse und Konflikte, die unsere Botschaften an den Patienten für uns unbemerkt verändern können.
- Bei allen gedolmetschten Gesprächen muss gelegentlich auf eine 1 : 1-Übersetzung bestanden werden. Die Beachtung der Körpersprache, Mimik und Gestik des Patienten kann Aufschluss geben, ob die Botschaft richtig angekommen ist. Oft ist gezieltes Nachfragen erforderlich: »Was kann schlimmstenfalls an den Augen passieren?«
- Vermehrter Informationsaustausch und Kommunikation zwischen Hausarzt, Schwerpunktpraxis, Krankenhäusern, Diabeteszentren.
- Nutzung der individuellen Ressourcen (Familienbindung, praktische und emotionale Intelligenz, Erfahrungen aus der Küche, Kochrezepte, Betonung von Eigenständigkeit und Unabhängigkeit ...)
- Professionelle Dolmetscherdienste sind nicht unproblematisch: ungeklärte Kostenübernahme, fehlende spezielle Fachkompetenz, Gefährdung der Schweigepflicht, Misstrauen des Patienten, nicht adäquate Verfügbarkeit
- Die unbestreitbaren Probleme in der Verständigung sollten nicht vorschnell »kultiviert« werden: sie sind oft auch sozialer Natur

(▶ Punkt 3) und mit psychosozialem Gespür zumindest teilweise auflösbar.

- **2. Patientenschulung**

Migranten mit Diabetes sind mit Erfolg schulbar, aber nicht mit den etablierten Schulungsprogrammen.

- Vorhandene Informations- und Schulungsmaterialien bedürfen der kritischen Bewertung (an Hand eines eigenen Scores), dies ist ein Schwerpunkt der Arbeit der AG
- Die individuell unterschiedlichen Voraussetzungen der Patienten für eine (grundsätzlich immer mögliche) Schulung müssen erfassbar gemacht werden (Hilfestellungen zur Einschätzung in Vorbereitung durch die AG), um Gruppen mit ähnlichen Voraussetzungen zu bilden und Materialien und Inhalte anzupassen.
- Die frühzeitige Vermittlung der Blutzucker-Selbstkontrolle und der Dokumentation der gemessenen Werte ist oft der erste Schritt zum Selbstmanagement (Erkennen des Zusammenhangs zwischen BZ-Erhöhung und zuvor erfolgter Nahrungsaufnahme). Die Geräte sollten über eine große Speicherkapazität verfügen und möglichst ohne oder mit einer einfach durchzuführenden Codierung funktionieren.
- Schulungskonzepte müssen entgegen den (grundsätzlich berechtigten) Forderungen nach Strukturierung und Evaluierung oft erst noch kreativ entwickelt und individuell modifiziert werden, bevor eventuell Standardisierungen erfolgen können.
- In vielen Einzelfällen ist eine Einzelschulung erforderlich.
- Die Gruppengröße sollte in der Regel nicht mehr als 10 Patienten umfassen.
- Die Anzahl der Schulungsstunden muss ggf. über die Vorgaben der bestehenden Diabetes-Verträge ausgedehnt werden, oft sind 15 bis 20 Schulungseinheiten erforderlich. Eine kontinuierliche Weiterbetreuung durch Hausarzt und Diabetologen muss gewährleistet sein.
- Die Vergütung der Schulungen muss dem erhöhten zeitlichen und personellen Aufwand angepasst werden.

Migranten mit Diabetes sind mit Erfolg schulbar, es müssen die gleichen Inhalte vermittelt und die gleichen Ziele angestrebt werden.

- Es bedarf aber einer didaktischen Reduktion entsprechend den Voraussetzungen der Teilnehmer (▶ Punkt 2)
- Materialien und Erfahrungen aus der pädiatrischen Diabetologie stehen beispielhaft dafür.
- Essenzielle Inhalte müssen definiert werden, (individuelle) Schwerpunkte gesetzt werden: Bedeutung der Therapeut-Patient-Beziehung (▶ Punkt 3) vor Wissensvermittlung; Vorrang von Verhalten(sänderung) und des praktischen Tuns (z. B. Selbstuntersuchung der Füße) vor interessanten pathophysiologischen Darlegungen; Anfassen statt Ansprechen; Vormachen statt Vortragen.
- Mit der Übersetzung guter deutscher Schulungsprogramme in fremde Sprachen werden die Betroffenen oft nicht erreicht, sondern überfordert (z. B. MEDIAS 2, türkische Version).
- Neue Schulungsmaterialien sind nötig mit einem sich selbst erklärenden Inhalt (Fotos, »Comics«, Videos). Die AG ist mit der Entwicklung solcher Materialien beschäftigt.
- In der Ernährungsberatung sind kulturell geprägte Gewohnheiten zu beachten. Es ist sinnvoll, nach süßen Nationalgerichten zu fragen, die erfahrungsgemäß an Feiertagen konsumiert werden (müssen). Bei Adipositas muss jeder Patient eine Chance zur individuellen Gewichtsabnahme angeboten bekommen.
- Ernährungsempfehlungen müssen klar und eindeutig sein (»maximal 2 Stücke Obst pro Tag« = zweimal eine Handvoll). »Freie Kost« ist für alle Patienten (mit Typ-2-Diabetes) eine missverständliche Parole und für Migranten eine Katastrophe!
- Ernährungsprotokolle sind nicht richterlich auf Glaubwürdigkeit zu prüfen, sondern partnerschaftlich mit dem realen Leben in Einklang zu bringen. Zwischen den Mahlzeiten Gegessenes wird oft nicht als »Ernährung« angesehen (»Was haben Sie gestern am Nachmittag gegessen?«).
- Vermehrte Bewegung ist wichtiger als Gewichtabnehmen, beides muss praktikabel,

kreativ und als persönliche Chance und nicht als Fremdforderung angeboten werden.
- Fokale, individuelle Interventionen sind oft – vor allem in Einzelberatungen – wirksamer als allgemeingültige Statements: Die an Krücken gehende, adipöse Patientin ist eher von Schwarzbrot und Fettvermeidung als von »Sport« zu überzeugen.
- Rituelle, z. T. mehrmals tägliche Fußwaschungen und häufiges Barfußgehen erfordern besondere Aufmerksamkeit bei der Fußpflege (Abtrocknen!), um Verletzungen oder Pilzinfektionen zu vermeiden.

■ **3. Psychosoziale Betreuung**

Es gilt neben den individuellen Aspekten auch die besondere soziale und psychologische Situation der jeweiligen Migranten als ethnischer Gruppe zu berücksichtigen. Migranten können uns gelegentlich »aus dem Konzept« bringen. Vieles »Selbstverständliche« bedarf des bewussten, angepassten Einsatzes:

Das Empowerment-Konzept fördert auch bei Migranten das Selbstmanagement:
- Es muss wohldosiert umgesetzt werden.
- Es muss gegen Compliance-Wünsche vieler Patienten (»Sag mir, was ich machen soll, du bist der Experte«) und angesichts von nicht eingehaltenen Vereinbarungen auch gegen Anwandlungen von Unmut beim Behandler (»Ich bin es leid, das immer wieder mit Ihnen zu diskutieren. Sie wissen doch, wie es richtig geht«) aufrechterhalten werden.
- Die »Auftragsklärung« ist schwieriger als bei deutschen Patienten, aber noch wichtiger, da nicht erfragte Motive, nicht ausgesprochene Erwartungen und die Ignorierung kulturell geprägter Fantasien des Patienten (»Zucker in der Schwangerschaft macht schlaue Babys«) den weiteren Verlauf der Behandlung und der Beziehung entscheidend beeinflussen können.
- Das »Abholen, wo sie stehen« erfordert u. U. völlig andere Wege (und Zeiten) als gewohnt, Lösungsstrategien müssen gemeinsam erarbeitet und erprobt werden. Die Tatsache der erfolgten Migration wird oft verleugnet (etwa sinngemäß: »Ich lebe nicht in einem mir

innerlich fremden Land, an dessen medizinischen Errungenschaften ich teilhaben soll«).
- Gutes Zuhören (auch auf die Körpersprache! ▸ Punkt 1) ist auch bei gedolmetschten Gesprächen erforderlich, wenn bei schlechter Verständigung dennoch Verständnis erreicht werden soll.
- Es sind Konflikte mit Klinikverwaltungen und Ärzten in den Praxen auszutragen, solange die erforderliche Mehrarbeit(szeit) von den Kostenträgern nicht adäquat honoriert wird.
- Das »Gesagt ist nicht Verstanden, Verstanden ist nicht Behalten, Behalten ist nicht Getan, Getan ist nicht Beibehalten« trifft auch bei vielen Migranten zu. Ein »Ja« ist häufig eine höfliche Geste, besonders Ärzten gegenüber, aber kein Signal der überzeugten Zustimmung.
- Längere Heimaturlaube sind oft »Urlaube vom Diabetes«. Auf die Notwendigkeit, der Therapie auch im Urlaub treu zu bleiben, muss speziell hingewiesen werden (Einbeziehung der mitreisenden Angehörigen!). Alle Medikamente und Hilfsmittel müssen deshalb (auch unter Kosten-Nutzen-Gesichtspunkten) in ausreichender Menge rezeptiert werden (Begründung: »Urlaubsmenge«, keine Budget-Probleme!).
- Elemente des Selbstmanagements müssen mit individuell angepasstem Tempo eingebracht werden
- Hemmschwellen sollten unbedingt akzeptiert werden. Ein »Ausprobieren« (z. B. der Insulininjektion) sollte aber immer angestrebt werden.
- Geduld ist erforderlich, häufige Wiederholungen und regelmäßige Kontrollen aller Schritte und Medikamente sind unvermeidlich.
- Eine »neugierige« Grundhaltung ist hilfreich, um Frustrationen und Missverständnisse zu vermeiden.
- Die Herstellung einer vertrauensvollen Beziehung ist stärker von nichtverbalen Gesten und Handlungen abhängig: gemeinsames Lachen, Berühren, »Handauflegen«, Akzeptanz und Respektierung befremdlicher Verhaltensweisen und Gewohnheiten, Verstärkung vorhandener Ressourcen, Integration der Familie in allen Behandlungs-Situationen.

- Entängstigung und Abbau falscher Vorstellungen (schuldhafte Krankheitsverarbeitung, Dramatisierung von Injektionen) setzen ihre Wahrnehmung voraus, dabei ist der Behandler mehr auf empathisches Einfühlen als auf Verbalisierungen des Patienten angewiesen.
- Balint-Gruppen-artige Team- und Fallbesprechungen schützen vor ungerechtfertigten, unmutigen Zuschreibungen und verhindern ein »Ausbrennen« des Einzelkämpfers. Ein Wechsel der Bezugsperson (Mann-Frau, alt-jung, Arzt-Beraterin-Psychologe) ist manchmal hilfreich und notwendig.
- Schuldzuweisungen und Vorwürfe sind vermeidbar, wenn die Verantwortung des Patienten für seinen Diabetes grundsätzlich geklärt ist und vom Behandler innerlich akzeptiert wird. Die Aufgabe des Behandlers ist es, bei sich und dem Patienten auf Grenzen zu achten, um einerseits Besserwissen, Bevormunden und Vorwürfe (»Ich habe Ihnen das doch schon zwei Mal erklärt!«) auf seiner und Passivität und unangebrachte Wünsche des Patienten (»Wo ist Mädchen dolmetschen?«) andererseits, also eine Kollusion zwischen Patient und Behandler, zu vermeiden. Dies gilt ganz besonders für Berater aus dem Kulturkreis des Patienten, die dabei u. U. die Unterstützung des Gesamtteams benötigen.
- Die vorläufige Beendigung der Behandlung ist bei fehlender Motivation und nicht eingehaltenen (Schulungs-)Terminen manchmal unvermeidlich, sollte aber ohne Aufgabe oder Beschädigung der Beziehung, emotionslos und mit einer klar definierten Bedingung eines später möglichen Neubeginns verknüpft werden (»Melden Sie sich bei uns, wenn Sie unsere Hilfe wollen«).
- Bescheidenheit in der Zielsetzung beschert mehr Erfolge, die langfristig die coping-Kräfte des Patienten **und** die Arbeitszufriedenheit des Behandlers stärken.
- Messbare Erfolge stellen sich oft erst im Laufe der Zeit ein, sie sind – allen kurzfristigen Qualitätskontroll-Anforderungen zum Trotz – **kein** taugliches Kriterium für die Güte der Behandlung/des Behandlers. Messwertzentrierte Qualitätsziele können im Gegensatz stehen zum

Prinzip des Empowerments (und den individuell zu vereinbarenden »Patientenzielen«), sie können u. U. unguten Compliance-Druck erzeugen (»Dieser Patient verdirbt mir meine Statistik!«). Therapeutischer Nihilismus ist bislang das größte Qualitätsdefizit!

- **4. Berücksichtigung aller Risikofaktoren und aller Begleiterkrankungen**

Die Schwierigkeiten, notwendige Verhaltensänderungen und eine bessere Diabeteseinstellung zu erreichen, verlangen eine besondere Berücksichtigung und Behandlung begleitender – oft leichter zu beeinflussender – Risikofaktoren und Erkrankungen.

Auch Migranten mit Diabetes Typ 2 sind vor allem kardiovaskulär gefährdet!

- Bei bekannter KHK oder Zustand nach Herzinfarkt oder Apoplexie muss die regelmäßige kardiologische Mitbehandlung gewährleistet sein.
- Ein jährliches Belastungs-EKG bei Patienten über 50 Jahre ist wegen der oft atypisch präsentierten oder fehlenden Symptomatik einer KHK zu fordern.
- Erfahrungsgemäß wird gerade bei Migranten der Diabetes erst nach eingetretenem Herzinfarkt gezielt eingestellt, während nach dem Infarkt häufig die begleitenden Risikofaktoren vernachlässigt werden.
- Optimale Blutdruckeinstellung und risikoadaptierte Behandlung einer Hyperlipämie sind erforderlich.
- Möglichkeiten zur Nikotinkarenz müssen aktiv angeboten werden.
- Die aufgrund von Folgekrankheiten drohenden Gefahren müssen bei einem ängstlich-bewussten Patienten eher relativiert werden, bei naiv-unbewussten (das ist meist die Ausgangssituation bei Migranten) dagegen stärker akzentuiert werden. Zukunftsvisionen (auch und gerade negative) (vorher-)sehen zu können, ist eine intellektuelle Leistung!
- Berücksichtigt und ggf. ausgeschlossen werden müssen auch (anamnestisch oft nicht zu erhebende) bekannte oder bisher unentdeckte Begleiterkrankungen (Abhilfe durch Kommunikation mit Mitbehandlern, Einsehen von

Krankhausberichten, vorsorgliche Erweiterung des Laborprogramms) wie zum Beispiel: Zoeliakie, pluriglanduläre Insuffizienzsyndrome, Akromegalie, Autoimmunkrankheiten, Kortisonbehandlung wegen Rheuma oder Asthma, Hämoglobinopathien (bei diskrepanten, nicht verwertbaren HbA1c-Werten), Medikamentenunverträglichkeiten, Malignome (und deren erforderliche Nachsorge).

- Der regelmäßig und umfassend geführte Gesundheitspass Diabetes ist unverzichtbar für die Kommunikation mit Vor- und Nachbehandlern.
- Depressionen sind häufig. Sie können Folge der schlechten Stoffwechseleinstellung und von Diabeteskomplikationen (Polyneuropathieschmerz, erektile Dysfunktion, Sehstörungen) sein. Sie sind fast immer Ausdruck fehlender »Coping«-Strategien gegenüber Krankheit(en) und den speziellen Lebensumständen. Das Meistern des Diabetes kann so für den Patienten und seine Umgebung zu einer Chance werden, auch für die Bewältigung anderer Schwierigkeiten.
- Frühes Screening auf Gestationsdiabetes ist besonders bei übergewichtigen Schwangeren mit positiver Familienanamnese erforderlich, verbunden mit einer generellen Ernährungsberatung und rechtzeitigen Insulinbehandlung (▶ Punkt 5).

- **5. Insulinbehandlung**

»Mehr Insulin« und ein rechtzeitiger Beginn der Insulinbehandlung sind auch bei Migranten zu fordern.

Migranten mit Diabetes sind in der Regel von der Notwendigkeit und dem Nutzen der Insulinbehandlung zu überzeugen.

- Ärzte müssen oft noch davon überzeugt werden, dass weder Analphabetismus noch Blindheit oder andere Handicaps primär eine Kontraindikation für Insulin darstellen.
- Migranten sind besonders gefährdet im Sinne einer »self-fulfilling prophecy« (»ist nicht in der Lage, Insulin zu spritzen«) u. U. jahrelang mit einem Cocktail oraler Antidiabetika bei zweistelligem HbA1c »behandelt« zu werden.

Dabei besteht oft ein unausgesprochenes Stillhalte-Abkommen zwischen Arzt und Patient.

- Rechtzeitig mit der Insulinbehandlung bei Gestationsdiabetes beginnen (»Sie spritzen das Insulin für Ihr Kind!«).
- Vorurteile gegenüber Insulin sind bei Migranten besonders verbreitet und müssen geduldig und aktiv ausgeräumt werden **vor** (!) seinem ersten Einsatz : Insulin mache abhängig, schade der Niere, die Injektion sei schmerzhaft und kompliziert wie eine Blutentnahme bei schlechten Venen, die Injektion erfordere einen immensen Aufwand, Insulin sei giftig (»weil es gespritzt werden muss«), Insulin stamme von Leichen oder Tieren (»Schwein«), Insulin sei »Chemie« …
- Die Darstellung des Textumfangs der Nebenwirkungen auf dem Beipackzettel der oralen Antidiabetika im Vergleich zu Insulin überzeugt auch des Lesens nicht mächtige Patienten.
- Die Demonstration eines modernen Insulinpens und eine (fast immer mit Verblüffung als schmerzfrei empfundene) Probepunktion (ohne Insulininjektion) bauen Ängste ab. Überzeugen kann im Einzelfall auch die vom Behandler an sich demonstrierte Injektion.
- Die Auswahl des Insulinpens hängt von der Geschicklichkeit und dem Zahlenverständnis des Patienten ab. Pens mit der Möglichkeit einer festen Dosisvorgabe (z. B. Optiset) oder der Markierung der zu wählenden Dosis (z. B. Innolet) und Hilfsmittel zur Vermeidung der aktiven Punktion (z. B. Pen-mate, Diapen) sind oft hilfreich.
- Die Gruppenerfahrung mit bereits Insulin spritzenden Patienten trägt zur Überzeugungsarbeit bei.
- Die Insulinschemata müssen oft einfach sein, eine intensivierte Insulintherapie mit BE-bezogener prandialer Insulingabe ist oft nicht möglich und (zumindest bei Typ-2-Diabetes) oft auch nicht nötig. Fixe Dosierungen mit einfachen Anpassungsregeln entsprechend einer supplementären Insulintherapie sind in der Regel erfolgreich durchführbar.

- **6. Der »unerklärlich« hohe Blutzucker (BZ)**

Dies ist ein häufiges Phänomen, das es gemeinsam mit dem Patienten zu erforschen gilt (»Wie haben Sie das gestern denn geschafft, auf einen BZ von 540 zu kommen?«). Dabei möchte sich kein Patient gerne überführt fühlen. Es handelt sich auch bei Migranten meist um durchaus rational **erklärliche** Blutzuckerentgleisungen, die allerdings – bei Verständigungsproblemen – eine besonders akribische Abklärung erfordern. Ziel dabei ist nicht die Aufklärung der »Diätsünde«, sondern die Einsicht des Patienten in Zusammenhänge. Dazu kann eine Check-Liste dem Behandler als Hilfe dienen:

6.1 Spritzen und Spritztechnik

- Injektionsstellen (Lipodystrophien, Narben, Injektion von Normalinsulin am Oberschenkel, kein Wechsel der Injektionsstelle)
- Pen zu früh herausgenommen (10 Sek.-Frist)
- Gequetschte Hautfalte
- Intrakutane Injektion
- Zeitlich nicht gespritzt wie vereinbart
- Insulin weggelassen bei gutem BZ
- Vorspritzen von Insulin (»in die Luft«) bei bereits eingestellter Dosis
- Zu kurzer Spritz-Ess-Abstand

6.2 Insulinpen

- Falsches Insulin im Pen
- Pendefekt nicht bemerkt
- Kanüle zu kurz, falsches Fabrikat, Nadel verstopft, zu lange benutzt
- Punktion ohne Injektion (Abdrücken des Pens vergessen)
- Falsche Dosis eingestellt (Optipen : falsch herum gehalten: aus 02 E werden 20 E, 1. Injektion nach Ampullenwechsel ist falsch dosiert bei alten Modellen)
- Bei neuer Patrone Stempel nicht angefahren

6.3 BZ-Selbstkontrolle

- Vorquetschen des Blutstropfens
- Hände nicht gewaschen vor Blutabnahme
- Codierung falsch
- Teststreifen feucht, verfallen
- Blutmenge auf Teststreifen stimmt nicht
- Einstellung des BZ-Geräts falsch (mmol/l statt mg %)

- Hkt-Erniedrigung unter 30 %
- Triglyzerid-Erhöhung (Precision Xtra und Glucometer Elite/Ascensia XL messen bis 3000 mg%)
- Gerät defekt
- Fehlender Gerätevergleich mit sicherem Gerät mindestens 1×/Quartal (z. B. Haemocue: max. 15 % Abweichung)
- Unzulässiger Gerätevergleich aus zeitlich versetzten Blutabnahmen

6.4 Tagebuch
- TB wird nicht geführt
- Messungen sind postprandial erhoben
- BZ-Messung unmittelbar nach Zwischenmahlzeit
- Keine zeitbezogene Eintragung
- HbA1c-BZ-Diskrepanz bei »geschönten« Tagebucheintragungen, Vergleich mit Speicherwerten)
- Im Speicher des BZ-Geräts sind »fremde« BZ-Werte (von Verwandten)

6.5 Ernährung
- »Freie Kost« (große Obstmengen, unregelmäßige Mahlzeiten, süße Getränke, Honig …)
- Ausprobieren von schnellen KHs (»Naschen«)
- Fehlendes KH-Gerüst bei CT oder OADs
- BE-Faktoren zu niedrig
- Falsche Einschätzung verzehrter BEs
- Sehr kohlenhydrathaltige Mahlzeiten (»BE-Exzesse«)

6.6 »Falsches«/fehlendes Insulin
- Kurzanalogon bei Zwischenmahlzeiten (bei SIT oder »unabgedeckt« bei ICT)
- Fehlende Basis
- Basis-»Anpassung« an aktuelle BZ-Werte
- Zu niedrige Insulindosis bei Insulinresistenz
- Kein Insulin bei tatsächlichem Vorliegen eines sekundären Tablettenversagens
- Insulin-»Verweigerung«
- Unterdosierung (Vergleich von Insulindosierung mit rezeptiertem Insulinverbrauch)
- Verfallenes Insulin
- Ungenügende Mischung bei Verzögerungs- oder Mischinsulinen

6.7 Dawn-Phänomen
- Basis zu niedrig
- NPH-Versagen
- Nächtliche Hypo

6.8 Hypoglykämiefolgen
- Reaktive Hyperglykämie (z. B. bei »Tieffliegern«)
- Hypo-Angst (»Hochflieger«)
- Gestörte Hypo-Wahrnehmung
- Extra-BEs bei vermeidlich gefühlter aber nicht nachgewiesener Hypo

6.9 Schlafanamnese
- Imperatives nächtliches Essen (Hypo?)
- Nykturie am frühen Morgen (für Extra-Insulininjektion nutzen bei Insulinresistenz)

6.10 Bewegungsanamnese
- »Faule« Tage mit erhöhtem Insulinbedarf
- Allgemeiner Bewegungsmangel

6.11 Einfluss von Begleiterkrankungen
- Ungenügende/fehlende Dosisanpassung bei erhöhtem Bedarf (Infekte)
- Cortisonbehandlung, Diuretikatherapie
- Andere Hormonstörungen (▶ Punkt 4)

■ 7. Disease Management Programm Diabetes
Migranten können von den Absichten des DMP profitieren, aber:
- Es wurde bisher von den Krankenkassen versäumt, diese Patientengruppe adäquat anzusprechen, es fehlen bis heute bundesweit Einverständnis-Erklärungen und Informationen in Fremdsprachen.
- Manche Migranten versäumen die Fristen für die geforderten Folgedokumentationen durch längere Auslandsaufenthalte. Sie sollten nicht automatisch aus dem DMP ausgeschlossen werden. Im Einzelfall kann es hilfreich sein, ein Dokumentationsintervall von 6 Monaten zu wählen.
- Bei dem insgesamt eher zu groß angelegten Datenvolumen wurde auf die Erfassung von psychosozialen Items wie Beherrschung der deutschen Sprache, Schulbildung und die Abschätzung der Schulungsvoraussetzungen

(► Punkt 2) verzichtet. Sie sollten zukünftig unter Einbeziehung der AG und ihrer konkreten Vorschläge Berücksichtigung finden.

— Günstig für die Motivation zum besseren (Selbst-)Management des Diabetes sind die von einzelnen Krankenkassen angebotenen finanziellen Erleichterungen bei Praxisgebühr (wurde 2013 abgeschafft, d. Verf.) und Befreiung von der Medikamentenzuzahlung (diese sind leider inzwischen eingestellt worden, d. Verf.).

Literatur

Arlinghaus JC (2002) Die CT-gesteuerte Schmerztherapie: Indikation, Methodik, Ergebnisse und Bedeutung in der Behandlung chronisch-degenerativer Erkrankungen der Lendenwirbelsäule. Dissertation, Ruhr-Universität Bonn

Bauerdick R (2013) Zigeuner. Begegnungen mit einem ungeliebten Volk. DVA, München

Baumann Z (2005) Verworfenes Leben. Die Ausgegrenzten der Moderne. Hamburger Edition, Hamburg

Becker MH et al (1977) The health-belief model and prediction of diatary compliance, a field experiment. J Health Soc Behav 18: 348–366

Berg G (1998) Subjektive Krankheitskonzepte – eine kommunikative Voraussetzung für die Arzt-Patient-Interaktion? In: David M, Borde T, Kentenich H (Hrsg) Migration und Gesundheit. Zustandsbeschreibung und Zukunftsmodelle. Mabuse-Verlag, Frankfurt/M, S 81–94

Bogdal K-M (2011) Europa erfindet die Zigeuner. Eine Geschichte von Faszination und Verachtung. Suhrkamp, Berlin

Bourdieu P (1982) Die feinen Unterschiede. Kritik der gesellschaftlichen Urteilskraft. Suhrkamp, Frankfurt/M

Brandstädter M, Aydin-Saltik S (2013) Ethno-Marketing. Patienten mit Migrationshintergrund als Zielgruppe des Marketings. KU Gesundheitsmanagement 8: 35–37

Bundeszentrale für gesundheitliche Aufklärung (2013) BZgA-Infodienst Migration. Ausgabe 4/2013

Butterwegge C (2013) Sarrazynismus, Rechtspopulismus und Rassismus. Das neu-alte Sprechen über Migranten. In: Roth H-J, Terhart H, Anastasopoulos C (Hrsg) Sprache und Sprechen im Kontext von Migration. Worüber man sprechen kann und worüber man (nicht) sprechen sollte, Springer, Berlin

Dahrendorf R (2006) Versuchung der Unfreiheit. Beck, München

David M, Borde T (2001) Kranksein in der Fremde? Türkische Migrantinnen im Krankenhaus. Mabuse-Verlag, Frankfurt/M

Diabetes und Psychologie e. V., Arbeitsgemeinschaft Psychologie und Verhaltensmedizin in der DDG (2001) Bad

Neuenahrer Erklärung zur Versorgung von an Diabetes erkrankten Migranten. ► http://www.diabetespsychologie.de/wb/media/downloads/neuenahrer_erklaerung.pdf.

Dörner K (2001) Der gute Arzt – Lehrbuch der ärztlichen Grundhaltung. Schattauer, Stuttgart

Erhart M, Herring R, Schulz M, Stillfried D von (2013) Morbiditätsatlas Hamburg. Gutachten zum kleinräumigen Versorgungsbedarf in Hamburg – erstellt durch das Zentralinstitut für die kassenärztliche Versorgung in Deutschland, im Auftrag der Behörde für Gesundheit und Verbraucherschutz Hamburg« Hamburg. ► http://www.hamburg.de/bgv.

Frankfurter Allgemeine Sonntagszeitung (T.G.) (2014) »Deutschland lässt EU-Hilfen liegen. Verzicht auf drei Milliarden Euro. 12.1.2014

George W (Hrsg) (2005) Evidenzbasierte Angehörigenintegration. Pabst Science Publishers, Lengerich

Göckenjan G (1985) Kurieren und Staat machen. Gesundheit und Medizin in der bürgerlichen Welt. Suhrkamp, Frankfurt/M

Haller M, Niggeschmidt M (2012) Der Mythos vom Niedergang der Intelligenz. Von Galton zu Sarrazin: Die Denkmuster und Denkfehler der Eugenik. Springer VS, Wiesbaden

Hofstede G (1980) Culture's consequences: international differences in work-related values. Sage, Beverly Hills CA

Ilkilic I (2005) Begegnung und Umgang mit muslimischen Patienten. Eine Handreichung für die Gesundheitsberufe. ZME, Bochum

Kakar S (2012) Kultur und Psyche. Psychoanalyse im Dialog mit nicht-westlichen Gesellschaften. Psychosozial-Verlag, Gießen

Kalvelage B (1993) Aesculap und andere Ausländer. Hamburger Ärzteblatt 47

Kalvelage B (2003) Diabetes-Schulung türkischer Patienten – Wanderung zwischen therapeutischem Nihilismus und unrealistischen Erwartungen. In: Borde T, David M (Hrsg) Gut versorgt? Migrantinnen und Migranten in Gesundheits- und Sozialwesen. Mabuse, Frankfurt/M

Kalvelage B, Kofahl C (2011) Aufklärung und Behandlung zuckerkranker Migranten. Die etwas andere Diabetesschulung. MMW Fortschr Med 153(15): 39–42

Kalvelage B, Kofahl C (2013) Behandlung von Migrantinnen und Migranten mit Diabetes. In: Petrak F, Herpertz S (Hrsg) Psychodiabetologie. Springer, Berlin

Kanfer FH, Reinecker H, Schmelzer D (2006) Selbstmanagement-Therapie. Ein Lehrbuch für die klinische Praxis. Springer, Heidelberg

Kleinman A (1981) Patients and healers in the context of culture: An exploration of the borderland between anthropology, medicine, and psychiatry. Univ. of California Press, Berkeley CA

Kleinman A (1988) The illness narratives. Suffering, healing & the human condition. »Basic Books, New York,

Kluge U, Kassim N (2006) »Der Dritte Raum« – Chancen und Schwierigkeiten in der Zusammenarbeit mit Sprach-

und Kulturmittlern in einem interkulturellen psychotherapeutischen Setting. In: Wohlfahrt E, Zaumseil M (Hrsg)
Transkulturelle Psychiatrie – Interkulturelle Psychotherapie. Springer, Heidelberg, S 177–198

Kulzer B, Krichbaum M, Hermanns N (2008) Diabetesschulung – was ist zeitgemäß, was ist gesichert? Diabetologie 4: 337–347

Mappes-Niediek N (2012) Arme Roma, böse Zigeuner. Was an
den Vorurteilen gegen die Zuwanderer stimmt. Links-
Verlag, Berlin

Niejahr E (2013) Einwanderung für Fortgeschrittene. Wer
nützt Deutschland, wer nicht so sehr? Plädoyer für eine
ehrliche Integrationspolitik. Die Zeit 21. 11, 2013

Öttingen G (1995) Cross cultural perspectives on self-
efficacy. In: Bandura A (Hrsg) Self efficacy in changing
societies. University Press, Cambridge GB, S 149–176

Parmakerli-Czemmel B, Kalvelage B, Demirtas A (2007) Zur
Lage der Migranten mit Diabetes mellitus in Deutschland. Diabetologie 2: 46–52

Pschyrembel W (2002) Klinisches Wörterbuch. de Gruyter,
Berlin

Rieser S (2000) Türken haben Kultur, Deutsche eine Psyche.
Dtsch Aerztebl 97(8): 430–431

Sahrai D (2009) Healthy migrants oder besondere Risiko-
gruppe. Zur Schwierigkeit des Verhältnisses von
Ethnizität, Migration, Sozialstruktur und Gesellschaft.
In: Bauer U et al (Hrsg) Jahrbuch kritische Medizin und
Gesundheitswissenschaften 45. Health Inequalities.
Argument, Hamburg

Sarrazin T (2010) Deutschland schafft sich ab. DVA, München

Stascheit W (Hrsg) (2003) »Ausländer nehmen uns die Arbeitsplätze weg«. Rechtsradikale Propaganda und wie
man sie widerlegt. Verlag an der Ruhr, Mülheim

Taylor FW (1977) Die Grundsätze wirtschaftlicher Betriebsführung. Beltz, Weinheim (Reprint, Erstveröff. 1913)

Tempel J, Ilmarinen J (2013) Arbeitsleben 2025. VSA Verlag,
Hamburg

Weber KE (1993) Alle Menschen sind Ausländer. Fast überall.
Hamburger Ärzteblatt 47

Wengler A (2013) Ungleiche Gesundheit. Zur Situation türkischer Migranten in Deutschland. Campus Wissenschaft,
Frankfurt/M

Wurzbacher C (2003) Das muslimische Krankheitsverständnis. Eine Einführung am Beispiel türkischer Patienten
mit Diabetes. Shaker, Aachen

Internetquellen

Broschüre der Beauftragten für Migration, Flüchtlinge und
Integration zum Thema »Das kultursensible Krankenhaus. Ansätze zur interkulturellen Öffnung.« ► http://
www.integrationsbeauftragte.de

Bundesweiter Arbeitskreis Migration und öffentliche
Gesundheit (2013) Positionspapier. ► http://www.
bundesregierung.de/Content/DE/_Anlagen/IB/2012-04-
05-positionspapier-arbeitskreis-migration-gesundheit.
pdf?__blob=publicationFile

Ergebnisse einer Juso-Arbeitsgruppe: Empfehlungen für
eine humanitäre Flüchtlingspolitik. (► http://www.ralf-
stegner.de/blog/aid/5884)

Infodienst Migration und öffentliche Gesundheit. kontakt@
id-migration.de der Bundeszentrale für gesundheitliche
Aufklärung (BZgA): ► http://www.infodienst.bzga.de

Lebenshilfe. ► http://www.lebenshilfe.de/de/leichte-spra-
che/mit-bestimmen/Leichte-Sprache/Leichte-Sprache-
im-Bundestag.php?listLink=1. Zugegriffen: 24.2.2014

Medibüro. ► http://www.medibuero.de/de/Links.html

Welt online (28.12.2007) Zitat Bild Zeitung. ► http://www.
welt.de/politik/article1498849/Koch-will-kriminelle-Aus-
laender-loswerden.html. Zugegriffen: 11.3.2014

Wikipedia. ► http://de.wikipedia.org/wiki/sinti. Zugegriffen:
7.10.2013

Wikipedia. ► http://de.wikipedia.org/wiki/sinti. Zugegriffen:
24.2.2014

Wikipedia. ► http://de.wikipedia.org/wiki/leichte_Sprache.
Zugegriffen: 2.3.2014

Wikipedia. ► http://de.wikipedia.org/wiki/Hashimoto_
Thyreoiditis. Zugegriffen: 2.3.2014

Chronifizierung und die Folgen

7.1 Definition

»Chronifizierung« hat im Vergleich zu »chronisch« noch mehr Negatives und Ausweglobes. Unter Chronifizierung soll hier das Stadium einer Entwicklung verstanden werden, in dem mit der Zeit keine Veränderung mehr erwartet wird.

Diese Definition beschreibt treffend die Lebenssituation vieler Menschen aus der Unterschicht. Sie ist subjektiv, jemand erwartet etwas, die Erwartung kann falsch sein, Chronifizierung muss nicht das Endstadium der Entwicklung bedeuten, könnte also grundsätzlich rückgängig gemacht werden, wobei die Hoffnung darauf schwindet, je länger dieser Zustand andauert.

Es soll dargelegt werden, dass Chronifizierung nicht nur bei eingetretener Krankheit eine Rolle spielen kann. Auch das Leben, das Gesundsein und das Arztsein können den Mechanismen der Chronifizierung anheimfallen.

7.2 Chronifiziertes Leben

Fallbeispiel 7.1: 49-jährige traurige Patientin
Sie ist 49 Jahre alt, alleinstehend. Sie kann nicht lesen und schreiben, arbeitet als Putzfrau stundenweise in Privathaushalten. Das Geld reicht nicht zum Nötigsten. Aus einer früheren Beziehung sind Schulden abzutragen (12.000 Euro). Immer wieder sei sie an den »falschen Mann« geraten, oft sei sie geschlagen worden, es war meist Alkohol im Spiel.

Sie ist sehr hilfsbereit, packt an, wo es nötig ist, hütet Nachbarskinder, renoviert die Wohnung von Auswanderern aus Russland. Sie hat sich ein Netz guter Beziehungen geschaffen.

Ihren Vater kennt sie nicht. Die Mutter hatte viele Männerbekanntschaften. Als sie 12 Jahre alt war, wurde sie von einem Freund der Mutter vergewaltigt. Es ist unklar, ob die Mutter es wusste, es wissen wollte, es wurde nicht darüber gesprochen.

Manchmal ist sie traurig, aber eigentlich sei sie ein fröhlicher Mensch. Ihre Kleidung ist sehr einfach, aber sauber. Darauf legt sie großen Wert. Ihre Ein-Zimmer-Wohnung sei immer blitzblank, da »können Sie wirklich vom Boden essen«. Sie ist es,

die im Haus 3-mal die Woche die Treppenhausreinigung übernommen hat, da müsse man wirklich hinterher sein, »sonst wird alles versaut«.

Die parallele Existenz von – auf den ersten Blick – spießig anmutender Ordentlichkeit und vandalistischer Zerstörung fällt auf in den Stadtteilen mit schlechter sozialer Lage.

7.2.1 Auf Hausbesuch

Ich bin zu Hausbesuchen unterwegs. Die Straßen sind wie ausgestorben um die Mittagszeit. Ich erreiche die Siedlung.

Zwischen Eisenbahnschienen, Kleingärten, Zubringerautobahnen, Vorortbahnhöfen, Fabrikanlagen mit ewig qualmenden Schornsteinen und einem im Entstehen begriffenen dioxinverseuchten Müllberg hatten die »Planer« auf Wiesen – noch gestern weideten hier Pferde, haben mir meine Patienten berichtet – und neben ausgewiesenen Naturschutzgebieten Hochhäuser gewürfelt und sich danach, wie es schien angewidert, der »Gestaltung« anderer Stadtteile zugewandt.

Heiner Müller hat solcher Art »Siedlungen« einmal »Fickzellen mit Fernheizung« genannt (zit. nach Häussermann 2005). Ich verstehe, was er meinte, aber ich stimme ihm nicht zu.

Hier leben Menschen. Menschen verschiedenster Nationalitäten, von denen ich erfuhr, dass sie es ziemlich satt hatten, für ihre miese Wohnqualität bedauert oder verspottet zu werden, ohne jemals ein besseres, bezahlbares Angebot bekommen zu haben; die ihren Stadtteil lieben oder zumindest nehmen, wie er ist. Trotz (oder wegen?) baulicher Enge, hoher Arbeitslosigkeit, neuer Armut und hohem Ausländeranteil (mit der Tendenz einer türkischen Ghettobildung traditioneller Muslime und den Wahlerfolgen populistischer Parteien bei den Bürgerschaftswahlen) bestehen ein auf den ersten Blick atemberaubender Weitblick aus dem Hochhausfenster, eine befremdliche Weltoffenherzigkeit, eine chaotische Vielfältigkeit, die multikulturell zu nennen man sich fast nicht mehr traut.

Die Telefonzelle an der Ecke ist nicht mehr zu erkennen. Die seitlichen Scheiben liegen in kleinsten Stücken am Boden, der Hörer ist abgeschnitten. Der Telefonkasten sollte wohl aufgebrochen werden, und vielleicht, weil das nicht gelang, wurde das Dach heruntergerissen.

Ich suche nach einer Hausnummer, es gibt keine Adresse zum Vorfahren, der Eingang ist unterirdisch. Die Namensschilder an der Klingelleiste sind mit dem Feuerzeug angerußt. Im Aufzug zum 8. Stock riecht es schlecht, an der Wand aus poliertem Stahl und am Boden Speisereste, ich unterdrücke ein Würgegefühl und beschließe, die Treppe zu nutzen.

Die Bewohner sind sich uneins. Die einen versuchen, sich Einflussräume zu schaffen und zu bewahren, Schutzzonen gegen Trostlosigkeit und Zerfall und Schmutz, die anderen scheinen längst akzeptiert zu haben, **nichts** zu sein, **nichts** als eigen zu empfinden, das schützens- und erhaltenswert wäre. Der Vandalismus der einen scheint mir wie die in Zerstörung gewendete Zwanghaftigkeit der anderen, die demonstrative Verweigerung des von den anderen ausagierten »Putzfimmels«. Das Wort »Besitzstandswahrung« bekommt hier einen neuen, einen solidarischen Sinn, es bezieht sich im Lebensraum der Unterschicht mehr auf kollektive Güter.

Mir wird klar in diesem Treppenhaus: Vandalismus ist Reaktion auf die als Person erfahrene, kaum noch bewusst gefühlte Vernachlässigung und Verachtung, abreagiert an den Dingen der nächsten Umgebung. Wer so etwas tut, hat das den Gütern zugrunde liegende Gute nicht erfahren und weiß es deshalb auch nicht zu bewahren. Könnte Zerstörungswut also bedeuten, nicht wütend zerstören zu wollen, sondern verstört wüten zu müssen?

Die Bemühungen der Putzwütigen auf der anderen Seite verlieren mit einem Mal in meinen Augen an Spießigkeit. Sie haben gar keine andere Wahl als zu versuchen, ihre Infrastruktur zu retten, auch wenn – nein, **weil** ihr Einfluss über ein blankes Treppenhaus, für das »man sich nicht schämen muss«, oft nicht hinausreicht. Und selbst wütend und traurig geworden, denke ich, warum wüten die hier bei sich – an ihrem/unserem Telefon, ihrem / unserem Aufzug – anstatt in Blankenese.

7.2.2 Umgang mit Armut

Die finanzielle Seite der Armut, also die Geldnot (▶ Kap. 1), wird – übrigens auch von Thomas Morus in »Utopia« –in ihren negativen Auswirkungen überschätzt. Armut, sagt Catherine Boo (2005), Armutsforscherin aus Washington, sei auch »Mangel an Phantasie, sich eine andere Zukunft vorstellen zu können«. Armut chronifiziert »das beschädigte Leben«. Gillen schreibt in »Hartz IV. Eine Abrechnung«:

>> Armut ist komplex, hat viele Gesichter und viele Geschichten … Kinder, die die Schulmilch nicht bezahlen können. Unterkünfte, die so eng, und familiäre Konflikte, die so laut sind, dass es keinen Platz und keine Ruhe für die Erledigung der Hausaufgaben gibt. Eltern, die seit Jahren nicht mehr in einem Restaurant oder im Kino waren. Familien, die nächtelang rechnen, weil sie nicht wissen, wie sie die Reparatur des Autos oder den notwendigen Zahnersatz bezahlen sollen. Hauptschüler, deren Eltern schon Hauptschüler, und Drogensüchtige, deren Eltern schon drogensüchtig waren. Alte Menschen in Pflegeheimen, die vom Sozialamt so wenig Taschengeld erhalten, dass eine CD oder ein Geschenk für das Enkelkind unerschwinglich sind …. Obdachlose, die in Mülltonnen wühlen. Wohnungen ohne Bücher, ohne Musikinstrumente, ohne ein Bild …

Armut macht manchmal brutal, weil Gewalt ein Weg ist, sich wenigstens auf dieser Seite der Gesellschaft überlegen zu fühlen. Für den kurzen Moment des Zuschlagens. Armut ist die fehlende Fähigkeit, auf dem Markt zu bestehen. Wer nicht gelernt hat, sich darzustellen und sich zu verkaufen, hat schlechtere Chancen. Die Körpersprache der Sieger lässt sich nicht mal eben antrainieren … Die Erfahrung von Armut und Deklassierung macht unsicher, verlegen, aggressiv. Oft sind es nur Gesten oder Tonlagen, die darüber entscheiden, ob man dazugehört oder nicht. «

Es klaffen Welten zwischen einem solchen Leben in Armut und dem Leben, dass in der Regel der Arzt lebt. Man könnte der Meinung sein, sich von

»oben« nach »unten« zu orientieren, zu engagieren müsste vergleichsweise leichter fallen als Bemühungen in der umgekehrten Richtung. Es ist tatsächlich viel schwerer und gelingt oft trotz gutem Willen nicht. Wir verstehen nicht, wie der Schmutz entsteht oder die zwanghafte Putzsucht, die Schüchternheit oder das machohafte Auftreten, warum zahlreiche Hilfen angeboten, aber nicht angenommen werden, warum Sozial-Gutscheine für Musikunterricht oder Sportvereine von den Eltern nicht genutzt werden für ihre Kinder …

Und dann besteht die Gefahr, dass Armut unterschwellig Ansteckungsgefahr signalisiert, dass die Verletzung ästhetischer Gefühle und Mangel an Wissen und Informiertheit des Gegenübers statt Hilfsbereitschaft eine innere Ablehnung und Distanzierung bewirken. Oft rettet sich der bürgerliche Zuschauer in Vorwürfe, gekleidet in kurz und bündige »Rat-Schläge«: Die müssen lernen, mit Geld umzugehen! Guck mal: fast jeder hat ein Handy! Stromrechnung wird nicht bezahlt, aber ein dickes Auto vor der Tür! … Das Smartphone, um nur einmal diesen Konsumartikel zu werten, ist »kulturelles Kapital« (Bourdieu 1992). Es kann nach meiner Erfahrung die Volkshochschule in der Hand- oder Hosentasche der Unterschicht werden, und Google ersetzt und übertrifft an Aktualität den 24-bändigen Brockhaus in der Wohnstube des Bildungsbürgers.[1]

Die »Erziehung der Unterschichten« (Nolte 2004) ist in den spitzen Fingern selbsternannter Zuchtmeister schlecht aufgehoben, die, wenn es »hart auf hart« kommt, panisch davonflüchten. Authentische Berichte aus der Unterschicht sind selten, werden von Aufsteigern verfasst, die es anscheinend geschafft haben, die aber von einem anhaltenden permanenten Kampf berichten (Zimmer 2013). Ulla Hahn (2001) schreibt:

» [Ich] »vergewisserte mich meiner Gesichtszüge. Übte das herablassend hochmütige Lächeln der blonden Kommilitonin, dieses langsame Zufallen, Senken der Lider bei hochgezogenen Brauen und unverwandtem Blick in die Augen des Gegenübers. Machte Augen und Lippen schmal; legte ihnen Verachtung auf wie Make-up.

Bis ich merkte, dass ich nicht nur sein wollte **wie sie**, die anderen. Ich wollte **sie** sein. Ich verachtete sie nicht. Ich beneidete sie. Diese Sicherheit. Diese Überlegenheit einer ganz und gar selbstgewissen Lebensordnung. Jeder von ihnen war überzeugt von seiner eigenen Bedeutung. Sie gehörten hierher. Schufen um sich herum eine Atmosphäre der Unantastbarkeit. Sie hatten ihren Platz, den ich mir erst erobern musste. Sie waren da. Ich drang ein. Sprechen, essen und trinken, gehen und stehen wie die anderen konnte ich mir beibringen. Doch diese Selbstsicherheit, dieses Selbstvertrauen, die selbstverständliche Lässigkeit und beiläufige Lebensgewissheit, die waren nicht zu lernen …

Ich … fühlte mich gefangen in einem Geflecht unpersönlicher Umstände, einem Regelwerk, das alle zu kennen und zu respektieren schienen, in dem alle ihren Platz hatten, nur ich nicht. Ich war zu kämpfen gewohnt; jetzt wusste ich nicht mehr, wogegen. Und nicht mehr, wofür …

Immer stärker fühlte ich meine Einsamkeit, meine Fremdheit als körperliche Erschöpfung. Die Empfindung der Unwirklichkeit, einer verschwommenen Wahrnehmung erzeugte in mir einen Schwindel, dem schließlich auch mein Körper nachgab. **«**

---

1 Wie die neuen Informationstechniken die Schule revolutionieren können zeigt der Holländer Maurice de Hond. Er hat in diesem Jahr in den Niederlanden mehrere »Steve Jobs-Schools« eröffnet, in denen 4–12-jährige Kinder vorwiegend mit iPads, einem digitalen Schulhof lernen. Elemente sind: Individuelle Stundenpläne, koordiniert von einem coach, virtuelle Kontakte mit Schülern, Lehrern, Eltern, die staatlichen Mindestanforderungen für Anwesenheit werden bei größtmöglicher Freiheit eingehalten. Die Kinder sind auch in den Ferien digital mit der Schule verbunden. Lernen soll Spaß machen, und das iPad verstärkt die Selbstwirksamkeit: »Gut gemacht!« ruft es, wenn eine Aufgabe gelöst wurde.

Ärzte und medizinisches Personal haben meist weder eigene Unterschichterfahrung noch eine Streetworker-Ausbildung. Die augenscheinlichen Probleme können so ohne eine bewusste Reflexion rasch zur weiteren Entwertung des Gegenübers führen, ganz gleich wie sehr wir uns um Solidarität (► Kap. 8) bemühen. Wie jeder Mensch neigt auch der Arzt dazu, für real zu halten, was er erfahren hat, sieht, weiß und selbst spürt. Bürgerliche Bildung verstärkt diesen Selbstbezug. Unwissen, Armut, Aberglauben, Abhängigkeit von Drogen oder

Alkohol, Spielsucht, Prostitution, Wohnungslosigkeit, Knast oder fehlender legaler Aufenthaltsstatus liegen jenseits dieses Horizonts.

7.3   »Instant social descent«

7.3.1   Begegnung mit dem Unbekannten

Julia Sasse, Medizinstudentin, schreibt über ihre Selbsterfahrung als gealterte Patientin (*Die Zeit* 30, 18.7.13 »Einmal Praxisschock bitte!«):

>> Gleich werde ich für eine halbe Stunde um 50 Jahre altern … Das alles soll ein Alterssimulationsanzug möglich machen, in den ich mich zwänge. Die in den Stoff eingenähten Gewichte zerren an meinem Körper, die Bandagen an den Gelenken und der enge Schnitt macht mich unbeweglich. Als noch der Helm mit dem gelblichen Visier und die Ohrenschützer und die Baumwollhandschuhe dazukommen muss ich mich erst einmal setzen. Es fühlt sich an, als wäre ich gerade mit einer Gehirnerschütterung einen Marathon gelaufen … Ich hatte mir während des Studiums schon ein paar Mal versucht vorzustellen, wie es ist, alt zu sein. Aber erst seit ich den Anzug anhatte, weiß ich, wie ältere Patienten sich fühlen; und habe deshalb noch mehr Verständnis und Geduld. **<<**

Beim Instant Aging erfahren Medizinstudenten – wie oben berichtet – bandagiert und mit mattierten Brillen und Ohrstöpseln, wie sich Bewegungseinschränkung, Schmerz, Blindheit und Schwerhörigkeit im Alter anfühlen. Ebenso müsste ein **simuliertes soziales Absteigen**, das ich »instant social descent« nennen möchte, sie einüben in die Kultur der Unterschicht, der die wenigsten Medizinstudenten entstammen. Viele Kliniken setzen für das Anamnesetraining bereits geschulte Schauspielpatienten ein, die Charité verfügt über eine »Simulationspatienten-Kartei«. Hier wäre ein Ansatz, nicht nur Anamnesen zu präsentieren, sondern auch den Umgang mit dem zunächst »befremdlichem Unterschichtverhalten« zu üben. Die wichtigsten Lern-

faktoren sind Zuhören und Nachfragen, Neugier und Interesse an der sozialen Vielfalt der Gesellschaft und ihrer unteren Schichten.

Der nachvollziehbare Wunsch, durch ein akademisches Studium und als Arzt gesellschaftlich Anerkennung zu finden, aufzusteigen, muss einem bewusst sein, um ihn vorübergehend zurückstellen zu können, wenn man den Fahrstuhlknopf nach unten drückt. Zur Erkundung des unbekannten Territoriums, des gesellschaftlichen Souterrains bedarf es keiner Expedition mit besonderer Ausrüstung und vorsorglichen Impfungen gegen befürchtete Ansteckung, sondern nur des Mutes, die eigene Etage vorübergehend zu verlassen. Ein mehrmonatiges Sozialpraktikum in einer Suppenküche oder bei einer der regionalen Tafeln, einer Drogenberatungsstelle oder Obdachlosenambulanz, einer Beratungsstelle für Flüchtlinge könnte ein guter Lernort sein (▶ Kap. 9), und auch die Praxen vor Ort und hier besonders der – als ärztliche Leistung schlecht bezahlte und nicht beliebte – Hausbesuch.

7.3.2   Was ich bei Hausbesuchen gelernt habe

■ **Notwendigkeit der Ortung des Patienten**
Vor allem im Notdienst bei neuen, unbekannten Patienten gilt:
  ⹀ Die Adresse allein ist nicht ausreichend.
  ⹀ Wer bestellt den Besuch, wie heißt der Kranke, gibt es Angehörige in der Wohnung, existiert ein Klingelschild und welcher Name steht darauf?
  ⹀ Ist das Haus leicht zugänglich oder ein Hinterhaus, Gebäude mit mehreren Eingängen? Gibt es sichtbar eine Hausnummer? Auf welcher Etage wohnt der Patient? Ist an der Wohnungstür ein Namensschild? Mit welchem Namen?
  ⹀ Telefonnummer des Anrufers, des Patienten oder des Telefons in der Wohnung.

■ **Vorinformationen bereitlegen lassen**
  ⹀ Krankenhausberichte, Medikamente, die regelmäßig eingenommen werden, Versichertenkarte

- **Einstellen auf Gepflogenheiten des Patientenhaushalts**
- Seitdem ich einmal zum Ausziehen der Schuhe vor Betreten der Wohnung aufgefordert wurde (was ich ablehnen musste), führe ich Plastiküberschuhe mit (wie sie auf der Intensivstation an Besucher ausgehändigt werden).
- Der Hund des Hauses sollte nicht zur Begrüßung erscheinen, sondern weggesperrt sein (gilt nicht für gute Hundeflüsterer!).

- **Durchsetzen hygienischer Maßnahmen**
- Gerüche nicht (nur) ästhetisch werten (Fallbeispiel 4.12 ▶ Abschn. 4.8.3); sie können medizinisch relevant sein (Bakteriell befallene Wunden, Pseudomonas mit spezifischem Geruch) und Maßnahmen erforderlich machen (regelmäßiges Lüften, Antibiotika, Einschalten eines Pflegedienstes).
- Eine Patientin mit Angst vor Vogelgrippe, die sich damals gerade verbreitete, lag in einem beengten Schlafzimmer im Doppelbett, am Fußende die zusammengerollt schlafende Katze. Die benutzten Papiertaschentücher bildeten rechts neben dem Bett auf dem Fußboden einen weißen Teppich. Es wurde stattdessen eine Plastiktüte am Nachtschrank angebracht und deren regelmäßige Leerung empfohlen sowie ein Schlafplatzwechsel der Katze.
- Oft fand ich Patienten auf Lagern und in Schlafpositionen, die nach Möglichkeit optimiert werden sollten (Wechsel des Zimmers oder Beschaffung eines Krankenbettes).
- Herumliegende Kleidung, benutzt, schmutzig oder gewaschen und nicht wegsortiert oder von allem etwas – Eine Intervention bewegt sich hier in einem Grenzbereich zwischen medizinischer Notwendigkeit (z. B. Patient ist infektiös, Zimmer sollte dann aufgeräumt werden, Indikation zur stationären Aufnahme aus sozialhygienischen Gründen?) und ästhetischer Irritation (die ausgehalten werden muss).
- Gleiches gilt für verwahrloste Küchen, die bei chronisch kranken und alten bettlägerigen Patienten ggf. die Einschaltung einer Haushaltshilfe erfordert – oder aber als Lebensstilvariante hinzunehmen ist.

- Wichtige Frage, die nicht immer geklärt werden kann: Wie kommt es zu dieser Wohnsituation, ist sie möglicherweise ein klassenmedizinisch relevantes Symptom (drohender Verwahrlosung, von Drogen- oder Alkoholmissbrauch, einer psychischen Erkrankung)?

- **Grenzen der »Einmischung«**
- Der Arzt ist nicht die Polizei zur Kontrolle des Wohn-Ambientes.
- Je nach Grad der inneren Abgrenzungsfähigkeit ist der Satz hilfreich: Ich werde hier nicht einziehen müssen.
- Der Kranke erfordert den ärztlichen Blick, der ungetrübt vom sozialen Vorurteil ist, was umso leichter gelingt, je klarer dieses bewusst, aber nicht handlungsbestimmend wahrgenommen wird.
- Angehörige und insbesondere Kinder gehören zum sozialen Umfeld, das u. U. überfordert ist und zusätzliche Hilfe benötigt, oder sie können kränker und hilfsbedürftiger sein als der akute Notfallpatient.
- Die ärztliche Schweigepflicht konkurriert u. U. mit der Verpflichtung der Anzeige oder Intervention (meldepflichtige Infektionskrankheit, Gewalt in der Familie, Eigen- oder Fremdgefährdung bei psychischen Erkrankungen).

Das Potenzial des – abrechnungsmäßig unattraktiven, klassenmedizinisch gesehen aber bereichernden – Hausbesuchs wird noch zu selten genutzt, sowohl in der praktischen Medizin wie auch in der Arztausbildung. Hier liegt ein weites Feld für zukünftige Studienreformen.

7.3.3 Imitieren von Armut als Denunziation

»Instant social descent« ist geprägt vom Aufsuchen und Verstehenwollen, ein Versuch mit offenem Ende, primär in solidarischer Absicht. Davon abzugrenzen sind die beliebten Versuche, die immer wieder in der Öffentlichkeit Diskussionen auslösen: Tenor: So kann man sich »völlig gesund, wertstofffrei [sic!, d. Verf.] und vollständig« (Sarrazin im *Tagesspiegel* vom 30.7.2008, Onken 2008) von einem Hartz-IV-Verpflegungs-Tagessatz von 4,25 Euro (für Sarrazin wäre es sogar mit 3,75 Euro zu schaffen) ernähren. Ich nenne diese Versuche »denunziatorische Experimente«, die charakteristische Gemeinsamkeiten haben, ganz gleich von wem sie angestellt werden, weil

- Hartz-IV-Armut geleugnet wird und dabei nur auf das Geld (z. B. Tagessatz von 4,25 Euro) geschaut wird;
- der Statusunterschied zwischen Experimentator und den tatsächlich Betroffenen ignoriert wird als sei der Ausgangspunkt gleich;
- der (den Arbeitslosen) vorgeschlagene Speiseplan meist gar nicht oder nur für sehr kurze Zeit von den Protagonisten selbst zubereitet und konsumiert wird;
- es einen wesentlichen Unterschied macht, ob dies mein Essen für die Zukunft ist oder ein flüchtiger Gag, um (wie Sarrazin als sparsamer Finanzsenator in Berlin) öffentliche Aufmerksamkeit zu erhalten;
- der Appell am Ende bereits zu Anfang fest stand: Es geht doch! Ändert euch! Werdet wie wir, trinkt weniger Bier! Hört auf zu qualmen!;
- diese »Erfahrungsberichte« medizinische Experten darin bestärken können, Kostzulagen für chronische Erkrankungen als überflüssig zu bewerten (so geschehen u. a. für Patienten mit Diabetes mellitus auf Empfehlung der Deutschen Gesellschaft für Ernährung).

Der Versuch, Leben in der Unterschicht zu imitieren, führt aufwändig den unsinnigen Beweis: Die mangelnde Erfahrung von Selbstwirksamkeit zeigt sich an mangelnder Selbstwirksamkeit (► Kap. 1) – quod erat demonstrandum! (genau das sollte bewiesen werden!). Ja, Trockenheit macht Dürre!

Es entstehen auf diese Weise Missverständnisse aus Gedankenlosigkeit, oder sollte man sagen aus Menschenverachtung:

- Es wird übersehen, dass Armut nicht nur Geldmangel ist.
- Ein Einkaufszettel kann nicht eine erfahrene, planvoll strukturierte Haushaltsführung ersetzen, die man lernen muss. Gutes Beispiel: In seiner Kochshow zeigt Tim Melzer in der Küche einer Familie mit Kindern, wie man – zum ersten Mal in deren Leben – Hühnersuppe aus einem Huhn macht.

- Um Strom zu sparen, wird oft nicht gekocht. Steigende Strompreise lassen nicht automatisch Hartz IV steigen.
- Esskulturen sind schichtspezifisch (und kulturell) mal unterschiedlich – und auch mal wieder gar nicht: Ein Panini mit Kalbsschnitzel ist von einem »Hamburger« nur durch das Ambiente zu unterscheiden, in dem es verzehrt wird und seinen Preis, nicht aber in seiner molekularen Zusammensetzung und dem Nährwert, aber selbstverständlich gilt nur der Hamburger als schlechtes Junkfood.
- Frische Gemüse- und Obstprodukte sind im Gegensatz zu Konserven teurer und können rasch verderben. Toastbrot beim Discounter ist billiger, aber weniger gesund als teureres Vollkornbrot.
- Es fällt schwer, mit dem Haushaltsgeld zu rechnen, wenn die Grundrechenarten und der Dreisatz nicht beherrscht werden (Dyskalkulie scheint so verbreitet zu sein wie Analphabetismus; siehe Pisa-Studie (PIAAC, Oktober 2013) über 16–65-jährige Bundesbürger, die international auf Platz 14 von 24 landen). So kommt es, dass ein sehr ungünstiger Handyvertrag abgeschlossen wird trotz hoher Flatrate, dass die Entscheidung, ob die Kondensmilch im Dreierpack zu 1,69 Euro günstiger ist als 3 Dosen zu je 59 Cent, nicht richtig getroffen wird und das nicht nur bei Kondensmilch und immer ohne Lerneffekt, der ja erst beim Nachrechnen zustande kommen könnte.
- Das kindliche Essverhalten wird früh geprägt, und es ist problematisch, Dosenravioli gewöhnten Kindern einen knackigen Gemüseauflauf schmackhaft zu machen. So kann Essverhalten klassenspezifisch verfestigt werden.

7.3.4 PIAAC

PIAAC steht für Programme for the International Assessment of Adult Competencies. Die *taz* vom 9.10.2013 schreibt:

» Die soziale Herkunft entscheidet maßgeblich über den Bildungserfolg. Menschen, deren Eltern weder Abitur noch Berufsausbildung haben, liegen mit ihren Lesefähigkeiten im Mittel rund sieben

Schuljahre hinter jenen, bei denen mindestens ein Elternteil einen Hochschulabschluss oder einen Meisterbrief vorweisen kann. Einen deutlicheren Zusammenhang zwischen Elternhaus und Bildung gibt es nur in den USA. »Die soziale Schere aus dem Schulbereich bleibt im späteren Leben bestehen«, konstatiert Beastrice Rammsdedt, Leiterin des deutschen PIAAC-Teams. **«**

Die Bundesregierung wendet diesen Zusammenhang, der von der OECD als Appell an Deutschland verstanden wird, Bildungschancen gerechter zu verteilen, in eine positive Ursache-Wirkungs-Beziehung (Bundesministerium für Bildung und Forschung, 8.10.13):

» PIAAC belegt auch die zentrale Bedeutung von Grundkompetenzen für den individuellen Arbeitsmarkterfolg, für Arbeiten und Lernen an sich verändernden Arbeitsplätzen. Höhere Grundkompetenzen führen zu mehr Teilhabe am Arbeitsmarkt und höheren Einkommen. Dies lässt sich sogar in Euro und Cent ausdrücken: Bei einem Anstieg um eine Kompetenzstufe (50 Punkte) in der Lesekompetenz steigt das Einkommen pro Monat um circa 10 Prozent. Dies entspricht bei einem durchschnittlichen Einkommen über 200 Euro pro Monat. **«**

Unter dem Button »Leichte Sprache«, also für die, die als Betroffene gelten könnten, gibt das Ministerium zusammenfassend folgende Information: Die Gruppe der 16- bis 35-Jährigen weist beim Lesen, in der Alltagsmathematik und beim computerbasierten Problemlösen höhere Kompetenzen auf als die Gruppe der 55- bis 65-Jährigen. Dies ist ein Ergebnis der PIAAC-Studie, Bundesministerium für Bildung und Forschung (BMBF) (▸ http://www.bmbf.de/de/13815.php).

7.3.5 Chronifiziertes Leben macht krank

Studienergebnisse

Tierexperimente können versuchen, komplexe soziale Situationen nachzustellen, aber der krankmachende Faktor eines »niedrigen sozioökonomischer Status« ist tierexperimentell nicht reproduzierbar.

Die Psychoneuroimmunologie (Ader 1981[1],2007) liefert dennoch interessante Beispiele. Ein Versuch von Sklar u. Anisman (1979) wird auch heute noch in der aktuellen Literatur erwähnt:

Mäuse (DBA-Stamm) versterben häufiger und rascher an einem ihnen eingepflanzten bösartigen Tumor (syngenetisches P815 Mastozytom), wenn sie durch regelmäßige plötzliche Stromstöße irritiert werden. Es ergibt sich nur dann kein Unterschied zu der Kontrollgruppe der »in Ruhe gelassenen« Mäuse, wenn die geschockten die Möglichkeit haben, zu lernen, den Stromstößen z. B. durch einen Sprung über eine Hürde auszuweichen.

Aus diesem und einer Fülle anderer Experimente kann man schlussfolgern, dass ganz offensichtlich psychosomatische Verbindungen bestehen zwischen Gehirn/Emotion und Immunsystem/Abwehrkraft.

Biondi (2007) listet in seiner umfassenden Übersichtsarbeit 120 Studien aus 1972–1999 auf, die den Einfluss von verschiedenen Formen von Stress auf das menschliche Immunsystem beobachteten. Die Teilnehmerzahlen sind jeweils klein und bis auf eine Arbeit (Arnetz 1987), die arbeitslos gewordene Frauen mit und ohne soziale Unterstützung mit beschäftigten Frauen verglich, untersucht keine Arbeit den Einfluss der Schichtzugehörigkeit auf die Immunfunktion und/oder Krankheitsanfälligkeit. Biondi (2007) fordert für zukünftige Forschung in diesem Bereich ein Design, das die sozialen Parameter wie Coping oder »soziale Unterstützung« präziser erfasst, und den Einsatz von psychologischen Instrumenten, die Folgen von Stressoren besser einschätzen können.

Wirkung von Stress

Stress macht auch Menschen mit der Zeit krank. Es existiert ein komplexes pathophysiologisches Modell über die Beziehung von chronischen, episodischen und akuten psychologischen Risikofaktoren und koronaren Syndromen (Kop u. Cohen 2007). Die Immunologen haben versucht, in einem Diagramm psychologische (z. B. Stress, Feindseligkeit), soziale (niedriger sozioökonomischer Status), immunologische und kardiovaskuläre Einflüsse darzustellen, die in sich gegenseitig verstärkender Weise zu einer koronaren Herzkrankheit und zum Herzinfarkt führen können, je nachdem wie intensiv und wie andauernd sie vorliegen.

Der Weg in die Krankheit kann keinesfalls bereits als psychoneuroimmunologisch aufgeklärt gelten. Aber wir wissen über die Folgen von Stress (Allostase-Modell, siehe Siegrist 2005) auch aus sozialwissenschaftlichen Studien.

Stress wirkt – ähnlich wie im Tierversuch – schwächend und krankmachend,

- wenn es keine positiven Ergebnisse gibt (mangelnde Erfahrung der Selbstwirksamkeit);
- wenn es keine Flucht- oder Ausweichmöglichkeit gibt;
- wenn Entspannung fehlt;
- wenn man immer Opfer ist oder sich als solches bedroht fühlt;
- wenn man keine (Ab-)Hilfe findet, sich allein gelassen fühlt;
- wenn man fühlt, dass sich diese Situation nicht ändern lässt;
- wenn die Abwehrkraft erlahmt.

Coping

Entscheidender Schutzfaktor ist das Coping, die Fähigkeit des Individuums, Krankheiten zu bewältigen und allgemein mit Stress umgehen zu können.

Lazarus (1999) unterscheidet 3 Formen des Coping, die, unschwer erkennbar, alle mit positiv erfahrenem Selbstwirksamwerden zu tun haben:

- problemorientiertes Coping (Informieren, reaktiv Handeln oder Nichthandeln),
- emotionsorientiertes Coping (Erregungsabbau),
- bewertungsorientiertes Coping (Neubewertung der Situation).

Coping ist wie Selbstwirksamkeit keine angeborene Fähigkeit, sondern greift zurück auf erlernte und erprobte Techniken. Das setzt stabile soziale Strukturen voraus, individuelle Ausweich-, Ablenkungs- und Selbstbelohnungsmöglichkeiten und frühere, positive Erfahrungen mit aufschiebender Belohnung.

Fallbeispiel 7.2.: 58-jährige adipöse Patientin, Arbeitsplatzverlust

Wie könnte zum Beispiel im Fallbeispiel 1.2 (▶ Abschn. 1.3.2) der entlassenen, überforderten Bäckereiverkäuferin ein »Neubewerten der Situation« im Sinne des Copings aussehen? Welche Option könnte von der Patientin am ehesten realisiert werden?

Mögliche Neubewertungen ihrer Situation:

- Ich mache nochmals einen Versuch, einen Therapieplatz zu bekommen.
- Ich klage gegen die Kündigung.
- Ich wandere aus.
- Ich mache einen Alphabetisierungskurs bei der Volkshochschule.
- Ich beantrage eine stationäre psychosomatische Reha-Maßnahme.
- Ich steige auf homöopathische Medikamente und Bachblüten um.
- Ich kann mich endlich ganz meiner Häkelhandarbeit hingeben.
- Ich begehe Selbstmord.

7.4   Chronifizierung des Arztseins

7.4.1   »Ermüdungserscheinungen«

Die soziale Sensibilität von Ärzten für die Folgen ihres Tuns kann verloren gehen.

Diskussion von Fallbeispiel 7.2

Ich diskutiere den Fall mit einem ehemaligen Kollegen aus der Klinik.

»Weißt du«, sagt Dr. Cool, »ich mache richtig gute Schulmedizin, so wie wir das damals in der Klinik und Poliklinik gemacht haben. Ich bin für meine Patienten da, bilde mich regelmäßig fort, wir haben ein gutes Qualitätsmanagement in der Praxis, und meine Patienten sind zufrieden, jedenfalls ist mein Wartezimmer immer voll.

Deine Patientin hat einen Psychiater, der sich professionell um sie kümmert. Es ehrt dich, dass du dir Sorgen um sie machst. Aber du wirst ihr die Verantwortung für ihr Leben nicht abnehmen können. Ich weiß auch nicht, ob es immer nötig ist, lange Sozialanamnesen zu machen, was bringt das, wenn ich wie ein – sorry! – Trüffelschwein das Elend in der Gemeinde suchen soll und dann doch nicht weiterhelfen kann. Willst du den Arzt, der Pfarrer, Streetworker, Ratgeberonkel und Krankenschwester in einer Person rund um die Uhr ist? Das geht alles von meiner Lebenszeit ab.«

»Und wie fühlst **du** dich am Ende des Tages?«, frage ich. »Und wie sind deine Ergebnisse bei den schwierigen Patienten? Gibt es vielleicht eine dop-

pelte Selektion: Du hast dir einen Stadtteil ausgesucht, in dem Dr. Cool gut ankommt, und die
Patienten stimmen mit den Füßen ab, wohin sie
gehen, und zu dir kommen die coolen?«

Auch unter Ärzten besteht die Gefahr der Chronifizierung. Das Leben des chronifizierten Arztes
hat erstaunlicherweise mehr mit dem chronifizierten Leben gemein, an dem v. a. Menschen aus der
Unterschicht leiden, als es auf den ersten Blick hin
scheint. Die oben zusammengestellten Bedingungen, wann Stress krank machen, das Leben chro-
nifizieren kann, treffen auf die Arbeitssituation der
Ärzte grundsätzlich zu. Manche Ärzte befinden
sich in einem als hoffnungslos eingeschätzten Zustand, sie erfahren ihre Selbstwirksamkeit (genau
wie viele ihrer Patienten), ihre (Behandlungs-)Frei-
heit als beschnitten, empfinden die Ungleichbehandlung bei der Honorarverteilung als ungerecht
(wie ihre Patienten ihre vermeintlichen oder tatsächlichen Benachteiligungen) und reagieren mit
Unmut im doppelten Wortsinn: schlechter Laune
und fehlender Courage.

7.4.2 Umgang mit Bürokratie

Für den Leser, der nicht als Kassenarzt mit diesen Vorgängen vertraut ist, sind die folgenden
detaillierten Beispiele eine Zumutung. Sie sollen
aber einen Einblick geben – nicht nur in Fallstri-
cke der modernen Therapie, sondern auch in den
ärztlichen Alltag, bei dem ärztlicher Unmut über
formale Unübersichtlichkeiten zu einer schlechten
Behandlung führen kann, für die dann in der Regel
andere verantwortlich gemacht werden sollen.

Vor dem chronifizierten Arzt (zur Abgrenzung
gegenüber Dörners »chronischem Arzt«, ▶ Kap. 2)
sollten Patienten sich in Acht nehmen! Er neigt
zum Vandalismus in der Arzt-Patient-Beziehung
und zur Feigheit gesetzlichen Vorgaben gegenüber, die er strenger auslegt als der Gesetzgeber,
um »keine Schwierigkeiten zu bekommen«. Chronifizierung macht auf diese Weise den betroffenen
Arzt anfällig, zum unwilligen Vollstrecker der von
ihm im Grunde seines Herzens verachteten Verwaltung und ihrer ihn einschränkenden Vorgaben
zu werden. Etwas mehr Zivilcourage könnte dem

Arzt andere Auswege zeigen, als seinen Unmut an
seinem Patienten abzureagieren.

Antrag auf Schwerbehinderung

Als eine Plage werden die zahlreichen Anträge auf
Schwerbehinderung angesehen, die Patienten beim
Versorgungsamt stellen und die sich dann postwendend beim Arzt im wahrsten Sinne des Wortes sta-
peln. Deutschland ist das Land mit 100 % Schwer-
behinderten (tatsächlich sind es 8 %, d. Verf.), ist
der Eindruck eines erbosten Kollegen. Für 20 Euro
fülle er den Mist nur aus, wenn es gar nicht anders
geht, und »ich sage meinen Patienten gleich, was
ich davon halte: in 90 % wollen sie Prozente (Grad
der Schwerbehinderung wird in Prozent vom Versorgungsamt festgesetzt, d. Verf.), obwohl sie gar
nichts haben und dann geht's mit Widerspruch in
die zweite Runde.«

Die Einwände, für manche Patienten sei der
Grad der anerkannten Schwerbehinderung aus
steuerlichen Erwägungen wichtig, sie bekämen gegebenenfalls mehr Urlaub, sie empfänden – durchaus irrational und oft medizinisch nicht zu begründen – die Anerkennung als kleine Wiedergutmachung für erduldetes Leiden … lässt er nicht gelten.
Für ein Trostpflästerchen sei ihm der Aufwand zu
hoch.

Verschreibung von Blutzuckerteststrei-
fen

Ende 2010 wurde durch den Gemeinsamen Bundesausschuss (GBA), in dem Ärzte und Krankenkassen festlegen, was zu Lasten der Krankenkassen
verschrieben werden darf, entschieden, dass Blutzuckerteststreifen nur noch Diabetikern verschrieben werden dürfen, die Insulin spritzen müssen.
Die Streifen erlauben es dem Patienten, seinen
Blutzucker selbst zu kontrollieren, sind aber teuer
(30–60 Cent/Stück).

In zahlreichen Praxen wurden umgehend – bereits an der Anmeldung – Zettel an die irritierten
Patienten verteilt: »Leider dürfen wir Ihnen keine
Teststreifen mehr verschreiben.« Dabei hatte der
GBA im Einzelfall Ausnahmen zugelassen und diese auch nur auf maximal 50 Teststreifen pro Verordnung, nicht aber bezüglich der Gesamtmenge
festgelegt. Als Ausnahmeindikation gilt u. a. eine
»instabile Stoffwechsellage«, ein dehnbarer Tatbe-

stand, den ein engagierter, von seiner bisherigen Verschreibungspraxis überzeugter Arzt fantasievoll hätte nutzen können, weil letztlich nur der Arzt darüber entscheiden kann, ob sein Patient wegen einer Instabilität seines Diabetes ausnahmsweise Teststreifen zur Selbstkontrolle benötigt. Es würde dann ausreichen, dies mit einem kurzen Vermerk im Praxis-PC (ein Mausklick!) zu dokumentieren, um bei späteren Nachprüfungen gewappnet zu sein.

Ein kurzer medizinischer Nachsatz zur Bedeutung der Blutzuckerselbstkontrolle: Viele Patienten mit oder ohne Insulinbehandlung steuern ihr Ess- und Bewegungsverhalten nach den selbst gemessenen Blutzuckerwerten. Bei vielen Patienten aus der Unterschicht und Migranten mit Analphabetismus sind die im Blutzuckermessgerät gespeicherten Werte oft der einzige Parameter, an dem der Arzt ersehen kann, ob und wann z. B. Unterzuckerungen auftraten oder ob es Tageszeitpunkte gibt, an denen der Blutzucker immer erhöht ist, so dass eine Veränderung der Medikamentendosierung erforderlich wird. Und schließlich lernt der Patient sinnlich den Zusammenhang zwischen Essen und Diabetesverschlechterung, wenn nach Genuss einer Süßspeise oder großer Mengen Obst der Blutzuckerwert entgleist.

»Aut-idem«-Regelung

Durch das blindwütige Befolgen von Kann-Bestimmungen, die er befolgen kann, aber nicht muss, schränkt der chronifizierte Arzt nicht nur seine als bedroht beklagte Behandlungsfreiheit ohne Not selbst weiter ein, es kann dadurch sogar zu lebensgefährlichen Komplikationen mit der Tabletteneinnahme kommen:

Durch ein Kreuz im Feld »aut idem« auf dem Rezeptformular bestimmt der Arzt, dass sein Patient immer das identische Medikament in der Apotheke bekommt: identische Firma, identische Verpackung, identische Tablettenform und -größe. Ist das »Aut-idem«-Feld nicht angekreuzt, muss der Apotheker das kostengünstigste Medikament mit identischem Wirkstoff ausgeben, und dies kann heute von dieser und morgen von jener Firma sein. Die Verpackung verändert sich, die Tabletten sehen jedes Mal anders aus, ja sogar der Name des Medikaments kann verschieden sein je nach Hersteller.

Mit wenig Fantasie kann man sich vorstellen, was passiert, wenn ein Patient mehrere Medikamente täglich, u. U. mehrmals, einnehmen muss und dabei alle Schachteln und Tabletten immer anders ausschauen.

Aufmerksame Patienten bitten dann oft darum, doch dasselbe Medikament, das sie zuvor hatten, verschrieben zu bekommen. Dies wird ihnen oft von ihrem Arzt verweigert, da dieser befürchtet, einen Medikamenten-Kosten-Regress der Krankenkasse zu erhalten. Das Problem wäre leicht lösbar, wenn der Arzt bereits bei der Auswahl bei Erstverordnung den Preis im Auge hätte.

Gefährlich wird diese »Medikamenten-Kostümierung« für weniger aufmerksame, ältere Patienten oder solche, die (das Kleingedruckte) nicht lesen können. Immer wieder haben wir hier bei der genauen Medikamentenanamnese (das heißt: alle Schachteln auf den Tisch!) Doppeleinnahmen von Medikamenten mit identischem Wirkstoff, aber unterschiedlichem Aussehen und Namen beobachtet mit z. T. extremen, lebensgefährlichen Überdosierungen. Die sog. »Aut-idem«-Regelung bedeutet eine lebensgefährliche Chaotisierung der medikamentösen Behandlung und der Therapiesicherheit und dient so nur kurzsichtig gesehen der Sparsamkeit.

7.4.3   Im Dschungel der Verordnungen

Es gibt keine Zahlen darüber, wie weit Chronifizierung unter Ärzten verbreitet ist. Mit diesem Terminus soll auch keineswegs der einzelne Arzt oder gar die Ärzteschaft pauschal belegt und damit verunglimpft werden. Es geht mir darum, die Gefahr einer »deformation professionnelle« aufzuzeigen, die manchmal mehr und manchmal weniger Einfluss hat auf die Arzt-Patient-Beziehung (▶ Kap. 2). Wenn nämlich die Chronifizierung des Arztes auf die des Patienten stößt, ergeben sich – trotz oder wegen der sehr ähnlichen emotionalen Hintergründe des Sichentwertetfühlens – oft Konflikte, die vermeidbar wären, wenn der ablaufende Vorgang von Übertragung und Gegenübertragung (in psychoanalytischer Terminologie) erkannt und reflektiert werden könnte.(siehe auch »Anspruchsdenken?«, ▶ Abschn. 4.1)

Jürgen Habermas hat Ende der 80er-Jahre für das 21. Jahrhundert »Die neue Unübersichtlichkeit« (1988) vorausgesagt. Sie ist in der Medizin tatsächlich eingetreten. Seit der Einführung der Gesetzlichen Krankenversicherung (GKV) durch Bismarck 1871 ist es zu einer zunehmenden Verrechtlichung des Arzt-Patienten-Verhältnisses und einer Ökonomisierung der Medizin gekommen. Stichworte wie GMG, DMP, DRG, ICD, Din-Iso-Norm, Qualitätskontrolle, jährlich wechselnde Gebührenordnungen, Zertifizierung von Fortbildung und ganzer Praxen stehen heute für eine überbordende, den Arztalltag chronifizierende Bürokratisierung. Die damit verbundene zunehmende Fremdkontrolle kann zu einem Verlust der Selbstkontrolle (und damit zum Verlust von Selbstwirksamkeitserfahrung) führen.

7.5 Chronifizierte ärztliche Standespolitik

»Das Martyrium der Ärzte« (Maulen 1998) wird durch die ärztliche Standespolitik nicht abgemildert, sondern verstärkt. Wider besseren Wissens und – angesichts einer Gesellschaft im Umbruch in unverantwortlicher Weise – wird den Ärzten eine Sicherung, eine Chronifizierung ihrer Privilegien, des Status quo versprochen. Dabei werden beschlossene Gesetze, von der Reichsversicherungsordnung (RVO) 1911 bis zum GKV-Versorgungsstrukturgesetz (GKV-VstG) 2012 ignoriert. Es fehlt jegliche zukunftsweisende eigene Idee. Die 1990 standespolitisch vehement bekämpften Polikliniken der ehemaligen DDR erlebten 15 Jahre später an der Ärzteschaft vorbei eine Wiederauferstehung als profitorientierte »medizinische Versorgungszentren« (MVZ) durch das GMG (= Gesundheitsmodernisierungs-Gesetz) Die unrealistischen Positionen der Standespolitiker lassen sich immer weniger durchsetzen, und der an der Basis entstehende Unmut, wird – bisher noch mit Erfolg – Dritten, den Krankenkassen oder der Gesundheitspolitik, in die Schuhe geschoben.

Die von Standesvertretern scheinbar selbstzufrieden vorgetragene Behauptung, wir hätten »das beste Gesundheitssystem der Welt« (Vorschlag der Abkürzung: DB-GS-DW, d. Verf.) scheint – unabhängig von der Prüfung ihres Wahrheitsgehaltes

– im Widerspruch zu stehen zur Unzufriedenheit der Ärzte an der Basis. Der Widerspruch löst sich auf, wenn man erkennt: DB-GS-DW ist der standespolitische Stopp-Code bei Reformvorhaben, die nicht im Interesse der Ärzte liegen.

Auffällig dabei, dass bisher noch kein Gesundheitsminister, ganz gleich welcher Parteizugehörigkeit, grundsätzliche Zustimmung der Standespolitiker für irgendwelche Reformen erhielt. Für die besten gesundheitspolitischen Vorschläge (z. B. von Ulla Schmidt, 2001–2009, SPD, ▶ Kap. 8) gab es von den ansonsten vornehm tuenden Vertretern des Deutschen Ärztetages grobschlächtig-unverschämt und hemdsärmelig die meiste Prügel.

Diese lobbyistische Standespolitik hat die Glaubwürdigkeit der Ärzte und ihren sozialpolitischen Einfluss längst verspielt. Sie hat zur Deprofessionalisierung (▶ Abschn. 7.6) des Arztberufs beigetragen. Keiner scheint mehr eine Veränderung/Verbesserung dieser (chronifizierten) Entwicklung zu erwarten.

Die spärlichen konkreten Gegenvorschläge der offiziellen Ärzteschaft sind meist gefährlich unsozial. Der Deutsche Ärztetag (DÄT) ist eine private Versammlung, Veranstalter ist die Bundesärztekammer (BÄK), Teilnehmer sind Vertreter der Landesärztekammern (LÄK). Im Gegensatz zu diesen Körperschaften des öffentlichen Rechts ist die Bundesärztekammer zwar lobbyistisch sehr aktiv – aber zu nichts legitimiert.

Der DÄT beschloss 2011 die Einführung der Kostenerstattung statt des gegenwärtigen Sachleistungsprinzips. Sachleistungsprinzip bedeutet: Die Honorare für ärztlichen Leistungen werden von den Krankenkassen an die Kassenärztlichen Vereinigung bzw. den Gesundheitsfond überwiesen und dann an die Ärzte verteilt (der Patient zahlt seine Krankenkassenbeiträge aber nicht direkt an seinen Arzt!). Der DÄT- Beschluss, das Sachleistungsprinzip aufzuheben, wurde im letzten Moment vom Vorstand der Bundesärztekammer wieder kassiert, ansonsten wären – zumindest wenn es nach den Teilnehmern des Deutschen Ärztetages und ihren Beschlüssen gegangen wäre - Kassenpatienten in die missliche Lage geraten, gegenüber der Krankenkasse in Vorleistung zu gehen, die Arztrechnung wie ein Privatpatient selbst bezahlen zu müssen und diese Kosten teilweise von ihren Kassen erstattet zu bekommen. Ein Verfahren, dass für die meisten Versicherten ökonomisch untragbar wäre und eine Aufhebung der ärztlichen Versorgungsgewissheit bedeutet hätte. Dieser DÄT-Beschluss lässt andere Beschlüsse zu der prekären gesundheitlichen Lage von Patienten aus der Unterschicht (▶ Kap. 1, DÄT 2005 und 2013) als das deutlich werden, was sie sind: pflichtschuldige soziale Deklamationen ohne Handlungs- und Verantwortungsbereitschaft.

Die FDP forderte in ihrem Wahlprogramm 2005 gar die Abschaffung der GKV, 2013 soll die GKV zu einer privaten Krankenversicherung für alle werden; das ist Klassenkampf von oben unter der Fahne der Freiheit. Viele Ärzte sind FDP-Wähler. Die Kassenärztlichen Vereinigungen und die BÄK kooperieren im Wahlkampf 2013 in Wahlveranstaltungen offen mit der FDP. Unprivilegierte Unterschichtpatienten können mit einer solchen FDP-Freiheit nichts anfangen; für sie stellen Ärzte, die sie propagieren oder gar praktizieren, eine Gefahr für ihre Gesundheit und ihr Leben dar.

Die Kassenärztlichen Vereinigungen haben 2013 eine Werbeoffensive gestartet unter dem Motto »Wir arbeiten für Ihr Leben gern«. Das Ziel bleibt zunächst unklar. Es scheint, als solle mit der larmoyanten Kampagne (Kosten: 15 Mio. Euro) vordringlich innerärztlich Dampf abgelassen werden, denn der Bürger muss ziemlich irritiert sein, wenn er in Zeitschriften und auf 5000 Plakaten bundesweit liest: »Ich bin Hausärztin. Ich werde Ihnen fehlen.« Oder: »Achtung! Neue Öffnungszeiten ab 2030: Mo–Fr geschlossen.« Was kann ich als Bürger tun, damit die Ärzte bleiben? »Wir sprechen über Geld. Denn an Gesundheit spart man nicht!«, ruft es vom Plakat. Ach so, ich soll mich dafür einsetzen, dass die Ärzte mehr Honorar bekommen und weniger leiden müssen unter Bürokratie …, sonst will ja keiner mehr Arzt oder Ärztin werden … Aber ist das nicht Aufgabe der ärztlichen Selbstverwaltung? … Sie verteilt doch jährlich ca. 34 Mrd. Euro unter die Ärzteschaft. Wie viel muss es denn werden, damit mir der Arzt irgendwann nicht fehlt? Was machen die Ärzte denn selbst, um das Problem mit dem Nachwuchs zu lösen?

Das »primärprozesshafte Agieren« (Freud) der gut organisierten Ärzteschaft als Lobby hat nicht nur in diesem Fall folgende Konsequenzen:

- Verdrängung (ihres Beteiligtseins beim Kostenaufkommen der GKV und v. a. bei der ungleichen und ungerechten Verteilung der Honorare),
- Verschiebung (der Verantwortung dafür),
- Verleugnung (der großen Chancen einer solidarischen Krankenversicherung für das Ergebnis der ärztlichen Arbeit und der Gefahren, die unprivilegierten Patienten drohen, wenn standespolitische Vorstellungen wie die o. a. 1 : 1 Gesetz würden),
- Vergessen (der an sie gestellten – mit hohen gesellschaftlichen Privilegien ausgestatteten – Aufgabe, Kranke in deren Lebenswirklichkeit wahrzunehmen, aufzusuchen und ggf. dort abzuholen, wo sie gerade stehen).

Patienten, die sich so verhalten und behaupten, schrecklich an ihrer Um-Welt zu leiden, wird gewöhnlich eine Psychotherapie empfohlen; es ist psychoanalytisch gesehen ein (kollektives) neurotisches Verhalten, vor dem viele engagierte Ärzte vor Ort immer wieder fassungslos stehen, die z. B. diese Imagewerbung unnötig und peinlich finden.

7.6   Deprofessionalisierung der Ärzte

»Zu den zentralen Bestimmungsmomenten einer Profession gehört die eigene Kontrolle über Inhalte und Organisation beruflicher Arbeit …« (Siegrist 2005).

Profession zeichnet eine Berufsgruppe durch folgende Merkmale aus:
- auf der Hochschule erworbenes Expertenwissen,
- Leistungen werden aufgrund eines gesellschaftlichen Mandats weitgehend als Monopol angeboten,
- die Tätigkeit ist einer normativen Eigenkontrolle unterworfen und damit tendenziell sozialer Kontrolle durch Nichtexperten entzogen,
- hohes Maß an beruflicher Autonomie (Willensfreiheit, Freiberuflichkeit),
- hohes Sozialprestige (Ansehen, gesellschaftliche Wertschätzung) und hohes Einkommen.

Deprofessionalisierung beschreibt den zunehmenden Verlust einzelner dieser Merkmale.

Das Arztbild ist in einem Wandel begriffen. Die gesellschaftliche Stellung der Ärzte dagegen scheint unangefochten. Sie liegen in der Beliebtheitsskala von 18 Berufen mit 76 % vorne, kurz vor Krankenschwestern, Polizisten und Lehrern (Institut für Demoskopie Allensbach, Frühjahr 2013; ▶ http://www.boersenblatt.net/633699/). Der dennoch stattfindende Wandel des Berufsbildes erfolgt beinahe unmerklich und hat seine Wurzeln in der Vergangenheit.

In der Zeit der Wende vom 19. zum 20. Jahrhundert erreicht die Professionalisierung der Ärzteschaft ihren Höhepunkt. 1852 waren Standards der ärztlichen Ausbildung vereinheitlicht worden. Die Berufsbezeichnung Arzt wurde gesetzlich geschützt. 1869 wurde die Verpflichtung für Ärzte aufgehoben, Arme unentgeltlich zu behandeln. 1873 gründete sich der Dachverband Deutscher Ärzte. Mit der Einführung der Gesetzlichen Krankenversicherung 1883 und der Anerkennung von Ärztekammern als öffentlich-rechtliche Einrichtungen mit eigenem Disziplinarrecht (1887–1898) ist eine weitgehende Professionalisierung erreicht. In den folgenden Jahren werden Macht- und Interessenkonflikte vornehmlich mit den Krankenkassen ausgetragen, in der Politik wird »die Ärzteschaft« zu einer festen Größe.

Die Deprofessionalisierung setzt bereits zur Hochzeit der Professionalisierung ein. Das folgende Zitat (1900, zit. nach Göckenjan 1987) von Hermann Hartmann, dem Gründer des heutigen Hartmannbundes der niedergelassenen Ärzte Deutschlands, wurde bereits in ▶ Kap. 4 erwähnt:

>> Bis jetzt haben wir Ärzte bei unseren Kämpfen nur immer auf die Standeswürde und Standesehre gepocht – ich sage Ihnen Geld, Geld ist die Hauptsache. «

Es ist das Geld der Krankenkassen, das Begehrlichkeiten weckt, Streikkämpfe entfacht, innerärztliche Konkurrenzkämpfe schürt und Patienteninteressen vernachlässigen lässt. Damals bereits beginnend hat diese Entwicklung in den letzten 30 Jahren eine unvorstellbare Dynamik entwickelt. Die ärztlichen Standesorganisationen haben die Autonomie des einzelnen Arztes okkupiert, um damit in seinem Namen Politik zu machen (den Slogan »Ich arbeite für Ihr Leben gern!« hat sich kein Praktiker ausgedacht sondern eine teure Werbeagentur), die Verpflichtung zur Eigenkontrolle tritt dahinter zurück, die Inhalte ärztlichen Handelns und Entscheidens werden ökonomischen Zielen untergeordnet. Ärzte werden zu Geschäftsleuten oder zu deren Angestellten. Krankenhäuser machen Profite, ihre Betreiber entziehen so der Solidargemeinschaft der GKV Gelder, die eigentlich nur der Deckung der tatsächlichen Kosten dienen sollten.

Ärzte im Krankenhaus (und auch manche Freiberufler in den Praxen) streiken. Ärzte seien ganz normale Arbeitnehmer, heißt es, und in den oben erwähnten Plakataktionen drohen sie offen mit Verweigerung oder einem zukünftigen Nicht-Mehr-Versorgen. Die Standespolitik verbündet sich mit den politischen Parteien, die vermeintliche ärztliche Interessen am besten vertreten; es gibt keine offizielle Solidarität mit den dazu widerstreitenden Patienteninteressen (▶ Kap. 8). Manchmal erscheint in der Standespolitik der Patient als Feind des Arztes, der abgewehrt und dessen Ansprüche (siehe »Anspruchsdenken?«, ▶ Abschn. 4.1) diszipliniert werden müssen. Ärzte kooperieren offen oder versteckt mit den Firmen des medizinisch-industriellen Komplexes in der Grauzone der Korruption, deren tatsächliches Vorkommen empört zurückgewiesen oder als »bedauerliche Einzelfälle« verharmlost wird.

Die Gesellschaft ist dabei, jegliche Kontrolle über die Heilkunde zu verlieren. Die Gewährung professioneller Autonomie war an die Bedingung geknüpft, dass die Ärzte in erster Linie dem Wohl der Patienten dienen. Dies ist nach wie vor im Praxisalltag der Fall, aber bei den Standesvertretern, die keine regulären Patientenkontakte mehr haben, zunehmend aus dem Blickfeld gerückt. Und schließlich weicht die wachsende Konkurrenz der nichtärztlichen Gesundheitsberufe die bisher gesicherte Monopolstellung der Ärzte in Teilaspekten auf. Heilpraktiker, die von den Ärzten seit Beginn der GKV als »Kurpfuscher« bekämpft wurden, haben heute Zulauf von zahlungskräftiger Klientel, die dort für Geld das versuchen zu bekommen, was ihnen die Ärzte selbst bei Selbstzahlung des Patienten in der Regel vermeintlich nicht mehr geben (können), wenn Chemotherapie, Gentechnologie und

Transplantation noch nicht in Frage kommen oder erfolglos waren: ausreichend Zeit, offenes Zuhören, Empathie, Erklären von Beschwerden und Hinschauen, wo der Mensch steht und was er braucht, nämlich Stärkung der Erfahrung von Selbstwirksamkeit in der Krankheit – also die Essentials einer guten, klassenmedizinischen Heilkunst.

Menschen ohne Papiere, die Armen von heute, finden nicht so leicht einen Arzt, der sie unentgeltlich behandelt (siehe »Kranksein ohne Recht aufs Dasein«, ► Abschn. 6.3). Die unentgeltliche Behandlung der Armen – 1869 abgeschafft – scheint heute mit dem Arztbild nicht ohne Weiteres wieder vereinbar.

Die scheinbar zukunftsweisende Vision von Hermann Hartmann (»Geld, Geld …«) droht, sich zu einem den Ruf der Ärzteschaft und das Patienten-Arzt-Verhältnis zerstörenden Verdikt zu entwickeln (► Kap. 9).

7.7   Ärzteopposition

In den 70er-Jahren hat sich dagegen in der Bundesrepublik eine »Ärzteopposition« (Beck et al. 1997; Beck 2003) formiert, die chronifizierte Positionen und Strukturen aufbrechen wollte, die Ärztekammern als ständische Relikte abschaffen und durch Gesundheitskammern ersetzen wollte, in denen z. B. auch die Pflegeberufe vertreten sein sollten. Das politische Mandat wurde den Körperschaften des Öffentlichen Rechts abgesprochen, ihre vernachlässigte gesellschaftliche Verantwortung dagegen eingefordert. In allen Landesärztekammern waren bis in die 90er-Jahren oppositionelle Ärzte vertreten, ihr bundesweiter Zusammenschluss bildet der heutige »Verein demokratischer Ärztinnen und Ärzte (VdÄÄ)« (► http://www.vdaeae.de).

Für die heftig irritierten, meist älteren, fast ausschließlich männlichen Standespolitiker war das Auftreten von Opposition in den eigenen Reihen eine fast widernatürliche Provokation. Es musste sich eindeutig um in die Ärztekammer verirrte, bisher noch nicht ausgeschaltete Radikale handeln. (Es gab in den 70er/80er-Jahren im öffentlichen Dienst »Berufsverbote« für »Radikale«, die angeblich nicht auf dem Boden der »Freiheitlich-demokratischen Grundordnung« standen.)

Solange in der Ärztekammer Hamburg bis 1986 nur 2 Vertreter der Opposition angehörten (später hatte die »Hamburger Ärzteopposition« bis zu 20 % der Sitze), fiel ihnen die Zuordnung leicht: der bedächtigere mit den nachdenklich machenden, ernsten Beiträgen musste der grüne Spinner, der aggressivere mit den häufigen Anträgen zur Geschäftsordnung und der rhetorischen Schärfe der rote Chaot sei. Sie hatten genau daneben getippt …

Die Ziele der Opposition – darunter: Abschaffung der Ärztekammern, Einführung einer Kammer für alle in der Medizin Beschäftigten – sind heute immer noch aktuell, konnten nur z. T. umgesetzt werden, waren oder wurden Teil der gesundheitspolitischen Vorstellungen der Gewerkschaften und der Parteien SPD, Die Grünen und Die Linke und harren zu einem nicht geringen Teil auf Umsetzung in der Zukunft. Sie sind zusammengefasst nachzulesen in den Programmatischen Grundlagen des VdÄÄ« von 2012: »Gute Medizin braucht Politik – Wider die Kommerzialisierung der Medizin. (VdÄÄ, Verein demokratischer Ärztinnen und Ärzte 2012; ► http://www.vdaeae.de; siehe Auszug ► Kap. 10).

7.8   Burnout-Syndrom

Im zunehmend Beachtung findenden »Burnout-Syndrom« (Freudenberger 1974) bei Ärzten (Zaudig 2009; Fuhr 2014; Kaschka et al. 2011) wirken beide Erstarrungsprozesse, Bürokratie und Standespolitik, zusammen und können beim einzelnen Arzt zu einer selbstständigen, primär zur Chronifizierung neigenden Erkrankung führen mit erheblichen Auswirkungen auf das Arzt-Patient-Verhältnis. Burnout scheint zu einer Art Statussymbol (»Verwundetenabzeichen« der Besserverdiener, Schmidbauer 2012 zitiert nach Neckel u. Wagner 2013) geworden zu sein, das sich Ärzte wie auch andere »Leistungsträger« mehr aktiv zulegen als davon getroffen zu werden. Neckel u. Wagner (2013) schreiben:

>> Obgleich sich Burnout-Symptome klinisch nicht wesentlich von denen einer Depression unterscheiden, scheint die Popularität des Burnout nicht zuletzt damit erklärbar zu sein, dass sich die Diagnose als »eine Art Verwundetenabzeichen«

(Schmidbauer 2012, S. 159) der Leistungsgesellschaft tragen lässt. Wer ausgebrannt ist, muss zuvor für etwas gebrannt haben, was die Erkrankung vom Stigma des individuellen Versagens befreit. **«**

Ein arbeitslos gewordener Patient aus der Unterschicht kann sich gewöhnlich ein Burnout nicht leisten, er wird »richtig« depressiv (Voss u. Weiss 2013; Lampert et al. 2013).

Nach einer Studie des Robert Koch Instituts 2011 leiden unter Depressionen v. a. jüngere Menschen und Frauen (ca. 10 %). Depressionen finden sich bei Patienten mit niedrigem SES in 13,6 gegenüber 4,6 % mit hohem SES. Vom Burnout sind v. a. ältere Arbeitnehmer betroffen mit hohem SES (5,8 % gegenüber 2,6 % mit niedrigem SES) (nach Voss u. Weiss 2013).

Die jahrelang erschienene wöchentliche Kolumne von Dr. D. in der Medical Tribune[2] soll hier als Beleg für die Verbreitung des »Burnout« herangezogen werden.

Die gleichen Symptome, zum Teil in noch ärgerer Ausprägung (siehe bei Lauterbach 2007) zeigen Internetforen-Beiträge von Ärzten und viele kritische Leserkommentare in den ärztlichen Fachzeitschriften. Aber keiner hat die Sache so genau auf den Punkt gebracht wie D. in seinen Beiträgen. Offensichtlich mit systemisch-konstruktivistischem Hintersinn und paradoxer Intention führt er uns – als Nachfolger von Prof. Paul Lüth (kritischer Arzt und Hochschullehrer: »Ansichten einer künftigen Medizin«, 1971) – wöchentlich an die virtuelle Klagemauer der unmutigen Ärzte. Dort dekliniert er schonungslos und lustvoll alle u. a. Elemente (1. bis 6.) des klassischen »Burnout«-Syndroms an seinen vorgeblichen Alltagserlebnissen durch. Diese 1 : 1 als seine tatsächliche Meinung oder gar als objektive Wirklichkeitsbeschreibung genommen, müssten

massive Kritik und ernstliche Sorge um die seelische Verfassung des Autors, zumindest aber ein sofortiges Einschreiten des Lektorats der Medical Tribune auslösen. Ob seine Unmutsäußerungen und die konsequente Verweigerung aller Lösungsvorschläge freilich von allen Lesern »richtig« verstanden wurden, muss hier offen bleiben. Die Fülle der zu den Kriterien des »Burnout« passenden Zitate musste aus Platzgründen begrenzt werden.

- **Die Symptome des Burnout-Syndroms**
(nach Th. Bergner 2003, in Beziehung gesetzt zu Dr. D.'s Kasuistiken)

1. Kontaktverlust zum Patienten, Stereotypisierung, Schuldzuweisung
»Gelbscheinprofis und Patienten mit non-vult-laborare-Syndrom« (»will nicht arbeiten«, d. Verf.) »lutschen« als »Sozialschädlinge« (in der Kolumne ohne Anführungszeichen) das System der GKV aus (»Praxisgebühr fördert die Faulheit«, MT 25.6.2004). Patienten, die wegen einer verweigerten AU-Bescheinigung den Arzt wechseln, werden – ohne Berücksichtigung des Datenschutzes – der Krankenkasse angezeigt (»Kassen erleichtern den Patienten den Betrug«, MT 30.4.2004).

2. Ausgestaltung der Opferrolle, Hilflosigkeit, Pessimismus, Mangel an Selbstbewusstsein
»Im Grunde genommen hat uns in diesem System niemand mehr so richtig lieb«, provoziert sicher einiges Nachdenken, das er seinen Lesern überlässt. Seine sublime Kritik: »… in 25 Jahren hat sich nichts bewegt«, entlarvt die chronifizierende Standespolitik als Mitursache, ohne sie expressis verbis zu nennen. (»Wir Ärzte sind nur noch Fußabtreter!«, MT 27.8.2004). Die üblichen Schuldigen werden benannt: Die »Kassen ziehen uns über den Tisch« (MT 2.7.2004) und die »Politik macht uns Ärzte zu Freiwild« (MT 1.10.2004). Wer sich permanent »geknebelt« und »verunglimpft« fühlt, fragt sich ja vielleicht zu Recht: »Hat diese Gesellschaft gute Ärzte verdient?« (MT 23.11.2004).

3. Zynismus, unprofessionelle Gesprächsführung, fehlendes Nein-Sagen-Können
»Jeder Pups wird zum Super-Gau: Wie hilflos manche Eltern sind.« » …in den ersten

---

2 D. schrieb in 24 Jahren, bis 2009, insgesamt 1270 Kolumnen in der Medical Tribune. Einige aktuelle, mir fehlende, stellte er mir freundlicherweise zur Verfügung. Über meinen Text und meine Interpretationen habe er sich mit seiner Frau sehr amüsiert. Auch in diesem Fall nutze ich Methoden der systemischen Therapie, diesmal zur Distanzierung, um bei der Interpretation ein moralisierendes Verurteilen zu vermeiden und die Person des Autors vor einer denkbaren Identifizierung mit den Inhalten seiner Kolumne zu bewahren. Seine Reaktion ließ mir mein Vorgehen angemessen erscheinen.

6 Monaten seines Daseins habe ich Marcel mit Sicherheit wesentlich häufiger gesehen als meine eigenen Kinder bis zum bestandenen Abitur« (*MT* 6.8.2004). »… liebend gerne, freiwillig«, will der Arzt auf Patienten verzichten, die die Praxis wegen eines ohne Begründung verweigerten Rezepts verlassen (»Über so was diskutiere ich gar nicht erst«, *MT* 13.8.2004).

4. Störungen der Impulskontrolle
»Bei mir AOK, aber sonst zum Chefarzt … Diese Geizkragen könnte ich erwürgen!« (*MT* 15.10.2004) Der Wunsch eines anderen Patienten nach Behandlung seiner Rückenbeschwerden bei einem Orthopäden lässt ihn schreiben: »In solchen Situationen habe ich als ‚Lotse im Gesundheitswesen‘ allergrößte Mühe, den Patienten nicht mit dem Stethoskop zu erwürgen« (*MT* 17.6.2005). Hier wurden zur »Schlag«-Zeile die verdrängten mörderischen Affekte, die gekränkter Narzissmus oder Konkurrenzneid in uns Ärzten auszulösen vermögen.

5. Stillstand, keine Zukunftsperspektive
»Da wird der Doktor noch zum Tanzbär: Der DMP-Irrsinn hat kein Ende!« (*MT* 6.2.2004). Mit offensichtlich paradoxer Intention wird die völlig unbestrittene, vernünftige Forderung, die Erstdiagnose Diabetes mit einer validierten Labormethode zu stellen, als irrsinnig gebrandmarkt, nicht etwa der anfängliche Formularirrsinn mit von Hand auszufüllenden Dreifach-Durchschreib-Formularen und 70 anzukreuzenden Items. Der Behauptung, »Honorar reicht kaum für Diagnostik und Therapie«, folgt die Feststellung: »Zuwendung kann ich nicht mehr leisten« (*MT* 15.7.2005).

6. Abwertung von Kollegen
»… bereits sichtbare senil-sklerotische Verkalkungen« älteren Kollegen zu attestieren (»Geld scheffeln statt EBM-Maloche: Privatärzte schaden allen Kollegen!« (*MT* 24.9.2004) und pauschal das betrügerische Fortbildungspunktesammeln (»Peinlich, peinlich: Wie manche Kollegen Punkte erschleichen«, *MT* 10.9.2004) zu denunzieren und dann die fehlende innerärztliche Kollegialität zu beklagen (»Sind wir keine Kollegen mehr?«, *MT* 30.7.2004), weil ein Ärztetantze ausfällt, mutet wie eine besonders gelungene systemische Konstruktion an.

7.9   Chronifizierung des Krankseins

Bei allen standespolitischen Differenzen und unbeachtet der Unmutsäußerungen einzelner Ärzte in den Medien ist es nach wie vor Konsens, dass es eine der vornehmsten Aufgabe der Ärzte ist, Patienten mit den Elementen von Coping, Empowerment, Selbstmanagement und Selbsthilfe vor Chronifizierung zu bewahren und drohende Chronifizierung abzuwenden. Ärzte sollen das durch Kranksein »in seiner Freiheit behinderte Leben« (Karl Marx, 1818–1883) ihrer Patienten freier, erträglicher unbeschwerter machen.

7.9.1   Ist Entchronifizierung möglich?

Fallbeispiel 7.3: 40-jährige Diabetikerin mit Angstsymptomatik

Eine 40-jährige Patientin mit schwerer Agoraphobie und Panikattacken seit 20 Jahren erkrankt an einem Typ 1- Diabetes mit einer dramatischen ketoazidotischen Erstmanifestation. Sie hat das Haus in den letzten Jahren nur mit ihrem Ehemann zusammen verlassen, der als selbstständiger Taxifahrer ihre soziale Behinderung zu kaschieren hilft. Sie lehnt eine Krankenhausaufnahme unter Tränen ab, wird in der Diabetes-Schwerpunktpraxis am ersten Tag in einem Setting aus Entängstigung, Zuwendung durch das Diabetes-Team (Arzt, Krankenschwester, Diabetesberaterin) und 24-Stunden-Betreuung (Handy-Hotline) auf Insulin eingestellt, erlernt die Blutzucker-Selbstkontrolle, führt ihr Blutzuckertagebuch, lernt im Verlauf, immer zusammen mit dem Ehemann, ihren Insulinbedarf den Mahlzeiten (Broteinheiten) entsprechend selbst zu bestimmen und nimmt dann mit dem Ehemann an einer Gruppenschulung teil. Sie erreicht rasch die sog. Remissionsphase und drängt nun wegen zu Hause eskalierender Ängste auf stationäre psychotherapeutische Behandlung, die sie bisher scheute. Sie ist jetzt nach einem Jahr angstfrei, inzwischen ohne Psychopharmaka in der Lage, ihre Alltagsverpflichtungen außer Haus alleine zu erledigen und managt ihren Diabetes perfekt. Sie sagt von sich: »Der Diabetes hat mich mutig gemacht.«

Könnte es sein, dass sich eine chronifizierte Störung durch das Hinzutreten einer weiteren (primär chronischen) Erkrankung entchronifiziert? Wäre dieser Effekt auch eingetreten, wenn z. B. eine rheumatoide Arthritis und nicht ein Diabetes hinzugekommen wäre? Für keine bekannte chronische Erkrankung besteht ein derart differenziertes und praxiserprobtes Programm zum Selbstmanagement, wie es dem Patienten mit Diabetes (strukturierte Gruppenerfahrung mit einem psychosozial kompetenten Beraterteam) angeboten wird. War das der Diabetesschulung zugrunde liegende Empowerment-Konzept oder waren die Beziehungen in der Gruppe der Schlüssel zum Erfolg?

7.9.2 Iatrogene Herbeiführung von Chronifizierung

Auch am Gegenteil, an der Herbeiführung von Chronifizierung, können Ärzte bewusst oder unbewusst beteiligt sein. Dass ein Arzt seinen Patienten kränker machen könnte, als er wirklich ist, ihm Therapien zumuten könnte, die er nicht benötigt, die ihm schaden, und das aus finanziellem Eigennutz, scheint undenkbar!

Fallbeispiel 7.4: 82-jähriger Patient, Dialyse ja oder nein?
Herr B., ein 82-jähriger Gärtner, der immer noch im Blumengeschäft seines Sohnes mitarbeitet, wird wegen eines Diabetes mit Folgeerkrankungen (diabetische Nervenschädigung, Nieren- und Netzhauterkrankung) seit Kurzem in der Praxis behandelt. Er ist ein wenig vergesslich, weitschweifig und gutmütig, humorvoll und lebenslustig. Der Nervenarzt vermutet eine beginnende Alzheimer Demenz.

Er kommt eines Tages und berichtet, er müsse nun an die Dialyse (Blutwäschemaschine), weil die Nierenwerte schlechter geworden seien. Der Urologe habe »Alarm geschlagen« und schon die nötigen Vorbereitungen getroffen. An seinem Unterarm wurde operativ ein Shunt angelegt (Verbindung zwischen einer Unterarmarterie und einer Vene zu Verbesserung der Blutströmung).

Dialyse
Dialyse ist eine effektive Behandlung des Nierenversagens, entweder als chronische, lebenslange Dauerbehandlung oder als Überbrückung bis zu einer Nierentransplantation. Die Dialysebehandlung wird von den Krankenkasse mit ca. 400–500 Euro pro Woche honoriert.

Für den Patienten bedeutet das, er muss 3- bis 4-mal pro Woche 3–4 Stunden in der Praxis verbringen, liegend, über seinen Unterarm-Shunt an die Maschine angeschlossen. Sein Blut wird so aus dem Körper durch eine Filteranlage gepumpt und von den giftigen Stoffwechselschlacken gereinigt, die seine Nieren nicht mehr über den Urin ausscheiden können, erkennbar an einem Anstieg der sog. Nierenwerte im Blut. Das Blut muss kurzzeitig ungerinnbar gemacht werden, damit es die Schläuche nicht verstopft und dem Körper über den Shunt wieder zugeführt werden kann. Zahlreiche Laborwerte müssen vorher und nachher kontrolliert werden.

Dialyse ist Routine für den Fachmann, aber dennoch eine komplizierte Angelegenheit mit vielen Komplikationsmöglichkeiten. Wer einmal an der Dialyse ist und keine Nierentransplantation erhält, kommt davon in der Regel für den Rest seines Lebens nicht mehr los.

Deshalb ist es wichtig, den richtigen Zeitpunkt für diese eingreifende Maßnahme zu wählen. Solange eine konservative Behandlung die Nierenwerte konstant in einem Toleranzbereich halten kann und der Patient sich wohl fühlt, also keine Vergiftungsanzeichen (Übelkeit, Erbrechen) zeigt, ist eine Dialyse nicht nötig (nicht indiziert) und stellt einen unnötigen, den Patienten gefährdenden und seine Lebensqualität erheblich verschlechternden Eingriff dar (Bundesärztekammer, Kassenärztliche Bundesvereinigung 2011).

Dialyse ist also kein Jungbrunnen, im Gegenteil, große Studien (Tamura 2009; Cooper 2010) belegen, dass der frühe Dialysebeginn bzgl. der Lebenserwartung eher ungünstig abschneidet im Vergleich zur konsequenten konservativen Behandlung.

Fallbeispiel 7.4 Fortsetzung 1
Um die Indikation zur Dialyse (das Kreatinin des Patienten lag initial bei 1,9, nach Medikamentenumstellung bei 1,5 mg %, die Clearance nach der MDRD-Methode bei 35 ml/min) ergab sich nun ein – nicht aufzulösender – Streit zwischen unserer Praxis und dem Urologen (auch um dessen Bestimmung der Nierenfunktion nach der Cystatin-C-Methode), zumal uns und vielen Kollegen im Umkreis dessen Indikationsstellung auch in zahlreichen anderen Fällen nicht medizinisch nachvollziehbar war.

Wir konnten den – ob unserer Meinungsverschiedenheiten verunsicherten – Mann überzeugen, dass eine Dialyse beim ihm aktuell und auch mittel- bis langfristig vermeidbar wäre, er aber regelmäßig seine Blutwerte kontrollieren und einige Medikamente (NSAR, Metformin) weglassen müsse, die er wegen Knochenschmerzen und des Diabetes einnahm. Er berichtete danach, dass der Urologe ihn wiederholt bedrängte, nun endlich mit der Dialyse zu beginnen, sonst würde sich unter Umständen der Shunt zusetzen und es müsste erneut operiert werden.

Dies war eine abenteuerliche Argumentation: Um den unnötigen Shunt zu retten, soll der Patient einer unnötigen Dialysebehandlung zustimmen! Meine Kollegin und ich haben es nicht bei der Kritik gegenüber dem Kollegen belassen, sondern – belegt mit weiteren Fallbeispielen – eine umfassende Anzeige bei der zuständigen Ärztekammer gemacht wegen Verdacht auf einen systematischen Behandlungsfehler (falsche, nur ökonomisch motivierte Indikation zur Dialyse). Es war auffällig, dass der Urologe die (zu) frühe, nicht indizierte Dialysebehandlung nur ausgewählten Patienten vorschlug (und bei fehlendem Widerspruch auch durchführte) und zwar bei:

- älteren, nicht sehr kritischen Patienten (wie Herrn B.), nicht aber einem ehemaligen Chemielaboranten der Shell, der viel schlechtere Nierenwerte aufwies, aber nie dialysepflichtig wurde, auch nicht bei einem Lehrer, dessen Ehefrau als Psychotherapeutin im gleichen Viertel wie der Urologe arbeitete …
- Migranten ohne ausreichende Deutschkenntnisse oder Patienten aus der großen Sinti-Gemeinde. Angehörige wurden oft nicht in diesen Entscheidungsprozess einbezogen.
- einfachen Leuten ohne eigene Meinung und ohne den Mut oder die Initiative, sich die zweite Meinung eines anderen Fachmannes einzuholen.

Die Ärztekammer prüfte über 2 Jahre unsere Unterlagen und die des Urologen und beauftragte einen Gutachter, der das Vorgehen des Kollegen nach knapp 3 Jahren als nicht zu beanstanden beurteilte. Weder der Name des Gutachters noch der Inhalt seines Gutachtens wurden uns mitgeteilt: »Wir bitten um Verständnis dafür, dass wir Ihnen die Ausführungen des Gutachters nicht im Einzel-

nen mitteilen können. Das berufsgerichtliche Vorermittlungsverfahren ist ein internes Verfahren zwischen der Ärztekammer und dem beschuldigten Arzt, so dass wir aus Gründen des Datenschutzes keine Details an Dritte weiterleiten können.«

Der Urologe war rehabilitiert und sein Urteil über uns quasi amtlich bestärkt worden: »Sie haben ja keinerlei nephrologische (Nierenheilkunde-) Erfahrung«.

Noch Jahre nach diesen Vorgängen war Herr B. ein zufriedener und dankbarer Patient, der noch gut lebte, als ich bereits in den Ruhestand gegangen war. Auch die Verläufe der anderen Patienten, denen wir erfolgreich von diesem Dialyse-»Angebot« abgeraten hatten, waren für sie und uns erfreulich, sie benötigten keine Dialyse.

7.9.3 Sekundärer Krankheitsgewinn oder primäre Chronifizierung

Auch der Patient kann mehr oder weniger bewusst zur Chronifizierung seiner Erkrankung beitragen. Der **sekundäre Krankheitsgewinn per Diagnose** einer chronischen Erkrankung kann zu einer schweren »tertiären Gesundheitsgefährdung« werden.

Viele Ausländer mit ungesichertem Aufenthaltsstatus verdanken ihr Bleiberecht einer bei ihnen diagnostizierten chronischen, im Heimatland nicht behandelbaren Erkrankung. Diese wird damit oft einer »normalen« Behandlung oder gar Entchronifizierung oder Heilung entzogen. Oft werden eingreifende diagnostische und therapeutische Überreaktionen vorgeschlagen und vorgenommen, die erhebliche Risiken und Folgeschäden mit sich bringen können.

Fallbeispiel 7.5.: 28-jähriger Patient mit Schwerhörigkeit
Bei einem 28-jährigen Patienten mit mäßiger Schwerhörigkeit wird ein seltenes vaskulitisches Syndrom (Entzündung kleiner Gefäße) diagnostiziert, und er erhält eine Duldung. Die Diagnose war nicht eindeutig belegt und nicht eindeutig auszuschließen – aber sie war ausländerrechtlich hilfreich. Bei ausbleibendem Erfolg der immunsuppressiven Therapie wird ihm ein Cochlea-

Implantat[3] (künstliches Innenohr) vorgeschlagen, das zum vollständigen Verlust der Rest-Hörfähigkeit, aber auch zu regelmäßigen Kontrollen des implantierten Microchips und damit zu einem gesicherten Aufenthaltsstatus führen würde. Davor schreckt der Patient zurück: »Die wollen mir meine gesunden Ohren wegnehmen!«

Umgekehrt droht den hier »illegal« lebenden Ausländern eine **primäre Chronifizierung** ohne jeglichen Krankheitsgewinn durch den fehlenden Versicherungsschutz. Sie sind immer noch auf das soziale Engagement einzelner Ärzte angewiesen, da gesetzliche Regelungen aus offensichtlich zuwanderungspolitisch gewollten Gründen fehlen (▶ Kap. 6).

Fallbeispiel 7.6.: 28-jähriger herzkranker Südamerikaner
Ein 28-jähriger Südamerikaner mit einer Herzmuskelschwäche (Kardiomyopathie) und Bluthochdruck arbeitet seit 4 Jahren in der Küche eines Restaurants. Er wanderte bisher von Arzt zu Arzt und erhielt mal dieses und mal jenes Medikament, dessen korrekte Dosierung er davon abhängig machte, ob er gerade genug Ärztemuster zur Verfügung gestellt bekommen hatte. Da er seinen Bluthochdruck nicht spürt und, wie er sagt »wirklich andere Probleme« in seinem Leben hat, ist die Prognose seiner Herzkrankheit schlecht, wenn es nicht gelingt, eine tragfähige Beziehung herzustellen und ihn irgendwie mit seinen Medikamenten zu versorgen.

Kann es sein, dass - mangels gesetzlicher Regelungen der Zuwanderung - die Chronifizierung einer Krankheit einerseits zur Voraussetzung für einen gesicherten (»chronifizierten«) Aufenthalt in Deutschland wird, während Chronifizierung andererseits die Folge der Verwehrung und Erschwerung einer geregelten Behandlung wegen »Illega-

---

3   Seit 30 Jahren sind weltweit ca. 300.000 solcher Eingriffe bei gehörlosen Patienten vorgenommen worden. Es wird ein Kanal durch das Felsenbein (Knochen hinter dem Ohr) gefräst und ein Loch in die Hörschnecke (Cochlea) gebohrt, durch das ein Bündel von 22 Elektroden eingeführt wird. Dieses Kabel leitet die akustischen Signale von einem Mikrofon hinter dem Ohr als elektrische Impulse an den Gehörnerv.

lität« ist? Bei geschätzt bis zu einer Million Menschen in ähnlicher Lage wie der Patient im obigen Beispiel besteht seit langem Handlungsbedarf, den 2005 auch der Deutsche Ärztetag feststellte (Entschließung des Deutschen Ärztetages 2005):

❯❯ Die bisher übliche Praxis, die auf der kostenlosen Hilfe einzelner Ärztinnen und Ärzte oder von Krankenhäusern beruht, ist nicht ausreichend und auf Dauer finanziell nicht durchführbar. Eine Kostenübernahme durch die Sozialämter, die dann aber die Abschiebung zur Folge hat, ist keine realistische Lösung. Es ist vielmehr eine staatliche Aufgabe, allen hier lebenden Menschen eine angemessene medizinische Versorgung zu ermöglichen. ❮❮

Es gibt beim Blick über unsere Grenzen verschiedene Modelle, so könnte z. B. für Medikamenten- und spezielle Behandlungskosten ein bei der Ärztekammer angesiedelter Fonds bereitgestellt werden.

7.9.4 Chronifizierung und chronische Krankheiten

Die Behandlung chronischer Krankheiten lernt der Arzt erst nach seiner Niederlassung. Im Krankenhaus ist auch die chronische Erkrankung irgendwie akut, weil aktuell irgendein Eingriff nötig ist oder eine akute Komplikation zeitlich befristet behandelt werden muss.

In den ersten Wochen nach meiner Niederlassung verließen viele Patienten irritiert mein Sprechzimmer: Ich hatte nicht vereinbart, wann sie wiederkommen sollten. Sie hatten mit Recht eine langfristige Behandlungsplanung vermisst. Als ehemaliger Krankenhausarzt musste ich auf einmal mitten im Leben der Patienten Beziehungen zu ihnen aufbauen, Verabredungen treffen, mich auf unbegrenzte Zeit einlassen.

Dabei müssen vom Arzt manchmal Entscheidungen getroffen werden. Kann ich dabeistehen und akzeptieren,

- eine sich anbahnende Katastrophe (Unheilbarkeit, Komplikationen, Tod) nicht abwenden zu können?
- dass der Patient sterben wird?

— wie er mit seiner Krankheit umgeht, wenn dies von den gängigen Lehrbuchempfehlungen abweicht?

— wenn er seinen Tod durch Unterlassen oder ungünstiges Verhalten (vielleicht unbewusst) herbeiführt?

— ihn weiter zu betreuen, auch wenn er meine ärztlichen Empfehlungen sämtlich nicht befolgt?

— dass er mir Angst macht, ich erschrecke über sein Verhalten, seine Lebenssituation, sein Äußeres, sein Umfeld?

— wenn ich an meinen ärztlichen Fähigkeiten zu zweifeln beginne?

— wenn ich (die Verantwortung für) ihn loswerden will – aber nicht kann?

Fallbeispiel 7.7.: 23-jähriger Unfallpatient
Er war 23 Jahre alt, als ich ihn zum ersten Mal behandelte und mit 28 Jahren war er tot. Jahrelang quälte mich die Frage, ob ich für ihn der richtige Arzt sei.

Er kam aus der Kneipe und wurde vom Auto erfasst. Nach dem Unfall war er querschnittsgelähmt ab der Mitte des Rückenmarks, mit 23 Jahren saß er im Rollstuhl.

Eine berufliche Rehabilitation als Dreher gelingt nicht. Er trinkt bis zu 3 Flaschen Schnaps pro Tag. Für kurze Zeit hat er eine nette Freundin. Aber diese Beziehung und alle arrangierten Sozialkontakte, der Versuch, die Familie in Hannover einzuschalten, ein erwogener Umzug dorthin scheitern, wie auch alle versuchten Alkoholentzugsbehandlungen.

Die Sucht zeigt immer mehr alltägliche Auswirkungen. Er entwickelt Druckgeschwüre an den Beinen, am Gesäß, weil er betrunken einschläft und stundenlang auf ungünstiger Unterlage wie tot festliegt und durch die Lähmung auch nichts spürt.

Wir streiten uns. Ich mache mir Sorgen und ihm Vorhaltungen wegen seines unverantwortlichen Verhaltens. Ich mag ihn … Eines Morgens finde ich ihn im Bett, auf dem Verschluss einer Wodkaflasche liegend, mit einem weiteren Druckgeschwür.

Ich zweifle an meiner Patientenführung. – Er muntert mich auf. Ich stelle die Beziehung in Frage. – Er will mich als Hausarzt unbedingt behalten. Weil er mit mir machen kann, was er will? – Meine Praxis ist als einzige im Umkreis seiner Wohnung behindertengerecht zu erreichen …

Die Geschwüre sind nun mit resistenten Keimen infiziert (MRSA), bei wiederholten Krankenhausaufenthalten liegt er im Isolierzimmer. Beide Beine müssen im Verlauf amputiert werden. Er hält uns bei Laune, kommt eines Tages angefahren, der Doktor solle mal schauen, er fürchte, Fußpilz zu haben.

Ich entschließe mich endlich – nach langen Gesprächen mit meiner Frau – ihn, so wie er ist, bis zum Tod zu begleiten. Danach geht's mir besser.[4]

Er stirbt 2 Jahre später im Krankenhaus, isoliert wie ein Aussätziger. »Nimm's nicht so schwer«, sagt er mir beim Gehen.

7.9.5   Inverse targeting

Das von Public-Health-Experten beschriebene inverse targeting ist ein weiterer Faktor, der zu einer Chronifizierung führen oder beitragen kann. Medizinische Angebote zur Prävention werden vermehrt jenen gemacht und von jenen wahrgenommen, die durch Bildung und sozialen Status ohnehin eine bessere Prognose haben. Dies ist ein weiteres Beispiel für das Phänomen der »Nichtinanspruchnahme« durch Angehörige der Unterschicht (▶ Abschn. 4.2).

Fuchs ermittelte für die Teilnahme an Präventionsmaßnahme in Hausarztpraxen in Essen folgende Zahlen (letzte 12 Monate): Beteiligung von Männern der Oberschicht 7,3 %, der Unterschicht 3,6 %, bei Frauen 16,7 % versus 4,3 % (Fuchs 2012). Sie stellt folgende Überlegungen über die Ursache der unterschiedlichen Inanspruchnahme an:

❯❯ Eine mögliche Ursache für die Einschätzung, dass der Hausarzt einen geringeren Einfluss auf Menschen mit niedrigem SES [= sozioökonomischer Status, d. Verf.] hat, liegt in der sozialen Distanz.

In seinen Empfehlungen für Prävention und Gesundheitsförderung betont Mielck (2002), dass sich das Gesundheitsverhalten der Menschen kaum mit Appellen an die Verantwortung für die eigene Gesundheit beeinflussen lässt. Erst recht

---

4   Beachte Kanfers (2006) X. Gesetz der Therapie: Wenn Du in der Therapiestunde härter arbeitest als Dein Klient, machst Du etwas falsch!

nicht dann, wenn Mitglieder der unteren sozialen Statusgruppe durch Mitglieder höherer Status-gruppen »quasi ermahnt« werden (Mielck 2002).

Hier sind einerseits Sensibilität und Kommu-nikationskompetenz seitens des Hausarztes ge-fragt, aber auch Kenntnisse über mögliche Defizite bei Patienten mit niedrigem Bildungsniveau. In einer Arbeit wurde z. B. gezeigt, dass das Wissen über Diabetes und über die Möglichkeiten, das Fortschreiten der Erkrankung durch das eigene Gesundheitsverhalten beeinflussen zu können, in den unteren Bildungsgruppen besonders gering ausgeprägt ist …(Mielck et al. 2006).

32 der 52 Hausärzte sehen in dem Motivations-defizit ihrer Patienten eine Erschwernis der Primär-prävention … Die fehlende Motivation führt über eine geringe Compliance der Patienten letztlich dazu, dass diese Patienten als »schwer zu führen« wahrgenommen werden. Häufig sind Ärzte da-rüber frustriert und geben schlimmstenfalls die Bemühungen um ihre Patienten auf.

Dies zeigte sich auch in der Befragung. 14 % der Hausärzte sprechen Patienten mit niedrigem SES weniger Empfehlungen bezüglich der GKV-Präventionsangebote aus. Sie argumentieren, dass das Defizit an Compliance und Vorkenntnissen die Beratungen sehr zeitintensiv macht …

Es ist vielmehr so, dass gerade in den Praxen mit hohem Anteil Privatversicherter (> 16 %) die Hausärzte signifikant häufiger Empfehlungen zur Primärprävention (p < 0,01) erteilen. Dies gibt zu denken, da einerseits das Verhalten der Patienten (Defizit an Motivation und Compliance) kritisiert wird, andererseits aber versäumt wird, jene Patien-ten mit dem höheren Versorgungsbedarf verstärkt anzusprechen. **«**

Seit dem Jahr 2000 ist in § 20 SGB V festgelegt, dass »Leistungen zur Primärprävention den all-gemeinen Gesundheitszustand verbessern und insbesondere einen Beitrag zur Verringerung so-zial bedingter Ungleichheiten von Gesundheits-chancen erbringen sollen«. Der Deutsche Ärztetag 2005 hat in diesem Zusammenhang gesundheits-politische Entscheidungen (Zuzahlungen von Pa-tienten) kritisiert, weil Armut per se ein eigen-ständiger Risikofaktor für Chronifizierung und

eine insgesamt schlechte Krankheitsprognose sei. (► Kap. 1, ► Kap. 4)

Dies wird durch internationale Studien (z. B. Wong 2002) belegt und auch durch die Gesund-heitsberichterstattung der deutschen Bundeslän-der. In Hamburg z. B. ist das Risiko »vorzeitiger Sterblichkeit« (d. h. Tod vor dem 65. Lebensjahr, also vor Erreichen des Rentenalters) an bestimmten chronischen Erkrankungen wie Diabetes, Herzin-farkt, Bronchialkarzinom und anderen chroni-schen Erkrankungen bis zu doppelt so hoch in den Stadtteilen mit schlechter sozialer Lage – wie zum Beispiel Wilhelmsburg – im Vergleich zu den »bes-seren Stadtteilen« (Stadt Diagnose 2 der Behörde für Gesundheit und Soziales 2001).

7.10 Chronifizierung sozialer Lagen

Mielck (2000) fordert:

» Die Reihenfolge Beschreibung – Erklärung – Verhinderung der gesundheitlichen Ungleichheit stellt den idealtypischen Verlauf einer Problemlö-sung dar. Die bisherigen wissenschaftlichen Bemü-hungen haben sich vor allem auf die erste Phase konzentriert, d. h. auf die Problembeschreibung. Erst in den letzten Jahren hat sich das wissen-schaftliche Interesse stärker auf die zweite Phase verlagert, d. h. auf die Problem-Erklärung. Die dritte Phase »Entwicklung und Erprobung von Vor-schlägen zur Problem-Verringerung« hat gerade erst begonnen. Das Ziel, auf das wissenschaftliche Arbeiten ausgerichtet sein sollten, lässt sich klar definieren: Durchführung von Interventionsmaß-nahmen zur Verringerung der gesundheitlichen Ungleichheit. **«**

Diese Ausgangssituation spricht für einen erhöh-ten Bedarf an gezielt eingesetzter medizinischer Versorgung, Aufklärung und Vorsorge in den als problematisch beschriebenen Regionen – in Wirk-lichkeit leben diese Bevölkerungsgruppen aber durchweg in Gegenden, die eine deutlich geringere Arztdichte aufweisen, weniger Bildungsangebote aufweisen und stärker betroffen sind von Strei-chungen in den jeweiligen regionalen Sozialetats.

Ärzte-Exodus aus Hamburg Wilhelmsburg
In Hamburg kam es in den Stadtteilen mit schlechter sozialer Lage, wie z. B. bei uns in Wilhelmsburg, zusätzlich zu einem Exodus von Arztpraxen, da Hamburg vertragsärztlich ein einziger (für die meisten Arztgruppen gesperrter) Zulassungsbezirk ist und bei der Übernahme einer Praxis in Wilhelmsburg die damit erworbene Zulassung den Nachfolger zur Niederlassung in einem »besseren Stadtteil« berechtigt. Er konnte einfach mit der Praxis umziehen. Diese »Freiheit« wurde gerne von den Nachfolgern genutzt, weil die Honorare für die hier meist in »Primärkassen« (z. B. AOK) versicherten Patienten für gleiche Leistungen niedriger ausfielen im Vergleich zu Patienten, die in den »Ersatzkassen« (z. B. DAK, BEK) versichert sind. (Das komplizierte Honorarsystem wird im ▶ Kap. 6 ausführlicher dargestellt, und die Ungleichbehandlung zwischen den einzelnen Kassen der GKV ist seit Einführung des Gesundheitsfonds entfallen.) Außerdem entfällt eine Kompensation durch Honorare von Privatpatienten, da solche Patienten eher nicht in Wilhelmsburg wohnen.

Die »Wilhelmsburger Ärzteschaft« hat sich als eingetragener Verein etabliert, um in der Öffentlichkeit und gegenüber der Kassenärztlichen Vereinigung (KV), den Krankenkassen und der Politik die Sicherstellung der medizinischen Versorgung mit allen notwendigen Facharztdisziplinen für die hier lebenden ca. 50.000 Menschen einzufordern. Rechnerisch kann es im Zulassungsbezirk Hamburg keinen Ärztemangel geben, tatsächlich droht er dem Stadtteil mit jeder Praxisabgabe aus Altersgründen. Der Justitiar der KV Hamburg hat – anlässlich einer von Wilhelmsburger Ärzten durch alle Instanzen durchgeführten Klage – vor dem Bundessozialgericht 1998 ausgeführt, selbst wenn alle Wilhelmsburger Praxen aus wirtschaftlichen Gründen zur Aufgabe gezwungen wären, sei der »Sicherstellungsauftrag der KV« in Hamburg voll erfüllt. Das oberste deutsche Gericht (Az: 318/96 Dr, Bv/ho, Vorinstanz AZ: B 6 KA 58/54 R) folgte dieser asozialen Argumentation, der einzelne Arzt trage grundsätzlich das wirtschaftliche Risiko für den von ihm gewählten Standort. In der Vertreterversammlung der KV wurde dem besorgten Vertreter des Kreises Wilhelmsburg geraten, er könne sich doch auch in Blankenese niederlassen.

Erst durch die Einführung des Gesundheitsfonds durch Ulla Schmidt wurde die Ungleichbezahlung von Primär- und Ersatzkassenpatienten aufgehoben. Der Gesundheitsfond wurde von der Standesorganisation der Ärzteschaft genau so heftig kritisiert, wie sie heute die Abschaffung der privaten Krankenversicherung bekämpft.

Selbstverständlich ist die Arztdichte nur ein Surrogat-Parameter für den Wohlstand und die Attraktivität einer Region oder eines Stadtteils. Verschwinden aber mit der Zeit die Geschäfte mit den alltäglichen oder speziellen Angeboten, reduziert sich in den Supermärkten alles auf das Notwendigste und Billigste, und muss ich als Patient dann auch noch lange Wege bis zu einer (Fach-) Arztbehandlung auf mich nehmen, werde ich – wenn ich es mir leisten kann – dorthin ziehen, wo ich meine Bedürfnisse mit kurzen Wegen befriedigen kann. So verarmen Stadtteile wie Wilhelmsburg, wenn sie die Bewohner nicht halten können, die zu einer ausgeglichenen sozioökonomischen Mischung beitragen, und die Spirale erfährt damit eine weitere Windung abwärts.

Unabhängig von der Arztdichte ist in den ärmeren Stadtteilen die medizinische Versorgung davon abhängig, dass sich die vorhandenen Ärzte auf die speziellen sozialen und bildungsmäßigen Besonderheiten einlassen können und die dafür notwendigen speziellen Fähigkeiten und Einstellungen mitbringen. Dazu ist nach Mielck (2000) eine »positive Diskriminierung erforderlich, d. h. es werden solche Maßnahmen der Gesundheitsförderung und Prävention benötigt, mit denen auch und vor allem die unteren Statusgruppen erreicht werden können« (Mielck 2000). Ergänzen möchte ich: Die Wissenschaft hat zunächst die bereits vorhandenen Erfahrungen und Techniken zur Kenntnis zu nehmen und zu nutzen, die »vor Ort« bereits entwickelt wurden und im Einsatz sind. Die von Mielck (ebd.) als fehlend beklagte »dritte Phase der Entwicklung und Erprobung von Vorschlägen zur Problemverringerung« ist dort Arbeitsalltag. An der Praxis interessierte Wissenschaftler sind in dieser Realität willkommen (siehe Kofahl et al. 2011), entscheidend aber ist auch, dass die Gesellschaft das Licht ihrer Aufmerksamkeit auf die im Dunkeln richtet, die man bekanntlich dort sonst nicht sieht.

7.11   Erfindung neuer Krankheiten

7.11.1 Münchhausen-Syndrom

Wenn der Krankheitserfinder der Patient selbst ist, spricht man vom Münchhausen-Syndrom (Asher 1951). Es handelt sich um ein komplexes psychiatrisches Krankheitsbild, das oft mit einer Borderline-Persönlichkeitsstörung (Patient zeigt Zeichen einer Psychose) verbunden ist. Im Münchhausen-Syndrom sehen wir einen dem Arzt fachlich ebenbürtig oder überlegen sein wollenden Menschen, der Patient sein will, aber nicht geheilt werden möchte. Es sind dabei überwiegend »Fähigkeiten« und Einstellungen notwendig, die – nach meiner Erfahrung – Patienten aus der Unterschicht in der Regel nicht haben:

- ein forderndes Anspruchsdenken (▶ Kap. 4),
- exaktes Wissen über die ausgewählte vorgespielte Erkrankung,
- die praktische Fähigkeit, wie sie oft nur bei Angehörigen von Medizinberufen anzutreffen ist, die notwendigen Symptome exakt zu imitieren (Durchfall, Fieber, Erbrechen, Unterzuckerung, Gewichtsabnahme, nicht heilende, selbst zugefügte Wunden),
- ein Missbrauch der Arzt-Patient-Beziehung und ein Gefühl der Überlegenheit und Respektlosigkeit des Patienten den oftmals zahlreichen behandelnden Ärzten gegenüber.

Auch Patienten aus der Unterschicht simulieren gelegentlich Symptome, um damit Vorteile wie eine Krankschreibung zu erhalten. Es ist aber – bei aller Vorsicht gegenüber typisierenden Schichtzuschreibungen – eher die Ausnahme, dass eine planmäßige Täuschung des Arztes erfolgt und das Gegenteil eher die Regel, dass Symptome infolge sprachlicher Verständigungsprobleme oder von Missverständnissen und ungenügender Kommunikation übersehen oder verkannt werden. Die größte Sorge dieser Patientengruppe ist es, als Simulant zu erscheinen oder von ihrem Arzt dafür gehalten zu werden.

Das »Münchhausen Syndrom« ist ähnlich der »Incompliance« keine Diagnose, sondern ein Symptom, das die eigentliche Erkrankung verschleiern soll. Wird dennoch diese Diagnose gestellt, entsteht eine extrem kritische Situation. Mit der Entlarvung des meist bereits chronisch vereinsamten Patienten als Betrüger zerbricht (m. E. irreparabel) auch die Arzt-Patient-Beziehung. Ich erinnere eine Patientin, Krankenschwester, die durch Selbstinjektion von Wasser aus der Blumenvase Fieberschübe bei sich auslöste und nach der »Entdeckung« einen Suizidversuch unternahm.

Heilkunst bedeutet in einem solchen Fall, dem Patienten einen Weg zu eröffnen und mit ihm einen Vertrag abzuschließen, sein selbstdestruktives Verhalten zu unterlassen, ohne ihn der Beschämung als Simulant und der Aggression der ge- und ent-

täuschten Ärzte (womöglich »vor versammelter Mannschaft«) auszusetzen. Das ist meist extrem schwierig und der Erfolg ungewiss (Eckhardt 1989). Die komplexen psychischen Störungen galten lange Zeit als nicht behandelbar, eine verlässliche Therapie gibt es auch heute noch nicht.

In der Klassenmedizin spielen »**health beliefs**« (▶ Abschn. 6.10) eine große Rolle. Auch hier werden vom Patienten Vorstellungen entwickelt und Zusammenhänge behauptet, die aus medizinisch-ärztlicher Sicht unhaltbar, falsch oder auch selbstdestruktiv sein können. Im Unterschied zum Münchhausen-Syndrom ist der Patient von seiner Sicht der Dinge ehrlich überzeugt. Health beliefs müssen ernst genommen werden. Nur so können sie sich von einem Hemmschuh der Behandlung zu einem Promotor wandeln.

Fallbeispiel 7.8: »Health believer«: Selbstbehandlung mit Zitrusfrüchten

Der Patient mit dem neu entdeckten Diabetes Typ 2 ist überzeugt davon, dass er seine Blutwerte durch täglich bis zu 6 Zitronen normalisieren kann, die er wie Mandarinen isst; er benötige keine Tabletten.

Ich erkläre, diese Behandlung nicht zu kennen, und wir vereinbaren, dass er diese »ungewöhnliche Therapie« für 4 Wochen versucht. Um zu prüfen, wie gut sie wirkt, soll er weiter seinen Blutzucker selbst messen. Er erklärt danach, er werde diese Kur weiter machen, aber es sei vielleicht doch nötig, dazu eine Tablette einzunehmen, die selbstgemessenen Werte hätten ihn etwas enttäuscht.

Im Gegensatz zum Münchhausen Syndrom können unzutreffende health beliefs neben einer klassischen medizinischen Behandlung stehen bleiben. Sie müssen nicht unbedingt widerlegt werden, solange eine Gefährdung des Patienten ausgeschlossen ist.

7.11.2 Rolle der pharmazeutischen Industrie

Das Münchhausen Syndrom wurde hier deshalb erwähnt, weil es das klassische Beispiel für das **Erfinden von Krankheiten** ist. Während hier ein psychisch kranker Patient handelt und bestenfalls sein Problem erkannt werden kann, ist das Erfinden von Krankheiten heute leider meist eine wohlkalkulierte Option von einzelnen Ärzten und der pharmazeutischen Industrie. In diesen Fällen müssen nicht die Akteure vor sich selbst, sondern die Bevölkerung vor deren aggressivem Marketing geschützt werden.

Das Erfinden neuer, chronischer Erkrankungen durch die pharmazeutische Industrie könnte man auch mit der Diagnose eines **Münchhausen Syndroms par proxi** belegen. Denn es ist eine Krankheitserfindung in Bezug auf einen anderen, nahestehenden (par proxi) Gesunden, bei dem die erfundenen Symptome eine unnötige Behandlung auslösen sollen. Es ist dies sicherlich die willkürlichste Form der Chronifizierung, die allerdings ohne bewusstes Zutun von Ärzten nicht möglich wäre. Und es steht als Symptom für die systematische »Aegrotisierung« (das Krankmachen) gesunder Menschen und die »Merkantilisierung« der Krankheit« (▶ Kap. 8).

Sissy-Syndrom Beim erfundenen »Sissy-Syndrom« sollte es sich um schwerst depressive, dringend behandlungsbedürftige Menschen handeln, die fröhlich und unbeschwert erscheinen, dem Leben zugewandt – aber wie die Protagonistin dieses Syndroms, die Kaiserin Elisabeth von Österreich, dargestellt von der Schauspielerin Romy Schneider (die bekanntlich Selbstmord beging!), eine latente Depression in sich tragen sollen. Selbst *Der Spiegel* (11.8.2003) titelte ironisch ob dieser gewagten Marketingkonstruktion mit einem fiktiven Arztausspruch: »Ich sehe da noch das gefährliche Wohlfühl-Syndrom …«

Reizdarmsyndrom Das »Reizdarmsyndrom sollte Ende der 90er-Jahre endlich vom Schmuddelimage einer psychosomatischen Erkrankung befreit werden. Dazu unternahm die Fa. Glaxo Smith Kline eine Marketingkampagne für ihr neues Mittel Alosetron, das allerdings 2000 von der FDA wegen schwerer Nebenwirkungen vom Markt genommen wurde (Blech 2003).

SAS (»soziale Angststörung) Auch SAS, die »soziale Angststörung« ist eine Neuerfindung: Schüchternheit und Menschenscheu verhelfen nach entspre-chender Chronifizierung und Pathologisierung der Firma zu einer »Indikationserweiterung« für ihr neues, patentgeschütztes, teures Antidepressivum Paxil. Die *Münchener Medizinische Wochenschrift* (2004) überschreibt einen redaktionellen Beitrag: »Indikationserweiterung für SNRI: Krankhafte Schüchternheit ist medikamentös behandelbar«, an dem sich die Strategie der Herbeiführung von Chronifizierung gut darstellen lässt.

Die Erfindung neuer Krankheiten erfolgt meist nach einem typischen, gleichen Muster in 8 Schritten:

1. Alltagsbefindlichkeiten (Schüchternheit) werden mit einem Krankheitsstatus versehen (krankhafte Schüchternheit), der als
2. medikamentös gut behandelbar dargestellt wird. Zum Beweis werden
3. (vom Hersteller gut bezahlte) medizinische Experte vorgestellt, die mit
4. Studien von
5. meist nur wenigen Wochen Dauer und
6. an Hand nicht näher erläuterter Scores, die den meisten Lesern unbekannt sein dürften, oder von Surrogat-Parametern
7. Effekte nachweisen, deren
8. klinische Relevanz zumindest fraglich erscheint.

In den letzten Jahren sind nur wenige wirklich neue Medikamente auf den Markt gekommen. Laufend werden sog. Me-too-Präparate entwickelt, die keinen therapeutischen Zusatznutzen bringen, aber den Patentschutz garantieren, der wiederum hohe Preise rechtfertigt. Diese Kritik ist nicht Ausdruck einer »linken« industriefeindlichen Ideologie, sie wird auch von unabhängigen Wissenschaftlern, wie der ehemaligen Chefredakteurin des angesehenen *New England Journal of Medizin* vertreten (Angell 2005). Im Jahre 2003 wurden 6 von 17 neu auf den Markt gekommen Wirkstoffen als Innovationen mit therapeutischer Relevanz (Schwabe u. Paffrath 2004) eingeordnet. Es handelte sich um Medikamente mit wirklich sehr speziellen Indikationen: ein Mittel gegen Erbrechen unter der Chemotherapie mit Cisplatin (Aprepipant), eine das Knochenwachstum stimulierende Substanz bei Schienbeinbruch (Dibotermin alfa), ein Mittel gegen HIV-Infektion (Enfuvirtid), ein Medikament zur Behandlung einer seltenen angeborenen Stoffwechselkrankheit (Laronidase), eines gegen eine Überproduktion von Wachstumshormon (Pegvisomant) sowie eines zur Behandlung des Knochenschwunds nach den Wechseljahren (Teriparatid).

Ärzten kommt also im Umgang mit der Pharmaindustrie eine hohe Verantwortung zu; das ärztliche »nil nocere« – die Verpflichtung, Schaden vom Patienten abzuwenden – und das sich Einlassen auf das völlig anders ausgerichtete Marketing stehen nicht selten in einem unauflösbaren Gegensatz, dem der einzelne Arzt in seinem Alltag gewachsen sein muss.

Dealermentalität

Ein Vertreter der Pharmaindustrie betritt das Sprechzimmer und knallt wie ein Dealer ein Plastikpäckchen mit weißem Pulver auf den Schreibtisch. Das seien soundso viel Gramm Traubenzucker, die müssten täglich ins Gehirn. Und das, seine Hand fuhr in die andere Tasche und brachte eine Handvoll Kleingeld hervor – viel zu wenig für einen Bestechungsversuch –seien soundso viel Mark soundso viel, die Tagestherapiekosten für sein neues Medikament soundso gegen Hirnleistungsschwäche (Nootropikum), mit dem er in seinem Bereich südlich der Elbe in der Verkaufsstatistik bei soundso viel Prozent liege.

Bis heute steht ein Wirksamkeitsnachweis für diese Medikamentengruppe aus.

Es gab nach diesem Fall in der Praxis eine Regelung, dass Vertreter nur einmal im Jahr einen Termin von 15 Minuten bekommen, bei dem **ich** die Fragen stelle und mir danach anhöre, was es Neues gibt. Die Befolgung der selbst erlassenen Regelung wurde aber nicht konsequent durchgehalten. Es gab mehrere Gründe:

- Mit zunehmender Spezialisierung wurden rasche Informationen über neue Medikamente (z. B. zur Behandlung der Hepatitis C, einer bis dahin unheilbaren Erkrankung) benötigt, die nur die Herstellerfirma beibringen konnte.
- Die Hersteller von Blutzuckermessgeräten und Insulin boten an, ihre Produkte als Muster in der Praxis zu lassen, so dass sie im Bedarfsfall (Apotheke bereits geschlossen oder wenn ein Behandlungsversuch geplant war und nicht

sicher war, ob er fortgesetzt werden sollte) direkt an den Patienten ausgehändigt werden konnten.
- Die großen medizinischen Kongresse, z. B. der Deutschen Gesellschaft für Innere Medizin oder der Deutschen Diabetesgesellschaft sind nur möglich, weil sie von der Pharmaindustrie gesponsert werden. Bei Reisekosten, Übernachtung und Verpflegung können die Teilnehmer selbstverständlich ein Sponsoring ablehnen und diese Kosten selbst bezahlen. aber alleine die Raumnutzung in den Kongresszentren und die Referenten, der gesamte Kongressrahmen sind Geschenke der Sponsoren.
- Wer unversicherte Patienten in der Praxis betreut (► Kap. 6) braucht Medikamente, die von der Pharmaindustrie als Ärztemuster zur Verfügung gestellt werden, früher großzügiger als heute, oftmals unter Verletzung der Bestimmungen des Arzneimittelgesetzes und der innerhalb der Branche vereinbarten Regeln.

Es gibt eine Ärzteinitiative »Mein Essen zahle ich selbst« (► http://www.mezis.de), die sich Initiative unbestechlicher Ärztinnen und Ärzte nennt. Eine unabhängige Initiative von Neurologen und Neurologinnen hat sich zu »Neurology First« zusammengeschlossen und konkrete Forderungen an ihre wissenschaftliche Fachgesellschaft, die Deutsche Gesellschaft für Neurologie gestellt:

- Die Jahrestagung der Gesellschaft soll von der pharmazeutischen Industrie abgekoppelt werden.
- Autor einer wissenschaftlichen Leitlinie der Gesellschaft kann nur sein, wer keinen relevanten Interessenkonflikt hat.
- Der Kongress der Gesellschaft soll ein Forum zum Thema Interessenkonflikt einrichten.

Die Erfüllung dieser weit reichenden Forderungen ist ungewiss.

Mein Vorschlag ist ein zweiter Versuch der Abgrenzung Arzt-Pharmaindustrie auf der Ebene der Praxis: Über die Mitte des Schreibtisches eines jeden Arztes müsste eine virtuelle Demarkationslinie verlaufen, die auch der geschickteste Pharmavertreter nicht überwinden dürfte; auf der einen Seite fände die legitime Werbung der Firma ihren

Platz, während auf der Arztseite ausgewählt werden müsste, was dem Wohl des Patienten dienen könnte. Dabei geht es um dessen Schutz vor Nebenwirkungen, die sich bei neuen Medikamenten in der Regel erst nach der Zulassung herausstellen und um Beachtung der beschränkten, wohlkalkuliert einzusetzenden Finanzmittel der solidarischen Krankenversicherung.

Aus dem Glashaus heraus kann ich keine weiter reichenden (Ent-)Würfe machen. Korruption im Gesundheitswesen ist als Problem bei Politik und BÄK angekommen. Noch ist die Bestechlichkeit in der vertragsärztlichen Versorgung, also bei den niedergelassenen, freiberuflichen Ärzten nicht strafbar. Mit einer gesetzlichen Regelung ist zu rechnen.[5]

Die Situation bei neu zugelassenen Medikamenten ist inzwischen so unübersichtlich (siehe Blech 2006), dass Therapieempfehlungen (meist prominenter) medizinischer Experten nur noch für den Kenner des speziellen Therapiesegments als objektiv oder »von Pharmafirma X oder Y gesponsert« oder medizinisch nicht zu begründen wahrgenommen werden können. Kein Wunder also, dass der Gesetzgeber sich zur Einrichtung eines unabhängigen »Instituts für Qualität und Wirtschaftlichkeit im Gesundheitswesen« (IQWiG)« veranlasst sah, und kein Wunder, dass manche Ärzte darin das Ende ihrer »Therapiefreiheit« meinen erkennen zu können. Eine kritische, pharmaunabhängige Information ist für Ärzte schon jetzt vorhanden (z. B. *arznei-telegramm, Arzneimittelbrief, Internistische Praxis,* der jährliche *Arzneiverordnungsreport*), Patienten – v. a. die unprivilegierten – bedürfen aber einer verstärkten Beratung, die klar und einfach, in »leichter Sprache« (▶ Abschn. 6.6.5), komplizierte Zusammenhänge erläutert. Den Medien, den Krankenkassen, den Verbraucherzentralen, der »Stiftung Warentest« und kritischen Ärzten und

ihren Berufverbänden(?) kommt hier eine, bisher ungenügend wahrgenommen, Aufgabe zu.

Im Oktober 2005 erschien die erste Ausgabe von »Gute Pillen – schlechte Pillen«. Herausgeber sind: *arznei-telegramm, Arzneimittelbrief, Pharmabrief.* Für 3 Euro erhält der nichtärztliche Leser monatlich aktuelle, pharmaindustrieunabhängige Informationen auf 12 Seiten, selbstverständlich ohne Werbeanzeigen (▶ http://www.gutepillen-schlechtepillen. de, Westkreuz-Verlag Berlin, Tel.: 030/7452047), eine ideale Wartezimmer-Zeitschrift.

7.12   Chronifizierung der Gesundheit

Es heißt, unser **Gesundheits**wesen stehe vor dem Konkurs, immer neue **Gesundheits**-Reformgesetze sind erforderlich (▶ Kap. 8), **Gesundheitskassen** werden zahlungsunfähig und müssen ihre Beitragssätze und damit die Lohnnebenkosten erhöhen, **Gesundheits**zentren machen weitreichende Sonderangebote und Gewinne: von Anti-Aging-Programmen bis zur vorsorglichen Untersuchung der Zytologie der Spucke …

Dem **Gesundheits**wahn steht eine merkwürdige, hypochondrische Umdeutung der kleinen Befindlichkeitsstörungen des Alltags, der Spielarten des Normalen, Gesunden gegenüber, die nicht schnell genug zu neuen Krankheiten erklärt werden können, um sie dann aufwändig und kostspielig, aber ohne Hoffnung auf Genesung im Gesundheitswesen »behandeln« zu können. Symptome einer kranken, verängstigten Gesellschaft besorgter Gesunder?

Die kollektive Illusion über den unbegrenzten medizinischen Fortschritt schützt Ärzteschaft und Pharmaindustrie als Hoffnungsträger davor, bei Sparmaßnahmen solidarisch in die Pflicht genommen zu werden (▶ Kap. 8).

Wir Ärzte als Spezialisten für Krankheiten haben keine gemeinsame Vorstellung, was Gesundheit eigentlich ist. Bis heute gibt es keine allgemein anerkannte Definition (van Spijk 2011). Beispielhaft soll dieses Vakuum an den Äußerungen von zwei Ärzten verdeutlicht werden, an deren fortschrittlicher und humanistischer Grundeinstellung kein Zweifel besteht. Ellis Huber (Huber u. Langbein 2004; langjähriger Ärztekammerpräsident in Ber-

---

5   Im »Präventionsgesetz« der Bundesregierung wollte diese die Regelungen zur Korruptionsbekämpfung ins Sozialgesetzbuch (SGB V) aufnehmen. Dies lehnte im September 2013 der Bundesrat ab und forderte die Aufnahme als Straftatbestand ins Strafgesetzbuch. Nur so könne erreicht werden, dass das Verbot nicht nur für Leistungserbringer des SGB V gälte, sondern auch für Ärzte, die Privatpatienten behandeln oder Dienstleister, die außerhalb der GKV tätig sind. Im Krankenhaus gilt Korruption bereits als Straftatbestand.

lin, Aktivist der alternativen Gesundheitsladen-Bewegung) und Klaus Dörner (2003, Mitinitiator der Sozialpsychiatrie, Autor u. a. von »Bürger und Irre«, »Irren ist menschlich«) kommen zu völlig unterschiedlichen Aussagen. Für Dörner ist Gesundheit lapidar und fußend auf Hans Georg Gadamer (1993): »selbstvergessenes Weggegebensein an den Anderen oder das Andere seiner privaten, beruflichen und gesellschaftlichen Lebensvollzüge«, also etwas wie ein Stern am Nachthimmel, den wir auch nur wahrnehmen (können), wenn wir aufhören, ihn zu fixieren. Huber dagegen, offensichtlich ein Anhänger der WHO-Definition der 70er-Jahre (»Zustand des völligen körperlichen, seelischen und sozialen Wohlbefindens«), entwickelt eine orwellsch'e Zukunftsvision von Gesundheit, einen Gesundheits-Totalitarismus mit humanistischem Anspruch (Huber u. Langbein 2004):

» Gesundheitsdiagnose und Gesundheitstherapie, also eine salutogentisch fundierte und systematisch kultivierte Heilkunst mit entsprechenden Standards, Leitlinien und fachlich kompetenten Behandlungsweisen werden als das medizinische Markenzeichen des Netzwerkes Welcom etabliert. Dies beinhaltet immer die bewusste Kommunikation mit den betroffenen Menschen über eine ganzheitliche und individuelle Lösung ihres jeweiligen Gesundheitsproblems. Eine effiziente und effektive Umsetzung einer solchen profilierten Gesundheitsmedizin benötigt ebenso eine zentrale Managementfunktion, mit der die entsprechenden Service- und Informationsdienste über das Internet und andere Medien bereitgestellt werden. Ein professionelles Informations- und Kommunikationsmanagement für Arzt und Patient, professionellen Helfer und interessierten Laien gehört daher zu den wichtigsten Aufgaben der Zentrale, die das Netzwerk koordiniert und verbindet. Sie betreibt das Rechenzentrum ... **«**

Auch der gutwilligste Leser wird von diesen einprasselnden Schlagworten hart getroffen. Selbst wenn man den Alternativ-Modern-Sprech-Sound herausnimmt, bleibt bei Huber ein erschreckender Machbarkeitswahn bestehen, der Gesundheit technisch herstellen und sichern möchte. Dabei geht es doch um eine Verbesserung der Krankenbehand-

lung. Sind »Effizienz« und »Effektivität« wirklich die einzige und beste Lösung unserer Probleme und der unserer Patienten?

Taugt die WHO-Definition von Gesundheit im medizinischen Alltag? Ist sie nicht eher eine politische Utopie und in der Medizin als Zielvorgabe eher eine unpolitische Illusion? Zum 20. Jahrestag der Tschernobyl-Katastrophe wies die Zeitschrift *Natur und Kosmos* (April 2006) der WHO eine Bagatellisierung der gesundheitlichen Folgen des atomaren Gaus von 1986 in Tschernobyl nach. Offensichtlich unter dem Einfluss der UN-Atombehörde (IAEA) wurden Opferzahlen unterschlagen. Außerdem fehlen laut einem internen WHO-Bericht verlässliche Messwerte der damaligen Strahlenbelastung und die vorhandenen wiesen Messfehler auf, die um den Faktor 5 falsch sein könnten. »Das ist so als würde ein Fieberthermometer statt 37 Grad einen Wert zwischen 7 und 175 Grad anzeigen« (Sebastian Pflugbeil, Präsident der Gesellschaft für Strahlenschutz in *Natur und Kosmos* 4/2006; Hamm 2006). Die weit reichende WHO-Gesundheitsdefinition erweist sich im konkreten Fall als manipulierbare Phrase, die angesichts brisanter politischer Interessen (Atomindustrie) auch einmal über Leichen (hinweg) geht.

7.12.1 Tausend Wege zur Gesundheit?

Auch andere Gesundheitsdefinitionen und Wegweisungen zur Gesundheit sind nicht unproblematisch. Die Kunst des langen und gesunden Lebens war schon immer Ziel ärztlichen Bemühens.

Homöopathie Die Homöopathie wollte »similia similibus«, also Ähnliches mit Ähnlichem kurieren. Was beim Gesunden die Symptome des Kranken hervorrufe (similibus) sei womöglich für die Behandlung seiner Krankheit (similia) hilfreich. Ein homöopathische Behandlung von Befindlichkeitsstörungen des Gesunden lässt die Frage offen: Was ist das »similibus« von Gesundheit?

Risikofaktoren-Konzept Das Risikofaktoren-Konzept wird von Meyers und Howard (zit. nach Skrabanek u. McCormick 1995) mit folgender Beschreibung der Frau mit niedrigem kardialen Risiko ad absurdum geführt:

>> Sie ist »eine Fahrrad fahrende, arbeitslose, untergewichtige Zwergin vor den Wechseljahren, mit niedrigen Beta-Lipoproteinen und Blutfetten, die beengt in einem Zimmer auf der Insel Kreta vor dem Jahr 1925 lebt und sich von geschältem Getreide, Distelöl und Wasser ernährt. «

Vorsorgekonzept Das Vorsorgekonzept der 90er Jahre hat sich bzgl. Mamma- und Dickdarmkrebs nicht einmal als Früherkennungskonzept behaupten können. Die jahrzehntelang propagierte Hormonersatztherapie nach der Menopause war nicht der ersehnte Jungbrunnen (Women's Health Initiative, siehe Anderson et al. 2004). Vor der routinemäßigen Anwendung von Testosteron oder Melatonin oder der Bestimmung diverser Tumormarker bei gesunden Alternden wird allgemein gewarnt. Was aber soll dann ein »Anti-Aging-Check« (▶ Abschn. 7.14)?

Die Präventionsangebote der GKV werden insgesamt, v. a. aber von Menschen aus der Unterschicht, nicht angenommen (siehe »inverse targeting«, ▶ Abschn. 7.9.5). Fuchs (2012) schreibt:

>> Vom Gros der Patienten werden Hausarztpraxis und Hausarzt (noch) nicht als »Gesundheitszentrum« wahrgenommen. Vielmehr wird der Arzt konventionell als Experte für Krankheitsfragen und nicht für Gesundheitsfragen gesehen, während gesundheitsbewusstes Verhalten im Alltag der Menschen geschieht. Laut einer Befragung der Bertelsmann Stiftung erfolgen 74% aller Verhaltensänderungen ohne Konsultation bzw. Intervention des Hausarztes. In derselben Befragung zeigte sich aber auch die Bedeutung einer wertschätzenden Haltung des Arztes. Die Patienten, die den Eindruck haben, dass der Arzt eher positiv und mit Interesse auf ihre eigenen Kenntnisse über Krankheit und Beschwerden (»Krankheitskompetenz«) reagiert, bildeten die größte Gruppe (86%) derjenigen, die sehr wohl die Unterstützung des Hausarztes auch bei präventiven Fragestellungen gesucht haben (Altgeld und Bockhorst 2004). «

Selbstmedikation Selbstmedikation zur Gesundheitsoptimierung ist ein weiterer, aktuell verbreiteter Versuch der Chronifizierung der Gesundheit. Deutsche rangieren bei den Ausgaben für selbstverordnete Medikamente europaweit hinter der Schweiz auf Platz 2 (Quelle: Europ. Verband der Arzneimittelhersteller, AESGP, zit. nach *Medical Tribune Mai 2004*), bei der Zufriedenheit mit der eigenen Gesundheit aber auf dem allerletzten Platz. (Quelle Eurostat, zit. nach *Der niedergelassene Arzt 4/2004*).

7.12.2 IGeL-Medizin

Die Erkenntnis, dass jährlich ca. 150 Mrd. Euro jenseits der GKV für Gesundheitsleistungen in Deutschland ausgegeben werden, hat Begehrlichkeiten nicht nur bei Gesundheitspolitkern (steigende Zuzahlungen in der GKV), sondern auch bei Medizinern geweckt. Es war die Geburtsstunde der IGeL-Medizin. Damit wurden nicht – wie oben kritisch ausgeführt – neue Krankheiten erfunden, sondern gleich eine »Neue Medizin«: die Medizin der »Individuellen Gesundheitsleistungen«.

Ihr Erfinder Lothar Krimmel definiert IGeL als:[6]

>> Ärztliche Leistungen
- die nicht zum Leistungsumfang der GKV gehören,
- die dennoch von Patienten nachgefragt werden,
- und die ärztlich empfehlenswert oder je nach Intensität des Patientenwunsches zumindest ärztlich vertretbar sind. «

Eine Analyse seines Gebührenverzeichnisses MEGO (Krimmel 2003) weist IGeL als ein mixtum compositum aus, bestehend aus
- Noch-GKV-Leistungen wie HIV-Test oder TSH- oder PSA-Bestimmung;
- ehemaligen GKV-Leistungen, die aus guten, wissenschaftlichen Gründen entsorgt wurden, wie die unvalidierte, vorsorgliche Routine-

---

6   Das Wissenschaftliche Institut der AOK, Wido, ermittelte für 2012 einen IGeL-Umsatz von 1,3 Mrd. Euro v. a. in Facharztpraxen. (*Ärztezeitung* online 20.11.13)

Mammographie oder Knochendichte-Messung ohne Indikation;

— ehemaligen GKV-Leistungen, die (leider) aus Kostengründen aus der GKV ausgegliedert wurden, wie – bis 2012 – der vorsorgliche orale Glukosetoleranztest in der Schwangerschaft (seit 2012 GKV-Leistung als Teil der Schwangerschaftsvorsorge) oder die vorsorgliche Untersuchung zur Glaukomfrüherkennung;

— sinnvollen Untersuchungen wie reisemedizinische Beratung, Impfberatung, sportmedizinische Untersuchung oder Kontrolle der Hausapotheke;

— unsinnigen Untersuchungen wie die »große Ozon-Eigenbluttherapie«, die »bioelektrische Impedanzanalyse zur Bestimmung der Körperzusammensetzung« oder die »sonografische Untersuchung auf Vitalität des Feten in der 6.–8. Schwangerschaftswoche« (die interessanterweise ab der 9. Schwangerschaftswoche eine selbstverständliche GKV-Leistung ist!);

— gefährlichen Untersuchungen wegen fehlender oder voreiliger therapeutischer Konsequenzen wie »Untersuchung zur Früherkennung des Prostata-Karzinoms durch Bestimmung des prostata-spezifischen Antigens (PSA)«, die »prädiktive genetische Diagnostik und Beratung gesunder Personen zur Feststellung des Heterozygotenstatus (Anlageträgerschaft) hinsichtlich rezessiv-erblicher Erkrankungen« oder der »Anti-Aging-Basis-Check für die Frau (TSH, FSH, Östradiol und DHEAS)«, Injektionen von nicht verordnungsfähigen Arzneimitteln (wie Vitamine und angeblich knorpelschützende Substanzen bei Gelenkverschleiß).

Fallbeispiel 7.9: 45-jähriger kaufunwilliger Patient

Ein 45-jähriger Arbeiter in der Chemieindustrie, hat seinen Hausarzt gewechselt und berichtet über die Gründe: »Ich hatte immer Vertrauen zu Dr. H. und seinen medizinischen Fähigkeiten, weil er vor 10 Jahren auf Anhieb meine Überfunktion der Schilddrüse erkannte. Er hat die notwendige Operation organisiert und seitdem nehme ich ein Schilddrüsenhormon ein, das er mir in jedem Quartal verschreibt. Dazu musste ich niemals einen Sprechstundentermin mir besorgen, ich bestellte per Telefon und holte das Rezept nach der Arbeit ab.

Vor 3 Jahren fing der Ärger an. Im Wartezimmer tauchten Plakate auf, die auf spezielle Untersuchungen hinwiesen mit genauen Preisangaben: Vorsorge auf Prostatakrebs, die er bei mir bisher ohne Geld jährlich durchgeführt hatte, aber auch viele Sachen, von denen ich keine Ahnung hatte, so eine Art Jungbrunnen-Medizin, Abspeckkurse und so. Ich habe das, weil ich selten auf mein Rezept warten musste, erst ignoriert. Dann sprachen mich die Arzthelferinnen bei jedem neuen Rezept darauf an, ob ich nicht mehr für meine Gesundheit tun wolle und gaben mir Prospekte mit. Ich habe versucht, sie höflich abzuwimmeln, aber die Frauen, die ich früher als äußerst liebenswert empfunden hatte, wurden immer dreister. Zuletzt wollten sie mir das Rezept nur aushändigen, wenn ich zuvor kurz zum Doktor rein käme. Der sprach mich direkt auf mein Gewicht an, ob ich nicht Interesse hätte, an seinem Abspeckprogramm teilzunehmen. Ich bin 1,85 groß und wiege seit 20 Jahren 100 kg, im Sommer spiele ich oft Fußball mit meinen Kumpels, dann schaffe ich es auch auf 95 kg. Das war ihm nicht genug, und er zog eine bunte Schautafel hervor, auf der alle möglichen Krankheiten standen, die mir drohen würden: von Arthrose bis Krebs, Diabetes und Herzinfarkt. Für die Krebsfrüherkennung hatte er zahlreiche Laboruntersuchungen im Angebot, davon hatte ich noch nie gehört. Ich war ziemlich verunsichert, als ich nach 15 Minuten rauskam, so lange war ich noch nie drin gewesen. Ich hatte abends keinen Appetit, das fiel sogar meiner Frau auf.

Zwei Wochen später kam dann der Anruf, das »Fit-durch-Pfund-weg«-Seminar begänne am nächsten Mittwoch, ob ich mich schon entschieden hätte. Ich wurde richtig wütend und hab den Hörer aufgeknallt. Meine Frau hat dann das letzte Rezept dort abgeholt. Sie sagt, die Frau vom Doktor hat jetzt eine Art Reformhaus gegenüber der Praxis aufgemacht, da hingen die gleichen Plakate im Schaufenster wie im Wartezimmer des Doktors.

Als ich heute zu ihnen in ihr Wartezimmer kam, hab ich mich erst mal umgesehen, Ihre Bilder haben mir gefallen, Sie wollen hoffentlich nichts verkaufen. Ich bräuchte ein neues Rezept für die Schilddrüse von Ihnen.«

Manche Ärzte haben Ernährungsmedizin bei einer Firma in einem Wochenendseminar gelernt und werden Vertriebsstellen für Formuladiäten, die an den Mann und die Frau gebracht werden müssen, um die Lizenzgebühren der Firma und den erhofften Gewinn einzuspielen. Das obige Beispiel zeigt, dass die »Patientennachfrage« nach solchen IGeL-Leistungen oft von ärztlicher Seite ausgelöst wird, also ein in der GKV ansonsten kritisiertes »Anspruchsdenken(?)« (▶ Abschn. 6.1) bei Gesunden bewusst geweckt wird. In Einzelfällen werden GKV-Leistungen Patienten in betrügerischer Absicht als IGeL-Leistung verkauft.

Fallbeispiel 7.10: 75-jährige Patientin, (kein) Ausschluss diabetische Retinopathie

Frau M. ist 75 Jahre alt und lebt von einer kleinen Rente. Ich überwies sie zu einem Augenarzt zur Routinekontrolle (des Augenhintergrunds) bei seit 15 Jahren bekanntem Diabetes. Empört kommt sie von dort zurück: »Sie hätten mir ruhig sagen können, dass ich die Untersuchung neuerdings bezahlen muss.« Sie sei wie immer nur mit der Überweisung dort zum Termin erschienen, aber an der Anmeldung habe man ihr schon gesagt, dass sie 30 Euro zuzahlen müsse, weil die Messung des Augendrucks von der AOK nicht mehr bezahlt würde. »Ich habe mich so geschämt, ich gehe doch immer ohne Handtasche, seitdem sie mir letztes Jahr auf der Straße gestohlen wurde. Ich musste also erst nach Hause, Geld holen. Ich habe dann den Arzt gefragt, warum die Krankenkasse das nicht mehr bezahlt tut. Da hat er auf Frau Schmidt geschimpft und gesagt, ich sollte mich nicht bei ihm beschweren, sondern bei der Krankenkasse.« Am Telefon erklärt mir der Kollege, er mache seinen Patienten ein Angebot, das sie ja nicht annehmen müssten, aber zum AOK-Satz könne er die einzelne, von mir angeforderte Leistung (Augenhintergrund-Spiegelung) nicht mehr erbringen und was ich eigentlich gegen eine Glaukomvorsorge einzuwenden hätte.

Belästigung von Patienten, fehlende Auftragsklärung und Geschäftemacherei sind eine Sache, die oben als gefährlich eingestuften Untersuchungen lassen aber auch an die Geschichte vom Wettlauf zwischen dem Hasen und den (betrügerischen) Igeln denken, bei dem bekanntlich der Hase (Patient) zu Tode gehetzt wurde.

Fallbeispiel 7.x : 43-jähriger depressiver Patient erlebt Vorsorge

Herr N., ein 43-jähriger Patient mit einer traumatisch erlebten Heimerziehung nach der Trennung der Eltern wird seit langem wegen einer chronischen Depression behandelt. Immer wieder treten dabei somatisierte Ängste auf, die meist in Zusammenarbeit mit dem behandelnden Psychiater durch klärende Gespräche und anschließend gezielte Untersuchungen (Belastungs-EKG, Sonografie, Laborkontrollen) ausgeräumt werden konnten. Wegen Verdachts einer Nierenkolik kommt er in eine urologische Praxis, in der auch dieser Verdacht ausgeräumt wird. Es wird ihm ein »erweiterter Gesundheitscheck« angeboten als IGeL-Leistung. Dabei findet sich ein erhöhter Laborwert für das »prostataspezifische Antigen« (PSA), das als Tumormarker für das Prostatakarzinom gilt. Es werden wiederholte, ergebnislose Punktionen der Prostata durchgeführt und schließlich eine »Verlaufskontrolle des PSA-Wertes« empfohlen.

Herr N. reagiert auf diese Verunsicherung mit zunehmender Depression. »Ich wusste überhaupt nicht, auf was ich mich da einlasse. Ich wollte doch nur mehr Sicherheit, aber jetzt habe ich das Gefühl, der Krebs, den man nicht finden konnte, tickt in mir wie eine Zeitbombe, die mich jederzeit zerfetzen kann.« Es wird eine stationäre Aufnahme in einer psychiatrischen Klinik erforderlich, mit einem modernen Antidepressivum wird er entlassen, darunter Gewichtszunahme von 12 kg und Entwicklung eines Diabetes. »Ich verfluche den Tag, an dem ich was für meine Gesundheit tun sollte!«

Ärzte sind Experten für die Prävention, Erkennung und Behandlung von Krankheiten. Eine wissenschaftlich eindeutige oder allgemein akzeptierte Definition von Gesundheit liegt ebenso wenig vor wie Beweise (jenseits wissenschaftlicher Präventionsstudien, die oft gerade zur Zurückhaltung mahnen) dafür, dass Gesundheit durch der kurativen Medizin entlehnte medizinische Maßnahmen oder Eingriffe herbeigeführt oder gesichert werden kann. Die vorsorgliche Laboranalyse von Tumormarkern gilt als – vorsichtig ausgedrückt – ungesicherte Methode, sie ist äußerst umstritten. Der o. a. Patient versichert glaubhaft, über »Risiken und

Nebenwirkungen« dieser Untersuchung nicht aufgeklärt worden zu sein. Für eine schnell verdiente Gage von ca. 20 Euro (für den PSA-Test) hat ein IGeL-Mediziner in einem Menschenleben Schicksal gespielt.

PSA-Test

Die wissenschaftliche Bewertung des PSA-Tests ist im Fluss. Ich persönlich empfehle ihn aus der eigenen Erfahrung als Patient heraus allen Männern mit Prostatakrebs in der Familie. Es könnte sein, dass sich ein Modell durchsetzt, in einem gewissen Alter, z. B. mit 45 Jahren, einen Test durchzuführen und dann je nach Höhe des Wertes eine Verlaufskontrolle in größeren oder kleineren Jahresabständen. Dazu startet 2014 an 4 bundesdeutschen Zentren eine Studie (PROBASE: Risk-adapted prostate cancer early detection study based on a »baseline« PSA value in young men - a prospective multi-center randomized trial), an der 50.000 Männer teilnehmen sollen. Die PROBASE-Studie untersucht, ob je nach Höhe eines einmalig bestimmten PSA-Werts im Alter von 45 Jahren eine risikoadaptierte Vorsorge gegen Prostatakrebs möglich ist. Zu einer drängenden Aufforderung ärztlicherseits, einen solchen Test unbedingt durchführen zu lassen, besteht nach dem heutigen Erkenntnisstand - sofern keine familiäre Belastung mit Prostata-Krebs vorliegt - kein Grund.

Der unaufhaltsam erscheinende Siegeszug der IGeL-Medizin in bundesdeutschen Arztpraxen könnte weitreichende Folgen haben. Diese werden auch von der »Akademie für Integrierte Medizin«, die sich die folgenden Ausführungen und Forderungen zu eigen machte (*AIM-Telegramm* Nr. 12, 2005), mit Sorge beobachtet:

Die IGeL-Medizin hat das Erscheinungsbild der Medizin verändert, sie macht obsolete und gefährliche Methoden hoffähig, sie droht die Reputation der Ärzteschaft nachhaltig zu beschädigen und wird eine tief greifende Veränderung des Arzt-Patienten-Verhältnisses nach sich ziehen:

Medikalisierung der Gesundheit IGeL-Mediziner erheben den Anspruch, Gesundheit produzieren zu können. Sie behaupten, Gesundheit sei eine – wie eine chronische Krankheit – zu bewältigende Aufgabe, sie sei ein konservierbarer, chronifizierbarer Zustand.

Verstärkung gesundheitspolitischer Trends Der Kostenbeteiligung in Form der Bar(zu)zahlung, der Registrierkasse an der Patientenanmeldung, wird ärztlicherseits der Weg geebnet – entgegen aller standespolitischen Empörung über die »Zu-

mutung, die Praxisgebühr einziehen zu müssen« (wurde 2013 abgeschafft). IGeL-Mediziner bieten neben den z. T. gefährlichen Scharlatanerien ihre Zuwendung und exakt jene – dafür nicht validierten – diagnostischen und therapeutischen Mittel gegen Bargeld Gesunden an, die den »gesetzlich Kranken« immer häufiger mit dem Hinweis auf Budgets und angeblich unvermeidbaren Rationierungen verweigert werden.

Missbrauch der »Droge Arzt« (Balint 1965) IGeL-Mediziner dealen mit der Droge Arzt auf einem Schwarzmarkt, dessen Abgrenzung vom normalen Praxisbetrieb aber für die meisten Patienten nicht kenntlich werden wird oder werden soll. Es ist als ob der häusliche Pflegedienst nebenher mit Versicherungspolicen oder Wärmedecken handeln würde. Für den (kritischen) Patienten stellt sich bestenfalls die Frage, behandelt er mich noch oder igelt er schon?

Förderung von Hypochondrie und unkontrollierter Placebomedizin In der IGel-Medizin gehen Mediziner und Patient eine »Suggestionsgemeinschaft« (Schulze, 1999) ein. Die erhoffte Wirkung tritt umso wahrscheinlicher ein, je fester ich den Versprechungen des Anbieters glaube (und je höher der Preis ist, den ich bereit war, dafür zu zahlen). Angst vor schlimmen Krankheiten ist nicht mehr Anlass für Aufklärung, gründliche Untersuchung und Entängstigung des »besorgten Gesunden«, sondern die wach zu haltende Geschäftsgrundlage der IGeL-Praxis.

Erosion des ärztlichen Charismas, Außerkraftsetzung ärztlicher Codices und Standards Der IGeL-Mediziner gibt zeitweise sein Arztsein auf, wird freiwillig und bewusst im Neben- oder Parallelberuf zu dem, was die organisierte Ärzteschaft seit Beginn der GKV vehement bekämpfte: zum »Kurpfuscher«.

Patient wird zum Kunden IGeL müssen verkauft werden, und zwar von den Praxismitarbeiterinnen, die sich das Vertrauen der Patienten im kurativen Bereich erworben haben. Da der »Kunde« die Grenze zwischen beiden Bereichen nicht immer wird ziehen können, ist er als »Verbraucher« (▶ Kap. 5) bei seinem Arzt schlechter gestellt als im Kaufhaus, wo er der Verlogenheit der Werbung sein kritisches Verbraucherbewusstsein entgegensetzen kann. Gesundheit ist eben doch keine Ware.

Unterlaufen aller Kontrollen Der oben beschriebenen zunehmenden Fremdkontrolle entkommt der IgeLnde Mediziner zu seinem finanziellen Vorteil, der »Kunde« Patient ist seiner Willkür und denkbarer Skrupellosigkeit hilflos ausgeliefert. Das Heilungsprivileg, das die Gesellschaft dem Ärztestand anvertraut hat, wird jeglicher gesellschaftlicher Kontrolle entzogen: Mr. Hyde und Dr. Jekyll (Stevenson 1886[1], 1997) praktizieren in einer Gemeinschaftspraxis!

Die Mehrheit der Ärzteschaft und auch die meisten Standespolitiker sind sich offensichtlich der Gefahren (noch) nicht bewusst, die unseren Patienten und der Medizin als Heilkunst durch die hier aufgezeigten Entwicklungen drohen. Appelle helfen nicht. Neue Codices sollen angeblich entwickelt werden und missbräuchliche Entgleisungen verhindern, als ob die Erfindung der IGeL-Medizin nicht bereits ein pervertiertes ärztliches Denken voraussetzte: Sie kündigt einen jahrhundertealten Codex ärztlichen Handelns auf (Klemens von Alexandrien, 3. Jh. n. Chr., zit. nach Schadewald 1999):

> » Die Heilkunst ist an den kranken Menschen gebunden. Wenn kein Kranker da ist, so hat auch die Kunst des Arztes kein Wirkungsfeld. «

Es ist deshalb – mit der bereits erfolgenden Unterstützung der Akademie für integrierte Medizin, aber auch durch die anzustrebende Beteiligung anderer wissenschaftlicher Fachgesellschaften der deutschen Medizin – zu fordern:

- 1. IGeL-Verbot für alle Vertragsärzte, die sich entscheiden sollten, ob sie als Vertragsärzte ihre vertraglichen Pflichten erfüllen oder als IGeL-Mediziner ihren Neigungen und lukrativen Geschäften nachgehen wollen. Hier ist ein Beschluss der Ärztekammern nötig!
- 2. Hilfsweise, die Mehrheitsverhältnisse und den Diskussionsstand in den Kammern berücksichtigend, eine Mindestforderung: Anmeldepflicht und Qualitätskontrolle aller IGeL-Leistungen, die nicht mehr in der laufenden Vertragsarztsprechstunde werbend angeboten werden dürfen.

- 3. Abfindung unrentabler, auf IGeL-Medizin aus ökonomischen Gründen angewiesener Praxen und Erfüllung des Sicherstellungsauftrags in minder versorgten Regionen durch die Kassenärztlichen Vereinigungen und die Krankenkassen.
- 4. Die Krankenkassen müssen vermehrt ihre Mitglieder beraten und z. B. durch Einrichtung einer Clearingstelle Missbrauchsfälle aufdecken und durch Entzug der Vertragsarztzulassung ahnden.
- 5. Überprüfung der medizinisch sinnvollen IGeL-Leistungen durch den Gemeinsamen Bundesausschuss Ärzte und Krankenkassen (GBA) und das IQWiG und ggf. indikationsbeschränkte Wiederaufnahme in den Leistungskatalog der GKV.
- 6. Verbraucher-Bewusstsein schaffen durch die Medien, Verbraucherberatungsstellen, die Stiftung Warentest, das selbstbewusste öffentliche Auftreten der Ärzte gegen die IGeL-Mediziner in ihren eigenen Reihen und einen gesellschaftlichen Diskurs über »Gesundheit«, der Patienten befähigen sollte, über IGeL-Angebote in den Arztpraxen mit den Füßen abzustimmen.

Inzwischen hat die Bundesverband der Gesetzlichen Krankenkasse (GKV) reagiert und ein: Bewertungsportal eingerichtet: ▶ http://www.igel-monitor.de. Hier können Patienten unabhängige Informationen zu den ihnen angebotenen IGeLn erhalten. Es wird die Forderung nach 24-stündiger Einwilligungssperrfrist erhoben und festgestellt, bei den IGeLn gehe es vorrangig um wirtschaftliche Interessen von Ärzten (*taz*, 26.1.2012). Das ist immerhin ein eindeutiges Statement. Es ist aber fraglich, ob auf diesem Wege allein alle, auch die unprivilegierten, Patienten vor Missbrauch geschützt werden können.

7.13 Leben

Für Physiker ist die Zeit die 4. Dimension. Chronifizierung wandelt diesen utopischen 4-dimensionalen Raum um in Eindimensionalität »Zeit = Geld« (Benjamin Franklin 1748). Dagegen ist eine

Heilkunde gefordert, die sich Zeit nimmt, mit jedem Menschen dessen Soma, Seele und Soziales wahrzunehmen.

Unsere Vorstellungen von Gesundheit implizieren eine Vision von Leben. Wollen wir wirklich

LEBEN…, als ob hinter dem »N« kein Ende wäre? Dann ist es konsequent, mit »Präimplantationsdiagnostik« zu Beginn und einer »Patientenverfügung« am drohenden Ende und dazwischen mit IgeLn, präventiven Optimierungsversuchen, Schönheitsoperationen, Gentechnik, Anti-Aging-Kuren und evidenzbasierten Leitlinien zur Gesundheitsvorsorge (als der einzigen Richtschnur ärztlichen Handelns) zu leben.

Oder wollen wir utopisch und in Demut

L*eben. Im Bewusstsein der Endlichkeit unserer (Lebens-)Zeit, indem wir sie und unsere Gesundheit genießen, solidarisch Verantwortung für die Kranken übernehmen und versuchen, die eigene Krankheit als Teil unseres Lebens zu bewältigen? In einem solchen Leben könnte auch vorne mehr Platz sein für ein kleines, eingefügtes *(i) wie in Lieben.

» Das Leben sollte nicht eine Reise ins Grab sein mit dem Ziel, wohlbehalten und in einem attraktiven Körper anzukommen – sondern eher seitwärts hineinzuschlittern, Chardonnay in einer Hand, Erdbeeren in der anderen, den Körper total verbraucht und abgenutzt, und dabei jubelnd Hoo hoo, was für ein Ritt! Aus: »Willkommen bei den Sch´tis«, Frankreich 2008, Regie: Dany Boone «

Literatur

Ader R (2007) Psychoneuroimmunology, 4. Aufl. Acad. Press, New York (Erstveröff. 1981)

Altgeld T, Bockhorst R (2004) Neue gesundheitspolitische Wertschätzung der Prävention und Gesundheitsförderung – alte Verhaltensmuster in der Bevölkerung? In: Böcken J, Braun B, Schnee M (Hrsg): Gesundheitsmonitor 2004. Bertelsmann Stiftung, Gütersloh, S 25–51

Anderson GL, Limacher M, Assaf AR et al (2004) Effects of conjugated equine estrogen in postmenopausal women with hysterectomy: the Women's Health Initiative randomized controlled trial. JAMA 291(14): 1701–1712

Angell M (2005) Der Pharma-Bluff – Wie innovativ die Pillenindustrie wirklich ist. KomPart, Bonn

Arnetz BB et al. (1987) Immune function in unemployed women. Psychosom Med 49: 3–11

Asher R, Lond MRCP (1951) Munchhausen`s Syndrom. Lancet 257: 339–341

Balint M (1965) Der Arzt, sein Patient und die Krankheit. Fischer, Stuttgart

Beck W (2003) Nicht standesgemäß. Beiträge zur demokratischen Medizin. vas-Verlag, Frankfurt/M

Beck W et al (Hrsg) (1987) Ärzteopposition. Jungjohann, Neckarsulm

Behörde für Gesundheit und Soziales der Freien und Hansestadt Hamburg (2001) Stadt-Diagnose 2. ▶ http://epub. sub.uni-hamburg.de/epub/volltexte/2008/2086/pdf/ data.pdf. Zugegriffen: 24.2.2014

Bergner Th (2003) Burnout? Das muss nicht sein. Frauenarzt 44(10): 1119–1123

Blech J (2003) Die Krankheitserfinder. Wie wir zu Patienten gemacht werden. Fischer, Frankfurt/M

Blech J (2006) Heillose Medizin. Fragwürdige Therapien und wie Sie sich davor schützen können. Fischer, Frankfurt/M

Biondi M (2007) Effects of stress on immune functions: an overview. In: Ader R (Hrsg) Psychoneuroimmunology. Academic Press, New York

Boo K (2005) Letter from Louisiana: Shelter and the storm – Katrina's victims come to town. The New Yorker; November 28. ▶ http://www.newyorker.com/archive/2005/11/ 28/051128fa_fact?currentPage=all. Zugegriffen: 24.2.2014

Bourdieu P (1992) Die verborgenen Mechanismen der Macht. Schriften zu Politik & Kultur 1. VSA-Verlag, Hamburg

Bundesärztekammer, Kassenärztliche Bundesvereinigung (2011) Nationale Versorgungsleitlinie Nierenerkrankungen bei Diabetes im Erwachsenenalter. Dtsch Aerztebl 108 (26): 1496–1500

Cooper BA et al (2010) A randomized, controlled trial of early versus late initiation of dialysis. NEJM 363(7): 609–619

Deutscher Ärztetag (2005) Entschließungen zum Tagesordnungspunkt IV: Bericht Krankheit und Armut. Dtsch Aerztebl 102(19): A 1377

Dörner K (2003) Die Gesundheitsfalle. Woran unsere Medizin krankt. Zwölf Thesen zu ihrer Heilung. Ullstein, München

Eckhardt A (1989) Das Münchhausen-Syndrom – Formen der Selbstmanipulierten Krankheit. Urban & Schwarzenberg, München

Freudenberger HJ (1974) Stuff burn out. J Soc Issues 30(1): 159–165

Fuchs J (2012) Integration von Menschen mit niedrigem sozioökonomischem Status in Präventionsprogramme der Gesetzlichen Krankenversicherung durch den Hausarzt. Dissertation, Medizinische Fakultät der Universität Duisburg-Essen

Fuhr C (2014) Burn-out hier, Burn-out dort, Burn-out überall. Ärztezeitung 22: 13

Gadamer H-G (1993) Über die Verborgenheit der Gesundheit. Suhrkamp, Frankfurt/M

Gillen G (2005) Hartz IV. Eine Abrechnung. Rowohlt, Reinbek

Göckenjan G (1985) Kurieren und Staat machen. Gesundheit und Medizin in der bürgerlichen Welt. Suhrkamp, Frankfurt/M

Habermas J (1985) Die neue Unübersichtlichkeit. Suhrkamp, Frankfurt/M

Hahn U (2001) Das verborgene Wort. DVA, Stuttgart

Häussermann H (2005) Nicht pendeln, nicht malochen, nur noch pennen. Die Zeit 46, 10.11.2005

Hamm H (2006) WHO halbiert Opferzahlen. Natur und Kosmos 4: 42–43

Huber E, Langbein K (2004) Die Gesundheitsrevolution. Radikale Wege aus der Krise – was Patienten wissen müssen. Aufbau Verlag, Berlin

Kanfer FH, Reinecker H, Schmelzer D (2006) Selbstmanagement-Therapie. Ein Lehrbuch für die klinische Praxis. Springer, Heidelberg

Kaschka W, Korczak D, Broich K (2011) Modediagnose Burnout. Dtsch Ärztebl 108(46):781–787

Kofahl C, Mnich E, Kalvelage B (2011) Diabetesmanagement bei türkischstämmigen Zuwanderern. Diabetes, Stoffwechsel und Herz 20(5): 283–287

Kop WJ, Cohen N (2007) Psychological risk factors and immune system involvement in cardiovascular disease. In: Ader R Psychoneuroimmunology. Academic Press, New York

Krimmel L (2003) MEGO. Gebührenverzeichnis für individuelle Gesundheitsleistungen. Landsberg

Lampert T, Kroll LE, von der Lippe E, Abteilung für Epidemiologie und Gesundheitsmonitoring, Robert Koch-Institut, Berlin (2013) Sozioökonomischer Status und Gesundheit. Ergebnisse der Studie zur Gesundheit Erwachsener in Deutschland (DEGS1), Bundesgesundheitsbl 56: 814–821. doi: 10.1007/s00103-013-1695-4. Springer, Berlin

Lauterbach K (2007) Der Zweiklassenstaat. Wie die Privilegierten Deutschland ruinieren. Rowohlt, Berlin

Lazarus RS (1999) Stress and emotion. Springer, New York

Lüth P (1971) Ansichten einer künftigen Medizin. Hanser, München

Marcuse H (1967) Der eindimensionale Mensch. Luchterhand, Neuwied

Maulen B (1998): Burn-out-Syndrom. Arzt: Beruf oder Martyrium? Münchener Medizinische Wochenschrift 140

Mielck A (2000) Soziale Ungleichheit und Gesundheit. Empirische Ergebnisse, Erklärungsansätze, Interventionsmöglichkeiten. Huber, Bern

Mielck A (2002) Gesundheitliche Ungleichheit: Empfehlungen für Prävention und Gesundheitsförderung. In: Homfeldt HG, Laaser U, Prümel-Philippsen U, Robertz-Grossmann B (Hrsg) Soziale Differenz, Strategien, Wissenschaftliche Disziplinen. Luchterhand, Neuwied, S 45–64

Mielck A, Reitmeir P, Rathmann W (2006) Knowledge about diabetes and participation in diabetes training courses: the need for improving health care for diabetes patients with low SES. Exp Clin Endocr Diab 114: 240–248

Münchener Medizinische Wochenschrift (2004) Indikationserweiterung für SNRI: Krankhafte Schüchternheit ist medikamentös behandelbar. MMW-Fortschr Med Sonderheft 2

Neckel S, Wagner G (Hrsg) (2013) Leistung und Erschöpfung. Burnout in der Wettbewerbsgesellschaft. Suhrkamp, Berlin

Nolte P (2004) Generation Reform. Jenseits der blockierten Republik. Beck, München

Onken H (2008) Sarrazin: so sollen Arbeitslose einkaufen! Tagesspiegel vom 30.7.2008

Schadewald (1999) Das ärztliche Gewissen auf dem Prüfstand. Ärztezeitung 234

Schwabe U, Paffrath D (2004) Arzneiverordnungsreport 2004, Berlin

Siegrist J (2005) Medizinische Soziologie. Urban & Fischer München

Sklar LS, Anisman H (1979) Stress and coping factors influence tumor growth. Science 205: 513–515

Skrabanek P, McCormick J (1995) Torheiten und Trugschlüsse in der Medizin. Kirchheim, Mainz

Spijk P van (2011) Was ist Gesundheit. Anthropologische Grundlagen der Medizin. Alber, Freiburg

Stevenson RL (1997) Der seltsame Fall des Dr. Jekyll und Mr. Hyde, DTV, München (Erstveröff. 1886)

Tamura MK et al (2009) Functional status of elderly adults before and after initiation of dialysis. NEJM 361(16): 1539–1547

Verein demokratischer Ärztinnen und Ärzte (VdÄÄ) (2012) Gute Medizin braucht Politik – Wider die Kommerzialisierung der Medizin. Programmatische Grundlage des vdää, Frankfurt/M. ► http://www.vdaeae.de

Voss GG, Weiss C (2013) Burnout und Depression – Leiterkrankungen des subjektivierten Kapitalismus oder: Woran leidet der Arbeitskraftunternehmer? In: Neckel S, Wagner G (Hrsg) Leistung und Erschöpfung. Burnout in der Wettbewerbsgesellschaft. Suhrkamp, Berlin

Wong MD et al (2002) Contribution of major diseases to disparities in mortality. New Engl J Med 347

Zaudig M (2009) Mit Volldampf in die Erschöpfung. Der Kassenarzt 18: 24–29

Zimmer U (2013) Meine Hartz IV-Kindheit, Nicht von schlechten Eltern. Fischer, Frankfurt/M

Internetquellen
► http://www.boersenblatt.net/633699/. Zugegriffen: 3.3.2014

Gute Pillen – schlechte Pillen. ► http://www.gutepillen-schlechtepillen.de

VdÄÄ, Verein demokratischer Ärztinnen und Ärzte (2012) Gute Medizin braucht Politik – Wider die Kommerzialisierung der Medizin. Programmatische Grundlage des vdää, Frankfurt/M. ► http://www.vdaeae.de

Solidarität – »a second hand emotion«?

8.1   Geizig, geil und zahnlos

Muss sie heute wieder buchstabiert werden, die
S-o-l-i-d-a-r-i-t-ä-t?

» … (abgeleitet vom lateinischen solidus für
gediegen, echt oder fest; Adjektiv: solidarisch)
bezeichnet eine, zumeist in einem ethisch-politi-
schen Zusammenhang benannte Haltung der Ver-
bundenheit mit – und Unterstützung von – Ideen,
Aktivitäten und Zielen anderer. Sie drückt ferner
den Zusammenhalt zwischen gleichgesinnten
oder gleichgestellten Individuen und Gruppen
und den Einsatz für gemeinsame Werte aus (vgl.
auch Solidaritätsprinzip) (Wikipedia) **«**

Es scheint so, als sei sie zusammengestaucht im
Prokrustes-Bett der Ökonomie zur Ruhe gebracht
worden. Nicht nur die altruistische, die internationale Solidarität (▶ Kap. 6), die im vorigen Jahrhundert Che Guevara (südamerikanischer Revolutio-
när) »die Zärtlichkeit der Völker« nannte, auch ihre
egoistischste Spielart, die Solidarität mit uns selbst,
also mit unseren Kindern und Kranken, den Armen und Alten sieht zusammengestaucht aus. Was
Tina Turner (in »What´s love«) aus Angst vor der
Hingabe abschätzig über die Liebe singt, scheint
heute auch für unseren Umgang mit der Solidarität
zu gelten: »a second hand emotion«, auf die sich
keiner so richtig einlassen will. Wir spenden lieber
etwas unverbindlicher für Charities.

Wir alle waren Kinder, haben oder wollen
womöglich welche, werden mit Sicherheit irgendwann krank und werden dennoch, so hoffen wir, in
Würde alt werden und sterben ohne zu verarmen.
Macht Solidarität uns im Lebenskampf des 21. Jahrhunderts besser überlebensfähig, oder ist es nicht
der Mühe wert oder utopisch, sie zu üben?

»Geiz ist geil«, ist ein immer noch nachklin-
gender Gag einer Werbeagentur aus dem Jahr 2003,
der aber nur erfolgreich sein konnte, weil Geiz als
geil empfunden wird oder dieses Gefühl zumindest
einmal – aus der Schmuddelecke befreit – auspro-
biert werden möchte.

Das Prinzip »Gewinnen ohne abgeben zu
müssen«, gemeinhin Geiz genannt, das hier dem
Kunden einer Elektronikgeräte-Kette anempfohlen
wurde, ist in der Wirtschaft gängige Praxis.

Die seit Jahrzehnten in Wilhelmsburg Gum-
midichtungen produzierende Firma M. verlegte
in den 90er-Jahren einen Großteil ihre Produktion
nach Irland, wo unsere Arbeitsmedizin nicht zuständig ist, die deutschen Richtlinien für Asbest-
Grenzwerte in der Atemluft nicht gelten, unsere
Steuern nicht erhoben werden und unsere Tarif-
verträge nicht gelten.

Viele Patienten mit Lungen- (Bronchialkarzi-
nomen) und Brustwandtumoren (Mesotheliomen)
waren nach langjähriger Betriebszugehörigkeit
dort die gesundheitliche Hinterlassenschaft.

Im Süderelberaum, wo zahlreiche Betriebe mit
extrem gesundheitsschädlichen Giftstoffen ihre
Niederlassungen hatten, wurde in den 30er-Jahren
des letzten Jahrhunderts eine spezielle Lungenab-
teilung an einem Allgemeinen Krankenhaus eingerichtet, die medizinisch eine Bereicherung darstellt,
und – neben der Behandlung und der oft nicht
möglichen Heilung – zumindest die aufgetretenen
Berufserkrankungen (Asbest-Folgeerkrankung) als
solche anerkannte.

Die gesundheitlichen Folgen einer unkontrollierten industriellen Produktion machen betroffen,
weil Menschenleben geopfert wurden und werden
(heute meist in den Schwellenländern) für den
Fortschritt, für Profit, für die Sicherung des Pro-
duktionsstandorts Deutschland, für unser aller
Konsum. In Hamburg durfte der einflussreichste
Arbeitsmediziner, Professor L. von der grünen Bür-
gerschaftsopposition, – vom angerufenen Gericht
unbeanstandet – als »Experte für Unbedenklichkeiten« apostrophiert werden. Er hatte im Hamburger
Dioxin-Skandal (Firma Boehringer, 1985) vor Gericht Gutachten ohne wissenschaftliche Substanz
gegen die gesundheitlich geschädigten Arbeiter
zugunsten der beklagten Firma abgegeben (siehe
auch »Arbeitsmedizin«, ▶ Abschn. 6.9). Betroffenheit könnte ein Weg sein zur Solidarisierung mit
den Arbeitern dieser Betriebe, unabhängig davon,
ob ich der gleichen Gesundheitsgefährdung ausgesetzt bin, allein deshalb, weil wir alle von ihrer
Arbeit, den Produkten, die sie herstellen – ohne viel
darüber nachzudenken – profitieren.

Betroffenheit haben auch die Flüchtlinge ausgelöst, die zu Hunderten vor unseren Küsten ertrin-
ken oder, wenn sie lebendig landeten, in unwürdi-
ger Weise hin- und hergeschoben werden, während

Europa ihre Fluchtgründe und die von uns z. T. mit zu verantwortenden wirtschaftlichen Ursachen ignoriert.

In ihrem Buch »Der Betroffenheitskult« (1993) wehrt sich Cora Stephan gegen solche Gefühle von Betroffenheit und stellt Ideale inklusive Solidarität grundsätzlich schnörkellos in Frage. Sie plädiert dafür, auf sie zugunsten normaler Umgangsformen zu verzichten:

> » Protestantische Innerlichkeit fordert dem Bürger gleich positive Gefühle anderer Menschen gegenüber ab, wo es doch vollauf genügte, er zeigte gutes Benehmen. Denn bekanntlich besteht zu Menschenliebe nicht der geringste Anlass, führt man sich einmal den Zustand des Planeten vor Augen. Menschenliebe hilft im Übrigen auch wenig gegen ihren Antipoden, jenen ungezügelten Fremdenhass des Herbstes 1992. Im Gegenteil. Die dringlichen Fragen in diesem Land lauten ganz pragmatisch und gefühlsfern: Wie ertragen Menschen einander und wie vermeiden sie es, sich im Zuge der gerade noch nötigen Kontaktaufnahme gegenseitig zu erschlagen? Wie leben wir, Grundstimmung misanthrop, kommod nebeneinanderher, ohne uns mit Gefühlen zu behelligen, seien sie positiv, seien sie negativ?
>
> Der Verweis auf die Regeln und Umgangsformen ist, ich weiß, hierzulande derzeit alles andere als populär. Vom Bundespräsidenten bis zum linksliberalen Meinungs-Mainstream klagen vielmehr alle etwas ein, das sie für »mehr« halten: mehr Solidarität durch mehr Betroffenheit. »Das geht uns alle an« ist der Schlüsselsatz des Betroffenheitskults, wenn es um die großen Fragen der Zeit geht – von der Mülltrennung bis zu Aids. Die unmittelbare Identifikation auch noch mit dem zunächst Fernsten – das im katastrophischen Denken indes das allernächste geworden ist, weil ja alles mit allem zusammenhängt – schiebt sich über jene Solidarbindungen, die früher das Prius beanspruchen durften: Familie, Verwandtschaft, Nachbarschaft, Gemeinde ...
>
> Solidarität ... wird erst da interessant, wo sie aus der Vernunft und eben nicht aus dem Herzen kommt. Nur die Vernunft gebietet es nämlich, auch die Unwürdigen in den Blick zu nehmen, jene, die im Identifikationsmodus des Betroffenheitskults

nicht unterzubringen sind – und die kein Opfersein adelt. Denn auch sie haben Ansprüche ... **«**

8.2 Das Solidaritätsprinzip

Nirgendwo in der Gesellschaft war Solidarität als Prinzip seit mehr als einem Jahrhundert so fest verankert wie im Bereich der Krankenversorgung. Die laufend mit ökonomischen Zwängen gerechtfertigten gesetzgeberischen Aktivitäten und die gesellschaftlichen Reaktionen darauf können deshalb als exemplarisch angesehen werden für den Stellenwert, den Solidarität heute genießt. Harald Schmidt 2003 in der Late Night Show[1]:

> » Muss die Krankenkasse wirklich den Zahnersatz bezahlen? Wäre es nicht billiger, sie kauft denen, die es brauchen, einen Pürierstab? **«**

Eine neoliberale Strömung setzt auf Freiheit und Eigenverantwortung, der Staat solle sich erst dann einschalten, wenn der einzelne Bürger das Seine getan habe. Gleichheit, Solidarität und gar Brüderlichkeit gelten als Frontalangriff auf die Freiheit. Dieser »neuen Freiheit« hielt bereits im Wahlkampf 2005 Oskar Lafontaine einen Satz von Rousseau entgegen:

> » Zwischen dem Schwachen und dem Starken unterdrückt die Freiheit und befreit das Gesetz. **«**

Von Gerhard Monsees (Lafontaine – der gefälschte Rousseau, *Der Freitag*, 1.12.12) wird als wahrer Autor des Zitats der Dominikanermönch Henri Lacordaire genannt (in Conférences de Notre-Dame de Paris 1835–1851). Es erhebt sich danach im Internet ein Streit, ob L. dabei einen Gedanken von Rousseau aufgegriffen habe, und es wird seine Verbindung mit der Inquisition ins Spiel gebracht, wodurch seine Aussage einen völlig anderen Sinn (als man ihn Rousseau zuschreiben würde) bekommen würde (Gesetz = Inquisition).

---

1   Zahnlosigkeit (ohne Zähne im Unter- und/oder Oberkiefer) in den alten bzw. neuen Bundesländern nach sozialer Schicht (nach Mielck 2000): Unterschicht: 9,5 bzw. 13,4 %, Mittelschicht: 2,5 bzw. 4,0 %, Oberschicht: 0,9 bzw. 4,6 %

Die Abwehrmechanismen gegen eine befürchtete Nivellierung und die Methoden, Ungleichheiten möglichst als natürlich (durch Anlagen, Talente) bedingt zu rechtfertigen, durchziehen die gesellschaftliche Debatte seit der französischen und amerikanischen Revolution (siehe ausführliche Darstellung der Geschichte der Gleichheit bei Rosanvallon 2013). Es ist eine beständige Wiederkehr der Gleichheit als unterstellte Ursache von Konformismus, Kommunismus, Mittelmaß, Vermassung oder Bedrohung der als hochwertiger eingeschätzten Freiheit. Rosanvallon (2013):

» Sich auf die Gleichheit zu berufen, wurde gleichgesetzt mit der Forderung nach Ausweitung einer – repressiven – Staatsgewalt, da diese für ihre Durchsetzung notwendig sei. Dieser Leitgedanke, dass Gleichheit ein Angriff auf die Freiheit sei, bildet das Kernstück der liberal-konservativen Ideologie und den ständigen Bezugspunkt für die Rechtfertigungen des sozialen Status quo und des Widerstandes gegen alle Reformbestrebungen. «

Solidarität bedeutet, die Sache des anderen zu meiner zu machen, oder mich einzureihen, weil ich ebenso betroffen bin wie dieser. Die Arbeiterbewegung hat mit ihrem solidarischen Auftreten und ihrem Kampfgeist Bismarck zur Einführung der gesetzlichen Krankenversicherung gebracht. Auch wenn seine Motivation nicht die solidarische Identifikation mit den Arbeitern und ihren gesundheitlichen Nöten war, sondern den Sozialisten den Wind aus den Segeln zu nehmen. Heute wird dieses System »made in Germany« in der ganzen Welt bewundert und nachgeahmt. Solidarität scheint für eine Heilkunde, die allen in gleicher Weise zur Verfügung stehen soll, eine wichtige Voraussetzung zu sein.

Aber wie weit lässt sich Solidarität ausdehnen:
- Lassen sich durch Solidarität die klassenmedizinischen Konflikte (▶ Kap. 1) lösen zwischen arm und reich, unten und oben?
- Geht solidarisch sein eigentlich senkrecht nach unten oder ist es ein waagerechtes Gefühl mit Schulterschuss von Gleichen?
- Können, müssen Ärzte sich solidarisieren mit ihren Patienten in misslichen Lagen oder ist hier nicht vielmehr professionelle Hilfe von

Nöten und eine klare Abgrenzung gesünder, die den Helfer hilft, nicht als hilfloser Helfer (Schmidbauer 1977) im Burnout-Syndrom (▶ Abschn. 7.8) zu landen? Reicht »gutes Benehmen« (Stephan 1993) aus?

8.3   Gleichheit und Interesse

Wilkinson u. Picket haben in »Gleichheit ist Glück« (2010) versucht nachzuweisen, »warum gerechte Gesellschaften für alle besser sind«. Dabei gehen sie von einem zentralen Parameter aus: der Einkommensungleichverteilung und stellen fest, dass in Gesellschaften mit großer Kluft zwischen arm und reich viele soziale Probleme vermehrt auftreten: angefangen bei einer niedrigen Lebenserwartung, der Säuglingssterblichkeit, psychischen Erkrankungen, Übergewicht, Drogenkonsum, Teenagergeburten bis hin zur Häufigkeit von Morden und der relativen Zahl der Gefängnisinsassen.

Die soziale Mobilität (Möglichkeit, sozial aufzusteigen) scheint umgekehrt in Gesellschaften mit stärker nivellierter Einkommensverteilung höher zu sein. Solidarität und mehr Gleichheit könnten also Werte sein, die allen zugutekommen und unser Leben bereichern könnten. Diese faszinierenden Korrelationen erscheinen sehr einleuchtend, aber sie finden zumindest bisher keine ihrer Faszination entsprechende Beachtung im schnöden Alltag der Steuer- und Finanzpolitik.

Der Grund dafür liegt meines Erachtens in den ausgeblendeten divergierenden Interessen und der ungleich verteilten Macht, sie durchzusetzen. Der Arzt Hermann Hartmann, der zur Anfangszeit der gesetzlichen Krankenversicherung »Geld, Geld ist die Hauptsache« verkündete, und Thomas Morus, der im Geld die Ursache allen Übels sah, beschreiben zwei Seiten der gleichen Münze. Die ungleiche Verteilung des Geldes ist Folge einer ungleichen Machtverteilung, die es den einen besser als den anderen erlaubt, ihre Interessen durchzusetzen. Daraus ergibt sich am Ende eine sehr ungleiche Einkommensverteilung, die aber nur durch Angleichung der Interessen weniger ungleich ausfallen könnte. Eine solche Interessennivellierung oder -Anpassung ist nirgendwo in Sicht. Die interessanten sozialwissenschaftlichen Erkenntnisse

◻ Tab. 8.1 Geschätzte gesundheitspolitische Interessenlage verschiedener gesellschaftlicher Gruppen. **1** niedrige Medikamentenpreise, **2** Zuzahlungen zu Medikamenten, **3** niedrige Lohnnebenkosten, **4** billige Krankenkassenbeiträge, **5** IGeL-Medizin, **6** Kopfpauschale, **7** Bürgerversicherung, **8** Wegfall der paritätischen Finanzierung der Krankenkassenbeiträge, **9** prosperierende Wirtschaft

	1	2	3	4	5	6	7	8	9
Kranke	++	−	0	0	0	−	++	− −	++
Gesunde	0	0	+	++	+	+	−	− −	++
Ärzte	+	+	+	− −	++	+	−	+	++
Pharmaindustrie	−	+	++	0	++	+	−	+	++
Krankenkassen	+	++	−	−	0	0	0	+	++
Krankenhaus	+	0	+	−	−	0	0	0	++
Politik	+	++	++	+	+	+	+	+	++
Gewerkschaft	+	−	−	−	−	− −	++	− −	++
Arbeitgeber	+	++	++	++	+	++	− −	++	++
Apotheker	− −	++	+	−	+	0	0	+	++
Medien	0	0	+	+	+	0	0	0	++
Arme	++	− −	−	−	− −	− −	++	− −	++
Reiche	+	0	−	+	++	++	− −	0	++

Interessen: ++ sehr groß, + vorhanden, 0 neutral, − fehlend, − − sehr negativ

von Wilkinson und Picket sagen viel aus über die Unterschiede zwischen solidarischen oder weniger solidarischen Traditionen in den verschiedenen Ländern und ihre Folgen, aber sie taugen nicht als Rezepte, diese Solidarität herzustellen. Die Grenzen der Solidarität und die Solidarität ausschließenden unterschiedlichen Interessenlagen sollen an konkreten Beispielen aus dem »Gesundheits«wesen verdeutlicht werden:

◻ Tab. 8.1 soll beispielhaft an 9 krankheitspolitisch relevanten Items die unterschiedliche Interessenlage von insgesamt 13 gesellschaftlichen Gruppen darstellen. Sie ist eher als Anregung zum Nachdenken gedacht denn als objektive Feststellung. Sie könnte so gelesen werden, dass es (außer beim Item 9, »prosperierende Wirtschaft«) nirgendwo in unserer Gesellschaft und in der öffentlichen Debatte einen Interessengleichklang gibt und nur bestimmte Gruppen (z. B. Ärzte-Arbeitgeber-Pharmaindustrie-Reiche-Gesunde) größere Interessenübereinstimmungen aufweisen und diese dann auch besser durchsetzen können als andere (z. B. Gewerkschaften-Arme-Kranke). Und – im Zusammenhang mit »Klassenmedizin« wichtig: Zwischen Ärzten, den Armen und den Kranken gibt es unter ökonomischen Gesichtspunkten durchgehend keine Interessenübereinstimmungen. Es sei denn, der Arzt praktiziert bewusst eine vernünftige »Klassenmedizin« wider den ökonomischen Verstand aus Einsicht in ihre Notwendigkeit, folgend Blaise Pascall (1997): Das Herz hat eine Vernunft, die der Verstand nicht kennt.«

Es würde in der gegenwärtigen sozial- und gesundheitspolitischen Debatte einen wesentlichen Fortschritt darstellen, wenn zukünftig alle Argumente mit der Angabe der Interessenlage ihrer Protagonisten vorgetragen würden oder diese zumindest durch die unabhängige Presse aufgezeigt würde.

Spätestens seit der »Agenda 2010« geht es in der Gerechtigkeitsdebatte um die Beantwortung der Frage: Findet im großen Stil unter dem Motto

»Freiheit und Eigenverantwortung« ein »Sozialabbau« statt, eine »Entsolidarisierung«, eine »Umverteilungspolitik von unten nach oben« (Tenor: Die Linke) oder werden tatsächlich die Sozialsysteme durch notwendige »Anpassungen" der Gesetze an die Realitäten des 21. Jahrhunderts in ihrer Funktion dadurch erst gesichert – wie es die »Meisterung der Finanzkrise« belegen soll (Tenor: bis 2009 tatsächliche, danach ideologische und seit 2013 erneute große Koalition von CDU und SPD)? Auf diese Frage gibt es unterschiedliche Antworten je nach Standpunkt und Interessenlage. Anstatt zu einer gesellschaftlichen Diskussion und Absprache über die gerechte Verteilung der Lasten »zwischen den Starken und den Schwachen« (Vorschlag zum Einstieg: Der Klügere hat Recht, der Stärkere gibt nach!) zu kommen, werden wie zu Bismarcks Zeiten obrigkeitsstaatliche »Lösungen« von der Regierung erwartet. Deren Entscheidungen lösen dann regelmäßig Aufschreie aus, die sich in einem Crescendo zu einer kakophonischen Begleitmusik steigern, dirigiert von den verschiedensten, im Orchestergraben verborgenen, Egoismen. Unter den Kritikern finden sich Lobbyisten verschiedenster Couleur und gesellschaftlicher Stellung. Einigkeit besteht allenfalls darin, dass die zuvor geforderten Reformen »schwere handwerkliche Mängel« aufweisen.

In der Tat. Welcher Handwerksmeister, ein Schreiner z. B., könnte uns den Wunsch nach einem wundervollen Tisch erfüllen, wenn wir nicht erklärten, wozu er dienen soll, wenn wir unter der Drohung, eine andere Werkstatt zu wählen, zuvor den Preis festsetzten, wenn das Sägewerk nur minderwertiges Pappelholz in begrenzter Menge lieferte, die verschiedenen Gesellen sich nicht auf die Zahl der Beine einigen könnten und Vorschläge von 1 bis 7 im Raume stünden, wenn das endlich fertiggestellte Objekt dann in einer Konkurrenzwerkstatt (Bundesrat) auseinandergenommen und völlig neu zusammengebaut würde, bevor es den ebenfalls völlig uneinigen Auftraggebern als Ergebnis präsentiert würde?

Vor 120 Jahren wurde die gesetzliche Krankenversicherung (GKV) eingeführt. Heute leiden wir an Gesundheit (▶ Kap. 7). Die Hinwendung der Medizin zu Befindlichkeiten, wellness und Gesundheitsoptimierung suggeriert, Krankheiten

als existenzielle Krisen gäbe es nicht mehr (siehe Nolte in ▶ Kap. 6), die früher notwendige Solidarität sei daher verzichtbar. Dieses Missverständnis lässt Politikern und Arbeitgebern freie Hand, immer weitere Einschränkungen der solidarisch, paritätisch oder staatlich finanzierten Bereiche der Krankenversorgung durchzusetzen. Die Solidarität fällt der gesellschaftlich akzeptierten Triage in der Etappe beinahe unmerklich zum Opfer.

Solidarität einzelner Ärzte mit der Pharmaindustrie (▶ Kap. 7) scheint ohnehin größer als die aller Versicherten zusammengenommen. Jede neue, teure Pille bedarf ärztlicher, meist gut honorierter Befürworter, die Solidargemeinschaft muss später deren Honorar als Medikamentenpreis zurückzahlen. Die Ärzteschaft als Lobby-Gruppe spricht gerne im Namen der Patienten, sie war seit Gründung der GKV jedoch niemals solidarisch mit ihnen. Selbst innerhalb der Ärzteschaft ist Solidarität kein praktizierter Wert.

Wirklich in Bedrängnis käme die Politik, wenn die Ärzteschaft sie schlau mit einem konkreten Konzept für ein zukünftiges solidarisches Gesundheitswesen, eine neue Heilkunst konfrontieren würde. Selbst wenn dort »utopische Elemente« enthalten wären, würde damit mehr bewegt als mit dem derzeitigen illusionären und bornierten Beharren auf zwei miteinander unvereinbare Forderungen der Ärzteschaft:

— alles solle so bleiben, wie es ist (insbesondere die ungleiche Honorarverteilung, für die allein die ärztliche Selbstverwaltung verantwortlich ist, siehe »Chronifizierte ärztliche Standespolitik«, ▶ Abschn. 7.5), und

— die Ärzte (in Klinik **und** Praxis!) sollen mehr Gehalt/Honorar bekommen (im Zweifelsfall sollten die Kranken dafür mehr bezahlen), nicht zuletzt um damit die innerärztlichen Proteste wegen der ungerechten Honorarverteilung zu besänftigen. Solche Honorarzuschläge gleichen aber keine Ungerechtigkeiten des Honorars aus, sondern machen die reichen Ärzte nur noch reicher.

Die heute scheinbar so solidarisch wie lauthals beklagte Entwicklung einer »Zweiklassenmedizin« (▶ Kap. 4) wird durch die gesundheitspolitischen Forderungen der Ärztelobby (z. B. Aufhebung des »Sachleistungsprinzips« und Einführung der »Kostenerstattung«, d. h. jeder Patient bezahlt seinen Arzt mit Bargeld und bekommt anschließend einen Teil von seiner Krankenkasse zurück; ▶ Abschn. 7.5) hinter den Kulissen geradezu (heraus-) gefordert.

Zu einem solidarischen Arzt (▶ Kap. 2) kann der enttäuschte Patient dennoch gelangen durch Nutzung seines Rechts auf freie Arztwahl. Dieser ist äußerlich daran zu erkennen, dass er

- nicht bereits im Wartezimmer seinen Patienten Angst macht (»… ich werde Ihnen fehlen!«, ▶ Kap. 7),
- nicht plakativ vor Zweiklassenmedizin und den Folgen seines angeblich gerade erschöpften Arzneibudgets warnt,
- keine unvalidierten sog. individuellen Gesundheitsleistungen (IGeL-Medizin, ▶ Abschn. 7.14) gegen cash anbietet,
- nicht plötzlich streikt und
- nicht bei seinen Patienten um Solidarität mit sich selbst wirbt (▶ Kap. 4).

Die Medien klären nur ungenügend über die hier dargestellten Interessenkonflikte auf. Andere Themen stehen im Vordergrund. **Entsolidarisierung** ist ein schleichendes Gift. Medien schüren heute mal den unbegrenzten Fortschrittsutopismus (»2040 werden wir alle 120 Jahre alt«), um morgen, enttäuscht über die selbst herbeifantasierte »demografische Katastrophe«, mit der Schlagzeile »Altenplage« zu menetekeln. Sündenböcke werden täglich gewechselt: gestern die Politiker, heute die Sozialschmarotzer, morgen die geldgeilen Ärzte oder die hof- statt haushaltenden Krankenkassen. Das Solidarprinzip »Jeder nach seinen Fähigkeiten, jedem nach seinen Bedürfnissen« (Karl Marx 1818–1883) verblasst hinter der geschürten Empörung.

Es ist bei dieser Gemengelage von verdeckten Interessen, gemunkelten Prognosen, starken Lobbygruppen und ungeklärten Zuständigkeiten kaum möglich, Reformen im Gesundheitswesen durchzuführen. Schon bei der Zielbestimmung herrscht Uneinigkeit: Sollen Kosten gespart oder die Versorgung verbessert werden? Soll der Solidaritätsgedanke gestärkt werden oder einzelne Interessengruppen befriedigt werden? Wird nach dem Motto verteilt, wer am lautesten schreit, bekommt den Zuschlag, oder richtet sich die Aufmerksamkeit auf die Patienten (z. B. der Unterschicht), die ohne Lobby sind? Nicht nur in der Gesundheitspolitik ist es mittlerweile Usus, dass Lobbyisten fertige Gesetzestexte im Sinne ihrer Auftraggeber in den Ministerien abliefern. Unabhängig von der Frage, was das über die demokratische Kultur und die Stellung des Parlaments aussagt, meinen Patienten und mir fehlt zu einer vergleichbar effektiven Einflussnahme der nötige Sachverstand und die Mittel, exzellente Berater zu bezahlen.

Ist das Gesundheitswesen ein prosperierender Zweig der Volkswirtschaft oder vom kapitalistischen Verwertungsprozess ausgenommen? Alle bisherigen »Gesundheits«reformen – allein schon der Begriff ist eine propagandistische Irreführung – sind bereits im Ansatz zum Scheitern verurteilt. Die Gründe erläutert ▶ Abschn. 8.4.

8.4 Gesundheit ist nicht reformierbar.

Es geht bei allen Gesundheitsreformen in Wirklichkeit um eine Senkung der Kosten für die Krankenbehandlung. Diese seien ohne immer neue Gesetze nicht beherrschbar, heißt es. Eine **Kostenexplosion im Gesundheitswesen** wurde vor mehr als 30 Jahren von Heiner Geißler (CDU-Gesundheitsminister unter Helmut Kohl) erfunden, danach immer wieder konstatiert, aber auch bestritten. Bis heute konnte kein verantwortlicher Sprengmeister und auch im internationalen Vergleich keine wirkliche Explosion ausgemacht werden (Braun et al. 1998). Auch die Behauptung, die Sozialversicherungsausgaben beeinträchtigten als Lohnnebenkosten die Wettbewerbsfähigkeit der deutschen Wirtschaft, war bereits 1997 vom Sachverständigenrat zur Begutachtung der Entwicklung im Gesundheitswesen als empirisch nicht belegbar kritisiert worden. Die Phantome »Kostenexplosion« und »Steigerung der Lohnnebenkosten« waren dennoch Anlass für diverse Kostendämpfungsgesetze, genannt Gesundheitsreformen, von 1989 (Gesundheitsreformgesetz, GRG) bis heute – es handelte sich um 23 Gesetze in 23 Jahren!

Gesetzeskürzel im Einzelnen(nach Kompart 2012)
GRG 1989, GSG 1993, PflegeVG 1995, BPflV 1995, BeitrEntlG 1997, 1. und 2. NOG 1997, GKV-FG 1998, GKV-SolG 1999, GKVRefG 2000, ReRiGKVG 2002, PQsG 2002, PflEG 2002, FPG 2003, GMG 2004, KiBG 2005, AVWG 2006, VÄndG 2007, GKV-WSG 2007, GKV-OrgWG 2009, AMNOG 2011, GKV-FinG 2011, GKV-VStG 2012.

Das beinahe systematisch scheinende Scheitern aller Reformer gleich welcher Partei- oder Regierungszugehörigkeit muss Neugier wecken. Denn wenn alle Gesundheitsreformgesetze der letzten 20 Jahre – wie es heißt – das Kranksein nicht bezahlbar machten, muss es erlaubt sein, das Problem einmal von seinem Endpunkt, dem Scheitern her anzugehen. Ich werde also versuchen, zunächst die Wege des eigen»gesetzlichen« Scheiterns aufzuzeigen, die in der öffentlichen Diskussion meist nicht preisgegeben werden, und möchte anschließend eine kurze Systematik des Scheiterns (siehe »Patient Gesundheitswesen«, ▶ Abschn. 8.7) zur Diskussion stellen.

Das Gesundheitsmodernisierungsgesetz (GMG) 2004
Am Zustandekommen dieses Gesetzes in der langen Reihe vorausgehender und auch folgender lassen sich (dank eines Artikels von Hofmann 2005) die Einflüsse exemplarisch deutlich machen, die in fertigen Gesetzen wie »handwerkliche Fehler« aussehen und meist auch als solche kritisiert werden, in Wahrheit aber »hineinverhandelt« wurden, um zu einem mehrheitsfähigem Kompromiss zu gelangen.
Der Entwurf des ursprünglichen GMG, den heute kaum noch jemand kennt, wurde als Gesetzesinitiative von den Fraktionen der SPD und Bündnis 90/Die Grünen im Juni 2003 in den Bundestag eingebracht. Nach einer ersten Debatte im Plenum es in den Gesundheitsausschuss überwiesen. Dort fand 4 Tage lang eine parlamentarische Anhörung statt, zu der 132 Verbände und 40 Einzelsachverständige geladen und gehört wurden. Diese Verbände sind verzeichnet in einer öffentlichen Lobbyliste mit ca. 1800 Adressen, die der Präsident des Bundestages führt. Es wurde bereits im Gesundheitsausschuss deutlich, dass angesichts der parteipolitischen Konstellation die Gesetzgebung nur in einem parteiübergreifenden Konsens möglich sein würde. Die Konsensgespräche fanden in einer außerparlamentarischen Kommission im August 2003 statt unter Beteiligung aller Bundestagsfraktionen, des Gesundheitsministeriums und der Vertreter mehrerer Bundesländer. Hier entstand ein neuer Gesetzentwurf, der dann wieder dem Gesundheitsausschuss vorgelegt wurde. Dieser hielt erneut die Anhörung von insgesamt 54 Verbänden für erforderlich und legte den unveränderten Kommissionsentwurf dem Bundestagsplenum zur 2. und 3. Lesung vor. Das Gesetz wurde von den Abgeordneten schließlich mit 517 Ja-Stimmen gegen 54 Nein-Stimmen bei 3 Enthaltungen angenommen. Die Zustimmung des Bundesrates erfolgte ohne weitere Korrekturen, die Einschaltung des Vermittlungsausschusses war nicht erforderlich.

Die Entscheidung zum GMG fiel also in einer außerparlamentarischen Kommission, deren vorgelegtes Gesetz mit dem Entwurf der Regierung kaum noch Ähnlichkeit hatte. Änderungsvorschläge wurden weder von der Regierung noch von der Opposition, nicht vom Gesundheitsausschuss, nicht von den anderen Fraktionen, nicht von den Parteien, nicht vom Bundestag und auch nicht vom Bundesrat gefordert. »Möglicherweise überzeugte der Gesetzentwurf durch eine hohe Qualität« (Hofmann 2005). Wieso wurden dann aber später unisono schwere handwerkliche Mängel beklagt? »… Denkbar ist jedoch auch, dass die Abgeordneten (aller Parteien mit Ausnahme der PDS, d. Verf.) den Konsens durch Änderungsvorschläge nicht gefährden wollten« (Hofmann 2005). Wieso aber wurde dann der Unmut über z. B. die Praxisgebühr ab 1.1.2004 allein der rot-grünen Bundesregierung angelastet?

Wir sehen ein Ergebnis politischer Auseinandersetzung, einen Kompromiss, der Kritik hervorruft, für den aber eigentlich niemand mehr die Verantwortung übernehmen kann und will. Dabei war das GMG das wohl am stärksten unterschätzte GKV-Reformgesetz. Es machte den international anerkannten Grundsatz der evidenzbasierten Medizin (EBM) zur gesetzlichen Basis für die Bestimmung der Qualität von Krankenkassenleistungen. Der Gemeinsame Bundesausschuss wird in seiner Funktion gestärkt und soll durch das neu geschaffene Institut für Qualität und Wirtschaftlichkeit im Gesundheitswesen (IQWiG) – in Anlehnung an das National Institut of Clinical Excellence (NICE) in Großbritannien – wissenschaftlich beraten werden.

In der Debatte konzentrierte sich die öffentliche Kritik fast ausschließlich auf die Praxisgebühr.

Die CDU beabsichtigte, eine Kostenbeteiligung der Kranken in Höhe von 10 % auf alle Leistungen, maximal 10 Euro, zu erheben. Daraus wurde die Praxisgebühr von 10 Euro. Diese sollte ursprünglich als Struktur- und Steuerungselement dienen und nur von den Patienten bezahlt werden müssen, die einen Facharzt ohne Überweisung ihres Hausarztes aufsuchen. Das Ziel sollte sein, die Flut der Facharztinanspruchnahme durch den Hausarzt filtern zu lassen. Offensichtlich hat die Lobby der Fachärzteschaft dies von sich abwenden können, alle Patienten mussten bis 2012 einmal im

Quartal die Praxisgebühr von 10 Euro entrichten, ganz gleich, ob sie sinnvollerweise ausschließlich oder zuerst ihren Hausarzt aufgesucht haben oder nicht. Was als sinnvolles Steuerungsinstrument geplant war, geriet in den Selbstbeteiligungsstrudel, führte also zur Ausweitung der Zuzahlungen durch die Kranken und zur Entlastung der gesunden Versicherten und der Arbeitgeber.

8.5 Mikroallokation medizinischer Ressourcen

8.5.1 Das Solidaritätsprinzip im Härtetest

Die angeblich knappen finanziellen Mittel im Gesundheitswesen haben neben (den meist untauglichen) Kostendämpfungsgesetzen eine Diskussion hervorgebracht, ob wir uns als Gesellschaft jetzt und zukünftig die gewohnte medizinische Versorgung ohne Einschränkungen werden leisten können, ob nicht Rationalisierung und Rationierung unvermeidlich sind. Während Rationalisierung für ein vernünftiges Vereinheitlichen, für eine zweckmäßigere Gestaltung von **vorgehaltenen** medizinischen Abläufen steht, bedeutet Rationierung **Vorenthaltung** von medizinischen Leistungen, die Lebensqualität oder Lebensdauer von Patienten günstig beeinflussen könnten.

Bei der Rationierung geht es schlicht um die Verteilung, Allokation, begrenzter Mittel. Dietrich et al. (2003):

》 Die Rationierungsdiskussion verläuft recht undramatisch, solange sie sich mit Fragen der »Makroallokation« (Aufteilung von öffentlichen Ressourcen zwischen dem Gesundheitssektor und anderen Bereichen wie etwa Bildung oder Verteidigung) oder »Mesoallokation« (Aufteilung der für die Gesundheitsversorgung bereitgestellten Mittel zwischen verschiedenen Versorgungseinrichtungen) befasst. Auf der Makro- und Mesoebene wirkt die Knappheit wenig konkret und scheint den Einzelnen nicht direkt zu betreffen … Auf der Mikroebene (Mikroallokation, Aufteilung von Gesundheitsressourcen zwischen verschiedenen Patienten) ist die Knappheit unmittelbar »am Kran-

kenbett angekommen« und wird für Ärzte und Patienten unmittelbar spürbar; eine Verschleierung der Rationierung ist hier nur begrenzt möglich. 《

Rationierungsmaßnahmen sind nicht populär, sie können sich mehr theoretisch, statistisch auswirken (Zeiträume für wiederholte Vorsorgeuntersuchungen werden gestreckt und damit ein geringer Risikoanstieg in Kauf genommen) oder direkt spürbar werden (die notwendige Operation eines kranken Menschen unterbleibt aus Kostengründen). Das Solidaritätsprinzip und die grundsätzliche Gleichbehandlung aller Patienten in der Medizin stehen dann auf dem Spiel. Dies ist ein hinreichender Grund zu einer klassenmedizinischen Stellungnahme. Dabei sind unter diesem Aspekt mindestens 4 Fragen zu stellen:

- **1. Frage der Gleichbehandlung**
Wer trifft die Entscheidungen, wann, welche Maßnahme, wem verweigert wird? Oder anders gefragt: Ist die Gleichbehandlung der Patienten gewahrt trotz Rationierung? Die Frage kann am Beispiel der Wartezeit für Operationen beantwortet werden. Dazu soll eine m. E. typische Argumentation der Rationierungsbefürworter vorgestellt werden (Dietrich 2003).

Wartezeiten Die Wartezeiten im staatlichen Gesundheitswesen (NHS) in Großbritannien sind legendär. Man kann seine Behandlung beschleunigen, wenn man das öffentliche Gesundheitswesen verlässt und sich privat auf eigene Kosten behandeln lässt. Dies – so wird argumentiert – sei auch für die auf der Warteliste verbleibenden, nicht selbst zahlungskräftigen, aber nun aufrückenden Patienten von Vorteil. Ihre Wartezeit verkürze sich ebenfalls.

Prioritätensetzung Bei der Prioritätensetzung soll nach Dietrich (2003) berücksichtigt werden, ob der Patient A »seine Erkrankung durch eine ungesunde Lebensweise z. B. durch Zigarettenkonsum selbst verschuldet hat oder Patient B (bei der gleichen Krankheitskonstellation, d. Verf.) keine Schuld an seiner Erkrankung zugesprochen werden kann … Im Gegensatz zu Faktoren wie etwa dem sozialen Status eines Patienten ist der Gesichtspunkt persönliche Verantwortung keineswegs willkürlich. Personen, die freiwillig ihre Gesundheit riskieren, sind insoweit Teil des Problems, als sie mit ihrem Verhalten zur Knappheit medizinischer Ressourcen beitragen. Wenn sie sich verantwortungsbewusster verhalten würden (das müsste eigentlich »hätten« heißen, weil das aktuelle Verhalten am Entstehen der Erkrankung keinen Anteil mehr haben kann, d. Verf.), wären die Wartezeiten kürzer oder sogar ganz überflüssig.« Dietrich hält es für »mit einer weit verbreiteten Gerechtigkeitsvorstellung im Einklang … mündigen Patienten nicht zu gestatten, die Kosten ihrer Entscheidungen auf andere abzuwälzen.«

Ich stelle im Folgenden 4 Fälle vor, die – jenseits aller möglichen Kritik an dem vorgeschlagenen Verfahren – »A- oder B-Patienten« darstellen könnten.

— Zwei Patienten mit einem **Leberkrebs** (primäres Leberkarzinom auf dem Boden einer Leberzirrhose = bindegewebige Vernarbung und Schrumpfung des nicht mehr funktionierenden Lebergewebes, kann zur Lebervergiftung, hepatischem Koma führen) stehen auf der **Liste für eine Lebertransplantation:**
    – **Patient 1:** Er ist 58 Jahre alt, Gymnasiallehrer für Deutsch und Gemeinschaftskunde. Die Leberzirrhose hat sich aus einer chronischen Hepatitis B entwickelt (durch Virusübertragung erfolgende, unheilbare Entzündung der Leber). Er trinkt keinen Alkohol.
    – **Patient 2:** Er ist 58 Jahre alt, angestellter Teppichverleger, hat jahrelang Alkohol getrunken. Er hat damit aufgehört nach einer schweren Blutung aus geplatzten erweiterten Venen der Speiseröhre (Ösophagusvarizen). Auch er leidet an den Komplikationen seiner Leberzirrhose.
— Zwei Patienten mit Bronchialkarzinom (**Lungenkrebs**) stehen zur **Operation** und ggf. **präoperativen Chemotherapie** an:
    – **Patient 3:** Er ist 48 Jahre alt, Baggerfahrer, raucht seit seiner Lehrzeit 15–20 Zigaretten pro Tag. Wiederholte Versuche der Nikotinabstinenz scheiterten.
    – **Patient 4:** Er ist 48 Jahre alt, langzeitarbeitslos, Nichtraucher, war 3 Jahre im Knast

wegen Drogenhandel und schwerer Körperverletzung.[2]

Es scheint naheliegend, eher bei **Patient 2** eine Verantwortung für die Krankheit anzunehmen. Gemäß dem Schuldprinzip gälte dies auch für **Patient 3**. Um die Willkür dieser Bewertung und die Fragwürdigkeit solcher Selektionen deutlich zu machen, ergänze ich die Vorgeschichte von 3 der Patienten mit komplizierenden Fakten, die im praktischen ärztlichen Alltag eher die Regel als die Ausnahme sind und das Selektionsprinzip »Selbstverschuldung« in der Mikroallokation nach meiner Überzeugung als völlig unbrauchbar entwerten.

— **Patient 1:** Er hatte in den 80er-Jahren während des Studiums in einer Rockband gespielt, er habe damals für eine kurze Zeit Heroin intravenös gespritzt und habe häufig wechselnden ungeschützten Geschlechtsverkehr gehabt. (Der Hepatitis B-Virus könnte auf beiden Wegen übertragen worden sein.)
— **Patient 2:** Der mitbehandelnde Neurologe (Nervenarzt) stellte eine schwere Nervenschädigung (Polyneuropathie mit Lähmungserscheinungen) fest und eine beginnende Hirnatrophie, die möglicherweise durch Lösungsmittelexposition bei der Arbeit (Teppichkleber) entstand. Auch eine Leberzirrhose könnte dadurch verursacht werden.
— **Patient 4:** Der Arzt der Haftanstalt wurde wegen Vorbefunden befragt und berichtete ungefragt, das Bronchialkarzinom sei für ihn kein Wunder, alle im Knast würden Zigaretten rauchen »wie die Schlote«, selbstverständlich unser Patient auch. Es ist also nicht auszuschließen, dass dieser bei der Anamneseerhebung nicht die Wahrheit gesagt haben könnte.

Es sollte nicht schwer fallen, sich darauf zu einigen, dass Ärzte niemals Detektive oder Polizisten werden dürfen, die gegen ihre Patienten belastendes

---

2   Auf die spezielle Situation der Gesundheitsversorgung in Gefängnissen kann hier – mangels eigener Erfahrung des Autors – nicht eingegangen werden. Sie stellt allerdings einen wichtigen Bereich für eine klassenmedizinische Betrachtung dar. Es soll deshalb auf die Empfehlungen der WHO »Health in prisons« verwiesen werden (Møller 2007).

Material sammeln. Wer, wenn es nicht mehr der Arzt ist, sollte dann der Anwalt der Patienten sein? In Seminaren fern der Praxis mögen solche Allokationsstrategien als interessante Lösungen diskutiert werden. Sie lassen sich nicht ohne schwere Kollateralschäden in der Arzt-Patient-Beziehung umsetzen.

■ **2. Härtefälle**

Könnte die zunehmende Standardisierung der Medizin durch Leitlinien, die im Interesse der Gleichbehandlung notwendig sind, zu unvertretbaren Härten im Einzelfall führen?

Dies ist ein Argument der Kritiker einer strikten Egalisierung, und es ist ernster zu nehmen und nicht zu widerlegen wie die beiden zuvor behandelten Einwände.

Die Niederlande haben laut OECD eines der besten Krankenversorgungssysteme in Bezug auf Kosten-Nutzen. Hier wird streng nach Leitlinien entschieden. In der niederländischen Tagespresse tauchen nun zunehmend Berichte auf über die Wanderung von Krebspatienten über die Grenzen nach Belgien oder Deutschland, die in ihrer Heimat als aussichtslos oder ausbehandelt gelten und denen eine (weitere) Therapie verweigert werde.

Chefärzte der Nachbarländer berichten über erfolgreiche operative Eingriffe und Zweitlinien-Chemotherapien, die zu einer Steigerung der Lebensqualität und erstaunlichen Überlebenszeiträumen geführt hätten. Unter der Überschrift »Krebspatienten weichen auf das Ausland aus« berichten übereinstimmend Onkologen aus Antwerpen, Gent, Leuven und Frankfurt (*Algemeen Dagblad, Haagsche Courant*, 26./27.10.2013; Übers. d. Verf.):

》 Die niederländischen Ärzte halten rigide an Protokollen fest und sagen Nein. Wir sehen mehr auf den individuellen Patienten und suchen nach noch bestehenden Behandlungsmöglichkeiten. In der Frage, was eine sinnvolle Behandlung ist, gehen wir weiter als die Niederländer und wir wenden neue Techniken schneller an, das betrifft auch die operative Entfernung von Metastasen. In einer statistischen Lebenserwartung von neun Monaten ist oft eine enorme Spreizung möglich. 《

Es war auch bisher üblich, in kritischen Fällen eine zweite Meinung bei anderen Spezialisten einzuholen; neu ist, dass dazu das eigene Land verlassen werden muss und die Behandlungskosten von den niederländischen Krankenkassen nur übernommen werden, wenn diese Maßnahmen auch dort für notwendig erachtet würden. (Was nicht der Fall ist und der Grund für die Auslandsbehandlung darstellt.)

Es liegt hier nur scheinbar ein Fall der Umgehung einer Warteliste durch private Behandlung vor – es existiert ja gerade **keine** Warteliste mehr!). Richtig ist aber, dass die Untersuchung im Ausland wieder eine Kostenfrage ist, die nur für **den** eine Lösung darstellt, der sie bezahlen kann. Die angestrebte Egalisierung ist nur national begrenzt wirksam und bringt neue Ungleichheit hervor. Eine allzu strikte Einschränkung der Autonomie der Ärzte (allein aus Kostengründen) könnte die notwendige Individualisierung der Therapie, wie sie klassenmedizinisch gefordert wird, unmöglich machen. Das niederländische Gesundheitswesen gilt in Deutschland als vorbildlich. Es ist deshalb nicht rein spekulativ, die folgenden Überlegungen anzustellen:

Wenn einzelfallbezogene Entscheidungen nicht mehr möglich wären, könnten sich Konflikte ergeben, wie ich sie anhand zahlreicher Fallbeispiele bereits verdeutlicht habe:

- die diagnostischen Inhalte eines Gesundheitschecks dürften nicht mehr individuell ausgeweitet werden,
- die Kosten für eine Diabetesschulung würden auf 10 Sitzungen beschränkt,
- die Leitlinien könnten vorschreiben, wie bei einer koronaren Herzkrankheit vorzugehen ist und bei einer notwendigen Intervention keine Wahlmöglichkeiten (Bypass oder Stent) zulassen,
- die Möglichkeit, eine zweite Meinung eines Spezialisten einzuholen, könnte eingeschränkt werden,
- die Ausnahmeregelungen, wann Blutzuckerteststreifen für Patienten ohne Insulintherapie verschrieben werden dürfen, könnten entfallen,

- eine Chemotherapie oder Organtransplantation bei (bestimmten Formen von) fortgeschrittenem Krebs würden nicht finanziert,
- ein Patient mit Schlaganfall würde nach einer Stabilisierungsphase grundsätzlich in ein Heim verlegt.

▪ 3. Ausschöpfen der Rationalisierungsmaßnahmen

Sind – bevor eine Rationierung erwogen wird – alle Rationalisierungsmaßnahmen ausgeschöpft worden?

Solange auf den Ebenen der Allo- und v. a. der Mesoallokation die Hausaufgaben nicht gemacht sind, ist Rationierung mutwillig praktizierte Zweiklassenmedizin. Es besteht kein Zweifel, dass es wieder Patienten aus der Unterschicht sein werden, denen Leistungen verwehrt werden, weil sie von ihnen aus Unwissen erst gar nicht eingefordert werden, weil sie sich nicht zu wehren wissen, weil sie »ihre Schuld, ein A-Patient zu sein«, zugeben oder nicht verheimlichen können, weil sie schlechtere Lügner sind, die leichter zu überführen sind.

▪ 4. Abwägung von Interessen

Wessen Interessen wiegen schwerer: die der von Rationierung bedrohten Patienten oder die der Akteure die eine verstärkte Rationalisierung befürchten müssen, die durch Rationierung abgewendet werden soll?

Rationierungen als unvermeidbar hinzustellen, wie dies viele sich dazu berufen fühlende Wissenschaftler tun, und gleichzeitig die schichtbedingten Versorgungsdefizite nicht zu erwähnen und für die erhöhte Morbidität und Mortalität in der Unterschicht keine Konzepte der Abhilfe zu entwickeln, die neben menschlichem Leid auch erhebliche Kosten einsparen könnten, lässt erkennen, wessen Ansprüche wegrationiert werden sollen. Denn natürlich sind es die »Armen«, die sich wegrationierte Leistungen nicht auf einem zweiten Gesundheitsmarkt kaufen können. Und natürlich wird dieser Markt es richten, dass ein Teil der kompetentesten Ärzte seine Leistungen ausschließlich privat anbietet und im »System« die Spezialisten fehlen und die Wartezeiten länger werden, wie dies im NHS in Großbritannien bereits der Fall zu sein scheint. Auch türkische Patienten berichten über die Zweiteilung des Gesundheitsmarktes in ihrer Heimat, wo gegen Euros alles zu haben ist.

8.5.2 Lösungsvorschläge

Die bisher **ungenutzten Rationalisierungsreserven**, die Rationierung unnötig machen könnten, liegen, um nur ein paar Beispiele mit erheblichem Einsparpotenzial und die dazugehörigen Interessenten zu nennen, in

- der Beseitigung von Fehl- und Überversorgung mit fachärztlichen Leistungen,
- der vernünftigen Regelung/Verhinderung der ungezügelten Facharztinanspruchnahme – übrigens ist dies kein typisches Unterschicht-Verhalten!,
- einer Veränderung der Gebührenordnungen, die unsinnige Mengenausweitungen belohnen,
- einem kontrollierten Einsatz der Großtechnik,
- der kritischen Überprüfung von Indikationsstellungen in der Chirurgie und Apparatemedizin (Kernspintomografie, Koronarinterventionen) mit dem Ziel, nichtindizierte Untersuchungen und Eingriffe zu unterlassen,
- dem Schließen der ungerechtfertigten Honorarschere zwischen Hausärzten und bestimmten Fachärzten,
- der Kontrolle und Steuerung der bisher immer noch ungezügelten pharmazeutischen Produktion und Zulassung teurer »Me-too«-Präparate und Medikamenten-»Innovationen« ohne Wirksamkeitsnachweis.

Im internationalen Vergleich (OECD, WHO) von 14 westlichen Industrienationen und Japan ist die **Facharztdichte** (pro 1000 Einwohner) in Deutschland mit 2,3 deutlich über dem Durchschnitt (1,7), in den Niederlanden beträgt sie 1,0. Die hohe Facharztdichte in Deutschland ist ein Luxus, der seinen Preis hat: Unterversorgung in unattraktiven Regionen (d. h. Regionen mit schlechtem sozioökonomischen Status), ungenügende Mittel für die hausärztliche Versorgung. Denn bzgl. der Gesundheitsausgaben (2001) bestehen keine Unterschiede im Anteil am Bruttoinlandsprodukt zwischen Deutschland und den Niederlanden (NL 10,96 %, D 10,69 % - zum Vergleich USA: 14,4 %) (zit nach Beske et al. 2005).

Rationierung ist eine Maßnahme, die im Krieg oder bei Katastrophen Sinn machen kann. Für apokalyptisch anmutende gesundheitspolitische Szenarien gibt es hier und heute keinen vernünftigen Grund, sie lenken von tatsächlichen und zum Wohle der Patienten potenziell abzustellenden Missständen ab, indem sie flugs neue planen. Dabei kommen die Akteure meist nicht aus ihren Interessenecken zum Vorschein. Die ärztliche Standespolitik will Rationierung, aber nicht dafür die Verantwortung übernehmen. Rationierung soll deshalb unbedingt nicht Rationierung heißen.

8.6   Pejorisierung der Priorisierung

Euphemismus-Tretmühle (▶ http://de.wikipedia.org/wiki/Euphemismus-Tretm%C3%BChle) bezeichnet in der Linguistik den Vorgang der Bedeutungsverschlechterung (Pejorisierung), indem der Euphemismus (Priorisierung) irgendwann die negative Konnotation seines beschönigten Vorgängerausdrucks (Rationierung) übernimmt. Priorisierung ist die euphemistische Umschreibung von Rationierung.

Wenn der Präsident der BÄK, Professor Jörg Hoppe, beim Deutschen Ärztetag 2009 zum Thema spricht: »Verteilungsgerechtigkeit durch Priorisierung – Patientenwohl in Zeiten der Mangelverwaltung«, ist interessant, was er verschweigt; z. B. die ärztliche Mitverantwortung für die ausbleibenden, sinnvollen Rationalisierungsmaßnahmen und das Nebeneinander von Über- und Unterversorgung, wobei von letzterer besonders Kranke der Unterschicht betroffen sind.

》 Wir Ärztinnen und Ärzte in Deutschland – um das noch einmal klar zu sagen – wollen keine Rationierung, keine Streichung von medizinischen Leistungen, aber wir wollen auch nicht weiter für den staatlich verordneten Mangel in den Praxen und den Kliniken verantwortlich gemacht werden. Mangelversorgung ist in Deutschland leider Realität. Nun müssen wir es endlich schaffen, dass sich Politik und Gesellschaft mit diesem Thema auch ernsthaft auseinandersetzen.Im Prinzip bedeutet Priorisierung, dass ärztliches Handeln in Diagnostik und Therapie im Rahmen der zur Verfügung

stehenden Leistungsmöglichkeiten eine Auswahl trifft, welche Therapiemöglichkeiten für welche Patienten in Zukunft zur Verfügung stehen und worauf unter Umständen verzichtet werden muss. Unter Priorisierung versteht man die ausdrückliche Feststellung einer Vorrangigkeit bestimmter Indikationen, Patientengruppen oder Verfahren vor anderen. Dabei entsteht eine mehrstufige Rangreihe, in der nicht nur Methoden, sondern auch Krankheitsfälle, Kranken- und Krankheitsgruppen, Versorgungsziele und vor allem Indikationen in einer Rangfolge angeordnet werden. **《**

Solange die Ärzteschaft ihre Hausaufgaben nicht macht, die ärztlich mit zu verantwortende Fehlversorgung, die »Mangelversorgung« der Unterschicht nicht abstellt und den Status quo bei Facharztzugang und Honorarverteilung mit allen Mitteln verteidigt, ist die Forderung nach Priorisierung eine durchsichtige Mischung aus »Haltet den Dieb!« und trotziger Verweigerung vernünftiger Reformmaßnahmen. Dadurch wird eine Verschlechterung der medizinischen Versorgung, v. a. der weniger Privilegierten, durch Rationierung nicht nur billigend in Kauf genommen, sondern sogar befördert.

Der Vorstand der BÄK hat im Frühjahr 2012 eine Arbeitsgruppe »Priorisierung im Gesundheitswesen« eingesetzt. Damit sollten der gesellschaftliche Diskurs vorangetrieben und der »Priorisierung ein positives Gesicht« gegeben werden. Im Mai 2013 legte die Gruppe einen Zwischenbericht (Raspe u. Schulze 2013) vor, den man so zusammenfassen kann:

- Priorisierende Medizin soll (in Deutschland) nach den Vorstellungen der BÄK ein Regulativ der Krankenbehandlung zur Kosteneinsparung werden,
- eine Überprüfung von Rationalisierungsmöglichkeiten (Vorschläge dazu siehe oben) wird nicht gewollt und in dem Papier auch nicht erwähnt,
- die Zweikassenmedizin (PKV-GKV) soll unverändert erhalten bleiben,
- es soll, um Kosten zu sparen rationiert werden, ohne dies so nennen zu müssen,
- die ärztlichen Honorare (ein wichtiger Faktor auf der Mesoallokationsebene) und ihre ungerechte Verteilung sollen unangetastet bleiben,

— eine gesellschaftliche Zustimmung zur selektiven Zuteilung medizinischer Leistungen wird propagandistisch angestrebt (»der Rationierung ein positives Gesicht geben«).

Das Papier beginnt mit Überlegungen, die zunächst mit dem Thema Rationierung oder Priorisierung scheinbar nichts zu tun haben. Es geht davon aus, dass Ärzte laut Befragungen eine »pessimistische Einschätzung der ärztlich-beruflichen Zukunft« haben, weil sie eine Gefährdung dessen sehen, »was international unter dem Stichwort »Medical Professionalism« diskutiert wird (Raspe 2013):

» Eine knappe Definition (von medical professionalism, d. Verf.) gab im Dezember 2005 das Royal College of Physicians of London …: »Medical professionalism signifies a set of values, behaviours and relationships that underpins the trust public has in doctors.« Auch der kurz vorher erschienen Charter on Medical Professionalism … ging es um das öffentliche Vertrauen in die ärztliche Profession. Dieses Vertrauen sei die Basis eines – ungeschriebenen – »Vertrages zwischen Medizin und Gesellschaft«: Er verlange die Interessen der Patienten über die des Arztes zu stellen, Standards für Kompetenz und Integrität zu setzen und aufrechtzuerhalten und der Gesellschaft fachlichen Rat dort zu geben, wo es um Fragen der Gesundheit gehe. «

Der Leser bleibt verwirrt zurück: Die deutschen Ärzte sollen angeblich pessimistisch in die Zukunft sehen, weil sie glauben, dem gesellschaftlichen Professionalisierungsanspruch (siehe »Deprofessionalisierung der Ärzte«, ▶ Abschn. 7.6) nicht zu genügen, der darin besteht, das in sie gesetzte Vertrauen der Gesellschaft zu erfüllen? Man könnte in der Tat leicht einen Zusammenhang herstellen zwischen der teilweise schlechten Befindlichkeit der Ärzte (siehe »Chronifizierung des Arztseins«, ▶ Abschn. 7.4), ihren unsozialen Reformvorschlägen und einem gesellschaftlichen Vertrauensverlust. Aber das meint die BÄK natürlich nicht. Die angeblich pessimistische Stimmung der Ärzteschaft und der gewaltsam hergestellte Bezug zum Professionalismus dienen vielmehr der Rechtfertigung der Einflussnahme einer besorgten

Ärzteschaft aus professioneller Verpflichtung heraus, »der Gesellschaft fachlichen Rat in Fragen der Gesundheit zu geben« (und nicht etwa aus Eigennutz!). So soll die Bewerbung des Bocks auf die Stelle des Gärtners gerechtfertigt werden.

Die Überlegungen zur Priorisierung weiterer europäischer Nachbarländer werden zitiert von der Arbeitsgruppe, aber nicht in deutsche Sprache oder – wichtiger noch – in deutsche Verhältnisse übersetzt (Raspe 2013). Die »Guidelines for prioritization in the Norwegian health service« betonen ausdrücklich, dass sie bei der Priorisierung von den allgemein in der norwegischen Gesellschaft akzeptierten Werten ausgehen: Die soziale Verantwortung für unterprivilegierte Menschen im Gesundheitswesen sollte sich in einer bevorzugten Zuwendung zu den schwächsten Gliedern der Gesellschaft äußern (Übers. d. Verf.).

Die Bemühungen der BÄK um Akzeptanz von Priorisierung hätten vielleicht Erfolg und wären in jedem Fall intellektuell redlicher, wenn solch klare soziale Bekenntnisse darin abgelegt würden, wie sie die Norweger formuliert haben. Davon kann aber keine Rede sein. Die sozialmedizinisch und epidemiologisch unbestreitbare Tatsache der erhöhten Morbidität und Mortalität von Angehörigen der Unterschicht war der BÄK bisher nicht die Einsetzung einer besonderen Arbeitsgruppe wert. Sie hätte längst Anlass sein müssen, Prioritäten zu setzen. Die geforderte Priorisierung bedeutet klassenmedizinisch gesehen eine Kampfansage. Sie wird das Anspruchsdenken (▶ Abschn. 4.1) der Privilegierten nicht tangieren: Sie werden sich zu helfen wissen, aber die Unprivilegierten werden weiter zurückgestoßen und ausgegrenzt werden, ohne Chancen auf Alternativen.

8.7   »Patient Gesundheitswesen«

Im Parteien- und Lobbyistenstreit um die richtigen gesundheitspolitischen Konzepte nimmt die BÄK einseitig Partei für die Ärzte. Sei es bei der Entscheidung: SPD/Bürgerversicherung oder CDU-FDP/Kopfpauschale (BÄK: Kopfpauschale) oder der Abschaffung der privaten Krankenversicherung oder »GKVisierung« der PKV (FDP im Bundestags-Wahlkampf 2013: Alle Versicherten sollen Zugang zur PKV erhalten, BÄK: Zustimmung).

Der engagierte, an einer optimalen Lösung interessierte Bürger, Patient oder Arzt könnte sich da manchmal wie ein Therapeut gegenüber einer chronisch streitenden Familie fühlen. Und in der Tat, das Gesundheitswesen wird oft als »krankes Wesen« hingestellt, für das keiner die richtige Therapie wisse. Aus der »Systemischen Familien-Therapie« (Stierlin 1988) sind indessen Wege bekannt, chronische Patientenkarrieren, wie die des »Patient Gesundheitswesen«, erfolgreich zu verändern. Systemiker stellen sich vordergründig dumm, die Stringenz ihrer Schlussfolgerungen ist voraussetzungslos und unvoreingenommen. Utopien sind ihnen fremd. Sie wissen **nichts** – nicht, ob es eine Krise des Gesundheitswesens gibt oder ob es sie nicht gibt. Da sie so tun, als seien alle Prozesse Kreisläufe, und da sie zweitens so tun, als könnte jeglicher Beobachter nur **seine** Beobachtung dieser Kreislaufprozesse beschreiben, können sie die Frage, ob das Gesundheitswesen krank ist oder nicht, gar nicht beantworten.

»Entsprechend ist die therapeutisch interessante Frage nicht: Wie konnte die Symptomatik entstehen (also: wie wurde das Kranksein unbezahlbar, d. Verf.)? Sondern: Wie wird die Symptomatik aufrechterhalten? Systematiker fragen seltener: Was müssten sie tun, damit die Symptomatik verschwindet? Sie fragen dafür umso öfter …«(zitiert und modifiziert in Anlehnung an Schweitzer u. Schumacher 1995), was in Bezug auf unseren »Patient Gesundheitswesen« lauten müsste: Was müsste geschehen, damit uns das Kranksein auch weiter teuer zu stehen kommt?

Diese Frage verliert in diesem Kontext alles, was vielleicht auf den ersten Blick als unernste Aufforderung zu kabarettistischen Abschweifungen aufgefasst werden könnte. Die folgenden, **zynisch klingenden Ausführungen** sollen holzschnittartig Einstellungen und Tendenzen beschreiben, die subtil bereits wirken. Sie sind als möglicherweise heilendes Gegengift gedacht, um zu einer Reformation der Heilkunst (▶ Kap. 9) zu gelangen.

■ **1. Aegrotisierung der Gesunden und Chronifizierung der Gesundheit:**

Das bedeutet: Gesunde zu Kranken zu machen, damit der Medizinmarkt weiter expandiert. Dazu liegen bereits viele Ansätze vor, die in ▶ Kap. 7 ausführlicher dargelegt wurden:

━ Förderung der Selbstmedikation,
━ medizinische Leitlinien für die Gesundheitsbehandlung,
━ Ausbau der IGeL-Medizin.
━ Entwicklung regionaler Gesundheitsnetzwerke, die eine regelmäßige Gesundheitsüberwachung, eine Verlaufsbeurteilung der Gesundheit ermöglichen,
━ vermehrte Konzentration auf Gesundheitsfragen während des Medizinstudiums und Gleichstellung von Heilern und Heilpraktikern mit den Ärzten …

■ **2. Pervertierung der Fürsorge:**

Den gesunden Versicherten müssen mehr Vor-Sorgen gemacht werden. Gesundheit muss als prekärer Zustand bewusstseinsmäßig verankert werden, für den viel zu tun ist, Gesundheit wird Bürgerpflicht. Krankheit dagegen gilt als grundsätzlich vermeidbares, persönliches Versagen, das – wie andere individuelle Fehlinvestitionen auch – in Eigenverantwortung korrigiert werden muss. (Zeh 2009[3]; Hahn 2010) Die tatsächlich geleistete Gesundheitsvorsorge (Sport, Nutzung von IGeL-Leistungen) muss im Krankheitsfall mit den Ansprüchen des Versicherten und den anfallenden Kosten verrechnet werden. Verletzungen bei Sport und Wellness dagegen sind wie Krankheiten als schuldhaft verursacht einzuschätzen. Es gilt, den Fortschritt der Medizintechnik zu nutzen (Boeing 2006):

❯❯ Astro Teller, Enkel des Nuklearphysikers Edward Teller und Gründer der Medizintechnikfirma »BodyMedia« in Pittsburgh, USA arbeitet daran durch die Miniaturisierung von Sensoren und Funkchips, die am oder im Körper platziert werden, eine kontinuierliche Kontrolle und Speicherung möglichst vieler relevanter Funktionen zu erreichen. Der Körper »spuckt so in jeder Stunde eine Millionen Datenpunkte aus … Mit den Messdaten werden die Krankenversicherungen … einen Beleg für einen vernünftigen Lebenswandel an

---

3　In Juli Zehs Roman »Corpus delicti« wird eine totalitäre Gesundheitsdiktatur beschrieben, die auf einer »Methode« genannten Gesellschaftsstruktur fußt. Die Organisation RAK (= Recht auf Krankheit) leistet Widerstand.

die Hand bekommen – oder eben auch zu einem unvernünftigen … Astro Teller: Machen wir aus der Gesundheitsversorgung eine Meritokratie. Zugang zur besten Behandlung bekommen jene, die nachweislich alles getan haben, um nicht krank zu werden. **«**

■ **3. Ökonomisierung des Gesundheitswesens**
Die gesetzliche Krankenversicherung bremst durch ihre einschränkenden Vorgaben und Fokussierung auf die Kranken die möglichen Gewinnerwartungen im Gesundheitsmarkt; sie wird deshalb – entsprechend dem FDP-Programm und den Forderungen der »freien Berufsverbände« der Ärzte – abgeschafft.

Private Gesundheitskassen müssen verstärkt in die Konkurrenz um gesunde, gut verdienende Versicherte treten. Gesunde Versicherte sollen gezielt eine kostengünstige Gesundheitskasse wählen. Gesundheitshäuser, die derzeitigen Krankenhäuser, müssen die Freiheit und das Recht haben, ihr Klientel auswählen zu dürfen, im ambulanten Bereich ist der »Sicherstellungsauftrag der Kassenärztlichen Vereinigungen« aufzuheben. Es liegt in der eigenen Verantwortung eines jeden Menschen, seine medizinische Versorgung selbst zu organisieren. Es ist sein Recht und sein persönliches Risiko zu entscheiden, wo, in welchem Stadtteil, mit welcher Infrastruktur, er leben möchte.

■ **4. Merkantilisierung, Ziel: ein boomender Gesundheitsmarkt**
Die bestehenden Beschränkungen für die Werbung der Anbieter werden beseitigt (IGeL-Medizin, rezeptfreie Medikamente, ärztliche Sonderleistungen). Das Werbeverbot für rezeptpflichtige Medikamente wird – wie in USA – aufgehoben. Den regressiven Tendenzen, im Krankheitsfall in die Rolle des zu versorgenden Patienten schlüpfen zu können, wird durch eine konsequente Erziehung der Versicherten und der Beschäftigten im Medizinbetrieb zu Kunde und Dienstleister begegnet.

Bei der Neugestaltung des Gesundheitsversicherungswesens erfolgt grundsätzlich eine Beteiligung der pharmazeutischen und medizintechnischen Industrie, der Ärzteschaft und der privaten Krankenhausbetreiber.

Krankenhäuser, Universitätskliniken (in Gießen und Marburg bereits geschehen!) und staatli-

che oder staatlich geförderte Einrichtungen (Max Planck Institute, die Deutsche Forschungsgemeinschaft) werden privatisiert. Der »Gemeinsame Bundesausschuss« der Ärzte und Krankenkassen, in dem die Entscheidungen über den Leistungskatalog der Versicherung fallen, wird um Vertreter der Industrie erweitert.

■ **5. Pfizerisierung, die pharmazeutische Industrie als Partner der Patienten**
Prämien der Pharmaindustrie für Tablettenkonsum beteiligen den Verbraucher durch Rabatte an den Gewinnen der pharmazeutischen Industrie und tragen zu einer Produktbindung bei. Beispielhaft wird dies vorgeführt in der unvergesslichen Aktion der FA. Pfizer, die – nach ihrer Weigerung, sich an die gesetzliche Festbetragsregelung (Preisobergrenze, die von den Krankenkassen für ein Medikament einer bestimmten Indikationsklasse bezahlt wird) zu halten – ihren Konsumenten anbot, die von diesen zu leistenden Zuzahlungen für das Medikament Sortis (Cholesterinsenker aus der Gruppe der »Statine«) auf Antrag zu erstatten. Dabei handelt es sich je nach Packungsgröße um bis zu 40 Euro Zuzahlung durch den Patienten. Aus der Patientenmappe des »Pfizer Partner-Programms zur Zuzahlungs-Rückerstattung« 2005):

» Sehr geehrte Patientin, sehr geehrter Patient,

Sie haben soeben von Ihrem Arzt Ihr Sortis-Rezept überreicht bekommen. Ab 1. Januar 2005 wird gesetzlich versicherten Kassenpatienten dieses Präparat nicht mehr voll von den Krankenkassen erstattet. Sie müssten sich also auf Zuzahlungen einstellen.

Gemeinsam mit Ihrem Arzt und Apotheker möchten wir Sie als Sortis-Patient/in unterstützen und daher erstatten wir allen gesetzlich versicherten Personen, die nach der 2%-Regelung von der Zuzahlungspflicht befreit sind, die Zuzahlung.

Bitte lesen Sie sich sorgfältig die beigelegten Formulare durch und geben Sie diese vollständig ausgefüllt an uns zurück. Unten stehend wird Ihnen der Ablauf nochmals in Schritten aufgezeigt. Wir freuen uns, Sie unterstützen zu dürfen.

Mit freundlichen Grüßen
Ihre Pfizer Pharma GmbH **«**

Das Thema ist immer noch aktuell. »Die Pharmaindustrie will künftig eine stärkere Rolle in der Patientenversorgung spielen. Dieses Ziel bekräftigten beim Kongress Vernetzte Gesundheit in Kiel VFA-Chefin Birgit Fischer und Vertreter einzelner Firmen« (*Ärztezeitung* 13.1.2014).

- **6. Korrumpierung entkriminalisieren[4]**
Feste Verträge zwischen Ärzten und der Pharmaindustrie ersetzen die bisherigen inoffiziellen Zahlungen und geldwerten Zuwendungen und schaffen damit Transparenz. Krankenhäuser, Arztpraxen, Ärztezentren oder Ärztenetze werden durch einzelne Firmen oder Konzerne übernommen. Beide Partner dürfen ihre Kooperation werbewirksam publik machen:

» Dr. X und Firma Y – zwei starke Partner für Ihre Gesundheit. «

Nahezu alle wissenschaftlichen medizinischen Kongresse und ärztliche Fortbildungsveranstaltungen müssen bereits heute durch die Pharmaindustrie gesponsert werden. Sie wären sonst nicht durchführbar: Referenten verursachen Reisespesen und Honoraransprüche, ein einziger mittelgroßer Versammlungsraum in einem großen Kongresszentrum kostet mehrere Zehntausend Euro an Miete … Es gibt vermutlich keinen Arzt, der nicht schon einmal davon profitiert hätte und persönlich nicht mindestens ein gesponsertes Kanapée verspeiste oder eine Reise finanziert bekam. Das *Deutsche Ärzteblatt – Das Organ der Ärzteschaft* seit 1872 müsste ohne die Anzeigen der pharmazeutischen Industrie sein Erscheinen einstellen. Ärzte, die gute Arbeit für eine Firma leisten, dürfen ein angemessenes Honorar dafür erwarten.

Große Medikamentenstudien sind erforderlich, um z. B. die Frage zu klären, schützt oder hilft Medikament A oder Medikament B besser gegen Herzinfarkt oder bei einer bestimmten Krebserkrankung. Diese Studien sind meist über viele Jahre mit Tausenden von behandelten Patienten anzule-

gen. Keine Universitätsklinik könnte sie mit ihrem Forschungsetat finanzieren. Die Pharmaindustrie ist dazu in der Lage. Solche Studien werden heute aber nur mit neuen, patentgeschützten und damit Gewinn versprechenden Medikamenten der jeweiligen Sponsorenfirma durchgeführt.

Wenn Ihr Arzt Ihnen für die Behandlung Ihres Bluthochdrucks zwei verschiedene Medikamente anbieten würde: entweder Y, das ihm aus der Erfahrung von Jahren bekannt ist und gut wirksam und verträglich sei, oder B, eine Neuentwicklung der Firma Z, das gerade in einer großen Studie gezeigt hat, das Ihr Risiko von Herzinfarkt und Schlaganfall um 35 % gesenkt werden könnte gegenüber einer anderen Behandlung (z. B. A), wie würden Sie sich entscheiden? Sehr wahrscheinlich für B. Damit haben Sie Kosten in der vielleicht 30-fachen Höhe gegenüber Y verursacht. Das billige Y hat keine Chance, jemals gegen B in einer kontrollierten Studie antreten zu können, B hat ein wissenschaftliches »Zertifikat« vorzuweisen, die Kosten werden von Ihrer Krankenkasse erstattet. (Auch ich würde mich wahrscheinlich persönlich für B entscheiden, d. Verf.)

- **7. Skandalisierung: Haltet den Dieb!**
»Vorbildlich« ist die »Berichterstattung« der *Bild-Zeitung*: »Als Kassenpatient bist du der letzte A …«, titelt sie am 19.November 2006 als Antwort auf die Absicht der Gesundheitsministerin, die Honorarunterschiede zwischen privater (PKV) und gesetzlicher Krankenversicherung (GKV) zu beseitigen. War die Überschrift als Zustimmung zu den Plänen der Ministerin zu werten?

Skandalisierungen (sie finden auch jenseits von *Bild* statt) ohne Standpunkt zu Vorgängen ohne klaren Verantwortlichen führen letztendlich zu Schwindel wie beim Karussell fahren:

Die Politiker haben Schuld, dass die Ärzte Privatpatienten bevorzugen, die nächste Diätenerhöhung ist demnächst fällig, die Renten dagegen stagnieren oder werden gekürzt, die Krankenkassenbeiträge steigen ins Unermessliche, wir werden zu alt und haben zu hohe Ansprüche, der Schönheitschirug hat meinen Busen verpfuscht, Florida Hans lebt auf unsere Kosten mit Hartz IV in Amerika, wir werden nicht geschützt vor Ekelfleisch und polnischen Billigarbeitern, die deutschen Frauen

---

4   Zum 2013 laufenden Gesetzgebungsverfahren eines Antikorruptionsgesetzes im Gesundheitswesen und speziell auf der Vertragsarztebene (▶ Abschn. 7.11.2, Fn.5).

lassen uns aussterben, die Lügen der Politiker lassen Balken biegen, überall krachen Großraumhallen zusammen, Heuschrecken fallen über unsere Betriebe her, unsere Arbeitsplätze werden vernichtet, Ausländer nehmen unseren deutschen Kindern die Ausbildungsplätze weg, die Pisa-Studie zeigt, dass die Schulen und die Lehrer versagt haben, die Welt ist schlecht, wir wissen zwar, was eigentlich getan werden müsste, aber die Politiker machen, was sie wollen, trotz regelmäßiger »Gesundheits-Untersuchungen« bei meinem Arzt bin ich krank geworden …

- **8. Marginalisierung und Pauperisierung**
Randgruppen schaffen, Armut ignorieren, und ihre Existenz begründen:

Dazu bedarf es einer Politik, die überzeugend die »wahren Ursachen der Armut« aufzeigt. John Kenneth Galbraith gab dazu vor Jahren eine Handreichung (im systemischen Sinne). Dazu die folgenden Aussagen (nach Galbraith 1985, *Le Monde diplomatique*, Oktober 2005):

- Die biblische Antwort: »Armut ist ein vorübergehendes Unglück; wer arm ist und zudem sanftmütig, wird dereinst das Erdenreich besitzen.«
- Die Erklärung von Ricardo und Malthus: »Die Armen seien an ihrer Armut selbst schuld, und zwar deshalb, weil die Armut eine Konsequenz ihrer übermäßigen Fruchtbarkeit sei.«
- Herbert Spencers »Sozialdarwinismus«: »Der zentrale Begriff survival of the fittest stammte tatsächlich nicht von Charles Darwin, sondern von Spencer und gab dessen Sicht des Wirtschaftslebens wieder. Demnach hatte sich die Natur ihren eigenen Weg zur Verbesserung der menschlichen Gattung gesucht: die Eliminierung der Armen. Indem die Schwachen oder Unglückseligen ausgestoßen werden, wird die Menschheit eine höhere Qualitätsstufe erlangen.«
- Die US-Präsidenten Calvin Coolidge und Herbert Hoover »waren der Überzeugung, jede staatliche Unterstützung für die Armen sei dem effizienten Funktionieren des Wirtschaftssystems abträglich«.
- Der Staat – so eine neuere Begründung – ist nicht kompetent, sich dem Problem der Armut zuzuwenden, er soll dies anderen überlassen. Staatliches Engagement für die Armen bringt eine ineffiziente Bürokratie hervor.
- Staatliches Engagement für die Armen zerstört deren Arbeitsmoral und die Ehe, da Sozialhilfe es alleinerziehenden Frauen ermöglicht, ohne Ehemann zu existieren.
- Staatliche Unterstützung der Armen untergräbt die Leistungsbereitschaft der Tüchtigen, die Reichen strengen sich nicht mehr an, weil sie zu wenig verdienen, die Armut nimmt mit der finanziellen Förderung der Armen zu (»supply-side economics«).
- Die Freiheit des Einzelnen, sich um die Armen zu kümmern, darf nicht durch staatliche Bevormundung eingeschränkt werden.

Das »blaming oft the victim« ist unverändert auch im 21. Jahrhundert eine Methode, Verarmung wegzuerklären (Zeyer 2013):

>> Die Forderungen nach Umverteilung, die ganz Reichen sollen doch den ganz Armen etwas abgeben, löst das Problem nicht. Die Verbindung des Begriffs Armut mit unfrei, unwürdig, ungerecht – also dem Gegensatz zu den drei leuchtendsten Begriffen, die die menschliche Sprache kennt: Freiheit, Würde, Gerechtigkeit – verstellt nur den Blick auf das Problem. Unsere Methoden der Armutsbekämpfung halten den Armen in seiner Unmündigkeit, machen ihn zum manchmal renitenten, aber meistens unterwürfigen Empfänger von milden Gaben. Bieten keine Auswege aus seiner Situation, in der er sich vor allem als relativ Armer wenn nicht bequem, so doch erträglich einrichten kann. Darüber hinaus denaturiert Armutsbekämpfung im Rahmen einer sozialen Umverteilung zu Diebstahl; Wertschöpfung wird enteignet, um ohne die Zielsetzungen der Armutsbekämpfung zu erreichen, in Konsum verpulvert zu werden ……

Wir sprechen in dieser Streitschrift selbstverständlich nicht von unverschuldet in Armut geratenen Alten, Kranken, geistig oder körperlich Behinderten, und auch nicht von Kindern oder Unmündigen. Dass ihnen geholfen werden muss, ist unbestreitbar. Wir sprechen aber von den Heerscharen von Armen, die sich mit eigener Anstrengung aus ihrer Armut befreien könnten und in den entwickelten Ländern von einer ganzen Hilfsindustrie umsorgt werden. Alleine in Deutschland hält das rund 1,5 Millionen Helfer im Sozialbereich in Lohn und Brot. **«**

Deutlicher kann eine Absage an Solidarität nicht ausfallen. Immerhin werden Kinder noch von der Rigorosität des Kritikers ausgenommen. Es scheint ihm allerdings nicht klar zu sein, dass arme Kinder, die er schonen will, in armen Familien leben und dort »Armut lernen« (d. Verf.). Wenn er bei seinen Recherchen bemerkt hätte, dass Armut keine primär finanzielle Ursache hat, wäre ihm und den Lesern der Trugschluss »Armut ist Diebstahl« erspart geblieben, und er hätte erkennen können, dass in Wirklichkeit den Armen etwas fehlt – um nicht zu sagen gestohlen wird: die Stärkung ihrer Selbstwirksamkeit durch positive Erfahrungen. Wer das abfordert und bekommt, nimmt niemandem etwas weg, er ist eher in der Lage, selbst etwas zu geben.

■ 9. Fetischisierung von Kontrolle und Qualität
Im Konkurrenzkampf auf dem Gesundheitsmarkt um gut zahlende Kunden werden Qualitätssiegel, Zertifikate und Expertisen zukünftig über den wirtschaftlichen Erfolg von Gesundheitszentren und Gesundheitshäusern entscheiden. Diese Qualität muss numerisch messbar sein, standardisiert und evaluiert. Kundengefühlen wie z. B. dem »Sich-gut-aufgehoben-Fühlen« ist zu misstrauen, zumal das erforderliche Marketing überall im Gesundheitsgeschäft geradezu darauf beruht, »gute Gefühle« zu erzeugen, eine »Suggestionsgemeinschaft« (Schulze 1999) zwischen Medizinexperten und dem Kunden herzustellen.

Aber nicht nur auf der Anbieterseite sind Qualität gefordert und Kontrolle derselben erforderlich. Nach Aufhebung der Bevormundung des lange Zeit unmündig gehaltenen Patienten ist die Verantwortung für die eigene, zuvor »enteignete Gesundheit« (Illich 1975) dem Einzelnen zurückgegeben worden. Seine Freiheit krank zu sein stößt damit aber an gesellschaftliche Grenzen, die bereits Talcott Parsons (1967) aufzeigte. Krankheit ist demnach die Unfähigkeit, die Erwartung sozialer Rollen zu erfüllen (psychische Krankheit) oder die Unfähigkeit zur wirksamen Erfüllung von gesellschaftlich für wertvoll gehaltenen Aufgaben (soma-

tische Krankheit). Deshalb ist heute im Krankheitsfall zu fordern:

- verstärkte Kostenbeteiligung, v. a. dann, wenn offensichtlich die eigene Gesundheitsvorsorge vernachlässigt wurde (die dafür notwendige Nachweistechnik ist in Vorbereitung; ▶ Punkt 2);
- rasche und anhaltende Normalisierung aller Behandlungsparameter durch den Kranken, die durch Lifestyle-Veränderungen beeinflussbar sind (Übergewicht, Rauchen, Bewegungsmangel, gefährliche Sportarten und Sexualkontakte) …;
- kontinuierliche Kontrolle des Therapieerfolgs durch sicher messbare Körperzustände (▶ Punkt 2): Laborparameter wie Blutzucker, Cholesterin, alkoholkonsumabhängige Parameter, Blutdruck, Nikotinabusus (Atemluftanalyse), Messdaten über Ausmaß und Zeitspanne körperlicher Bewegung – ggf. mit Videoüberwachung des jeweils kritischen Lebensbereiches, jedem Menschen eine Blackbox implantieren.

8.8 Freiheit, Gleichheit und Brüderlichkeit

Kehren wir aus der bewusst vorgenommenen systemischen Zuspitzung mit ihren gruseligen Perspektiven kurz in die Wirklichkeit zurück, um sie dann in anderer Richtung erneut zu verlassen. Der Ausgangspunkt der Exkursion war das Scheitern von Reformen. Man könnte dieses – außer mit systemischem Zynismus – auch mit einer Utopie beantworten. Gerechtigkeit, Freiheit und Gleichheit sind jede für sich unbestreitbare Ideale. Ihr Zusammentreffen als Gesellschaftspolitik lässt sie in der dann rasch einsetzenden Debatte oft wie Reglementierung, Tyrannei und Nivellierung klingen. Dabei ist Gleichheit eindeutig der größte Störenfried des Status quo, der ahnen lässt, man könnte unter Umständen etwas verlieren, etwas abgeben müssen.

In seinem »ersten Entwurf« über »Die Gesellschaft der Gleichen« greift Rosanvallon, dessen Ideen ich in diesem Abschnitt folgen und zitieren möchte, diese Befürchtungen auf. Er plädiert in der Gleichheitsdebatte für Beziehungsgleichheit statt Verteilungsgleichheit (Richard H. Tawney 1952, »Equality«, zit. nach Rosanvallon 2013):

>> Das Unerträgliche ist nicht, dass ein Mensch mehr verdient als ein anderer … [sondern] … dass manche Klassen von den Vorzügen der Zivilisation ausgeschlossen werden können, an denen andere teilhaben, und dass das intensive und grundlegende Gefühl, der menschlichen Gemeinschaft anzugehören, durch banale und vordergründige Unterschiede der ökonomischen Situation in Frage gestellt wird. **«**

Auch klassenmedizinisch »kränkt« – in der mehrfachen Bedeutung dieses Wortes – die gesellschaftliche Ausschließung mehr als eine finanzielle Unterlegenheit, die ersteres möglicherweise herbeiführt. **Singularität**, **Reziprozität** und **Kommunalität** sind die Schlüsselbegriffe einer Gesellschaft der Gleichen (ebd.):

>> Das Streben nach **Singularität** kann nur in Beziehung zu Anderen Gestalt annehmen … Differenz ist in ihrem Fall das Verbindende, nicht das Trennende. Sie weckt Neugier, die Lust am Entdecken, das Verlangen, andere zu verstehen. Die Gleichheit der Singularitäten beruht also mitnichten auf dem Streben nach »Selbigkeit«, sondern setzt im Gegenteil voraus, dass sich jedes Individuum durch das kundtut, was ihm eigen ist. Vielfalt ist in diesem Fall Maßstab der Gleichheit. Letztere bedeutet, dass jeder seinen Weg finden und zum Gestalter seiner Geschichte werden kann, das jeder gleichermaßen einzigartig ist (selbst wirksam werden kann, d. Verf.). **«**

Auch in der Klassenmedizin geht es um eine positive Wertung der Vielfalt, um eine »positive Diskriminierung« von Singularitäten und unterschiedlichen Bedürfnissen. Dazu sind gegenseitige Anerkennung, uneigennützige Kooperation, Interaktion auf Augenhöhe[5] und der Austausch in der

Beziehung, also **Reziprozität** erforderlich. In der Arzt-Patient-Beziehung findet in wenigen Augenblicken statt – oder eben nicht statt – was gesellschaftlich als Solidarität bezeichnet oder angestrebt wird. Klassenmedizin ist also wegweisend über die konkrete Interaktion hinaus. Sie verändert soziale Beziehungen und die darin Beteiligten auf beiden Seiten (Georg Simmel zit. nach Rosanvallon 2013):

>> Zwei Blicke, die sich treffen, bedeuten eine »unmittelbare und absolut reine Wechselwirkung. Die soziale Beziehung, die dabei entstehe besitze keine objektive Form im Gegensatz zum gesprochenen Wort, das für sich selbst existiere. Sie sei ein zerbrechliches Band, da schon die geringste Abweichung von der geraden Linie zwischen den Augen genüge, um sie völlig zu zerstören, ohne dass irgendeine Spur ihrer flüchtigen Existenz zurückbleibt. Der Blick von Auge in Auge stelle vollkommenste Gegenseitigkeit her, Man kann nicht durch das Auge nehmen, ohne zugleich zu geben. **«**

Reziprozität ist mehr als Blicke tauschen, sie wird gesellschaftlich alltäglich geschäftsmäßig laufend verletzt und z. T. aufgekündigt, z. B. durch Steuerhinterziehung ebenso wie durch ungerechtfertigtes Ausnutzen von Sozialleistungen, also an beiden Enden der gesellschaftlichen Hierarchie. Das löst v. a in der Mittelschicht Frustrationen aus (Rosanvallon 2013):

>> Sie halten sich für doppelt benachteiligt: nicht bedürftig genug, um bestimmte Leistungen des Wohlfahrtsstaates in Anspruch nehmen zu können, und nicht reich genug, um in den Genuss der den Vermögenden eingeräumten steuerlichen oder sonstigen Vergütungen zu kommen. **«**

---

5   »Gender-Mainstreaming, auch Gender Mainstreaming geschrieben, bedeutet, bei allen Entscheidungen auf allen gesellschaftlichen Ebenen die unterschiedlichen Lebenssituationen und Interessen von Frauen und Männern zu berücksichtigen, um so die Gleichstellung der Geschlechter durchzusetzen. Der Begriff wurde erstmals 1985 auf der 3. UN-Weltfrauenkonferenz in Nairobi diskutiert und zehn Jahre später auf der 4. UN-Weltfrauenkonferenz in Peking weiterentwickelt. Seit den Amsterdamer Verträgen von 1997/1999 ist Gender-Mainstraming das erklärte Ziel der Europäischen Union« (Wikipedia 2013; ► http://de.wikipedia.org/wiki/Gender-Mainstreaming). Klassen-Mainstreaming soll bedeuten, die gleichen Bemühungen auch den Menschen in den verschiedenen Gesellschaftsschichten zukommen zu lassen.

Derartige Verletzungen der Reziprozität sind Ursache sozialen Misstrauens und fördern Widerstand gegen eine solidarische Entwicklung. So entstehen politische Ressentiments, die besonders von rechten, populistischen Parteien aufgegriffen werden. Dabei wird der Volkszorn meist bewusst allein nach »unten« gelenkt auf die Unterschicht und ihre schwächsten Glieder, auf Zuwanderer und Flüchtlinge. Die »Sezession der Reichen« in Steueroasen oder andere selbstgeschaffene Ghettos trägt aber am meisten zum Zerfall des Gemeinschaftlichen in ein Nebeneinander bei. **Kommunalität**, das Gefühl Mitbürger mit anderen zu sein, droht – räumlich zuerst – verloren zu gehen (ebd.):

» Das Territorium ist der Indikator geworden, an dem sich die neuen Ungleichheiten am deutlichsten ablesen lassen. In vielen Ländern entstehen vermehrt geschlossene Wohnanlagen, die sogenannten gated communities … Dieses Phänomen ist die spiegelverkehrte Fortführung der Ausschlussmechanismen, aufgrund derer sich die sozial schwächsten Bevölkerungsgruppen, durch prekäre Lebensbedingungen vereint, in denselben Stadtvierteln sammeln. Homogenisierung ist somit das Prinzip, das sich als tendenziell entscheidender Faktor der Organisation des Raumes geltend macht. «

Der Konflikt zwischen Freiheit und Gleichheit und der Stellenwert der Solidarität werden auch zukünftig weiter kontrovers diskutiert werden (müssen). Die Globalisierung der Märkte erfolgte rascher und scheint wirkmächtiger zu sein als die von Ethik und Moral. Vom Konsens über ein Weltethos (Küng 2012) jenseits aller konkurrierenden Religionen und Weltanschauungen sind wir noch weit entfernt. Im Medizinalltag kann auf das Ergebnis dieser Debatten nicht gewartet werten.

Im richtigen Leben wird nicht viel debattiert, sondern nach Gefühl (z. B. »Geiz ist geil!«) gehandelt und »soziale Kälte« – der Normaltemperaturzustand unserer Leistungsgesellschaft? – wird heute allenfalls konstatiert, aber paradoxerweise nicht gespürt, weil kein wirklicher Mangel an Mänteln oder Decken besteht, der früher schon in der Kindheit zum zitternden Zusammenrücken und gerechten Teilen mit den Geschwistern zwang.

Ein »Unsichtbares Komitee« (2010) hat nach den Vorstadtunruhen in Frankreich 2009 ein Manifest verfasst (»Der kommende Aufstand der Massen«), in dem es dazu heißt:

» All die ‚Wie geht's‘, die im Laufe eines Tages ausgetauscht werden, lassen einen an ebenso viele Temperaturmessungen denken, die sich eine Gesellschaft von Patienten gegenseitig verabreicht. Das soziale Verhalten besteht jetzt aus tausend kleinen Nischen, tausend kleinen Zukunftsorten, wo man sich warm hält. Wo es immer noch besser ist als in der großen Kälte draußen. Wo alles falsch ist, weil man dort dumpf damit beschäftigt ist, zusammen zu zittern. Diese Gesellschaft wird bald nur noch zusammengehalten durch die Spannung aller gesellschaftlichen Atome auf eine illusorische Heilung hin. Das ist ein Kraftwerk, das seinen Turbinentätigkeit aus einem gigantischen Tränenstau zieht, der immer kurz davor ist, sich zu ergießen. «

Unabhängig davon, ob man der Analyse zustimmt oder nicht, formulieren die Komiteemitglieder eindrucksvoll offensichtlich vorhandene Gefühle.

Hat die Solidarität in der Not der Krankheit zumindest noch eine Zukunft? Hat eine Zukunft ohne eine solche Solidarität einen Wert?

In einer morgendlichen (vermutlich christlichen) Radioansprache war zu hören:

» Ein Mensch ist gestorben und wird von Petrus durchs Jenseits geführt. Im ersten Saal herrscht äußerst schlechte Stimmung an einer wundervoll gedeckten Tafel mit allen erdenklichen Köstlichkeiten. Die Gäste bleiben ungesättigt, weil ihre Löffel und Gabeln so groß sind, dass sie nicht zum Munde geführt werden können. Das, sagt Petrus, sei die Hölle. Der Neuankömmling betritt den nächsten Saal: die gleiche Tafel, die gleichen überdimensionierten Bestecke, aber eine völlig andere Szene: Fröhlich wird hier getafelt, indem jeder Gast sein Gegenüber mit dem gerade ausreichend langen Löffel füttert. «

Vielleicht ist von der Hölle zum Himmel nur ein kleiner Schritt zu tun? Und Sartres »Die Hölle, das sind die anderen«, gilt womöglich in der Tat – in der Hölle?

» Verehrtes Publikum …
Was könnt die Lösung sein?
Wir konnten keine finden, nicht einmal für Geld.
Soll es ein andrer Mensch sein? Oder eine andre
Welt? Vielleicht nur andre Götter? Oder keine?
Wir sind zerschmettert und nicht nur zum Scheine!
Der einzige Ausweg wär aus diesem Ungemach:
Sie selber dächten auf der Stelle nach
Auf welche Weis` dem guten Menschen man
Zu einem guten Ende helfen kann.
Verehrtes Publikum, los such dir selbst den
Schluss!
Es muss ein guter da sein, muss, muss, muss! Grete
Steffin als Autorin im Namen Bertholt Brechts in
»Der gute Mensch von Sezuan« «

Literatur

Beske F, Drabinski T, Golbach U (2005) Leistungskatalog des Gesundheitswesens im internationalen Vergleich. Eine Analyse von 14 Ländern. Schriftenreihe Fritz Beske Institut für Gesundheitssystemforschung, Bd & nbsp;104/I. Schmidt & Klauig, Kiel

Boeing N (2006) Big doctor is watching you. Die Zeit 6, 2.2.2006

Braun B, Kühn H, Reimers H (1998) Das Märchen von der Kostenexplosion. Populäre Irrtümer zur Gesundheitspolitik. Fischer, Frankfurt/M

Dietrich F, Imhoff M, Kliemt H (Hrsg) (2003) Mikroallokation medizinischer Ressourcen. Medizinische, medizinethische und gesundheitsökonomische Aspekte der Knappheit medizinischer Ressourcen. Schattauer, Stuttgart

Galbraith JK (2005) How to get the poor off our conscience. Harper´s Magazine, November 1985, zit. aus Le Monde diplomatique, Oktober 2005

Hahn D (2010) Prinzip Selbstverantwortung? Eine Gesundheit für alle? Verschiebungen in der Verantwortung für Gesundheit im Kontext sozialer Differenzierungen. In: Bauer U. et al (Hrsg) Jahrbuch kritische Medizin und Gesundheitswissenschaften 46. Verantwortung – Schuld – Sühne. Argument, Hamburg

Hofmann H (2005) Kaum nachvollziehbare Komplexität. Dtsch Aerztebl 102(21)

Illich I (1975) Die Enteignung der Gesundheit. Medical Nemesis. Rowohlt, Reinbek

Küng H (2012) Handbuch Weltethos. Eine Vision und ihre Umsetzung. Piper, München

Mielck A (2000) Soziale Ungleichheit und Gesundheit. Empirische Ergebnisse, Erklärungsansätze, Interventionsmöglichkeiten. Huber, Bern

Møller L, Stöver H, Jürgens R et al (2007) Health in prisons. A WHO guide to the essentials in prison health. WHO. Publications WHO Regional Office for Europe, Scherfigsvej 8,DK-2100 Copenhagen

Parsons T (1967) Definition von Gesundheit und Krankheit im Lichte der Wertbegriffe und der sozialen Struktur Amerikas. In: Mitscherlich A et al (Hrsg) Der Kranke in der modernen Gesellschaft. Kiepenheuer & Witsch, Köln

Pascal B (1997) Gedanken. Reclam, Stuttgart

Raspe H, Schulze J (2013) Ärztlich unterstützte Priorisierung ist notwendig und hilfreich. Dtsch Aerztebl 110(22): C 944–949

Rosanvallon P (2013) Die Gesellschaft der Gleichen. Hamburger Edition HIS, Hamburg

Schmidbauer W (1977) Die hilflosen Helfer: über die seelische Problematik der helfenden Berufe. Rowohlt, Reinbek

Schulze G (1999) Kulissen des Glücks. Campus, Frankfurt/M

Schweitzer J, Schumacher B (1995) Die unendliche und endliche Psychiatrie. Auer, Heidelberg

Stephan C (1993) Der Betroffenheitskult. Rowohlt, Berlin

Stierlin H (1988) Prinzipien systemischer Therapie. In: Simon FB (Hrsg) Lebende Systeme. Springer, Heidelberg

Unsichtbares Komitee (2010) Der kommende Aufstand der Massen. Nautilus, Hamburg

Wilkinson R, Picket K (2010) Gleichheit ist Glück. Warum gerechte Gesellschaften für alle besser sind. Tolkemitt, Berlin

Zeh J (2009) Corpus delicti. Ein Prozess. Schöffling, Frankfurt/M

Zeyer R (2013) Armut ist Diebstahl. Warum uns die Armen ruinieren. Campus, Frankfurt/M

Internetquellen

Der Freitag. ▶ http://www.freitag.de/autoren/gerard-monsees/lafontaine-der-gefaelschte-rousseau. Zugegriffen: 27.2.2014

Wikipedia. ▶ http://de.wikipedia.org/wiki/Euphemismus-Tretm%C3%BChle. Zugegriffen: 27.2.2014

Wikipedia. ▶ http://de.Wikipedia.org/wiki/Gender-Mainstreaming. Zugegriffen: 11.3.2014

Wikipedia. ▶ http://de.wikipedia.org/wiki/Solidarit%C3%A4t. Zugegriffen: 11.3.2014

Thesen zur Reformation der Heilkunst

Es mag das Stichwort »Reformation« im Zusammenhang mit den hier behandelten Themen und der Forderung nach einer schichtsensiblen, sozialen Medizin verwundern. Vom klassenmedizinischen Standpunkt aus betrachtet sind die Parallelen allerdings unverkennbar. Die konstatierte »verlorene Kunst des Heilens« (Lown 2002) der Ärzte heute ist in ihren existenziellen Auswirkungen vergleichbar dem Verlust an Glaubens-Würdigkeit der Kirche im 16.Jahrhundert, zur Zeit der Reformation.

Zu Luthers Zeiten war die Kirche spirituell verlottert – heute ist die Medizin offensichtlich in einer ideologischen Sinn- und Zielkrise. Damals sollte der Ablasshandel das Verkaufen von Unschuld, den päpstlichen Haushalt finanzieren, der Glaube wurde dafür ökonomisiert und missbraucht – wie heute die Gesundheit für dubiose Geschäfte in der Medizin. Der Ablassprediger Johann Tetzel prägte den frivolen Verkaufsslogan: »Der Groschen im Kasten klingt, die Seele aus dem Feuer springt«, der für die heute angepriesene Wellness- und IGeL-Medizin ebenso treffend wie unzutreffend lauten könnte: »IGeL bezahlt – Gesundheit parat!«

Damals entlarvte sich der korrupte Klerus auf offener Bühne selbst – heute erledigt dies die verfasste Ärzteschaft, indem sie sich zunehmend öffentlich selbst deprofessionalisiert und unsouverän aufführt (▶ Kap.7). Der Humanismus befruchtete die kirchliche Erneuerungsbewegung des 16. Jahrhunderts, so wie er heute Teil der Bewegung für mehr soziale Gerechtigkeit, Solidarität und gleichberechtigte gesellschaftliche Teilhabe ist. Luther forderte – heute nicht weniger aktuell als damals – Bildung für alle, eine leichte, allen verständliche Sprache, bessere Armenfürsorge, Abschaffung der Hierarchien und vermehrte Beteiligung der Frauen in den Institutionen. Melanchthon hielt 1518 an der Universität zu Wittenberg seine Antrittsvorlesung mit dem Titel »Über die Neugestaltung des Universitätsstudiums« – genauso wie heute eine Reformation der Heilkunst an ihrer Lehre, dem Medizinstudium, ansetzen muss. So wie Luther »Von der babylonischen Gefangenschaft der Kirche« zur »Freiheit des Christenmenschen« aufbrach – so ist eine Neubesinnung der Medizin nötig, damit sich die Ärzte aus ihren verstrickenden Geschäftsbeziehungen lösen und auf die professionelle Freiheit der Heilkunst besinnen können.

Sämtliche 23 Gesundheitsreformen in den letzten 23 Jahren haben die Medizin verändert, aber den Verlust an »Kunst des Heilens« nicht wiedergutgemacht, sondern befördert. Eine grundlegende Veränderung des Denkens und Handelns ist erforderlich, die mit »Reformation« treffend umschrieben werden kann.

- **Thesen**
1. Heilkunst ist der von Ärzten ausgeübte Beruf innerhalb der Heilkunde. Heilkunde umfasst alle Berufsgruppen, die entsprechend gesetzlicher Regelungen Kranke behandeln dürfen.
2. Heilkunst lehrt das Wissen über Krankheiten und ist die von Ärzten praktizierte Behandlung von Kranken.
3. Gesundheit ist nicht zu behandeln, und Gesundheitsförderung jenseits evaluierter Vorsorgeuntersuchungen gehört nicht zu den Aufgaben der in der Heilkunst tätigen Ärzte.
4. Individuelle Gesundheitsleistungen sind nicht Teil der vertragsärztlichen Heilkunst.
5. Verhältnisprävention geht vor Verhaltensprävention, Sie ist eine gesamtgesellschaftliche Aufgabe, die bevorzugt partizipativ im Settingansatz durchgeführt wird.
6. Die in der Heilkunst tätigen Vertragsärzte unterhalten mit dem Medizinbetrieb (medizinisch-industrieller Komplex) keine Geschäftsbeziehungen, die in einer persönlichen Dienstleistung durch den Arzt bestehen. Alle Interessenverbindungen in der Heilkunde müssen offengelegt werden
7. Psychosoziale Kompetenz ist neben dem medizinischen Wissen und der Erfahrung Grundlage aller heilkundlichen Krankenbehandlung.
8. Der Patient steht im Mittelpunkt. Heilkunst und Heilkunde gewähren die größte Aufmerksamkeit der kompetentesten Ärzte und Mitarbeiter zuerst und vorrangig den Bedürftigsten.

Bei allen Entscheidungen in der Heilkunde und auf allen gesellschaftlichen Ebenen sind die unterschiedlichen Lebenssituationen und Interessen der Menschen in allen gesellschaftlichen Klassen/Schichten zu berücksichtigen, um so die Gleichstellung der Menschen unabhängig von ihrer Schichtzugehörigkeit durchzusetzen. Dieses

»Klassen-Mainstreaming« wird gesetzlich verankert. Das Genfer Gelöbnis muss jenseits seines deklamatorischen Charakters strukturell in der Heilkunst verankert werden: »… Ich werde nicht zulassen, dass Erwägungen über Religion, Nationalität, Rasse, Parteipolitik oder sozialen Stand zwischen meine Pflichten und meine Kranken treten.«

9. Eine Rationierung notwendiger medizinischer Maßnahmen findet nicht statt.

10. Der Numerus clausus, bezogen auf Abiturnoten der Bewerber zum Studium der Heilkunst, wird abgeschafft. Die Auswahl zum Studium erfolgt
    - nach einem Auswahlverfahren mit Testaufgaben, persönlichem Fragebogen,
    - nach einem persönlichen Gespräch (mit Patientenvertreter, Krankenschwester/pfleger oder anderem Vertreter der Heilkunde, Hochschullehrer der Heilkunst und niedergelassenem Arzt),
    - nach der Beurteilung aus einem mindestens 6-monatigem Praktikum, das in einer anerkannten Ausbildungseinrichtung absolviert werden muss und
    - durch entsprechende zusätzliche Eignungstest für spezielle Bereiche der Heilkunst mit besonderen Anforderungen.

11. Das Ausbildungscurriculum enthält ein Sozialsemester in einer anerkannten Ausbildungseinrichtung (Flüchtlingsberatungsstelle, Suppenküche, Drogenambulanz, ausgewählte Arztpraxis).

12. Psychosoziale Ausbildungsabschnitte des Heilkunststudiums werden mit den Auszubildenden der Pflegeberufe oder anderer Heilkundeberufe gemeinsam absolviert.

13. Die Statushierarchie innerhalb der Heilkunst und der Heilkunde wird durch ein Teammodell ersetzt, in dem Verantwortung und Weisungsbefugnis allein an die Kompetenz geknüpft sind.

14. Die verschiedenen Pflegeklassen und Privatstationen in den Krankenhäusern werden aufgehoben.

15. Die Krankenhäuser werden rekommunalisiert.

16. Freiberuflichkeit der Ärzte hat Vorrang, solange die Ziele der Heilkunst verfolgt werden und der Versorgungsauftrag erfüllt wird.

17. Jede Einrichtung der Heilkunst betreut verpflichtend eine der anerkannten sozialen Einrichtungen »pro bono« (ohne primäres Honorar, siehe These 20).

18. Die Ärztekammern werden durch Heilkundekammern ersetzt, die alle in der Heilkunde vertretenen Berufsgruppen und die Ärzteschaft repräsentieren. Die Bundesärztekammer wird aufgelöst.

19. Der gemeinsame Bundesausschuss erhält bei der Neuzulassung von Medikamenten eine steuernde Funktion. Die wissenschaftliche Beratung erfolgt durch das IQWiG.

20. Jeder in der Heilkunst tätige Arzt erhält ein Mindesthonorar, das an Mindestbedingungen geknüpft ist und nach Qualitäts- und Qualifikationskriterien und durch Übernahme von Zusatzverantwortung (siehe These 17) aufgestockt werden kann.

21. Das ärztliche Honorar wird grundsätzlich von den Praxisinvestitionen entkoppelt.

22. Die Heilkunst und alle Aufgaben der Heilkunde werden durch eine für alle Bürger einheitliche Bürgerversicherung (Heilkundeversicherung) finanziert.

23. Die Krankenkassen erhalten für ihre Versicherten gesetzlich eine größere Verbrauchermacht und die Verpflichtung, den Verbraucherschutz und die Patientenrechte wahrzunehmen. Ein ärztlicher Beirat mit unabhängigen Mitgliedern (jenseits der aktiven ärztlichen Tätigkeit) soll eine beratende Funktion übernehmen.

24. Angehörige sind als »Kotherapeuten« in strukturierter Form in den Behandlungsprozess zu integrieren.

25. Die Ausbildung von zweisprachigen Bewerbern für alle Heilkundeberufe und die ärztliche Heilkunst wird ideell und materiell gefördert (staatliche Zuschüsse für Ausbilder).

26. Die Ausbildung von jungen Menschen aus der Unterschicht für alle Heilkundeberufe und die ärztliche Heilkunst wird ideell und materiell gefördert (spezielle Stipendien).

27. Selbsthilfeeinrichtungen arbeiten inhaltlich und räumlich mit den Heilkundeeinrichtungen zusammen.

28. Ärzte und Lehrer kooperieren in der Gesundheitsaufklärung und entwickeln dafür spezielle Curricula und Unterrichtsmaterialien. Die 10 wichtigsten Volkskrankheiten sollten allen Schülern bekannt sein.
29. Es bedarf einer regionalen und gesamtgesellschaftlichen Diskussion über die Ausgestaltung der einzelnen Schritte.
30. … Es sollen an dieser Stelle weitere Thesen eingefügt werden: …

Diese Thesen entstanden »vor Ort«, sie spiegeln soziale Konflikte und widerstreitende Interessen wider und beziehen Stellung für eine mögliche Einigung. Sie sind nicht zum Irgendwo-Anschlagen formuliert, sondern als Vorschlag für eine kritische (Selbst-)Reflexion durch jeden einzelnen. (Atzeni 2013):

» Die Selbstbeobachtung und Selbstreflexion der Medizin über kleinteiligere Selbstbeschreibungen ihrer professionellen Akteure anstatt über eine ausdifferenzierte akademische Reflexionsinstanz ist … vielleicht gerade das Professionelle. Die Selbstreflexion verzichtet somit nämlich von Beginn an auf die Simulation einer Zentralperspektive. «

Die Veränderungen des Arztbildes müssen also keineswegs schicksalhaft zu einer Deprofessionalisierung, dem Verlust an gesellschaftlicher Autorität der Ärzte führen, wenn **wir** – das heißt die Gesellschaft, die ihre Ärzte autorisiert – zur Revision unserer eigenen Anschauungen fähig und bereit sind. Das Arztbild ist keine Ikone. Es entsteht im Auge des mündigen Bürgers und des autonomen Patienten und kann nach ihrem Willen mehr verändert werden als man es sich auf den ersten Blick vorstellen kann. Der Gesetzgeber kann mit weiteren Gesundheitsreformen den Status quo des Medizinbetriebs konservieren oder – bei ausreichend großem öffentlichen Interesse – mit einer Reformation der studentischen Ausbildung und der Rahmenbedingungen der ärztlichen Praxis den Weg zu einer Heilkunst mit sozialem Gespür weisen, die sich pfleglich des »beschädigten Lebens« annimmt. Das »Royal College of Physicians« (2005) in London hat zum medizinischen Professionalis-

mus unter dem Titel »Doctors in society« u. a. auch zur Ausbildung von Medizinstudenten Stellung genommen, die für eine Reformation in Deutschland wegweisend werden könnten.

Empfehlungen des Royal College of Physicians« (2005)

Die Autoren schlagen u. a. vor:

- Medizinstudenten sollten sich in einer öffentlichen Zeremonie zu den professionellen Werten bekennen, so wie dies von amerikanischen Hochschulen mit der »white coat ceremony« praktiziert wird.
- Die praktische Umsetzung dieser Werte sollte in allen Ausbildungsabschnitten in die Leistungsbewertung der Studenten einbezogen werden.
- Die zunehmende ethnische und kulturelle Diversität der Gesellschaft soll in der Ausbildung stärker berücksichtigt werden.
- Ein Mentorenprogramm soll dazu dienen, professionelle Werte zu vermitteln und zu verinnerlichen.

Die hiermit erklärte Absicht, eine Reformation der Medizin zur Heilkunst auslösen zu wollen, mag nach Belieben als größenwahnsinnig, utopistisch oder visionär empfunden werden. Die aktuelle Deklaration des Lown-Instituts »The Declaration of Principles oft The Right Care Alliance« (Lown 2013) geht in die gleiche Richtung (► http://lowninstitute.org/project/rightcare-declaration/); hier besteht auch die Möglichkeit, die Deklaration zu unterzeichnen. Wer Visionen hat, der solle zum Arzt gehen, soll ein betagter Altbundeskanzler gesagt haben (heute bestreitet er das). Er hatte Recht, beziehen wir die Ärzte in unsere visionären Planungen ein! Auch sie sollten zu der zukünftigen Ausgestaltung unserer Gesellschaft ihren Teil beitragen. In einer neuen Heilkunde könnten sich so verbinden: höchste medizinische Qualität mit einer sozial sensiblen Heilkunst, mit einer heute noch utopisch anmutenden Bescheidenheit vor dem Machbaren und mit einer visionären Menschlichkeit.

Die Reformation des 16. Jahrhunderts führte bekanntlich zur Kirchenspaltung. Eine solche

Spaltung der Medizin deutet sich heute an zwischen Basisversorgung und Medizingroßtechnik, zwischen Haus- und Facharzt, zwischen ambulant und stationär, zwischen Wissenschaft und Praxis, zwischen dem neuen Armenarzt und dem Arzt in guter Gesellschaft, zwischen Patienten dieser oder jener Klasse oder sozialen Schicht. Wenn wir als Ärzte lernten, verantwortungsvoller mit unserem gesellschaftlichen Auftrag umzugehen, der lautet, Kranke zu behandeln, könnten sich Heilkunst und Technik – jedes zum richtigen Zeitpunkt eingesetzt –besser ergänzen, und die drohende Spaltung auch entlang der anderen Konfliktlinien könnte abgewendet werden. Dazu ist neben der Besinnung und Beschränkung auf die ärztliche Profession die gegenseitige Achtung unserer unterschiedlichen Qualifikationen nötig. Nur eine (mit sich selbst und ihren Patienten) solidarische Ärzteschaft, die den »Neid des Hippokrates« (Kalvelage 2009) überwunden hat, kann das Solidaritätsprinzip der GKV überzeugend im Alltag praktizieren. Und dies geht nicht ohne einen Gesetzgeber, der mutig die »krankheitspolitischen« Rahmenbedingungen neu festsetzen muss. Ein erster wichtiger Schritt wäre eine radikale Veränderung der Arzthonorierung. Eine vollständige Gleichstellung unserer Patienten setzt eine solche bei den Ärzten voraus, d. h. alle Ärzte erhalten überall eine gleiche, gute Honorierung. Unter den Ärzten könnte es dabei ökonomisch gesehen einzelne Verlierer geben, alle Patienten und die Kunst des Heilens würden gewinnen. »Gleichheit ist Glück« (Wilkinson u. Picket 2010) könnte so in einem besonders geschützten Bereich der Gesellschaft, der Heilkunde, Wirklichkeit werden.

Gedanken zum Vergütungssystem: Qualitäten statt Quantitäten

Auch ein solches Vergütungssystem bedarf konkreter Ausführungsbestimmungen, eines Regelwerks, der Kontrolle und wird dennoch nicht gänzlich gegen Missbrauch zu schützen sein. Im Vergleich mit der Bürokratie des jetzigen Systems wäre der Aufwand aber deutlich geringer. Der entscheidende Vorteil der Neuregelung wäre aber, dass der Anreiz, laufend Leistungsquantitäten zu maximieren, entfiele und Qualitäten des Arztes, der Mitarbeiter und der Einrichtung, in der sie arbeiten, gezielt honoriert würden. Durch eine ausschließlich medizinische Begründung von Indikationen und die Bewältigung der hier beschriebenen klassenmedizinischen Herausforderungen würde der angedrohten Rationierung medizinischer Leistungen die ökonomische Notwendigkeit genommen. Der Fortschritt der Medizin würde in der Heilkunst vom Gewinnstreben entkoppelt und könnte allen Kranken nach ihren Bedürfnissen gleichermaßen zuteilwerden.

Wilhelmsburg ist der Ort, an dem ich meine Erfahrungen sammeln durfte. Es ist ein guter Ort, solche Utopien hervorzubringen, auch wenn es niemals ein Utopia dort und an keinem Ort geben wird. Wir leben nicht mehr »in den Zeiten, da Wünschen noch geholfen hat« (Märchen der Gebrüder Grimm, »Der eiserne Heinrich«). Utopien verändern nicht automatisch die Wirklichkeit. Sie können aber Menschen zusammenführen und uns stark machen, die Realität durch unser gemeinsames Handeln zu gestalten.

Unsere heute nicht zu denken gewagten Utopien sind morgen unsere unerfüllbaren Wünsche an die Vergangenheit.

Literatur

Atzeni G (2013) Wer gefährdet hier welche Gesundheiten? Das Selbstbild der Ärzte. In: Nassehi A (Hrsg) Kursbuch 175. Gefährdete Gesundheiten. Murmann Verlag, Hamburg

Kalvelage B (2009) Schön, wenn es Gesunden wieder besser geht- Hamburger Ärzteblatt 9: 402f

Lown B (2002) Die verlorene Kunst des Heilens. Anstiftung zum Umdenken. Schattauer, Stuttgart

Lown B (2013) Declaration of principles of the right care alliance. The Lancet 382 (9909): 1958. Doi:10.1016/S0140-6736(13)62644-6. ► http://lowninstitute.org/project/rightcare-declaration/

Royal College of Physicians (2005) Doctors in society: medical professionalism in a changing world. Report of a working party of the Royal College of Physicians of London. RCP, London. ► http://www.rcplondon.ac.uk/sites/default/files/documents/doctors_in_society_reportweb.pdf.

Wilkinson R, Picket K (2010) Gleichheit ist Glück. Warum gerechte Gesellschaften für alle besser sind. Tolkemitt, Berlin

»Gute Medizin braucht Politik – Wider die Kommerzialisierung der Medizin«

Verein demokratischer Ärztinnen und Ärzte (vdää) (2012) Gute Medizin braucht Politik –Wider die Kommerzialisierung der Medizin, Programmatische Grundlagen des vdää

Der VdÄÄ ist der einzige politisch-motivierte Zusammenschluss von Ärzten in Deutschland, der den Patienten und nicht die eigenen Standesinteressen in den Mittelpunkt seiner Programmatik stellt. Die Entstehung des Vereins geht zurück auf die Studentenrevolte der 60er und die Gesundheitsbewegung der 80er-Jahre. Armut und soziale Ungleichheit wurden und werden global und lokal mit ihren Auswirkungen auf die Gesundheit und Krankenbehandlung der Betroffenen gesehen und konkrete Maßnahmen zur Abhilfe gefordert. Der VdÄÄ stellt fest: Flüchtlinge und Menschen ohne Papiere sind besonders schutzbedürftig und sind auf Ärzte und eine solidarische Gesellschaft angewiesen, die sich – entgegen populistischen Diffamierungen – für ihre »Integration in unser Sozialsystem« einsetzen. Das sind typische klassenmedizinische Forderungen, die deshalb ausführlich dokumentiert werden.

Auszug aus der Programmatischen Grundlage des Vereins demokratischer Ärztinnen und Ärzte e. V. Frankfurt (VdÄÄ) vom 25. November 2012 (VdÄÄ 2012, S. 17–24; ▶ http://www.vdaeae.de/images/stories/fotos2/vdaeae-Programm_2012_lang.pdf):

▪ Gesundheit und soziale Ungleichheit

Soziale Ungleichheit fördert Krankheit. Armut erhöht massiv das Krankheitsrisiko. Je niedriger die sozioökonomische Position innerhalb der Gesellschaft, umso schlechter steht es um die Gesundheit. Andererseits: Je geringer die sozialen Differenzen innerhalb der Gesellschaft sind, desto besser ist die soziale und gesundheitliche Situation Aller. In Deutschland klafft die Lücke zwischen Arm und Reich immer weiter auseinander. Auch hier sind Auswirkungen auf die Gesundheit zu sehen. Soziale Ungleichheit schlägt sich auch in unterschiedlichen Zugangsmöglichkeiten zum Gesundheitswesen nieder. Soweit die Diagnose. Und zur Therapie heißt das: Krankheit ist ohne Politik nicht heilbar. Deshalb versteht der vdää die allgemeinpolitische Einmischung ohne parteipolitische Festlegung als Grundlage seines gesundheitspolitisches Engagements.

Freiheit und Gleichheit sind zentrale Ideale der modernen bürgerlichen Gesellschaft, die auch in der UN-Menschenrechtscharta kodifiziert wurden. An deren Verwirklichung muss sie sich selbst messen lassen. Formalrechtlich ist diese Gleichheit mehr oder weniger verwirklicht; an der Frage der sozialen Gleichheit aber gerät die Gesellschaft in Widerspruch mit ihren Ansprüchen. Die doppelte Bedeutung von »Bürgerin« bringt dies auf den Begriff: Jede (Staats) Bürgerin ist citoyenne, aber nicht jede Bürgerin kann bourgoise sein (also zur Klasse der Produktionsmitteleigentümerinnen gehören); denn ohne Arbeitnehmerinnen als Gegenpart zu diesen funktioniert keine kapitalistische Produktion. Die Gleichheit des bürgerlichen Staats setzt konstitutiv die Ungleichheit der bürgerlichen Gesellschaft voraus, und es ist eine Frage von sozialen Auseinandersetzungen, wie sich dieser Widerspruch gesellschaftlich gestaltet.

Der Sozialstaat spielt beim Ausgleich dieser Ungleichheiten eine zentrale Rolle. Wird er abgebaut, steigt die Ungleichheit und umgekehrt. Die Ausgestaltung der sozialen Systeme und der Sozialversicherungen ist wesentlicher Bestandteil des Sozialstaats. Der vdää setzt sich deshalb für eine Ausweitung der Solidarität in der GKV (z.B. in Gestalt einer Bürgerversicherung) und den Abbau jeglicher Zuzahlungen für gesundheitliche Versorgung ein.

▪▪ Armut und Gesundheit

Einfaches und messbares Kriterium gesellschaftlicher Ungleichheit ist das Einkommen bzw. die Einkommensverteilung. Diese hat, wie der Sachverständigenrat für die Begutachtung der Entwicklung im Gesundheitswesen feststellt, Auswirkungen auf die Ungleichheit von Gesundheit und Krankheit: »Gesundheitliche Belastungen und gesundheitsdienliche Ressourcen sind auch in einem wohlhabenden Land wie Deutschland sozial ungleich verteilt, Gesundheitsrisiken und Gesundheitserwartungen weisen in der Regel erhebliche inverse Gradienten entlang der sozialen Schichtung der Gesellschaft auf.«

Armut erhöht also das Krankheitsrisiko massiv und kann einen großen Teil der gesundheitlichen Ungleichheit in der Bevölkerung erklären. Die gesundheitliche Ungleichheit kann auf unterschiedliche Belastungen, unterschiedliche Bewältigungsressourcen und Unterschiede in der gesundheitlichen Versorgung zurückgeführt werden. Faktoren wie Verfügbarkeit, Inanspruchnahme und Qualität medizinischer Leistungen haben bei der Erklärung von gesundheitlicher Ungleichheit eher eine nachgeordnete Bedeutung. Das Hauptgewicht liegt auf schichtspezifischen Arbeits-, Lebens- und Umweltbedingungen, Lebensstilen und daraus resultierenden Gesundheitsgefährdungen. Dieser Zusammenhang gilt auch in umgekehrter Richtung: Menschen mit schlechter Gesundheit haben ein höheres Risiko, sozial abzusteigen aufgrund von schlechteren Bildungserfolgen, Probleme einen Arbeitsplatz zu finden bzw. zu behalten und geringere berufliche Aufstiegschancen. Abhängig von der Ausgestaltung der sozialen Sicherung können die wirtschaftlichen Auswirkungen schlechter Gesundheit dazu führen, dass sich die gesundheitlichen Nachteile häufen und verfestigen.

Vor allem der körperliche und seelische Gesundheitszustand von in sozialer Armut lebenden Kindern verschlechtert sich in Deutschland ebenfalls in erschreckendem Maße. Schon für Kinder gilt: Armut macht körperlich und seelisch krank. Infektionskrankheiten, Asthma bronchiale, Zahnkrankheiten, Kopf- und Rückenschmerzen, Nervosität und Magenschmerzen betreffen benachteiligte Kinder weit häufiger als ihre Altersgenossinnen aus sozial höheren Schichten. Störungen der Sinnesorgane werden später erkannt und später, zum Beispiel durch eine Brille, ausgeglichen. All das wirkt wiederum zurück auf die Bildungschancen. Armut beeinträchtigt durch körperliche und seelische Belastungen alle weiteren Lebenschancen in fundamentaler Weise – sogar die Säuglingssterblichkeit ist höher. Zudem belastet Kindheitsarmut lebenslänglich: Wer in Armut aufwächst, hat als Erwachsener eine schlechtere Gesundheit.

▪▪ Gleichheit macht Gesellschaften insgesamt gesünder

Zusätzlich bestimmt das Ausmaß der Ungleichheit innerhalb von Gesellschaften in hohem Maß über soziale und gesundheitliche Probleme.Länder mit geringeren Einkommensunterschieden zwischen Arm und Reich haben eine höhere Lebenserwartung und eine niedrigere Morbidität, z.B. in Bezug auf psychische Belastungen. Die Gesundheit der Gesamtgesellschaft steht also in stärkerer Beziehung zur Einkommensdifferenz als zum absoluten Einkommen. Zumindest für reiche Gesellschaften

mit einem Durchschnittseinkommen oberhalb 25.000 \$/Jahr gilt, dass sich der Gesundheitszustand nicht etwa mit steigendem Durchschnittseinkommen weiter verbessert, sondern mit der gleichmäßigeren Verteilung von Bildung, Einkommen und Status. Gerechte Gesellschaften sind glücklicher. Die Unterschiede zwischen gleichen bzw. gerechten und ungleichen Gesellschaften lassen sich für alle ihre Gesellschaftsschichten nachweisen: Sogar die Privilegierten einer Gesellschaft profitieren von mehr Gleichheit und Gerechtigkeit. Auch sie haben dann weniger Ängste, viel weniger psychische Erkrankungen, eine höhere Lebenserwartung, bessere schulische Leistungen, weniger Teenager-Schwangerschaften und Gefängnisstrafen.

Gesundheitspolitisches Engagement muss sich also orientieren an Zielen wie: gleichmäßige Reichtumsverteilung und ausgleichende Sozialpolitik, gute Arbeits- und Wohnbedingungen, gesunde Umwelt. Die soziale Ungleichheit der Gesundheitschancen kann nur zu einem geringen Anteil von Gesundheitspolitik überwunden werden. Wesentlich für die Prävention von Krankheit sind gesunde gesellschaftliche Verhältnisse. Gesellschaftliche und politische Handlungsfelder wie die Verteilungspolitik, Arbeitsmarkt-, Bildungs-, Sozial- und Familienpolitik müssen deshalb eine soziale Zielsetzung verfolgen. Deshalb versteht der vdää die allgemeinpolitische Einmischung ohne parteipolitische Festlegung als Grundlage seines gesundheitspolitischen Engagements.

Bereits 1978 wurde von der WHO in der Deklaration von Alma Ata soziale Ungleichheit als zentrales Feld der Gesundheitspolitik anerkannt. Die Deklaration fordert, der Ungleichheit durch Strategien, die eine Partizipation der Bevölkerung insbesondere auf kommunaler bzw. regionaler Ebene ermöglichen, zu begegnen. Dies sollte eingebunden sein in eine nachhaltige ökonomische und wirtschaftliche Entwicklung der gesamten Gesellschaft. Diese auf eine Reduktion der Ungleichheit setzende Perspektive wurde in den folgenden Jahrzehnten im Rahmen der neoliberalen Offensive systematisch unterlaufen.

▪▪ Global gesehen ...

Weltweit betrachtet produziert die bürgerliche Gesellschaft, die sich Gleichheit und Freiheit als höchste Ziele auf ihre Fahnen geschrieben hat, eine skandalöse Ungleichheit trotz stetig wachsenden Reichtums. »Soziale Ungleichheit tötet in großem Ausmaß«, so 2008 das Resümee vom Michael Marmot, dem Leiter der WHO-Kommission »Soziale Determinanten von Gesundheit«. Er verweist auf den dramatisch hohen Unterschied in der Lebenserwartung von Kindern, die davon abhängt, ob sie z.B. in Japan oder Schweden geboren werden (Lebenserwartung 80 Jahre), in Brasilien (72 Jahre), Indien (63 Jahre) oder in verschiedenen Ländern in Afrika, wo die Lebenserwartung weniger als 50 Jahre beträgt. Und: Je niedriger die sozioökonomische Position innerhalb der Gesellschaft, umso schlechter steht es um die Gesundheit.

Die Lage dürfte sich seit der Veröffentlichung dieses Berichts im Jahr 2008 nicht verbessert haben – im Gegenteil. Mit Ausbruch der letzten Wirtschaftskrise ist mindestens die Armut weltweit gewachsen, und damit sicher auch die weltweite Ungleichheit. medico international rechnet vor, dass alleine die Zahl der Hungernden weltweit als direkte Folge der Finanzkrise 2008 von 800 Millionen auf eine Milliarde Menschen angestiegen ist. Ein Anstieg von 25 Prozent!

Wenn es heute möglich ist, in bestimmten Ländern Lebensbedingungen zu schaffen, die eine Lebenserwartung von 80 Jahren gesellschaftlich ermöglichen, muss dies der Maßstab sein, den es an die Lebensbedingungen und die Gesundheitsversorgung weltweit anzulegen gilt. Was hier möglich ist, muss für alle Gesellschaften möglich sein. Gleichzeitig ist klar, dass der Lebensstil der entwickelten Industriegesellschaften mit seinem enormen Ressourcenverbrauch grundsätzlich überdacht werden muss und nicht auf den ganzen Globus ausgedehnt werden kann.

Der vdää kann sich hier der oben erwähnten WHO-Kommission anschließen, die dazu aufruft, »die herrschenden Gesellschaftsstrukturen und Praktiken mit ihrer ungerechten Verteilung von Macht, Reichtum und Ressourcen anzugehen, die den gesundheitswidrigen Lebensverhältnissen zu Grunde liegen.« Der Kampf gegen die weltweite soziale Ungleichheit muss immer auch unser Anliegen sein. In diesem Feld muss sich der vdää in Zukunft noch stärker engagieren.An der Zusammenarbeit mit Organisationen wie medico-international, BUKO-Pharmakampagne, IPPNW und

anderen NGO, aber auch Gewerkschaften und politischen Parteien müssen wir weiter festhalten und diese ausbauen.

▪▪ Soziales Gefälle in der EU

Aber nicht nur global gesehen gibt es große soziale Unterschiede. Blicken wir auf die EU, begegnet uns zwischen den verschiedenen Ländern ebenfalls ein relativ großes soziales Gefälle. 2006 betrug der Unterschied zwischen den Mitgliedstaaten mit der höchsten und denen mit der niedrigsten Lebenserwartung acht Jahre für Frauen und 14 Jahre für Männer. Und in vielen Ländern hat sich in den letzten zwei Jahrzehnten die Kluft zwischen der nationalen Lebenserwartung und dem EU-Durchschnitt vergrößert. In Bezug auf die gesunden Lebensjahre bestehen sogar Unterschiede von bis zu 20 Jahren, wobei die EU-Bürger in Osteuropa, insbesondere die Männer, im Durchschnitt weniger Jahre bei guter Gesundheit sind. Auch hier sind die Verarmungstendenzen bzw. das Auseinanderdriften der Gesellschaften mit der Wirtschaftskrise seit 2008 angestiegen.19 Prozent der Kinder in der EU leben zurzeit in Armut oder sind armutsgefährdet. Diese Verhältnisse werden Auswirkungen auf die Gesundheit und die Lebenserwartung der Bevölkerung haben. Nicht nur im Hinblick auf die Finanzpolitik ist also noch einiges an sozialer Integration in der EU zu leisten.

Auch innerhalb der einzelnen Länder gibt es soziale Gefälle, die sich in der Lebenserwartung spiegeln wie auch innerhalb von Städten. Als extremes Beispiel gilt in der EU Glasgow, wo junge Männer aus benachteiligten Vororten im Durchschnitt 28 Jahre früher sterben als ihre Altersgenossen aus den bevorzugten Wohnvierteln derselben Stadt. Auch in deutschen Städten gibt es solche Gefälle, allerdings nicht in diesem Ausmaß: So macht laut einer 2010 veröffentlichten Untersuchung der Unterschied beim Höchstalter in verschiedenen Teilen Berlins stadtweit bei Männern fünf Jahre, bei Frauen 2,8 Jahre aus.

▪▪ Die deutsche Gesellschaft driftet weiter auseinander …

Das Nettovermögen in Deutschland ist sehr ungleich verteilt: Im Jahr 2007 verfügte das reichste Zehntel der Bevölkerung über 61,1 Prozent des gesamten Vermögens. Darunter hielten die obersten fünf Prozent

46 Prozent und das oberste Prozent etwa 23 Prozent des gesamten Vermögens. Auf der anderen Seite verfügten 27 Prozent der erwachsenen Bevölkerung über kein Vermögen oder waren sogar verschuldet. Seit etwa 1980 nimmt die soziale Ungleichheit in Deutschland stark zu. Eine Studie des DIW Berlin zur Einkommensverteilung in Deutschland von 2010 zeigt, dass Arm und Reich immer weiter auseinander driften und dass nicht nur die Anzahl Ärmerer und Reicherer immer weiter wächst– seit zehn Jahren werden ärmere Haushalte auch immer ärmer.

Während Unternehmens- und Vermögenseinkommen stark angestiegen sind, fällt die Lohnquote seit Jahren; die Realeinkommen der abhängig Beschäftigten sind seit 2000 sogar gefallen; ca. 20 Prozent der Beschäftigten in Deutschland arbeiten für einen Lohn unterhalb der Niedriglohnschwelle – so viele wie nie zuvor. Laut der Gewerkschaft ver.di gelten zu Beginn der 2010er Jahre knapp 16 Prozent der Menschen in Deutschland mit Einkommen unter 930 Euro im Monat als »armutsgefährdet«.

Auch in einer reichen Gesellschaft wie der deutschen gibt es einen Zusammenhang zwischen der sozialen und der gesundheitlichen Lage: Menschen mit niedrigem Einkommen, Bildungsniveau und Berufsstatus sind nicht nur häufiger von Krankheiten und Beschwerden betroffen, sie haben außerdem eine weitaus geringere Lebenserwartung.

Zahlen der Deutschen Rentenversicherung scheinen auch zu belegen, dass die Lebenserwartung von Geringverdienern in Deutschland inzwischen um zwei bis vier Jahre gesunken ist, obwohl die Lebenserwartung in Deutschland insgesamt steigt. Die größer werdende soziale Ungleichheit in der Gesellschaft und die Verarmungstendenzen in bestimmten Gesellschaftsschichten scheinen sich inzwischen also auch an der Morbidität und Mortalität zu zeigen.

Gesundheitspolitik muss vor diesem Hintergrund immer auch Verteilungspolitik sein. Deshalb setzt sich der vdää für soziale Gerechtigkeit und gegen das Auseinanderdriften der Gesellschaft ein.

▪ ▪ Ungleichheit beim Zugang zu medizinischer Versorgung

Eine systemische Ungleichheit beim Zugang zu medizinischer Versorgung besteht in Deutschland besonders in der Spaltung zwischen gesetzlich und privat Versicherten. Diese führt zu einer Zweiklassenmedizin, die von vielen Ärztinnen praktiziert

wird – z.B. mit privilegierten Terminen, also kürzeren Wartezeiten für Privatpatientinnen. Auch wenn dies gegen den Gleichbehandlungsgrundsatz verstößt, beteiligen sich immer mehr Ärztinnen an dieser Praxis. Eine zweite Strategie der Ungleichbehandlung zielt direkt auf die Portemonnaies der Patientinnen: Die privat zu bezahlenden Individuellen Gesundheitsleistungen (IGeL). Diese sind nicht nur wegen ihres oft fragwürdigen Nutzens abzulehnen, sondern vor allem auch, weil sie medizinische Leistung vom Einkommen der Patientin abhängig machen.

Aber die privat Versicherten haben von ihrem Status nicht nur Vorteile. Ihr Risiko, ob im Krankenhaus oder bei der niedergelassenen Ärztin überversorgt zu werden, ist ungleich höher als das der gesetzlich Versicherten. Überversorgung ist genauso abzulehnen wie Vorenthaltung von notwendigen Leistungen. Der vdää fordert die Abschaffung der PKV als Vollversicherung und eine Bürgerversicherung für alle in Deutschland lebenden Menschen; ebenso streiten wir für eine Abschaffung der Zuzahlungen und der IGeLeistungen.

▪ ▪ Menschen ohne Papiere und Flüchtlinge brauchen Schutz

Auch wenn inzwischen eine Versicherungspflicht eingeführt ist, gibt es immer noch viele Menschen in Deutschland ohne Krankenversicherung und damit ohne sicheren Zugang zum Gesundheitssystem. Die unabhängigen Büros für medizinische Flüchtlingshilfe und die Malteser-Migranten-Medizin schätzen, dass zwei von tausend Menschen in Deutschland keine Versicherung haben. Menschen verlieren immer noch ihren Krankenversicherungsschutz schneller, als man denkt. Und trotz Versicherungspflicht ist die Wiederaufnahme in eine gesetzliche oder private Krankenkasse oft langwierig und teuer.Nach Schätzungen leben zwischen 300.000 und einer Million Menschen ohne eine gültige Aufenthaltsgenehmigung in Deutschland.

Menschen ohne Papiere, die hier als illegalisierte Migrantinnen leben, haben nur einen sehr eingeschränkten Zugang zur Gesundheitsversorgung: Ihr Recht auf eine gesundheitliche Grundversorgung können sie aber nicht wahrnehmen, da der § 87.2 AufenthG. vorschreibt, dass öffentlich Angestellte, die Kenntnis von Illegalisierten haben, diese an die Ausländerbehörden weiterleiten müssen, wodurch eine Abschiebung droht. Ausnahme hierzu bietet die AVV (Allgemeine Verwaltungsvorschrift) vom September 2009, die den »verlängerten Geheimnisschutz« erlaubt. Das bedeutet, wenn Illegalisierte im Notfall ins Krankenhaus eingewiesen werden, greift die Schweigepflicht auch für die Verwaltungsangestellten, die Rechnung zahlt das Sozialamt. Dies funktioniert nicht in allen Städten.Privatzahler können dem entkommen. Handelt es sich um eine schwere Erkrankung, kann eine Duldung beantragt werden. Wie die Bundesärztekammer fordert der vdää die Einführung eines anonymen Krankenscheins. Die rechtlichen Voraussetzungen hierfür müssen geschaffen werden.

Ein spezifisches Problem stellen im Moment diejenigen EU-Bürgerinnen dar, die zwar einen legalen Aufenthaltsstatus haben, aber kein sozialversicherungspflichtiges Arbeitsverhältnis und deshalb oft nicht krankenversichert sind. Sie fallen durch die nationalen sozialen Netze und sind in Abwesenheit einer EU-Sozialversicherung letztlich oft – wie die Menschen ohne Papiere – auf Nothilfen und solidarische Netzwerke angewiesen. Wir warten immer noch auf den EU-Gipfel, der sich dieser Probleme annimmt!

Und nicht zuletzt gibt es auch eine gesundheitliche Ungleichheit zwischen der migrantischen und der nicht-migrantischen Bevölkerung, die selbst wieder einen Einkommensindex hat. Zwanzig Prozent der Bevölkerung in Deutschland haben einen Migrationshintergrund. Ein Bericht des Robert-Koch-Instituts von 2008 zum Thema »Migration und Gesundheit« belegte, dass Menschen mit Migrationshintergrund im Vergleich zur Mehrheitsbevölkerung erhöhte Gesundheitsrisiken aufweisen. Dabei ist es nicht die Migration als solche, die krank macht. Es sind vielmehr die Gründe und Umstände einer Migration sowie die Lebens- und Arbeitsbedingungen dieser Menschen, die zu einem schlechteren Gesundheitszustand führen. Menschen mit Migrationshintergrund haben überdurchschnittlich häufig einen niedrigen sozioökonomischen Status, gehen einer die Gesundheit gefährdenden beruflichen Tätigkeit nach oder sind arbeitslos, oder leben in einer ungünstigen Wohnsituation. Auch soziale Ausgrenzung, die Migrantinnen häufig erfahren, macht krank. Jeder einzel-

ne dieser Faktoren kann eine Beeinträchtigung der Gesundheit nach sich ziehen, ganz besonders gilt dies aber für das Zusammentreffen mehrerer dieser Faktoren.

Mit der Erkenntnis, dass gesellschaftliche Veränderungen von politischen Bewegungen ausgehen müssen, fordert der vdää

– den Abbau sozialer Ungleichheit, Armut und Unsicherheit zum übergeordneten Ziel sozialer Gesundheitspolitik auf nationaler, europäischer und globaler Ebene zu erheben
– ein einheitliches Krankenversicherungssystem für Alle
– Integration von Menschen ohne Papiere in unser Sozialsystem